Günter Herburger
Traum und Bahn

Günter Herburger

Traum und Bahn

Luchterhand Literaturverlag

Lektorat Klaus Siblewski

Umschlaggestaltung Parsons Design, München
Umschlagmotiv: Gemälde von Fritz Hechelmann
Herstellung Ina Munzinger, Berlin
Satz aus der Garamond und Neuen Helvetica
Gesamtherstellung durch Friedrich Pustet, Regensburg
Gedruckt auf chlor- und säurefreiem Papier.
Druck Schutzumschlag von Walter Biering GmbH, München

ISBN 3-630-86841-X

Inhalt

Heinrich Heine (1797–1856), nach Paris emigrierter Schriftsteller, kritisierte die zunehmende Industrialisierung und anerkannte aber den Kommunismus als zukünftige Kraft, was ihn nicht davon abhielt, in seinen letzten Lebensjahren mit Eisenbahnaktien zu spekulieren. Er hinterließ seiner Frau ein Wertpapiervermögen von etwa 50 000 Franc.

Es schneit; Angst vor der Seligkeit. Nachts schreit ein Kauz, aus der Ferne antwortet ein Hund, es tappt ein Rudel Blätter Hand in Hand mit dem Wind ums einsame Haus.

Ununterbrochen Regen in den Abruzzen, Wolken verschluckten die beiden Dörfer Bellegra und Olevano, zwischen denen die Villa Serpentara liegt, einer der glücklichsten Orte, die ich kenne.

Manchmal brach Licht durch, und im Fenster zeigte sich die verschneite Kuppe des Monte Scalambra wie ein rosafarben überhauchter Frühstücksgletscher.

Die einzig flache Strecke gab es, nach etwa 10 km hinab, im Tal bis zur Kreuzung, wo der alte Bahnhof stand.

Das Gleis der Schmalspurbahn war überwuchert, die elektrische Oberleitung zerfetzt, einst waren wir, als wir noch Kinder auf dem Schoß hatten, dort angekommen samt Gepäck.

Damals schon saßen in der kleinen Eisenbahn nur Witwen, Rentner, ein paar Fahrschüler und ab und zu ein Afrikaner. Die Motorisierung legte hier, wie zu Hause im Allgäu, die Schienen brach, zwischen denen wieder Disteln, Kornblumen, wilder Hafer und Labkraut wuchsen.

Läufe auf Bergstrecken mit oder entgegen dem Verkehr waren stets gefährlich, da sich in Innenkurven kaum Platz fand und in Außenkurven die Lastwagen weit ausscherten; Angst, Wut, Adrenalin.

Manchmal Gesang oder von weit her ein Abendläuten. Wieder Einkehr in Friedhöfe, die zu haushohen Betonkreiseln erweitert worden waren. An den Zementschubladen, in denen die Särge ruhten, waren Photographien und Plastikblumen angebracht, davor brannten elektrische Lichter unter Glas.

Trotzdem glaubte ich, erschöpft wie inmitten einer Jagd, ein Flackern und Flüstern zu hören, als würde ich begrüßt, so daß ich mich bekreuzigte, wie es meine Tochter vor Bäumen, Weggabelungen und in Museen tat.

Gerenne dann nur noch morgens; die blauen Linienomnibusse trugen Schneeketten.

Dörfer, die über schwierige Pfade zu erreichen waren, hießen San Stefano Romano, Rocca San Stefano und Roiate. Manchmal ging es so steil hinunter, daß ich mich zurückbeugen mußte, oder der Weg wand sich heftig aufwärts, daß ich, nach vorn hängend, nur noch auf Zehen trippeln konnte und befürchtete, gleich risse eine Achillessehne.

Schmerzen in den Schultern, im Rücken und am Gesäß; vielleicht steckte im Koronarsystem verengender Kalk. Ein Fuchs schnürte verdrossen auf einem verschneiten Pfad entgegen und wich erst zur Seite, als ich stehenblieb.

Er sperrte das Maul auf. »Was hast du im Sinn«, mochte er gefragt haben.

Dann hetzte er durch Gehölz hinab, hinterließ ein erschrecktes Fauchen und seine Spuren. An manchen Stellen schmolzen aus dem Schnee bunte Schrotkartuschen von der letzten Jagd.

Und überall, wo Häuser auf Aussichtsschroffen gebaut worden waren, wurden hinter Gittern, an Ketten oder frei laufend Hunde einer neuen Prosperität gehalten.

Ich lernte mit Steinen in der Hand den Bestien zu begegnen. Einmal hatte ich den Mut, einem dieser Schäferhunde, der entgegensprang, mit einem Brocken zu bewerfen, der mitten ins klaffende Gebiß traf. Es war eine

Erlösung, denn der Finaltrieb des Viehs wurde unterbrochen; das Tier knickte ein, trottete davon.

Oben Sonne, in Schluchten, zu denen ich hinunterlief, um in sie einzutauchen, Wolkenbänke, als sollte ich auf ihnen ausruhen.

Kein Laut, nur das Scharren losgelöster Steine war zu vernehmen. Verirrung herrschte am Hang zwischen Röhricht und verdorrten Pflanzen, wo auch ausgediente Waschmaschinen und Kühlschränke lagen. Ein Bauer, schon unterwegs zu seinem kahlen Weingarten, zeigte eine Abkürzung unter einem gefrorenen Wasserfall hindurch zur nächsten Kreuzung.

Wir wechselten wortlos die Schuhe: Er hatte dann meine Himmelblauen mit Trainingsstollen an, ich seine schweren Gummistiefel.

Und einmal, als das Programm der Liegestütze zur Aufwärmung, obwohl sich Verknäulungen in den Rückenmuskeln nicht beheben ließen, wiederaufgenommen worden war, Begegnung an einer ›fermata‹ (Bushaltestelle) mit einer in Tüchern eingeschlagenen Frau, sie mochte zwanzig oder fünfzig Jahre alt sein, die eine dampfende Kartoffel aß. Zurückblickend sah ich, daß sie schon die nächste heiße Kartoffel aus ihrer ›busta‹ (Tüte) holte.

Im Schneegestöber hoch in den Abruzzen hätte ich den Botenstoff der Glühwürmchen benötigt, das Enzym Luciferase, bisher künstlich genetisch in Tabakpflanzen eingeschleust. Mit dieser Lichtschalter-Kombination hätte ich mir, neue Proteine nutzend, in Gelb und Grün den Weg selbst beleuchten können.

Dagegen waren die vielmals gestopften, indigoblauen Fingerhandschuhe kaum mehr zu retten, wurden an vielen Stellen blöde bloß. Vor vier Jahren im Winter hatte ich sie auf einem Markt in Bangkok erspäht: Niemand konnte erklären, wer bei 30 Grad Wärme Handschuhe benötigte. Zum Pflücken von Tee, fürs Ausreißen heiliger Disteln?

Trugen sie Bauarbeiterinnen oder Monteure? Vielleicht sollte mit ihnen der Markt erprobt werden? Vielleicht handelte es sich um Dumpingware aus Nordkorea, oder aber es waren erste Beweisstücke, daß der Heroinhandel im ›Goldenen Dreieck‹ zwischen Birma, Laos, Thailand, durch dessen Bergwälder ich mit einer Betelnuß in der Backentasche gern gelaufen wäre, auf Maschinenstrickerei umgestellt werden sollte? Aber nun zog im italienischen Gebirge eine nasse, rote Trainingshose ihre Blutspur hinterher.

Saurer Neuschnee in München; junge Arbeitslose handhabten Schaufeln wie Fliegenpatschen, was die professionellen Stadtreiniger erboste. Krokusse zeigten sich im Gestöber. Ein feierlich Verrückter stampfte schimpfend hinter einem Köter her, der manchmal nachsichtig mit erhobener Nase wartete. Ein anderer Spaziergänger konnte endlich seinen Setter auf mich hetzen und, als ich zitternd stehenblieb, rufen: »Lauf, Läufer, lauf!«

Am Schuttberg war das letzte Dickicht gerodet worden. In einem Erddepot fanden sich noch eine alte Decke und eine International Herald Tribune. Endgültig herrschte entholzte, entwässerte, eingeebnete Übersicht, ein Ideal der Angstkultur.

Einmal, kurz war Sonne aufgekommen, lag frühmorgens vor einem Gebüsch im feuchten Gras ein dicker, nackter Mann, der nicht zu frieren schien. Er hielt eine Zeitung in der Hand. Sein rosafleischiges Geschlecht war, aus Überraschung oder infolge Kränkung, halb aufgerichtet. Als ich auf der zweiten Runde wieder vorbeikam, steckte zwischen den Schenkeln nur noch eine Schnute, auch tat der Mann nicht mehr, als läse er.

Erneut unablässig Regen, ab und zu vermischt mit Flokken; Anfang Mai fiel noch mal Schnee. Im Matsch des Englischen Friedhofs lag ein abgeschnittener, grüner Fingerhandschuh, und bei den Karwendel-Kasernen stießen in der Luft beinahe ein Armee- und ein Polizeihubschrauber zusammen. Die beiden Maschinen zogen steil hoch, es krachte und lärmte, die Rotorblätter bogen sich extrem, fingen zu flattern an. Ich rannte, den Kopf eingezogen, zum nächsten Hauseingang, in dem eine Frau stand. Sie sang, steif eine Puppe im Arm, als sei sie bis zum Mund wie aus Lehm.

Ab ins Allgäu zu Krankendienst bei stechender Sonne und Schneewind vom Gebirge. Das Zeremoniell der Kammerenge durfte kaum durchbrochen werden, verlangt waren Kopien eingeübter Bewegungen für Rolladen, Vorhang, Schranktüren, Decken, Besteck und Schraubglas. Ein Stückchen Brotrinde, ein wenig Schnittlauch, ein vergessener Zitronenkern oder eine Fleischfaser konnten Brände des Entsetzens entfachen.

Abends in einer Schenke beim stillgelegten Bahnhof sprachen Gäste über Bauchwassersucht und Kiemenschwellung, die in einer gemeinsamen Forellenzucht entdeckt worden seien. Durch die renovierte Wirtschaft fuhr ein Kind auf einem Plastiktraktor hin und her. Einmal kletterte das Kind auf eine Bank und wurde, als es ein volles Glas umstieß, das sich über Illustrierte ergoß, weder gescholten noch bekam es Schläge. Es mußte auch nicht früher zu Bett. Die Eltern, ein dickes, junges Wirtspaar, entzündeten wieder Zigaretten, bevor sie die Illustriertenmappen zu trocknen versuchten. Als Fernfahrer eintrafen, die jede Woche Wohnwagen und eine Ladung kopiegeschnitzter Madonnen nach Frankreich brachten, wurden neue Runden ausgegeben.

Nachmittags Erholung auf Strecken, deren Flurnamen seit Kindheit vertraut waren. Die struppigen Wiesen, Noli-me-tangere-Wälder, jähen Steige durch Gehölze und wilden Weiler hatten Ausmaß und Fremdheit verschiedener Kontinente besessen.

Rechtsherum: Birkach – Altringenberg – Schweinburg – Ackers – Bodenmühle – Unterried – Sommersbach – Menelzhofener Höhen – Fuchsbauer – Untere Argen – Dengeltshofen – Neutrauchburg – Ramsmoos.

Linksherum: Birkach – Altringenberg – Lengersau – Straß – Kenners – Obersteig – Greit – Riedholz – Iberg – Kugel – Schattenmoos – Schiedel – Hofen – Rain – Engen – Hengelesmühle – Schließlang – Anwanden – Ziegelstadel.

Es waren Läufe durch den Kopf. Die Weiden waren zu monochromer Futtermasse geworden, und die Höfe und Einsiedeleien trugen keine Altersmale mehr, waren zugetüncht, frisch gedeckt, verglast, erinnerungslos restauriert. Neubauten waren hinzugekommen mit Giebeln, Erkern, kleinem Mauerwerk samt Schießscharten, Zinnen und Knäufen, daneben stand der Frohsinn bretterverschalter Garagen. Aufgestrichene Asphaltbänder verbanden, damit Fleiß und Wohlergehen trocken blieben.

Eine uralte Tante, eingewiesen in ein Betonheim namens Sonnenhalde, erzählte, sie sei um sechs Uhr früh aufgestanden, es habe ihr vom sechsten Zahn geträumt. Vorbei am Krankenhaus sei sie zum Friseur gegangen, doch er habe nicht aufgemacht. Auch die Bauernbank, wo ihr Geld liege, sei noch geschlossen gewesen. Wohin, wohin, und schon Verkehr?

An der Klosterapotheke habe sie gewartet und dann nach Leinenwickeln für ihre jede Nacht brennenden Beine gefragt. Es habe nur Mullbinden gegeben, die sie nicht brauchen könne. Aber der Apotheker habe sie im Auto zurückgefahren. Solche Gänge mache sie nun öfter.

Abschied am Baggersee vom kranken Land. Blitz, Donner und Hagel brachen herab, als wollten sie jemanden erschlagen. Gerenne mit einem Stück Brett über dem Kopf durch die Flut der Schwaden. Die Glieder versteiften sich in der Kälte, die Füße wurden schwer; es gäbe, wenn ich nicht weiterliefe, bald keine Heimat mehr.

La Ferté Bernard

Abgrundtiefer Friede in der Allee vom Bahnhof bis zum Hôtel de Ville (Rathaus); die Bäume waren in Form vielarmiger Leuchter beschnitten. Sommerlicher Wind, murmelnde Kanäle, weder Passanten noch Autos unterwegs; die Geschäfte geschlossen, der Platz der Republik verwaist. Es war 8. Mai, Kapitulationstag, Sieg über den Faschismus, der bei uns nicht gefeiert wurde. Wo aber hielt sich die Bevölkerung an diesem vorgezogenen Wochenende auf? In Paris war sie nicht, nicht in Versailles, nicht in Chartres, auch nicht in der Provinz Sarthe, wo die kleine Stadt lag, die jedes Jahr ein verschwiegenes Hundertkilometerrennen veranstaltete.

Nachts Schweiß und verborgene Angst im Schlafsaal des Sportheims. Ein alter Österreicher mit gefärbten Haaren hatte eine Mappe voll Laufprospekten dabei. Am nächsten Tag würde er nach der Hälfte der Strecke aufgeben, weil er, wie er jedem erzählte, habe speien müssen, auch der Rücken sei wie verreckt gewesen. Die meisten der angereisten Helden kannten solche Sprüche bereits.

Morgens Kälte und Rauhreif, wir zogen Pullover unter die Nummernleibchen. Start neben einem Gehäuse, in dem Pokale aufgereiht standen, gestiftet von der größten Metzgerei, der Assekuranz, der örtlichen Bank, von einem Rechtsanwalt und dem Milchwerk. Da wir nur etwa fünfzig waren, würde, je nach Altersstufe, auch jeder Zweite, Dritte beschenkt werden. Die Ausländer hatten keine Teilnehmergebühr bezahlen müssen.

Die Strecke führte in die Landschaftswellen des stillen, süßen Frankreichs (la douce France) hinein, das aussah wie von Ludwig Richter (1803–1884), dem Gemütsreichen, aquarelliert.

Laubbäume rauschten, Getreide wogte dunkelgrün, andere Felder waren erst planiert worden. Aus ihrer Trockenheit stiegen neugierig Staubsäulen, die sich wanden, flatterten, rücklings wieder zu Boden fielen. Holunderbüsche wurden manchmal von einer Windhand geschüttelt, die Blüten stiebten auf, dann stand die überquellende Pracht unter dem durchdringend blauen Himmel erschrocken wieder still.

Es wurde wärmer, die Muskeln lockerten sich. Gesang auf einem langen Anstieg hinauf durch Alleen; ab und zu fielen aus Lücken im Geäst wirbelnde Sonnenstrahlen. Manchmal geriet ich wie auf einen Teppich, der nur noch aus Licht gesponnen zu sein schien.

Oben auf einem Plateau Nebenstraßen bis zu Kreuzungen, wo Richtungspfeile auf den Asphalt gemalt waren. Der Friede fing zu surren an, wollte an der Sonne zerren.

Es überholte aus dem Rückenschatten des Recken ein Trupp, und an einem Tisch gab es Getränke, außerdem Pudding in kleinen Schalen.

Angenehme Weite und wieder Ruhe; die Vegetation nahm in Empfang, Sträucher und verwachsene Pfade lockten, eine andere Route einzuschlagen. Einmal lief ich in einen Feldweg hinein, der zu einem verlassenen Gehöft wies. Auf dem Dach wuchs Gras, kein Hund bellte, in der Giebelwand der Scheune befand sich ein Loch, das wie ein großes, dunkles Auge geduldig zusah, während ich näher kam, und hätte ich nur noch wenige Schritte weiter getan, ich fürchte, ich wäre dort geblieben.

Nach dem Start hatte ein beiniger Geselle mit Stirnband um die Locken, Haupt einer saarländischen Rennfamilie, gesagt: »Weißt du, ein Hundertkilometerlauf ist großartig.

Ich kann sprinten, wieder einteilen, es macht mir nichts aus, ich habe nie Plagen. Du darfst nur nicht denken, sonst gibst du auf. Du mußt mutig sein, glücklich, dann leerst du dich, hörst und siehst nichts, hast keine Unterbrechungen, keine Gefühle mehr, machst alles richtig. Du wirst zu einer Öffnung.«

»Wie, was«, habe ich gefragt.

Er, als ich schon keuchte, fuhr unbeirrt fort: »Ein Hundertkilometerlauf ist einmalig. Ich freue mich, daß du dabei bist, wir sehen uns sicher eines Tags wieder. Iß nichts, trink nur, lauf nicht so aufrecht, beuge dich vor und verzichte nicht, wenn du glaubst, du würdest scheitern.«

Sibyllinisch eilte er zur Spitze, die, wie er schon erwähnt hatte, seine beiden Söhne übernommen hätten, der eine erst 18 Jahre alt.

Auf Höhe der verschwenderischen Landschaft, die weder abrupte Wechsel kannte noch Schmerzen zufügte, begann ein kahles Dorf, La Chapelle du Bois (Kapellenwald). Der mit Schieferplatten gedeckte Kirchturm ragte schwermütig gegen den Maihimmel, als habe das Dach die Kraft aller Blätter, die längst vermodert waren, in sich aufgesaugt.

Der Marktplatz lag leer im Sonnenschein; hinter dem Getränketisch saßen zwei Jugendliche, die sich langweilten und das Radio lauter stellten; daneben winkte ein Sanitäter, der eine Liege entfaltet hatte, nach Arbeit.

Wieder draußen vor dem Dorf, in dessen Ausfallstraße ein stürmischer Gegenwind anhob, Begegnung mit einer langen, alten Mauer, in die Gitter eingelassen waren. Die Pforte ließ sich nicht öffnen. In dem Friedhof standen Kreuze aus Eisen, die Gräber waren eng, es gab kaum Blumen, und plötzlich überholte draußen auf der Straße lautlos behend ein rot angezogenes Mädchen, dessen Schritte ich nicht gehört hatte.

Ein elektrostatisches Staubbombardement zwang, als wäre ich Bildschirmarbeiter, den Kopf zu senken, aber das

Mädchen ließ sich nicht einholen, schmolz in einer Kurve, die eine samtartige Mulde besaß, dahin. Als ich wieder allein war, glaubte ich, in Licht und Luft zu schwimmen, umgeben von Erinnerung.

Flatternde Krähen, in der Ferne ein Schloß mit einem Dutzend Kaminen und runden Fenstertürmen an den Flanken; an der Straße ein zufriedener Bauer, der einen Behälter auf dem Rücken trug, aus dem er Gift durch eine Spritze auf den Saum des Ackers pumpte. Der Bauer rauchte eine dick gewickelte Maispapierzigarette, schaute, versunken in sein Tun, nicht auf.

Schließlich fiel die Strecke ab zu einem Dorf, das am Gegenhang lag. Niemand da? Nur eine verlassene Tankstelle und Landmaschinen standen in Einfahrten. Zwei Tauben saßen auf einer hingeworfenen Heugabel, und zwischen geöffneten Fensterflügeln las an einem Küchentisch, kaum sichtbar in der Dunkelheit, eine magere Frau mit grauen Haaren eine Zeitung. Ich grüßte, die Leserin wandte den Kopf nicht.

Wiederaufstieg entlang einer Grabenkirche, dann Gemäuer und Scheunen, deren eingebrochene Dächer fast zur Erde reichten. Ziegel lagen in einer Wiese, ein Huhn reckte sich. Es saß auf einer blauen Schürze, wie sie Gärtner trugen. Danach sah ich hinter Bäumen eine Farm mit einem frisch gestrichenen, weißen Zaun, doch auch dieses Gehöft blieb menschenleer.

Erneut Teergeraden und Stille, die um Schläfen trieb. Die Kraft des Körpers schien ins Gemüt zu klettern, um dort krötenhaft sich aufzublasen, oder aber die neugierige Seele rutschte in die Knie, wo es vielleicht Knochenblitze zu verzehren gab.

Ein rechthaberisches Rapsfeld war in Strömungen, die vorüberwehten, schon Kilometer früher zu riechen, bevor ich es erreichte, geblendet von dem gelben Glanz.

Das nächste Dorf kam wellenartig in Sicht, besaß Kreuzungen, ein paar neue Garagen und eine Fritten-Bude. Auf dem Friedhof standen schwere, glatte Steine, die Rücklehnen von Sesseln mit goldenen Inschriften glichen.

Die letzten Kilometer führten über eine Hauptstraße mit Mittelstreifen und beginnendem Verkehr, was Blicke auf die Armbanduhr, Sport und Öde hervorrief.

Überholmanöver am linken Rand, zunächst einer kleinen Truppe, die ich in Überschätzung hatte ziehen lassen, dann eines schüchtern Bärtigen, der aussah wie ein Räuber, doch von einer Verlobten auf dem Fahrrad begleitet wurde.

Vororte, ein alter Mann als einziger Beobachter, der einen Eimer voll Wasser bereitgestellt hatte, vorhanden; Zementkübel mit Grasanflug, Wegweiser zum Hospital, Lyzeum, Bahnhof, dann Gassen und, es war Samstag vormittag, ein Gemüsemarkt, durch den Autos auf Suche nach Parkmöglichkeiten sich schoben. Sakrament noch mal, eines fuhr rückwärts auf mich zu. Endlich kam das restaurierte Rundtor der Feste Bernhards (La Ferté Bernard) in Sicht, hinter der eine Fußgängerzone mit Kugellampen sich anschloß.

Absperrungsseile am Münster, davor eine Tafel, daß abends ein Kirchenkonzert veranstaltet würde. Wendung zum Platz der Republik, wo der Ansager durch ein Mikrophon die Zeit nach der ersten 25-km-Runde rief. Noch nie war ich, und das auch noch bei Tag, einen Wiederholungskurs gelaufen.

Pullover ausgezogen, gelbe, falsche Brause getrunken, Nummernleibchen wieder übergestreift, was endlos dauerte, weil das Trikot nicht hinabgleiten wollte. Der Schweiß sträubte sich wie Nägel.

Hinaus, hinaus auf die Stadtgerade mit ihren wie jüdisch beschnittenen, siebenfachen Baumleuchten; dieser Eindruck mochte auf einem Irrtum beruhen, doch brachte Frieden.

Eine Kurve und noch eine, daraufhin eine Strecke bis zu

einer steilen Weggabel, wo zwei Jugendliche, die genügend Vorräte für ihren Kassettenrecorder besaßen, Autos anhielten, wenn ein Läufer sich näherte.

»Du courage«, riefen sie, höflicherweise. Mut, Mut!

Ich antwortete nicht, rannte, damit Lähmung überwunden wurde, wieder in die Landschaft hinein, die ich schon einmal gesehen hatte, und bemerkte aber, daß sie nun wie ein Moorgebiet aussah mit vereinzelt Birken. Gewaschene Schürzen hingen vor einem schwarzen Backsteinhaus an einer Leine und bewegten sich nicht.

Grimm im Bauch entlang Betonplatten; über ihnen erstreckte sich Stacheldraht, dahinter ragten Porzellanspulen eines Umspannwerks auf. Ich klammerte mich an Haselnußsträucher, in Hocke gegangen mit Kinderblick, denn es war nie langweilig, nie eine Enttäuschung, in summendem Gebüsch sich zu entleeren bei genügend Blattvorräten.

Das ganze Jahr über während unablässigen Trainings, ernährten wir uns mit Hefe, Getreidepampe, ein wenig Vitaminpillen und anderen Giften gerade wissenschaftlich oder steinzeitlich richtig, jedoch vor Rennen brach das Programm des zauberhaft gefüllten Muskelkörpers zusammen, es sei denn, eine Vertraute oder ein Gatte reisten mit. Sie hielten dann in der Weite landschaftlicher Wirrnis notwendige Tunken und Fruchtriegel bereit, spendeten auch Ermunterung und eilten wieder voraus, um nach vielen Kilometern erneut mit aufgeklapptem Vorratskoffer bereitzustehen, damit der Blutzuckerspiegel nicht sänke.

Nie erlebt, noch begehrt. Draußen vor der Kleinstadt, wo es zur Autobahn ging, hatte ich abends vor dem Rennen ein ›repas sportif‹, eine Sportlermahlzeit, die aus Büchsenerbsen, Pommes, Tomatensalat, häßlicher Remoulade und einem panierten Schweineschnitzel bestand, gegessen.

Da alle, die in Trainingsanzügen an den Tischchen des Speisebungalows saßen und fünfzig Franc bezahlt hatten, ohne Arg dieses Gericht vor einem überlangen Lauf verschlangen, nahm ich es auch. Zu lernen, was wir aushalten könnten, gab es noch viel.

Kurt aus Memmingen, 46, trank Bier. Er trainierte nie, reiste aber jedes Wochenende zu einem in- oder ausländischen Wettspiel. Inzwischen hatte er etwa 130 Marathons und 110 Hundertkilometerrennen bestritten, unentwegt an einem psychopathetischen Lebensgerüst bauend, das mit den Malpaketen und numerischen Gedichten eines Adolf Wölfli (1864–1930) vergleichbar war.

Später spazierten wir durch eine Siedlung neuester Giebelhäuser des Mittelstands, priesen das weit westlich verrückte Licht, gelangten noch zu einem älteren Dorfteil mit einem Pensionat und einer kleinen, überraschend geöffneten Bäckerei, in der wir, um Sünden zu vollenden, die letzten Schneckennudeln kauften, in denen rosarote und veilchenfarbene Pomeranzen staken.

Nachts im Schlafsaal, als rennten wir bereits, rollten die Augäpfel phasenweise gemäß REM (rapid-eye-movement) unter den geschlossenen Lidern vielleicht besonders hastig hin und her, auch der Verkehr zu den Toiletten riß nicht ab.

Nach der Erleichterung im Haselnußgebüsch anfangs der zweiten Runde trat Beschleunigung ein.

Wieder im ersten Dorf am Getränketisch angekommen, Kehre zum Anstieg, dessen Alleenschatten abgenommen hatten.

Aus dem Zwielicht schossen Rennradler entgegen, die, verwegen sich aufrichtend, freihändig grüßten, dann trat wieder Stille ein.

Oben auf dem Plateau versprühte kein Bauer mehr Gifte am Ackerrand. Gräben und Bäume waren in der senkrechten Sonne gleich groß geworden, und das nächste Dorf, La Chapelle du Bois, wo der Sanitäter auf dem einsamen Marktplatz sich erwartungsvoll aufrichten würde, gerann am Horizont schon Kilometer früher.

Wäre ich, gleich einer Ameisenkönigin, auf Hochzeitsflug gewesen, hätte ich die Flügel abgeworfen und wäre in eine Bodenfalte geschlüpft, wo eine Schildlaus, die ich auf dem Rücken mittrug, kühlen Honigtau ausgeschwitzt hätte.

Oder es wäre mir als Chile-Kolibri gelungen, Torpor, scheinbaren Tod aus Sparsamkeit zu befehlen, wodurch die übliche Bewegungstemperatur von 40 Grad auf 18 Grad gesunken wäre, ein geniales Rezept fürs Überleben.

Statt dessen hatte ich ein Gefühl nach Eisen, stabilstes Element mit höchster Bindungsenergie, das nach dem Zerfall der Gestirne allein auf schwarzer Spur im Weltraum weitertriebe.

Die Pforte zum Friedhof mit den eng gestellten Kreuzen ließ sich wieder nicht öffnen, dagegen war schon das Rapsfeld zu riechen, das noch jenseits des nächsten Tals lag.

Zwei rotblonde Mädchen, die kurze, pyjamaartige Kleidung trugen, überholten langsam, ohne die Köpfe zu wenden, auf englischen Fahrrädern. In Abstand folgte eine Wirtschafterin, deren Korb am Lenker voll Stangenbrot und Tomaten war.

Sie gehörten zu einer renovierten Hofanlage mit Rasen, architektonisch verteilten Holunderbüschen und Sonnenkollektoren. Plattenwege führten durch das Areal, und vor den Türen der übereck gruppierten Appartements standen kniehohe Glücksdrachen aus Alabaster.

Ich hörte mich schnauben, unterwegs im Wald poetischer Proben, die am Schreibtisch dann sich wieder hervorbringen ließen, oder aber ich jagte ihnen vergeblich nach, da sie, als Wirklichkeit getarnt, ganz anders gewesen waren.

Unten im dritten Dorf, wo die Landmaschinen ihre Deichseln in die Höhe reckten, lief ich zu dem geöffneten Küchenfenster und rief: »Bonjour Madame!«

Keine Antwort; die Leserin saß noch an ihrem Tisch und hielt die Zeitung in der Hand, eine Ouest-France der Provinz Sarthe, gedruckt in Le Mans.

Wiederanstieg an der Grabenkirche vorbei bis zu den elenden Scheunen, wo das Huhn nicht mehr auf der blauen Schürze saß. Auch sie war verschwunden, als habe das Tier sie davongeschleppt. Im Gras schimmerte noch eine feuchte, kahle Stelle.

Später verdroß, als beobachtete es mich, das luziferische Neuronengelb des Rapsfelds, und noch später, nach peinigendem Abstieg zum letzten Dorf, wo die Hauptstraße anfing, verdammten Hitze und nachmittäglicher Verkehr zu Nüchternheit, die, hatten wachsamere Läufer erklärt, unerläßlich sei.

Zu trinken gab es auf dem verlassenen Platz der Republik, erneut begegnete ich den siebenfachen Leuchtern, welche, glaube ich, aus Spitzahorn waren, dessen Frühjahrslaub an den zurechtgesägten Ästen wuchs.

Kein Segen mehr, Stadt und Landschaft waren in der Glut wie zu Wunden geworden, von denen ich im Knie, in der Hüfte, beiden Schultern und in der rechten Gesichtshälfte, wo ein Zeiger vorzurücken schien, zahlreiche mit mir trug.

Irgendwann oben in der stillen Mitte des Lands, als Wegweiser oder verwaiste Kamine durcheinanderstanden, bemerkte ich, daß Salzinseln auf den Armen gewachsen waren. Sie ließen sich nicht abschütteln, brannten Muster in die Haut.

Und die Zeitungsleserin, fürchtete ich, würde nicht mehr an ihrem Tisch sitzen, die dunkle, kühle Küche wäre leer.

Als in der Eintönigkeit Musik erklang, die von einem Reklameauto kam, hinter dem der Sieger, ein zerdrücktes Badehütchen auf, bereits seinen Lauf zu Ende rannte, kam der erlösende Einfall. Wenn ich die vierte Runde durchkämpfte, würde ich nie und nimmer den letzten Zug nach Paris erreichen und dann den Schlafwagen heimwärts.

Freundlich grüßte nun die Sonne aus dem Zenit, als sei sie ein gesättigtes Azeton-Molekül, Grundbaustein für lebende Organismen, die im Weltraum durch den Sagittarius-Nebel wehten, (75 km = 7:42:58) zu spät.

Training

Zu Hause trippelte trotz Schwüle ein Wrack in langen Hosen und in einem zugeknöpften Parka über den Rasen des Olympiabergs aufwärts. Hinunter jagte es, als ich überholen wollte, unter tiefhängenden Kastanienzweigen, die zu blühen begonnen hatten, empört davon. Die Stichelhaare des pausbäckigen Wracks bebten.

Es war eindeutig Linkshänder und kurzsichtig gewesen, also mathematisch hochbegabt mit Fähigkeiten für Musikalität und räumliche Erfassung, womit wiederum eine Tendenz für allergische Erkrankungen zusammenhing, eine Folge erhöhten Androgenspiegels.

Nächster Einfall: Leidensempfindlichkeit durch Heilkrampf; das Wrack war manisch-depressiv, falls Rezeptoren im Gehirn nicht Lithium zugeführt würde.

Es hätte auch Vitamin C nehmen können, das vielleicht Basenänderung in einzelnen Strangbrüchen der Moleküle bewirkte, doch dagegen tobten aggressive Atomgruppen, Irrläufer oder Krebserzeuger im Körpergewitter.

Im Englischen Friedhof waren weiße Sternchen am Boden gewachsen, es roch nach Zwiebeln und Knoblauch. Eine Leptosome wandte sich, nachdem sie ein halbes Pfund Körner in ein Vogelhäuschen geschüttet hatte, strahlend nach Zustimmung um und schüttelte ihre leer gewordene Tüte, dann trabte die töricht Naturbegeisterte langsam weiter, was ihrem peripheren Kreislauf zugute käme, den Verästelungen der Kapillaren. Rennläufer taten dasselbe ohne Vogelsamen.

Noch ein Fund: In einem Müllkorb am Weg entdeckte ich eine hellgraue Sommerjacke der Alta Moda mit ausgepolsterten Schultern. Ich ließ sie reinigen, trage sie manchmal, obgleich sie zu groß ist, noch heute. Aus ihren Ärmeln quillt Seidenfutter.

In den Taschen befanden sich ein Ticket der Air Tunis nach Monastir und zurück über Weihnachten, ein Billett für Übergepäck, ein versiegelter Feuchtkondom, ein Freundschaftsring, gestempelt 800, mit Gravur Reinhard St., sowie zwei silberne Drehbleistifte, einen für mich und einen für meine Tochter.

Inzwischen wurde Trunkenbolden in der Sowjetrepublik Estland der Anfangsbuchstabe ›O‹ gleich Opasnost (Gefahr) auf die Autonummer gestempelt, was den Moskauer Innenminister zu einem besorgten Leserbrief in der ›Literaturnaija Gaseta‹ veranlaßte, er habe seit Jahren für einen Urlaub in Estland gespart, aber sein Nummernschild der Nomenklatura beginne auch mit einer Null.

Bei uns blieben Kuhfladen auf den Wiesen liegen, weil den Milchrindern ein Mittel gegen Fadenwürmer verfüttert worden war. Deswegen ließen sich Schmeißfliegen, Falter und Käfer nicht mehr auf dem Mist zur Zersetzung nieder.

Eine Ernährungswissenschaftlerin, an deren Seite ich mich hielt, erzählte, daß ich Falsches gegessen hätte, nämlich jeden Morgen einen halben Würfel Backhefe; dies sei ein Vitaminvernichter, ich müsse Bierhefe nehmen. Demnach hatte ich seither jedes Rennen mit Vitaminmangel angetreten.

Der dicke, einst nackte Mann in der Kälte, er lag wieder vor seinem Gebüsch, hatte nun eine kurze Sporthose an, rauchte, las Zeitung, trug eine Brille.

Und hügeloben fragte ein junger Japaner auf pidgin im Anblick der olympischen Beduinendächer, wo das steinerne

Stadion sei mit dem Reichsadler und den fünf Granitringen? Ich schickte ihn nach Berlin.

Über Landschafts- und Städtebau hinweg, der wenig Harmonie entwickelt hatte, Erinnerung an die Zentralperspektive, die Paolo Uccello (1397–1475), über obsessive Studien gebeugt, ein süßes Ding genannt hatte. Der Maler vervollständigte in florentinischer Glasur die entdeckte Möglichkeit, Schönheit und Macht hierarchisch zu staffeln, indem er im Vordergrund verlockend hohe Pferdehintern darstellte, danach erst Lanzen, Ackerfurchen, Befestigungen, kleine Köpfe.

Bei uns fand ein Weltkongreß der Rotarier statt; 25 000 Mitglieder besetzten alle Strecken.

Gelbe Abschleppwagen entfernten am Gelände geparkte Autos, Polizei zu Pferde observierte jede Mulde, jede Steigung, und Vorführlimousinen der Bayerischen Motorenwerke sollten verlocken und Repräsentanz für die zahlungskräftige Kundschaft ausstrahlen.

Im Eiskunstzelt war ein Biergarten mit Zwiebelturmkirche und Lüftlmalerei aufgebaut worden; nebenan im Stadion feierten Einheimische die deutsche Fußballmeisterschaft mit Sieg-Heil-Rufen und Gesang.

Dann setzten Regenschauer ein, die Landschaften leerten sich wieder. Vor der Stadt irrten blind gewordene Rehe umher, die auch an Gelbsucht und Hirnhautentzündung litten. Die Tiere hatten sich an Doppelnull-Raps satt gefressen, einer neuen Ertragssorte, die keine Bitterstoffe mehr, dagegen viel Eiweiß besaß.

Der Regen blieb. Über eine der Stiegen mühte sich durch das Buschwerk der Parks, stolz Gleichgewicht haltend, ein Kind hinab, die kurzen Arme ausgebreitet. Es gurgelte vor Vergnügen.

Hinter ihm her schrien die junge Mutter, der riesenhafte Vater, beide in gelben Pelerinen: »Jetzt kommst aber her! Jetzt bleibst aber stehen, sonst gibt's was!«

Ich hörte einen Schlag, beginnendes Schluchzen, Weinen, wollte zurück, tat's jedoch nicht.

Ich hätte den Kampf gewonnen. Was wäre aber aus dem Kind geworden? Seine Eltern hätten es hinterher doppelt bestraft.

Zur Zeit wurde auch das nach der Bibel zweitwichtigste Buch des Abendlands ins Deutsche übersetzt, der ›Corpus iuris civilis‹, ein detailliertes Sammelwerk für Problemlösungen bezüglich Staat, Besitz, Personen und Prozeßverfahren, in Auftrag gegeben von Kaiser Justitian und verfertigt zwischen 528 und 534.

Das Bürgerliche Gesetzbuch von 1900 enthielt noch ein Drittel der Paragraphen des damaligen Römischen Rechts, unter anderem den Passagenvertrag, daß für Neugeborene auf Reisen über See keine Bezahlung entrichtet werden müsse; übernommen von der Lufthansa.

Weiterhin Regen und eine Eisenbahnfahrt nach Mainz zu einer vielstündigen Testserie im Institut für Sportmedizin der Universität, ob ich tauglich sei, einen Tausend-Kilometer-Lauf längs durch Westdeutschland zu bestehen.

Im engen Parterre des Instituts arbeiteten zahlreich junge Ärzte und Laborantinnen sowie im Keller ausländische Anthropologen; ich war von roten Markierungen übersät.

Fortwährend Blutentnahmen, aus dem linken Arm stand stundenlang eine festgeklebte Kanüle ab. Auf einem Ergometer, einem Trockenfahrrad, mußte ich wie ein Rennpferd eine luftabdichtende Maske tragen und hohe Wattzahlen erringen. Ein paarmal gähnten auf der Monitorscheibe zwischen den Kurven und Zacken der Herzfrequenz zierliche Extrasystolen. Ich wurde angenommen.

Doch wie würde das begradigte, entkrautete Land, durch das wir 20 Tage lang traben würden, aussehen? War die deutsche Idylle noch einmal zu entdecken oder offenbarte sich eher ein geheimer Lagerplan, den jede Generation neu erstellte?

Im Zug zurück saßen zur Bekräftigung vorgefaßter Urteile die betrunkenen Mitglieder einer bayerischen Blaskapelle, die in Belgien aufgespielt hatte.

Am nächsten Morgen zerfleischten sich im Park zwei Hunde, deren Herrchen jeweils auf das andere Tier einschlugen. Die Besitzer schrien: »Da gehst her! Verstehst net, saudumm's Vieh?«

Aber oben auf dem Hügel zeigte sich ein Überlebender aus Warschau, ein Kaninchen.

Tage später schlief dort auf der Aussichtsbank ein Junge mit blankrasiertem Schädel. Das bleiche, schweißübergossene Bubengesicht war von der Öffnung des Schlafsacks umrahmt. Auf dem Boden standen Bier-, Wein- und Sektflaschen, zum Teil nicht geleert. Aus einem Rucksack ragten schwarze Schnürstiefel, unter der Bank lag ein Paar schwarzer Turnschuhe, und rundum waren kleine Sicherheitsnadeln verstreut, deren Herkunft, Anwesenheit, gar Zweck zu Gedankensprüngen verleiteten. Ich sammelte alle Nadeln ein, um sie, wenn vor einem Rennen wieder einmal Nadeln zur Befestigung der Startnummern fehlten, zu verteilen.

Unten im Park wurde am selben Morgen vor dem Bamberger Haus eine weiße Zeltstadt aus Korridoren, Schluchten, Terrassen, Büffets, Palmen und kleinen Wasserspielen errichtet, vielleicht für eine Fürstenhochzeit.

Am nächsten Morgen war der persische Spuk, als hätte Altdorfer ein zweites Schlachtengemälde entworfen, schon wieder abgebaut, auch der junge Nationalist in düsteren Bekennungsfarben war oben von seiner Schlafbank verschwunden.

An einem Sonntag nach den vielen Regenwochen eine Explosion aus Licht und Wärme. Beim Eingang des Englischen Friedhofs lagen auf der ersten Wiese reihenweise internationale Rucksackleute in Schlafsäcken, und eine Stunde später tauchten während der zweiten Runde auch

Läuferinnen und Radfahrer auf, vervollständigt von Spazierfamilien und ersten Betrunkenen.

Das Wrack hatte, Kilometer beiseite, im Olympiagelände, keinen Anorak mehr an, doch noch bis zu den Knöcheln Hosen und ein Hemd mit langen Ärmeln. Seine Hände schlenkerten, als sei es ein Contergan-Opfer. Im Gras hielten sich entblößte, junge Buddhas im Schneidersitz aufrecht, neben ihnen lagen Rennräder in der Sonne.

In den Parks wurde gemäht und abends das Heu auf Pferdefuhrwerke geladen, als fehlten dem Gartenbauamt genügend Lastwagen. Oder es war ein Einfall des städtischen Verkehrsbüros, damit Japaner, Amerikaner in der gekämmten Wildnis vorher beschriebenen Empfindungen begegnen konnten.

Ein bunt angezogener Fallschirmspringer schleppte entgegen dem Wind seinen noch gurkenhaften Schirm hinter sich her, damit er sich entfalte. Auf der Wiese ruhte auch ein roter Kajak mit quergelegtem Paddel, und dann sah ich, daß im Schatten eines Gebüschs ein Photograph saß, der rief und dirigierte.

Nach vielen Umwegen und Verlassenheiten gewann ich, nachdem ich mich noch zu jung, zu unerfahren gefühlt hatte, wieder an Kraft, langsamer Zuversicht, um in Thujas Schlußroman versinken zu können.

Bei den Karwendel-Kasernen entstieg einer bayerischen Limousine ein in Familienserien alt gewordener Schauspieler, der eine weiße Hose und eine dunkelblaue Blazerjacke aus dem Kostümfundus anhatte. Er rief, nach anderen Schauspielern, die auch in dem Auto gewesen waren, beifällig sich umdrehend, mir nach: »Haben Sie's eilig? Wohin, wohin?«

Keine Antwort, sondern Gras bis zum Hals, da nach viel Nässe die Bobrinne für Kinder am Hang zugewachsen war.

Auch hatte ich den geheimen Eingang zum Holunderdickicht gefunden: darin Sonne auf einem kreisrunden Fleck, haushohe Brennesseln und andere Wunder.

In sommerlichen Farben kam unten im Kies die Dichterin Christa R. vorüber. Sie ging gleich einem Scheiterweiblein gebückt, durch ihr schütteres Haar glänzte gelb gewordene Vogelkopfhaut, und vor den dicken Scheiben der Brille staken aufgesetzte Prismen, damit die Dichterin in der ägyptischen Finsternis einen Wegstrahl sah. Erneut Dauerregen. Ein überlanger Lauf, den ich als Labormaus auf einem Rundkurs hatte ausprobieren wollen, wurde abgesagt, und aus niederbayerischen Mais- und Rapsöden waren in das Olympiagelände der Stadt ein Feldhase und ein Igel eingewandert.

Ab nach Italien zu einem Platz unter Pinien bei Ravenna, wo die Familie vor zwanzig Jahren zum ersten Mal am Meer campiert hatte. Unser kompliziertes Zelt konnte, versehen mit neuem Gestänge, innerhalb weniger Stunden aufgerichtet werden, doch schon beim ersten Regen kam es zu Wassereinbrüchen. Feuchtigkeit blieb, Schimmel gedieh.

Ich nahm alte Strecken wieder auf, lief in der Frühe durch trockenen Sand hinaus zum wilden Strand, der nicht gereinigt wurde, und sah, daß über dem gesprengten Bunker ein Glaspavillon errichtet worden war; weiter zum Kanal Bellocchio, in dem damals Strudel an Armen und Beinen zerrten. Jetzt war er versandet, ich konnte endlich hinüber in ein fremdes Schilfgebiet, wollte zum fernen Leuchtturm des Cippo (Pfeiler) Garibaldi, aber Schwemmholz am Ufer und dahinter Sumpf blieben undurchdringlich. Auf einer Tafel stand:

Zona Militare
Attenzione
Probabile Presenza
Bombe Inesplose

(Militärische Zone. Achtung, wahrscheinlich Anwesenheit nichtexplodierter Bomben.)

Durch Niedrigwasser fuhr, gesteuert von einer Frau, ein Boot hinaus aufs Meer, und ich hörte noch, daß die Frau den Bordsender von Radio Lidi auf Radio Pula (jugoslawische Küstenstadt) umstellte.

Das morgendliche Training wurde beschwerlicher. Sonne wechselte mit Regen, manchmal jagte über den aufgeworfenen Strand Eiweißschaum, der von zerschmetterten Quallen und Algen stammte, oder in den langen Dünungen schwammen viele kleine Hühnerfedern. Irgendwo an der Küste hatte es wieder Schlachttag gegeben.

Meine Frau erfand den Begriff der Emotionole, eine Großwetterlage der Gefühle, eingeschlossen waren Blitz, Hagel, Donner, aber auch Licht.

Und unsere Tochter sagte: Beim Gehen ist der Papa schön. Wenn er sitzt, ärgert er mich.

Kein kleines Mädchen strich mehr, wie früher, die Wellen mit einem Kehrbesen an oder beriet sich mit einem imaginären Hund, wer zuerst unter die Dusche solle. Jede Nacht tanzte das Kind an der Rotonda, wir durften nicht zusehen. Stumm lagen die Eltern im schiefen Zelt auf Luftmatratzen, die die Luft nicht hielten. Dann ging eines Nachmittags auch noch das gelbe, kleine Schlauchboot entzwei, verlor den Boden, konnte nur noch wie ein Rettungsring benützt werden: Geschrei, Tränen, Versammlung vieler Zeugen, schuld waren die Eltern.

Die Melancholie der Ferien nahm zu. Ich flüchtete, erlief Badeorte, aufgetürmt aus Zement und Wohnemporen, wie Lido di Pomposa und Lido delle Nazioni, die ich noch nie gesehen hatte, bekam Schenkelschmerzen und Wadenkrämpfe. Und am Tor zu unserem Lagerleben parkte seit Tagen eine fahrbare Blutbank der Sangue Italiana. Niemand betrat sie, um Blut zu spenden, ich sah auch nicht, daß sie jemand verließ.

Erholung brachten Hitzeläufe entlang Brackwasserlagunen nach Commacchio, wo ich mich, hatte ich einmal behauptet, zur Ruhe setzen wolle, vielleicht im stillgelegten Wasserturm neben der Kirche S. Euridice.

Inzwischen gab es dort eine Fußgängerzone, und das alte Hospital, in dessen Kanälen um die Grundmauern einst an Operationstagen blutige Watte schwamm, war zu einem Museum für regionale Kunst umgebaut worden. Auch die Zuckerfabrik, ein Monument industrieller Kultur draußen vor den Toren an der Wende Kilometer 15, arbeitete nicht mehr. Statt Zuckerrüben wuchsen in den Ebenen Raps und Mais.

Als dann in einem Sandsturm wieder der ›Turm von Hanoi‹ auftauchte, ein Mahnmal der Täuschungsmathematik, gestand ich mir, derweil die Knie nachgaben, die Angst vor dem längsten Lauf, für den ich trainierte, ein: Er sollte, vorbereitet von Militär und einer universitären Wissenschaftsgruppe, von Timmendorfer Strand an der Ostsee längs durch Deutschland nach Mittenwald im Karwendelgebirge führen.

Die Mundwinkel begannen eines Morgens zu spannen und rissen trotz aufgetragener Heilsalben auf; irgendein hormonaler oder enzymatischer Mangel bescherte Signal.

Ein elender Maler, der hinter uns an der dumpfen Wasserumwälzanlage für die Duschen hauste und sich Geld für seinen Aufenthalt im Freien zu verdienen trachtete, indem er die neuen Autos und neuen Wohnwagen der Gäste im Pinienwald malte, schenkte uns einen kleinen Karton, auf dem, ähnlich einer klaffenden Kartoffeljurte, in den Farben Max Beckmanns unser Zelt abgebildet war. Es war des armen Freizeitmalers, der nie badete, nie ohne Hemd und Hose ging, bestes Bild.

Letzter Tanz der Tochter an der Rotonda in der Nacht; Wochen später würde ich zu Hause im Bett noch manchmal erwachen, als hätten wir nach vielen Jahren der Plagen und des Glücks alle Anrechte auf einen nächsten Sommer dort verloren.

Auch stellte ich mir immer wieder die nachmittägliche und abendliche Speisetafel einer Großfamilie aus Ferrara vor, sah, wie die Kinder kleine Fische aus Gläsern aßen, und hörte, wie die Erwachsenen scherzend in verschiedenfarbigen Puddingmassen rührten. Früher hatte die Cooperativa in Armeeiglus gewohnt, jetzt besaß sie Zeltgebilde mit Bugfenstern.

In der Stadt herrschte sommerlicher Nebel, dann kam senkrechter Regen hinzu. Zarter Trab, bevor ich nach Timmendorf weiterreisen würde, hügelauf, hügelab durch das Olympiagelände. Schmerz schoß ins linke Knie und ließ sich nicht wie üblich überlaufen. Der Dibbuk blieb, wechselte auch ins rechte Knie über.

Trotzdem Fahrt mit viel Gepäck, darin ein Pfund Kompaßkarten, nach Norddeutschland, wo, nun meldeten sich auch die Magennerven, neben der Turnhalle, in der wir bis zum Start des Tausend-Kilometer-Laufs schlafen würden, die Wagenburg einer Panzertruppe aufgebaut war.

Es gab nur Soldaten, hagere Sportler und Sportlerinnen in Trainingsanzügen. Die Nahrung würde abgezählt werden, jeden Tag geschähen Gewichts- und Herzkontrollen sowie Blutentnahmen zur Bestimmung der Fettwerte, auch erfolgte permanente Sammlung des Spontan- und Nachturins in Kanistern. Das teure Wissenschaftsprogramm sollte Grenzwerte für Dauerleistung herausfinden.

Einen jungen Läufer kannte ich vom Mount Cameroon; ein anderer, der mir geschrieben hatte, ein Tiefenpsychologe, rauchte demonstrativ Pfeife.

Nachts im Turnsaal kaum Schlaf; ein pensionierter Oberst aus Belgien schwadronierte; andere Sportler erzählten Witze oder von Sport; ein alter Mann auf einer der versiegelten Matratzen, die uns von Etappe zu Etappe nachgefahren würden, hatte, außer mir, auch eine rote Stempelkarte bekommen, bedeutend: Extrasystolen ab 160 Dauerpuls.

Am nächsten Morgen kein Mut mehr, vor allem saß fortdauernd im linken Knie mein Dibbuk. Der jiddische Satan wollte nicht weichen, so daß ich nachmittags mit geschultertem Gepäck davonschlich. Fahrt zurück und, nachdem ich mich noch eine Woche lang aufrecht gehalten hatte, schließlich Untergang. Das holde Gleichgewicht zwischen Lauf und Wahn war endgültig zerbrochen.

Der Familienrat beschloß, ich müsse ins Krankenbett; die Tochter sagte, ihr Vater werde nun zu einer Landschaft.

Wochenlang Übung, mich nicht zu rühren, sondern still zu liegen. Die Teufel in den Knien stachen tags und surrten nachts, benützten auch das Sonnengeflecht im Brustbeinbogen als Landeplatz. Dagegen sah ich, daß auf den Straßen immer mehr freundlich gewordene Hunde unterwegs waren, aber unbekannte Blinde mit ihren weißen Stöckchen auf abgestellte Autos eindroschen und an Kreuzungen ungeduldig nach Beistand verlangten.

Mehrere Orthopäden stellten eine beginnende Arthrose fest, die mit Spritzen, Bädern und Elektrizität eine Zeitlang zum Stillstand gebracht werden könne, doch ein Urteil hätte ich durch unmäßiges sich Bewegen längst selbst gefällt.

Nur ein bleicher, hinkender Arzt, dem, als er eine Nacht an einer vereisten Felswand in einer Stehschlinge hatte ausharren müssen, auch Dibbuks in die Knie gekrochen waren, verkündete im Traumatologischen Institut, ich hätte extreme Kapselreizungen.

Geduld, Kräuter, Bandagen, Pastillen und seelische Mühsal; nachts hörte ich Musik von der Rotonda, und wenn ich erwachte, blieb ein Brausen und Klingeln im Ohr, als hätte ich Tinnitus bekommen, ein Gebrechen des Labyrinths bei beginnender Ertaubung. Leiser Gesang im Bett half mit ein wenig Tränen danach.

Wissenschaftlich war bewiesen worden, daß das männliche Sexualhormon Testosteron, das im Übermaß von Langstreckenläufern wie -läuferinnen erzeugt wurde, auch bei Gewaltverbrechern höchsten Pegelstand erreichte. Andererseits litten Kinder im Grundschulalter, die sich kaum bewegten, an Sprachstörungen, da Welt und Erkenntnis mit Handlungen zusammenhingen; sie nur zu erzählen, genüge nicht.

Jedoch die Regentropfenfrage war von Professor Alessandro De Angelis, Universität Udine, untersucht worden. Ob wir raschen Schrittes zum nächsten Unterschlupf eilen sollten und dabei, dem Regen entgegen, eine große Menge Tropfen abschöpften, oder ob es ausreiche, zwar dann dem Regen länger ausgesetzt, gemächlich zu gehen, so daß wir, pro Zeiteinheit, trotzdem weniger Tropfen sammelten? Bisher waren wir, wenn ohne Schirm oder Mantel, unserem Instinkt nach gerannt. Das mathematische Fazit hieß: Wer zügig ausschreitet (3 m/sek), wird nur um zehn Prozent nasser als jemand, der mit Weltrekordgeschwindigkeit (10 m/sek) durch den Regen rennt. Die Anstrengung lohne sich nicht.

Ähnliches hatte ich, im Trockenen sitzend, als Langstreckenschreiber erfahren, wenn Zeit, Jahr um Jahr ohne Rücksicht verschwendet, innerhalb Sätzen verflüssigt werden sollte. Unbehagen breitete sich aus, dem Anschein von Geschwindigkeit, vermeintlicher Übersicht, Raum zu geben. Lieber nistete ich mich in Genauigkeiten ein, die, verschoben aufeinandergelegt, schweifende Sicht durch viele Schichten in horizontale Perspektiven gewährten, aus denen, bildete ich mir ein, eher Nähe und Ferne, Details und ein Panorama abzulesen wären wie vom besten Gemälde der Welt, der Alexanderschlacht von Altdorfer, die wir, das jüngste Kind zunächst im Rucksack, Jahre später an der

Hand, immer wieder in der sonntäglichen Pinakothek betrachteten.

Glanz, der von Ritterrüstungen und dem persischen Säbelwagen stammte, dessen Radkränze mit abstehenden Schwertern bestückt waren, drang, vermischt mit den bläulichen Konturen einer ideal gedachten, schroffen Landschaft, zu uns, so daß wir den gepanzerten Rahmen des Bildes an der Wand berühren wollten, doch dann, hätten wir es gewagt, wären Elektrizitäten kurzgeschlossen worden, und Alarmsirenen hätten sich gemeldet.

Immer noch erklang manchmal nachts Musik von der Rotonda des Zeltplatzes, und auf den zuckenden Knien keimten rosarote Abszesse, kleine Dibbuk-Nasen.

Mein Vater hätte, im September 1939 sich im Sattel eines schäumend schwarzen Tautologie-Rappen erhebend, während meine Mutter und ich aneinandergeklammert am Ausgang der Ulmer Garnison zusahen, wie die Pferdehufe aus dem Kopfsteinpflaster der Straße Funken schlugen, rufen können: Haltet stand.

Nach acht Wochen Verzicht und Stoffwechseleinbrüchen, eine Form von Quell- oder Quersteuerung regierte in Herz und Gehirn, nahm ich, als hätte es die Schadenfreude der Orthopäden nie gegeben, gemäßigtes Traben wieder auf.

Die Hügel Olympias umgehend, näherte ich mich den verlassenen Zementbaracken der Montessori-Schule, wo wir glücklich gewesen waren.

Zwei Pferde wieherten hinter einem Zaun, zwei gefleckte Schweine begutachteten mich; vor der verschlossenen Tür zu den Unordentlichen Werkstätten hatten zwei bärtige Obdachlose, die wie junge Lehrer aussahen, ihr Schachbrett auf eine Mülltonne gestellt und überlegten Züge. Froh lief ich durch Steppengras, das das städtische Gartenbauamt stehengelassen hatte, dann weiter zu einer schüchtern angewachsenen Grasfläche, unter der ein Sammelbecken für Regenwasser lag, das von den Segeldächern der olympischen Sporthallen dorthin geleitet wurde. Über dem ganzen Gelände bebte, durchkreuzt von Masten und dem Büroturm der Bayerischen Automobilwerke, der einem Bündel Kolben glich, die aufgestaute Wärme des Föhns.

Wo aber hielten sich die Seelen der Schweine auf, denen nie Zeit gelassen wurde? Ein- oder zweimal hatte ich in den letzten Jahren, wenn ich genügend erschöpft, also entrückt gewesen war, ihr Flehen und Jammern gehört, das immer in einer Türfüllung gesessen hatte. Auch Schweine brauchten wie wir Vorbereitung und Raum. Hausschlachtung akzeptierten die Tiere, danach hätten sie in ihr Paradies davonziehen können, doch industrieller Tod stürzte sie in das von Panik erfüllte Zwischenreich, wie es die Apparatemedizin darstellt, an das sie gefesselt blieben.

Nachts im Schlaf flog ich ein Mal um den Erdball und sammelte eingekerkerte Schweineseelen ein, nahm sie mit in mein Bett, wo sie am Fußende einen Kugelhaufen bildeten, dessen Dichte etwa der Molekülmenge einer Handvoll Ameisen entsprach. Am nächsten Morgen hatte ich, als ich die Decke zurückschlug, das Gefühl entsetzlicher Verlassenheit, aber meine Zehennägel waren um mindestens einen halben Zentimeter gewachsen, ich mußte sie kürzen.

Jahrelang war ich, nachdem ich zu flüchten und auch wieder zurückzukehren gelernt hatte, glücklich gewesen. Nun schlichen sich Mißtrauen und Langeweile ein, als wollte ich mit Laufen aufhören. Vielleicht benötigte die Seele, um nachzualtern, ein wenig Bequemlichkeit, doch der Leib widersetzte sich. In Einklang gerieten die beiden nur, wenn ich lange lief oder noch länger schrieb.

Während einer der zaghaften Trainingsrunden, als die galizischen Teufel unter den Gummibandagen in den

Knien verstummt waren, saß auf einer Parkbank ein Brodijaga, ein Nichtseßhafter. Er trug ein Tiroler Hütchen und rauchte. Zu seinen Füßen lagen vollgestopfte Plastiktüten, sein Wandergepäck.

»Auf ein Wort«, rief er.

Er lese gerade, fuhr er fort, Zwillinge und Drillinge, paarige und unpaarige Geleitzüge aus den Blättern der Büsche ab und teile sie durch sich selbst, aber es gelinge ihm nie, obwohl es immer wieder den Anschein habe, als könne aus ihnen ein System gebildet werden, daß er, der Obdachlose, obwohl es genügend Blätter, Zweige, Bäume gebe, sich für Augenblicke zu Hause fühle. Ob ich eine Mark dabeihätte?

Sonne und frühmorgendlicher Wind; die Sichel des Monds hatte sich in einen Spalt zwischen den Wettern, die erst entstehen würden, verzogen.

Der Streuner war ein Verehrer von Primzahlen, wie Pjotr Waswowje, der vor ein paar Wintern in einem Birkenwald bei Nowosibirsk auf Rennski hinter mir hergejagt war. Wir hatten uns, in Parallelspuren nebeneinander platzraubenden Schmetterlingsstil laufend, verhakt und waren in einer Mulde gestürzt, wo wir im Schnee unsere gemeinsame Liebe zu Primzahlen entdeckten und ein ›buterbrod‹ aßen, das Pjotr dabeihatte.

Ich mußte mich unbedingt von diesen verkleideten und dilettierenden Wissenschaftlern trennen, was im Anblick des gekrümmten Monds, der hoch über den Alpen im morgendlichen Föhn steckte, Mühe bereitete. Der traumverlorene Übungspark war jedoch zu Ende, dahinter begann eine Schnellstraße.

Vorsichtiger Gang im Dämmer durch die nasse Totenstadt entlang Kanälen und über steile Brückenstege. Möwen flogen stumm voraus, Verputz bröckelte von Hauswänden und schlug im Wasser auf, in einem Ziergarten lagen zerbrochene Ziegel, die im Regen erröteten. Beim Hafen, auf der Isola Nuova, standen Omnibusse, die uns zum Start brachten.

Wir waren zu früh in Strà bei Padua, warteten in einer Cafébar, deren Aborte bald nicht mehr zu betreten waren, trabten draußen, um nicht auszukühlen, auf und ab, suchten Büsche auf, wandten uns hin und her, rüttelten auch an den Pforten der Villa Reale, in der sich eine kommunale Außenstelle des Innenministeriums befand. Dahinter lag, entrückt im morgendlichen Nebel einer Parklandschaft, eine von weißen Säulen umgebene Diaspora, die Remise und Stall des Lustschlosses gewesen war. Sei jetzt, sagte ein einheimischer Läufer, wie ich ihn verstand, ein Eßkloster für schwermütige Touristen.

Als aus den schwarzen Wolken zwei Hubschrauber brachen, in deren Türen angegurtete Kameramänner saßen, war es soweit: Wir durften uns erschrocken in Gang setzen. Der unaufhaltsame Regen fiel senkrecht, drang in Poren und rann über das Gesicht, als sollten wir amphibisch werden.

Warum war ich nicht zu Hause geblieben, im vertrauten Gehäuse des Märchenbüros? Sofort meldeten sich aus den bandagierten Knien die beiden Dibbuks, weshalb ich ein weiches Dahinschnüren versuchte. Außerdem verfing sich bei dieser Fortbewegungsart das Klatschen der Schuhsohlen auf den Asphalt nicht im Gezweig der Bäume an der Böschung gegenüber.

Die Strecke führte in langen Schleifen am Brenta-Kanal entlang, auf dem früher Lastkähne gefahren waren. Die venezianische Herrschaft hatte das fruchtbare Schwemmgebiet von Tagelöhnern, den ›braccianti‹, die nur ihre Arme, ihre ›braccia‹ als Betriebskapital besaßen, zu einem Bel Paese, wie es heute noch hieß, zu einem schönen Land eindämmen lassen, und Paläste waren gebaut worden, entworfen von Andrea Palladio (1508–1580) und Vincenzo Scamozzi (1552–1616). Den Sommer über wohnte der Adel Venedigs auf dem Festland, feierte dort bukolische Feste, für die es Geschirr aus gesponnenem Zucker gab.

Ähnlich wie damals Teller und Tassen schmelzen konnten, schienen jetzt die Gartenschlösser zerronnen zu sein. Ich sah sie nicht, die Villa Pisani, die Villa Valmarana oder, in Malcontenta (Unzufrieden), die Villa Foscari. Teilweise lief ich zurück, wurde mutloser und langsamer, verließ mich nur noch auf Blicke nach innen, als blätterte ich in einem der Bildbände, die ich zur Vorbereitung benützt hatte.

In Dolo, einer Abzweigung ins Hinterland, stand der Kirchturm schief; davor drängte sich Publikum auf dieselbe Weise unter Regenschirmen. In Mira entdeckte ich einen Reitstall mit klassizistischen Giebeln, doch das Lagerhaus einer Cooperativa schob sich dazwischen. Dann begannen wieder Maisfelder, der Brenta-Kanal wurde breiter, und daneben auf der abgesperrten Straße hatte sich das Feld der Läufer auseinandergezogen. Ich war froh, daß ich allein blieb, um in Trauer und Abschiedsgefühlen zu versinken. Zwar schwiegen die beiden Teufel in den Knien, aber Musik wehte wieder von der Rotonda des Zeltplatzes am Meer. Strommasten verneigten sich in der Ferne, und es winkten Brücken, die dann zum verhangenen Horizont wiesen.

Die zersiedelte Landschaft wurde in Dunst und Regen noch niedriger, als wollte sie davonschwimmen. Ich wußte kaum mehr, ob ich auf der Stelle trat und wie auf einem Stück Teer, das abgebrochen war, dahintrieb. Schmerzen krochen die Schenkel hoch, verzweigten sich im Rücken, legten sich um den Kopf und bildeten ein Stützkorsett, in dem ich mich sicherer fühlte. Schließlich roch es, nicht aus

Wehmut, süßlich, vielmehr kamen, während kurz Sonne durch die Wolken drang, Gaskessel und Sintertürme in Sicht, die im gebündelten Licht wie Burgen aus Graphit zu funkeln begannen, dann zog wieder eine Regenwand davor.

Marghera begann, ein Revier der Petrochemie, zusammengewachsen mit Mestre, an dessen Ufer, gegenüber Venedig, Raffinerien gebaut worden waren. Die meisten Venezianer arbeiteten hier und nicht als Servierer, Platzanweiser oder Museumswärter auf der elegischen Theaterinsel. Industriedünste zerstörten die Kulissen, an ihren Pfosten stieg das Meer immer höher, es flutete durch Fahrrinnen für Frachter und Tanker herein. Venedig würde allmählich weggespült werden, bis seine Überreste in gläsernen Kammern unter Wasser zu besichtigen wären.

Die Straße spaltete sich. Es ging Rampen hinauf, über die Wasser herunterlief, als taute der spiegelblanke Asphalt, so daß wir unwillkürlich in Schlittschuhschritte verfielen, dann schwangen sich autobahnähnliche Straßenhälften wieder hinab, mündeten in einem Kleeblatt, einem Kreisel, aus dem die Strecke nach einer halben Runde hinausführte.

Erneut oben zwischen Antennen und Schächten von Marghera und Mestre, vereinigten sich Sturm und Platzregen, als bliesen himmlische Heerscharen zum Angriff. Ein einsamer Läufer blieb stehen, brach langsam in die Knie. Ich nahm ihn an der Hand mit, hinunter in den Schutz von Plakatwänden und Lagerschuppen.

In Mestre hatte ich nach einer nächtlichen Bahnreise das Büro für, wie es verheißungsvoll hieß, Information und Logistik gesucht, es schließlich in einem Hochhaus gefunden, doch dort gab es keine Startnummern, sondern draußen in einem Hotel am Autobahnverteiler; Omnibusfahrt und Wanderung dorthin dauerten zwei Stunden. Wieder im Zentrum, erlösende Zugfahrt nach Venedig, dann Irrgänge durch Gassen und über Kanäle, wo ein bezahlbares Hotelbett wäre; anschließend Besuch des Markusplatzes, Flucht vor Tauben und, vorbei an einer alten Pest- und Lazarettinsel, Schiffsfahrt zum Lido; abends, zurück in der hohlen Stadt, Verzehr einer öden Pizza; nachts Bauchgrimmen und Erbitterung; früh fünf Uhr läutete der Wecker. Manchmal begann ein Marathontag, wenn er besonders ersehnt oder, wie in diesem Fall, gefürchtet worden war, mit Verstörung.

Die beiden galizischen Teufel in den Knien summten bei gleichmäßigen Schritten vor Behagen unter den Bandagen. Vielleicht hätten mich Stiche angetrieben, so aber konnte ich weitertrudeln, nachsichtig einem prustenden Mediziner, der ein Äskulapzeichen auf seinem Leibchen trug, durch den Außenbezirk der Raffinerien bis zum Ponte della Libertà folgend, dem kilometerlangen Brückendamm nach Venedig. Die Lagune, in deren Mitte die Stadt auf Pfählen ruhte, versank im Regen.

Kampf gegen Hagel und Verdrängungsstürme, die von der daneben liegenden Fahrbahn hinter Omnibussen und Lastwagen hervorstiebten. Auf Geleisen parallel dazu warteten Fernzüge um Einlaß zur entrückten Geisterstadt. Und in Betrachtung ihrer gesenkten Schnäbel verloren, saßen Möwen auf eingerammten Bohlen.

In Venedig wurden wir von einem letzten Stück Autobahn empfangen, das über Schutt und Schienen zum Hafen hinüberführte, wo entlang der Kais, die abgesperrt waren, damit wir nicht ins Wasser stürzten, an der Molo Ponente und der Molo Levante vorbei noch einige Kilometer auf uns warteten. Im Innenbecken des Hafens lag ein koreanischer Frachter wie gepfändet verwaist, von zwei chinesischen Schiffen erklang aufforderndes Geschrei. Einer dieser Zuschauer, der barfuß die Leiter eines Krans erklommen hatte, klatschte mit seinen Sandalen in der Hand.

Vielleicht litt ich an Blutarmut; Hämoglobin und Eisen hatten den Urin verdickt, der nur noch wie bröckeln würde, obwohl bei müden Läufern wie bei bleichen Schwangeren die Zahl der Blutkörperchen und das Plasmavolumen, verdünnt von reichlich Sauerstoff, eher zunahmen und nur Scheinanämie eintrat. Trotz blasser Lippen trieben wir die Lebenserwartung höher und näherten uns dem Ideal, kerngesund zu enden, was eine, wurde behauptet, als sollten wir augenblicklich in Hocke gehen und Fettwürfel zu uns nehmen, immense Kostensenkung des Gesundheitswesens zur Folge hätte, ein Irrtum, denn auch Langstreckler erlitten Schlaganfälle und benötigten stationäre Versorgung.

Nach den Verladestationen des Hafens erreichten wir die ersten Häuser, das durcheinandergewürfelte Viertel S. Marta. Viele spazierten nur noch, ließen sich überholen. Wäre ich stehengeblieben, hätten meine Beine auch versagt.

Wir rannten am Guidecca-Kanal entlang. Gegenüber, auf einem anderen Stadtstück, auch einer Insel, stand mit herausgebrochenen Fenstern ein Ziegelschloß, das Asyl der Konvertiten, in dem früher Reumütige bis zur völligen Zerknirschung eingeschlossen wurden. Weiter weg erhoben sich die Kuppeln von Kirchen.

Hochwasser schlug über die floßartige Uferstraße, die Zattere oder Zàttera hieß. Zuschauer drängten sich auf herausgestellten Tischen und Stühlen, hielten Schirme auf, während wir, zum Schluß des Laufs, durch Meeresbrandung wateten, vorbei am Museo Lapidario, in dem Kleinode des Gedenkens aufbewahrt wurden.

Wendung zur Dogana di Mare, deren Spitze in den Canale Grande hineinragt. Hätten dort nicht Helferinnen nach so viel Stunden immer noch ›attenzione, attenzione‹ gerufen und Ketten mit ihren Armen gebildet, wir wären geradeaus ins Wasser gelaufen und hinüber zum Markusplatz geschwommen. Aber vorher, wenn wir uns in Rükkenlage gedreht hätten, wären wir des Zollamts ansichtig geworden, über dem auf einer goldenen Erdkugel mit ausgebreiteten Flügeln und ebenfalls in Gold der erste Läufer, Kundschafter, Märchenerzähler und Freund der Diebe schwebte, Hermes der Götterbote.

Ein Stück zurück am Canale Grande lag das Ziel bei der Kirche Santa Maria della Salute, erbaut Mitte des 17. Jahrhunderts zum Dank, daß Pest, die gewütet hatte, vergangen war; für mich hatte sie noch nicht aufgehört – 3:48:41.

Ich fror, fand meine Kleidertüte nicht. In der Kirche gab es Gemälde von Tizian und Tintoretto, den Hell- und Dunkelmalern, aber ich sah nichts. Wärme und Trost spendeten, als ich mich bekreuzigte und neben mir eine Läuferin dasselbe tat, im Luftzug brennende Kerzen vor einem Marienaltar.

In einer Seitengasse lag die durchnäßte Tüte. Dann verirrte ich mich in den Skulpturengarten der Fondazione Peggy Guggenheim, wollte, der Wärme wegen, in die Kunstsammlung hinein, wurde aber, da ich kein Geld dabeihatte, wieder hinausgeschickt und fand nach steilen Brükken, verwinkelten Sträßchen spät das Hotel wieder, wo ich gewohnt hatte. In einem Treppenwinkel des kleinen Gebäudes fand ich den Haufen Unrat, mein verworrenes Gepäck, aus dem ich mich, ungeduscht, bekleiden mußte. Danach, den Rucksack auf, haßerfüllte Wanderung im gleichbleibenden Regen durch verschiedene Viertel auf Suche nach einem Teller Nudeln.

Es dauerte noch sehr lang, bis ich endlich ins Bett eines Liegewagens kriechen konnte, der mich durch die Nacht zurücktrug.

Draußen flogen in der Schwärze die Giebel der Gartenschlösser, die ich nicht hatte entdecken können, am Brenta-Kanal vorüber, und unter der Wolldecke regten sich in den Knien die überanstrengten Teufel.

Der Saal war mäßig voll. Vorn saßen Kenner, dann kamen leere Reihen, hinten verstreuten sich zufällig Neugierige. Draußen herrschten sommerliche Temperaturen, und der Verkehr brach sich entgegen dem Abendlicht genügend Bahn in der einzigen Großstadt Bayerns, wo einst neue Musik befürwortet worden war.

Auf dem Podium drängten sich, bestrahlt durch Scheinwerfer von der Decke, die höher zu sein schien als der ganze Bau, 98 Spieler und Spielerinnen: Flöten, Oboen, Klarinetten, Fagotte, Trompeten, Tenor- und Baßtuben, Posaunen und Kontrabässe, Pauken und große Trommeln, 14 erste und 12 zweite Violinen, Violen und Violoncelli, dazu 5 Saxophone und 5 Stimmenhalter wie Sopran, Alt, zwei Tenöre und Bariton, insgesamt ein schweres Orchester für eine Symphonie, die 26 Minuten dauern würde.

Mir war kalt, denn die Vorlage, ein langes Gedicht über das größte Säugetier der Welt, hatte ich geliefert, ohne den Komponisten zu kennen.

Er trug graue Locken und einen Parka, sah unfestlich aus und redete, wenn er es tat, verschleppt ein französisch-alemannisches Deutsch, das auch galizisch klang. Er sprang zu dem Dirigenten hinauf, einem älteren Herrn, der sich nicht bewegte vor dem Pult, blätterte in der Partitur vor und zurück, einem Folioformat.

Schweigen, Erwartung, weniger Licht: Der Prolog begann con sordo mit Violoncelli und Kontrabässen, alle in C-dur, zwar nicht enttäuschend, trotzdem ziemlich schüchtern wie mit schief gelegtem Kopf, irgendwann bestückt mit einer Stimme, die quasi parlando sang, daß große, viele Tonnen schwere Tiere, die ständig in ihrer Nahrung schwömmen, leise nach sechzig, siebzig Jahren stürben, als sei es nun genug.

Pizzicatoflötentöne hüpften umher, hauchten sich bald

selbst aus in 7/8-Takten entgegen 9/10-Streichen auf Saiten, wenn es solche Wechsel überhaupt geben konnte.

Hermann Scherchen, längst tot, hatte sie für Xenakis oder Dallapiccola dirigiert. Wenn Scherchen etwas nicht paßte, mußte der Komponist den Fehler sofort berichtigen, sonst erfolgten Wutschreie.

Der zweite Teil hieß Adagio, weich einsetzend vom Beginn der Bögen bis zu deren Ende und wieder zurück. Es waren 26 Violinen, die Wogen erzeugten wie verdickten Sternenstaub. Dann griffen andere Instrumente ein, klangen konfus, sortierten mit raschen Unter- und Oberlängen ihre Möglichkeiten und verfielen zur Erholung in ein Brummen, kaum mehr vernehmbar.

Zuhörer raschelten, waren unterschiedlich gelangweilt oder aufmerksam geworden. Ein paar mochten eine Lachtaube und einen Grünschnabel, die durch den Saal gekreist und wieder davongeflogen waren, gesehen haben.

Ohne Pause begann das dritte Stück, quasi scherzo, vielleicht dem Mathematiker Arnold Zelmanowitsch Walfisz gewidmet, einem Verfechter analytischer und additiver Zahlentheorien. Walfisz war, siebzig Jahre alt, 1962 in Tbilissi gestorben.

Zwanzig Jahre danach besannen sich Lehrlinge seiner Arbeiten, entdeckten die Gesetze der Flüssigkristalle, die geschwind Reihen längs oder quer bildeten wie die Musik, so daß Flötistinnen und Tubabläser aus Atemnot aufstanden, hauchend, tutend oder flageolettierend.

Jede Seite der Partitur umfaßte 35 Balken zu jeweils 5 Zeilen gleich 175 Linien, gezogen nachts freihändig in Kerzenschein, schließlich hilfs eines Descarteslineals, während die Gänsekielfeder kratzte und Gallentinte tropfte. Der Komponist hatte sich seine Unterlagen wie ein Musiker des 17. Jahrhunderts vorbereitet.

Der nächste, kurze Teil eines quasi Recitativo con tempo poco rubato gehörte den Saxophonen, die, in der Mitte des

Podiums angesiedelt, dem Dirigenten entgegenbliesen und auf ihre Weise keinerlei Kummer verbreiteten, als wünschten sie sich einen schnellen Marsch, der überraschend in einen rauhen Jazz hätte verfallen können, tückisch gekreuzt mit gravitätischen Melodien, wie Gunther Schuller einst U- und E-Musik hatte vereinigen wollen, doch damit war er gescheitert. Rechthaberische Tempi und komplizierte Übergänge hatten brahmsähnliche Klänge oder durchhängenden Beethoven stets vernichtet.

Schon Dimitrij Schostakowitsch nannte Kompromisse einen finnischen Bahnhof, als meinte er damit eine Schlächterstation. Schostakowitsch, dessen zahlreiche Werke auch Opern umfaßten, bezeichnete Tanzensembles als Kollektionen sterbender und wiederauferstehender Schwäne und brausender Adler; vor allem verachtete er gemischte Chöre, bei deren Gebrüll Fensterscheiben aus den Rahmen flögen.

Davon verkündeten die fünf Saxophone nichts. Sie endeten weit auseinander hoch und tief in einem langen Atem auf Ganztönen, die der geduldige Alexander Glasunow, ein Meister der Ausgewogenheit ohne Nationalkolorit, wegen beginnender Sklerose einen Halbton höher gehört hätte. Damals war er schon von Leningrad nach Paris emigriert.

Es wäre auch der Augenblick eines Jurodiwyi gewesen, des Gottesnarren, ein diakonischer Juror im Königreich der Toten, dem böse Sprüche und Anarchie nicht verübelt wurden, selbst wenn er ein Kind, das sich aus Angst vor Gefahr in den Tod flüchtete, dazu getrieben hätte. Stalin hielt sich einen solchen Helfer: Schostakowitsch, den gewaltigen Orchestrierer, der zuletzt sagte, er sehe nur noch Ruinen und Berge von Leichen.

PPP – piano partito poussé mit Abstrich, wobei ein C, ein As und ein Fis sich gegenseitig zu einer unendlichen Schleife vereinigten, entweder hinein ins Erdinnere oder hinaus in den Weltraum, wo Eschers Wasserläufe fallend und wieder ansteigend sich selbst speisten oder Wendeltreppen sich um Ecken und Wolkenungetüme wanden als Stufen perlender Musik.

Die Aufmerksamkeit ließ nach. Ensemble wie Zuhörer räusperten sich, verstellten die Füße, beugten sich vor, beiseite, zurück, bekamen Rückenschmerzen, an denen auch Karajan, der Obrigkeitsbeflissene, gelitten hatte, inzwischen verschwunden in einem Mezzomilliardengrab, von dem aus er weder Furtwängler geschweige Scherchen, den Kämpfer, je erreichen würde.

Die quasi Passacaglia, das längste Stück, begann mit den fünf Stimmen Sopran, Alt, Tenor 1 und 2 und Bariton, die ohne Worte sich gegenseitig überholende Kehren sangen, jedoch weder Sängerin noch Sänger waren zu sehen. Erst jetzt bemerkte ich meinen Irrtum, daß ich schon vorher unwillkürlich Zeilen des Gedichts in die Orchestervibrationen hineinprojiziert hatte, ein Akt angetrunkener Eitelkeit oder seliger Erinnerung: Bei Walgesang dudelten immer die Saxophone, imitierend einen schnellen Schuller.

Gottlob hielten Streicher, Bläser und Paukenschläge die grausamen Jazzer nieder, verstrickten sie in Hallodri und Gebraus, was durchaus mit virtuell sich überlagernden Alleen zusammenhing, labyrinthischen Gebilden, denen Posaunen, Tuben und Hörner manchmal Wege wiesen, die dann in stumpfe Winkel mündeten.

Kiebitze und Schnepfen, Austernfischer mit roten Schnäbeln, Heringsmöven und Kampfläufer schwirrten durch den Saal. Wir zogen die Köpfe ein und blickten nur noch scheu hinauf zum Dirigenten, der sich heftig zwischen einem Surren, subkutanen Walzertakten aus der Ecke der Oboen und zwei gegenläufig swingenden Melodien kaum Raum zu schaffen vermochte.

Die Szenerie drehte sich. Wie wäre es denn, wenn wir wie der Trompeter Miles Davis, der, gekleidet in italienische Fallschirmseide, aus Hochmut mit dem Rücken zum Publikum gespielt hatte, uns auch abwendeten und zur Eingangstür blickten, an der Pförtner und Garderobieren lehnten, trinkend und strickend, während hinter uns das schwere Orchester sich mühte, die Wellenbrecher zu überwinden?

Eine neue Qualität wäre vonnöten aus Farbe, Rieb und Risiko, die ein Konjunktivtief ausloteten, das zudem alliterierte. Und prachtvoll ritten Reim und Pathos über die Sitzenden.

Die günstig plazierten Saxophone ereiferten sich in einem Klanggewölbe nullter Ordnung, die Scherchen, ein Jahr bevor er starb, in einer dem schweizerischen Patentamt eingereichten Arbeit beschrieben hatte. Er bezeichnete seine Theorie als Meridian genau definierter Willkür im Chaos, das allein, ob bei Einzellern, in der Pflanzenwelt, bei Wirbeltieren oder in der Musik, für Fortschritt sorge.

Er hatte recht, da ein in Hamburg von einem Stiefelnagel erzeugter Funke tausend Kilometer südwärts und Stunden später, beispielsweise in Dornbirn, mehrere Dutzend Regentropfen zum Absturz bringen und das Singen einer Kreissäge merklich ansteigen lassen konnte, so daß für ein paar Sekunden ein himmlisches Gärtchen aufleuchtete, aus dem es musizierte, allerdings nicht an der Elbe, sondern in Vorarlberg.

Irgend etwas, das schon immer nicht dagewesen war, fehlte im anschließenden Satz, etwas Gewöhnliches und Außerordentliches, vorhanden in Stuben oder Salons: Klavier und Harfe. Hatte der Komponist, Danroll Rossem, ein Nazmin, Spitzname für eine nationale Minderheit, in diesem Fall ein naturalisierter Rätowelscher, die beiden Instrumente vergessen? Die Aussparung wies auf Talent, mehr noch auf ein unkonventionelles Studium hin, als hätten für erste Übungen Hackklotz und Wellblech gedient, durchaus möglich und widerständig erfolgversprechend, denn Einstein hatte seine Relativitätstheorie, Zigarren rauchend und mit dem Fuß die Wiege seines Kinds schaukelnd, entworfen, während seine Frau, eine ungarische Mathematikerin, Geld verdiente. Welche Rolle spielte Rossems Frau? War sie Kinderpsychologin oder Devisenhändlerin? Nach dem Konzert würde ich den Komponisten vorsichtig um Auskunft bitten.

Vormarxistisch und zwischenbürgerlich war ontologisch trotzdem alles ordentlich an die Seinslehre geheftet, ob es das harte Gefieder von Neukantianern, Positivisten, Existentialisten oder zum Ende des zweiten Jahrtausends den Flaum narzißtischer Hermeneutiker betraf. Ästhetik hieß die neue Religion, die in serbokroatischen Straßendörfern oder im Schmutz des Stadtrands von Oran, wo ich einmal Teeausschenker gewesen war, sofort zusammenbrach. In jedes Glas kam eine Faser Kif, übelste Sorte des Harmoniegifts.

Brandgans, Regenpfeifer und Dreizehenmöve, dazu eine Trottellumme, die, verklebt einer Ölpest entronnen, sich kaum auf Höhe zu schrauben vermochte, verdüsterten den Horizont. Die Vögel prallten gegen die Holzverkleidung des Saals, doch als das Publikum stöhnte, schmolz das kleine Geschwader zu einer Kugel zusammen, die sich lautlos auflöste. Das war Scherchens Witz gewesen, eine nullte Ordnung; finster besonnt durch schwirrende Cluster von vier Klarinetten, Rossems Witz und geduldige Kraft.

In seiner Jugendzeit mußte der Komponist Taxifahrer gewesen sein, nachts auf den Knien eine Partitur balancierend, deren Linien er selbst fertigte. Vielleicht hatte er mit den Fingern gegen das hohle Armaturenbrett geklopft, und aus Synergie waren Staubpartikel auf das Notenblatt geschwebt, wo sie sich, bewimpelt und beschlüsselt, zu Formationen organisieren ließen. Niemals hatte Rossem am Klavier komponiert, wie es noch der weiße Hirsch Zenoch an einem Flügel tat, und selbst Nono benützte für erste Notierungen seiner sich einstülpenden Schweigestrategien ein Hammerklavichord, das von seinem Schwiegervater Schönberg stammte.

Donaueschinger trieben vorüber, Grasflecken im Fluß, aus denen Schusterriemen sprossen, basische Frauenhaare und das Mundstück einer Posaune.

Fagotte, Violen und Violoncelli dümpelten dahin, es konnte eine List der Verflüssigung sein. Plötzlich dachte ich an György Ligeti, einen jugendlich gebliebenen Hamburger oder Wiener Greis, der Klavieretüden auf den Markt geworfen hatte wie einst Czerny, der Tausendmeister.

Ähnlich Ligetis Passacaglia ungherese, einem rasend minimalistischen Continuum, und Ligetis Hungarian Rock öffneten sich zahlreich Mikrotraumen, entzündet von doppeltem Kontrapunkt, schwindelerregende Vielstimmigkeiten, über denen Pachelbel und Frescobaldi ihre Szepter schwangen.

Rossems Initiative griff wieder. Zwei große Trommeln, acht Kontrabässe, ein Nest Hörner und Piccoloflöten vereinigten sich zu einem Flottenverband, der durch polyrhythmische Gewässer pflügte, Schaumkronen hinterlassend und eine Furt, als teilte sich ein biblisches Meer.

Sand wehte in die Augen, vielleicht waren es auch Salzkörner, doch zum Weinen blieb wenig Zeit, da nacheinander zwei Dutzend Violinen zunächst Tropfen, dann kleine Fontänen aufsteigen ließen, die von Küstenwind aus dem Saal gerissen wurden, wodurch der abendliche Stadtverkehr zwischen Feldherrnhalle und Siegestor ins Stocken geriete; auch Ampeln pausierten. Selbst Schäferhunde, denen bei uns viel Achtung zuteil wurde, duckten sich auf den Trottoirs und verschlangen, falls gerade ausgeschieden, ihren Kot. Kühle, Sauberkeit und Übersicht residierten, ein Ideal der Planquadrate und Lagerstraßen, in denen wir heimisch gewesen waren.

›Rothschilds Geige‹ schluchzte, sägte dreigestrichen höher Holz und Nägel klein, zerstäubte Plankton, ohne das es weder Sauerstoff noch Tiere gäbe, und Benjamin Fleischmann, der nur Klaviernoten für sein einziges Opernstück, die Geige Rothschilds, hatte herstellen können, verneigte sich unerkannt im Nebel, da sich seine Spur im letzten Weltkrieg endgültig verlor.

Wen Heiserkeit schmerzte, der benötigte eine Kampfer- und Ammoniaklösung; wer sich im Zentrum der Empfindungen glaubte, wurde von Trompeten und fidelen Saxophonen aufgeschreckt; wer die Vorlage kannte, stellte fest, daß die massenhafte Verteilung der Noten auf den Folioseiten schön aussah. In der gesamten Musikgeschichte gab es überhaupt keine häßliche Partitur, als Bild vergleichbar Matratzen von Telephonverkabelungen oder Masken von Chips: Ästhetische und naturwissenschaftliche Nützlichkeiten glichen einander.

Im Entwurf einer physischen Weltbeschreibung hatte vor 150 Jahren Alexander von Humboldt vermerkt: Wenn der Mensch mit regsamen Sinnen forsche oder in seiner Phantasie die weiten Räume der Schöpfung durchmesse, wirke unter den vielfachen Eindrücken, die er empfange, keiner so tief und mächtig als der, welcher die allverbreitetste Fülle des Lebens erzeuge. Die Natur sei in jedem Winkel der Erde ein Abglanz des Ganzen. Die Gestalten der Organismen wiederholten sich in anderen und anderen Verbindungen, auch der eisige Norden erfreue sich monatelang krautbedeckter Flächen, großblütiger Alpenpflanzen und milder Himmelsbläue.

Das schwere Orchester bereitete im fünften Satz, der Passacaglia, seinen Abgang vor, jedoch, wobei die Bühnenbeleuchtung matter wurde, tauchte aus der rückwärtigen Saalhälfte ein Wal auf, der sich über die Köpfe der Zuhörer und Zuschauer hinweg durch imaginäre Fluten eine Passage bahnte. Er stieß eine Atemsäule aus, sank danach, ohne jemanden zu streifen, wasserverdrängend unter, um nach einer Weile erneut sich hochzustemmen.

Seine kleinen Augen blinzelten, auf seinem Rücken hing die Haut in Fetzen, als hätte er Sonnenbrand, in dem Flöhe,

Krebse und Läuse nisteten, Plagegeister, die von Pilotfischen und winzigen Vögeln, deren Herkunft niemand kannte und die jede Fahrt in die Tiefe überstanden, abgeweidet wurden.

Der Wal, verfolgt von Tuben, Trompeten, Posaunen und einem taumelnden Schellenbaum, wurde schneller, viele Tonnen aus Eingeweiden und Knochen wie im Flug steuernd. Dazu sang er, Echos holend von Schelf zu Schelf und nach Antworten peilend anderer Wale, die irgendwo in den Meeren verborgen waren. Kein Komponist, selbst Nono nicht, Erfinder fast stumm ineinanderstürzender Klänge aus Blas- und Streichinstrumenten, gepaart mit elektronischen Schleifen, hätte solche Lieder auf Notenblätter zu schreiben vermocht, denn die Melodien des Wals, ein hochfrequentes Klicken und Sirren, entsprachen eher den Wellen oder Korpuskeln magnetischer Elektrizität, die zudem noch etwa die Textmasse des Neuen und Alten Testaments beinhaltete, fehlerlos in einem Zug vorwärts und rückwärts gelesen.

In Groß Pampau, einem unbedeutenden Weiler in Südholstein, im Telephonverzeichnis gab es für diesen Ort keine Vorwahl, waren in einer Tongrube aus dem Miozän, 25 Millionen Jahre her, Gerippe von Haien und Urwalen gefunden worden.

Ein in Südägypten ausgegrabenes Skelett, benannt Basilosaurus isis, besaß wie das in Groß Pampau vorn zwar Flossen, jedoch hinten 60 Zentimeter hohe Beine, die einen Leib von schon 16 Metern tragen sollten.

Wissenschaftlerinnen erklärten, damit hätten die monströsen Tiere im Trockenen zur Begattung auf andere kriechen können. Die genetische Konsistenz einer Eintagsfliege oder die einer Knoblauchzehe entspreche auch der des größten Säugers, dessen Wirbelsäule Jahrmillionen gebraucht habe, um Meter für Meter zu wachsen.

Der Wal, unterwegs von einer Menopause zur anderen,

sperrte sein Maul auf und sog Nahrung ein, Krillkrebse hunderttausendfach, die in seinen Barten hängenblieben. Zum Hinunterschlucken der Fracht verschlang er etwa tausend Liter Wasser, die hinterher durch das Atemloch hinausgepreßt wurden.

Weiße Flocken, sämtliche Fagotte, und rötliche Horizontalen Flöten und Klarinetten, schwangen hin und her; Kontrabässe, Violinen und Tenortuben griffen am Dirigenten vorbei, der den Komponisten entgegen Aufführungspraxis zu sich aufs Podium winkte, wo beide ratlos ihre Köpfe über die Partitur senkten.

Ein Kinderwal hatte sich im Strom der Musik dazugesellt. Das Jungtier wollte nicht verstehen, daß seine Mutter manchmal aus der Meeresfläche heraus sich senkrecht stellte und für geraume Zeit mit der Hälfte ihres riesigen Leibs im Freien verharrte, während das Kind seinen Kopf gegen den Bauch der Mutter stieß, damit sie in die Tiefe zurückkehrte, wo Orgeln spielten, Bögen über Kiefern kratzten und scheue, kleine Taucher hinter Korallenbänken Verstärker und Manuale bedienten.

In der quasi Cadenza waren die fünf Saxophone, ein Ärgernis, wieder allein unterwegs. Sie verfolgten mit Zweiunddreißigsteln und Vierundsechzigsteln einen Gegner, den sie, obwohl er nur gemächlich auf und ab rollende Technik vorführte, nicht einholten.

Schließlich besaßen die Instrumente kaum mehr Luft, fingen zu seufzen und zu husten an. Dazu gehörten Gedichtzeilen:

Manches Mal, wenn ich traurig bin,
bilde ich mir ein, ich sei ein Wal,
ein tonnendicker Lungenfisch,
der nicht mehr ins Trockene zu kriechen bräuchte,
um sich zu veredeln, ausgesetzt Regen und Wind
und der messerscharfen Konkurrenz der Menschen.

Ich lehnte den biologischen Wandel ab,
verringerte freiwillig die Zahl
der nicht benützten Gehirnzellen
und stürzte mich in die Fluten zurück,
wieder einig mit einem Pfand,
das Antwort fände in den langsamen,
überlegten Bewegungen der Wale,
ihre Leiber wälzend wie Berge,
und Melodien erzeugend gleich deren Hall,
geborgen in einem Element,
größer als jedes Land.

Zuletzt, im Echo, waren die Saxophone erschöpft. Mundstücke wurden entfernt, und Spucke rann aus Rohren. Vereinzelt warfen Geigen, Tuben, Klarinetten, Oboen, eine Posaune und zwei Flöten zum Abschied da und dort noch Bojen aus, die von dem auf und ab schlagenden Tankerruder des Wals zerschmettert wurden. Dem Sog des zweigeteilten Schwanzes folgte der Kinderwal, strudelnd im Pianissimo eines Violoncellos und einer Kesselpauke.

Keine Evasion mehr im Saal, das Publikum, allein gelassen, mußte sich zurechtfinden, ähnlich mühten sich Orchester und Dirigent auf dem Podium.

Im Epilog nach dem Echo hatte der Komponist auf einen der freien Plätze in der Partitur einen Spruch des überaus eitlen Schriftstellers und Nobelpreisträgers Elias Canetti geschrieben, der nichts, überhaupt nichts über Tiere, ihren Tod wußte. Die Textstelle aus Canettis Aufzeichnungen 1943/1949 war peinlich, aber Irrtümer eines Musikers und früheren Taxifahrers konnten trotzdem einer Symphonie dienen.

Ich ging, hatte draußen Schwierigkeiten mit dem Zahlenschloß meines Fahrrads. Regen bürstete Steinkopfpflaster und Asphalt. Zwischen Feldherrnhalle und Siegestor fuhren Autos und Omnibusse im Schritt mit eingeschalteten Scheinwerfern. Wäre Danroll Rossem, der naturalisierte Rätowelsche, in seinem Parka mit übergestülpter Kapuze hinten auf dem Gepäckträger gesessen, hätte ich den Komponisten noch fragen können, in welchem Beruf seine Frau für die Familie Geld verdiene: Als Mathematikerin oder als Haushälterin für Holundersäfte und geliertes Bier, die sich gegenseitig im Eisschrank bekriegten? Er antwortete nicht, auch nicht später auf Postkarten und Briefe, die ich ihm schickte.

Winter II

Stetiger Lauf durch Nebel Hügel hinauf, von ihnen hinab. Lärm aus der Stadt brandete wie langgezogene Unterwasserwogen, die Häuser, Maschinen und Straßen bald verschlängen. Ich sah nichts, fühlte mich glücklich, als hätte ich Schokolade gegessen, die den Hirnbotenstoff Phenylethylamin (PEA) enthielt, der Euphorie, ein Verliebtsein hinüber in den abwartenden Kopf schickte.

Zwei Frauen tauchten auf, schoben Fahrräder mit kostbarer Fracht, vorn in einem Sessel aus gelochtem Blech und hinten auf dem gepolsterten Gepäckständer saßen Kinder, ein Sträßchen herauf. Es schlugen Calcitoninpeptide, riesige Eiweißkörper aus 37 Aminosäuren, in meine Gefäßwände ein: Ich bekam Angst, floh, verhaspelte, noch grüßend, mich, geriet zwischen den Pagodendächern des Stadions und der Schwimmhalle abwärts auf die Ringautobahn, von der es kein Entrinnen mehr gab.

Donnern und Kreischen, in einem heulenden Tunnel flammten Scheinwerfer entgegenkommender Geschwader auf, deren Verdrängungssturm mich an die Wand preßte.

Wäre ich zurückgelaufen, hätten die satanischen Fahrer mit Namen Belial, Asmodi, Beelzebub, Abaddon, Byleth, Zapan, Diabolos oder Scheitan mich überrollt.

Ich befand mich in einem mittelalterlichen Stollenwerk, im La Trahiso Orale (Der mündliche Verrat), einer Sammlung altfränkischen Volksglaubens.

Der Schmied Gallus in Hemdsärmeln, einen schweren Eisenhammer in der Hand, stand aufrecht vor dem Amboß. Eine ungewöhnliche Röte färbte das Gesicht des Schmieds, und weiße Locken schwebten leuchtend um seinen Kopf. Frauen, in große, dunkle Umhänge gehüllt, entkleideten einen mageren, blutleeren Knaben, der vor Entsetzen die Augen rollte. Ein Alter mit nackten Armen betätigte einen Blasebalg. Die ganze Schmiede wurde erhellt vom blutigen Widerschein des Feuers. Gallus murmelte ein paar Worte, sogleich wurde das Kind auf den Amboß gelegt. Während es seine Mutter bei den Armen faßte, hielt eine andere Frau seine Beine fest. Der Schmied stützte mit der linken Hand den Nacken des Kinds, die andere Hand ging auf und nieder.

Schmerzensschreie, Blech, Tuben, Clairons, aufgedrehte Mikrophone oder Hupen; ich wußte nicht, wohin.

Mit aller Macht schlug der Hammer auf den Amboß. Der Leib des Kinds war von Krämpfen geschüttelt, das Gesicht wie aufgelöst, die entsetzten Augen standen weit offen. Über die Wangen der Mutter liefen dicke Tränen.

Wilde Rufe, zerfetzendes Blech und Eisen, übersteuerte Klirrfaktoren, trommelnde Reifen; nun schrie auch ich.

Beim letzten Schlag hielt der niederfallende Hammer knapp über dem Bauch des kranken Kinds inne und streichelte zart die Haut. Das Kind wurde in aller Eile angezogen und weggebracht. Gallus streifte seine Jacke über und ging auch.

Verstärker abgedreht, es erklangen Kadenzen temperierter Klaviere, dazu Schollengeigen, und ein Harmonium spielte seufzend Tarantellamusik.

Ich hätte das Kind gern mit den Zähnen gepackt und es wie aus einer gekenterten Fähre durch ein geplatztes Bordfenster, den Ausgang des Tunnels, gerettet.

Allmählich geriet ich wieder ins Freie, wo eine andere Wärme herrschte. Am Ende des Luitpoldparks, beim Bamberger Haus, turnten Eichhörnchen über zugeklappte Sonnenschirme, und im Keller der renovierten Villa würde, hatte ich gelesen, im nächsten Frühjahr eine der kleinsten Brauereien der Welt eingerichtet werden.

Drei junge Hunde jagten auf mich zu, sprangen an mir hoch, ich mußte abrupt stehenbleiben, um den Beuteinstinkt der Tiere zu unterbrechen. Ein ondulierter Mann lachte.

Ich rief: »Tun Sie Ihre Dackel weg!«

Er: »Wos host gsagt? Derschlagen ghörst.«

Ich: »Duzen Sie mich nicht.«

Der Hundehalter ging mit erhobenem Arm auf mich los, daß mir aus Angst und Wut nichts anderes übrigblieb, als einen Querhieb anzubringen, und dann rannte ich davon durch eine sich plötzlich öffnende Gasse: Ein Sammler, der sich verirrt hatte in fremdes Jagdgebiet, floh.

Testosteron, bei Läufern im Übermaß vorhanden, beschleunigte. Bekannt war auch, daß in Speichelproben von Gewaltverbrechern sich mehr männliches Sexualhormon befand als in denen von Taschendieben oder Trickbetrügern.

Schein und Sein gerieten fortwährend aus der Balance, aber ich empfand Gleichgewicht, indem ich zwei Extreme betrieb: lange Distanzen am Schreibtisch wie auf den Beinen.

Stille kehrte ein. Über der Stadt schwebte Dreck im bösen Licht des Herbstes, die schwarzen Gebirge rückten näher vom Alpenrand, und wenn Flugzeuge aufstiegen, funkelten sie gleich aufgeschlitzten Diamanten, bevor sie in Sonnenstrahlen dampften.

Schließlich lag Rauhreif auf der Strecke, unter den Schuhen knirschten kleine Kristalle. An Kurven und vor Anstiegen roch es süßlich, als wehrten sich vermodernde Blätter gegen endgültiges Erstarren.

Ich sah unbekannte Trittmarken im Weiß, vielleicht von einem Erdferkel, das es meines Wissens nur noch hoch über dem südtirolerischen Trentino gab, auf dem Plateau der Sette Comuni, besonders um das Dorf Luserna, einer cimbrischen Siedlung, wohin ich einmal geradelt war mit fünf Lexika im Gepäck; Latein, Französisch, Italienisch, Ungarisch und Alt-Bayerisch.

Oder vielleicht hatten hier die Klauen des Semmelweistigers ihre Spur hinterlassen, wie Louis Ferdinand Céline (1894–1961), Zerbrecher des Französischen und tobender Antisemit, den ungarischen Arzt Ignác Fülöp Semmelweis (1818–1865) genannt hatte, Hygieniker und Kämpfer gegen das Kindbettfieber, über den Céline seine Doktorarbeit schrieb.

Ich erwachte wieder und trippelte den Schuttberg im Olympiagelände, die Achillessehnen entlastend, rückwärts hinauf, ohne zu stolpern, gar zu fallen. An der eisernen Aussichtsbank oben hing ein kleiner Hut aus blauem Samt, der sich dehnen ließ, als sei er eine Tarnkappe; ich setzte ihn auf.

Hinab durch gläsernes Gras und über geschwungene Zementkehren rannte ich auf Schäferhunde zu, die ihre Köpfe dumm in die Luft streckten, mich zwar hörten und rochen, doch nicht entdeckten.

Unten, vor einer Brücke, hing vom Ast einer gelb gewordenen Lärche kopfabwärts an den Kniekehlen ein Mädchen in Trainingshosen und Pullover. Es schwang hin und her, riß die Augen auf im Takt, schloß sie wieder, wobei die hellblonden Wimpern auf der Gesichtshaut unsichtbar wurden und die Lider wie bei Reptilien bloßlagen.

Ob es fürs Trapez übe, fragte ich.

Es denke nach, besinne sich. Im Rhythmus von drei Sekunden pendelte es hin und her. Das war der Lebenstakt, den Verse, gleichgültig in welchen Sprachen, musikalische Motive und optische Wahrnehmung enthielten. Das Bewußtsein teilte auch Gesten, Handlungen im selben Maß, eine Zeiteinheit, hervorgebracht vom Neuronenfeuer im Gehirn. Daraus entstand Gegenwart, die sogleich wieder kippte, zerfiel.

Es gehe ihm also wohl, sagte ich, in die Knie gegangen, um dem Mädchengesicht näher zu sein, das schaukelnd sich entfernte, wiederkam.

Es habe weder Durst noch Hunger, auch Hautrötungen und Juckreiz hätten abgenommen, Zeichen einer Sperma-Allergie.

Zum Lob der Frühe nahm ich das samtene Hütchen ab und versuchte, immer noch kniend, es dem vom Ast hängenden Mädchen aufzustülpen, was schon beim ersten Mal gelang. Die Tarnkappe wirkte, sogleich war die Pendlerin nicht mehr zu sehen. Ich hörte sie noch sagen: »Leben Sie wohl. Wenn Sie wieder vorbeikommen, denken Sie an mich. Die Allergie hat ein Ende, doch ein Kind möchte ich erst nach hundert Jahren haben.«

Oft hatte ich mir vorgestellt, wie es wäre, nach der Rennerei gemeinsam unter einer Dusche zu stehen und sich gegenseitig abzuseifen. In einem Crescendo bräche langsam Vereinigung sich Bahn, bis, ausgerutscht, in der engen Wanne wir lägen, besser knieten, während Schaum, Wasser und Flocken durch den Abfluß rönnen.

Ab ins Allgäu, wo die schwarzen Bergkegel vulkanisch aussahen und gefrorene Farne wie Finger am Weg in die Höhe standen. Ein schwarzer Pudel jagte stumm hinter einer schwarzen Amsel her, die gelangweilt über das kurze Gras strich.

Der 95. Geburtstag der Ältesten unserer Sippe sollte gefeiert werden: niemand war gekommen. Ich saß in der

Kammer des Altersheims Sonnenhalde auf der Sofabank, und meine Tante, die hieß, wie ihre Mutter geheißen hatte und deren Mutter, auch meine Tochter trug denselben Vornamen, damit die Toten noch eine Weile blieben, bevor sie endgültig starben, Tante Anna, gewindelt und in einem geblümten Kleid, weinte, jammerte, schrie manchmal auf wie ein Kind, hatte sich mit ihrem Vogelkopf unter meinen Arm gedrängt.

Gegenüber stand das Bett; es roch schlecht. Daneben hing eine Pendeluhr, die nicht mehr ging. Auf einem Buffet häuften sich Gesangbücher, verblichene Postkarten und Photographien. Auch der Nähkorb, früher in peinlicher Ordnung gehalten, als Anna, erst wenige Jahre her, noch treppauf, treppab trippelte, war durcheinander wie ihre Zettelwirtschaft, Entwürfe für Briefe, die sie einst auf dem Tisch zu Patiencen gelegt hatte, deren Reihenfolge, je nach Verärgerung oder Gunst, sich immer wieder änderte.

Sie wolle sterben, sagte sie, ich solle ihr ein Mittel geben, sie müsse heim, heim, könne nicht mehr denken, sei so allein, niemand höre zu. Nachts brennten ihre Waden, die lieben, lieben Beine, auf denen sie durch den Garten gegangen sei, jahraus, jahrein. Manchmal, und dabei richtete sie sich auf, bekam eifrige Augen, wandere sie hinaus in die langweilige Gegend aus grünem Gras und grünen Bergen und halte den nächsten Spaziergänger an, irgendeinen wackligen Mann, frage ihn, woher, wohin, wie er heiße, sie habe ihn schon vor siebzig Jahren gesehen.

Anna hatte ein immenses Wissen gehabt, das sich über vier Generationen erstreckte und zurück in die Zeit der Daguerreotypie, der bräunlichen Photographien steifer, in die Ferne blickender Ahnen, reichte, die, pastos gerahmt, noch in unserem Mutterhaus hingen.

Sie hatte von Berufen, Verschwisterungen und Verschwägerungen erzählt, von Geburten und Sterbedaten, über die sie leidenschaftslos sprach, als handelte es sich um

Wasserstandsmeldungen, und ich hatte nie ein Tonbandgerät dabeigehabt. Auch deshalb war ich vielleicht zu einem Boten, Erzähler geworden, der den blaß gewordenen Raum wieder füllen wollte.

Ob ich der Adolf sei, fragte sie. Das war ihr Bruder gewesen, mein Vater, gestorben vor über einer Generation. Sein leerer Sarg ruhte unter dem Kiesweg neben dem Familiengrab Thujas, und zum Entsetzen meiner Mutter, Annas Schwägerin, die am Anfang ihrer Ehe morgens hinter den noch geschlossenen, sündigen Rolladen im Parterre gelacht hatte, war der Weg schon nach einem Jahr eingebrochen.

Mitnichten, verkündete meine Tante, ich sei nicht ihr Bruder, sie wisse es jetzt. Hoffentlich hätte ich Kinder. Doch die Frau, die Frau, wie, wer? Sie könne sich nicht erinnern.

Noch einmal Tränen, dann wandelten wir untergehakt Schritt für Schritt in der Betonschachtel Sonnenhalde durch teppichbelegte, kaum erhellte Gänge, die wie Erschießungskorridore aussahen, zum Ausgang, wo neben Blattpflanzen alte Frauen saßen. Männer gab es nur im Keller, der letzten Station.

Anna wies mit vorgestrecktem Zeigefinger zum Kropf einer der Greisinnen, sagte: »Sie kenne ich. Wie heißen Sie?«

Folgsam antwortete die alte Frau, wer sie sei und daß sie als junges Mädchen in der Wirtschaft ›Zum Schwanen‹, unter dessen Bäumen im Kastaniengarten mein Großvater, ein getaufter Christian, in einem kolonialen Liegestuhl mit dunkelroter Bespannung, der seit Jahrzehnten in meinem Büro stand, gestorben war, jeden Abend in einem Krug Bier geholt habe.

Ach ja, antwortete Anna, ihr Vater sei erfinderisch gewesen, habe das blonde Bier eingeführt. Das Dunkle, Starke hätten die Wegwarte und Holzknechte getrunken, flüssiges Brot, mit dem Hellen habe der Ausschank zugenommen. An zwei Nachmittagen, mittwochs und besonders freitags vor dem Familienbad im Zuber, seien Frauen gekommen. Eine der Damen habe Stumpen geraucht, eine Lehrerin der neuen, protestantischen Volksschule.

Hinter der Tür aus doppeltem Glas blieb die noch nicht Gestorbene stehen, winkte, während ich mich draußen immer wieder umdrehte. In dem vor Trauer verzogenen Jungferngesichtchen wurden blau unterlaufene Male wieder größer: Sie hatte Drehschwindel gehabt, war gestürzt zwischen Tisch und Bett.

Wenn sie noch mal auf die Welt komme, hatte sie gesagt, heirate sie, ekle sich nicht mehr vor dem Verkehr. Dann kriegte sie jedes Wochenende Besuch von Kind und Kindeskindern, auch gebe es Blumen, Kekse und ein Schnäpschen.

Sie liebe mich, hatte ich von den Lippen hinter der dicken Glastür ablesen können. Auf dem Sofa im Schutz meines Arms hatte sie zuletzt erklärt, irgend etwas sei falsch geworden. Sie habe doch sechzig, siebzig Jahre in der Diaspora, armen Gemeinden, jeden Sonntagmorgen Harmonium gespielt und dem Pfarrer geholfen, wenn er nicht weiterwußte. Sie sei Dienerin unseres Herrn gewesen, aber jetzt wolle er sie nicht.

Ab nach Berlin, wo ich glücklich, dann verzweifelt gewesen war und wohin ich früher immer wieder zurückgekehrt bin. Wenn ich dort ankam, warf sich im Flugplatzgebäude Tempelhof hinter der Kontrollschleuse mein kleiner Sohn vor Scham auf den Steinfußboden, weil ich eine lange, vielknöpfige Lederjacke, ergattert aus dem Vorratsdepot der Amsterdamer Polizei, anhatte und keine kurze, auf Taille geschnittene Ware, wie sie damals Straßendichter oder -sänger trugen.

Angestrengte Läufe frühmorgens über schollenartige Plattenwege und durch Sand um stumpfe Seen herum. In Dahlem, hinter dem Otto-Hahn-Institut, in dem 1938 Lise Meitner und der Chemiker Otto Hahn die Uranspaltung entdeckt hatten, war Boden abgetragen worden, da sich in jedem Kilogramm Erdreich etwa hunderttausend Becquerel des Isotops Radium 226 befanden.

Radioaktive Abfälle waren damals einfach durch den Ausguß gespült worden. Auch im Abflußrohr konnte Verseuchung nachgewiesen werden. Hahn schrieb in seiner Autobiographie, daß das Arbeiten ohne besondere Vorsichtsmaßregeln ihnen offenbar nicht geschadet habe, wenn man von Mängeln an den durch Strahlen am meisten ausgesetzten Fingern absehe, doch die Meitner und er hätten sich häufig die Hände gewaschen.

Wieder zurück in München, setzte Regen ein, der am Boden gefror und eine dünne Eisschicht bildete, aus der im Englischen Friedhof Gräser ragten, als trüge der Park einen grünen Pelz. Reiterinnen hatten Mühe, ihre Tiere beim Überqueren rutschiger Passagen zu zügeln, und eine krebskranke Läuferin, der ich seit Jahren begegnete, war, trotz ihres wattierten Anzugs fiel es mir auf, offensichtlich noch hagerer geworden. In ihrem Mund schienen alle Zähne furchterregend gewachsen zu sein, als wollten sie das Gesicht sprengen.

An einer Abzweigung, wo zwei Jahre lang Baracken, Bagger und Gestängebohrer einer Firma für Tiefbau gestanden hatten, deren Arbeiter, alle aus Slowenien, einen unterirdischen Kanal zwischen einem Stadtbach und der Isar gruben, lagen noch ein paar leere Bierkästen und verrostete Zwingen für Betonverschalungen. Als ich an einem Wall aus Haselnußsträuchern vorbeikam, läutete ein Telefon. Ich rannte ins Gebüsch, hob ab. Der Apparat war in eine Astgabel geklemmt, die Leitung führte im Gezweig nach oben.

»Ja, bitte?«

Eine höfliche, weibliche Stimme, als spreche eine Empfangssekretärin, fragte: »Ganz meinerseits. Und Sie?«

Ich nannte Schuhgröße, Gewicht und Lieblingsspeisen wie ungeschälten Reis, Blumenkohl, Linsen, Kartoffelgemüse, unreifen Backsteinkäse, unreife Äpfel und dergleichen.

»Keinen Fisch?«

»Auch«, antwortete ich. Aber rohen, dünn geschnitten auf Rettichscheiben, hätte ich leider noch nie gegessen.

Dann müsse ich nach Japan kommen.

Woher sie anrufe. Aus Tokio?

»Nein, aus Osaka.«

Antwort: Diese Stadt würde ich ein wenig kennen, aus einem Roman, in dem Jesus ein Kapitel lang in einer Halle auf hydraulisch sich hebenden und senkenden Pisten, so daß der Platz ausreiche, Ski fahre, zuletzt in berauschenden Kunstschnee stürze, der mit Alkaloiden versetzt sei.

Die Dame lachte, sagte, eine hübsche Idee, das Buch würde sie gern lesen.

Gebe es nicht mehr, nur noch in meinem Keller, außerdem rufe sie auch nicht aus Japan an, sondern bestimmt von einem Getränkebetrieb, um sich nach zurückgebliebenen Bierkästen zu erkundigen.

Keine Antwort, aber Atmen war noch zu vernehmen, zudem kroch eine Assel, woher gekommen auch immer, über die Sprechmuschel des Hörers, so daß vielleicht die chitinhaltige Haut des Tiers leises Rasseln verursachte. Es rauschte, die Verbindung war wieder da.

Sie bitte um Verzeihung, sagte die Dame am anderen Ende, sie habe sich schnell umgezogen.

»In fünf Sekunden?« Die Assel stürzte vom Hörer ab.

»Gewünscht, schon fertig. Ich hatte Himmelblau an, wollte Erdbeerrot, für diese Jahreszeit unpassend, also nahm ich Ferkelrosa und wechselte zu Erdbraun mit ein wenig Orange in der zweiten Schuppenschicht.«

Lauernd im Haselnußgesträuch, sagte ich, die Metamorphose aus einem Getränkemarkt zu einer Meerfrau sei akzeptabel, doch noch eine Frage: Weshalb es überhaupt den Telefonapparat gebe?

Zurückgelassen, noch nicht abmontiert, die Deutsche Bundespost sei bekannt für ihren Kundendienst.

Unsicheren Stands auf rutschigem Laub, auch erkaltete der Schweiß, begann ich, auf der Stelle zu laufen und verfing mich in der Leitung, die, abgerissen, mir auf den Kopf fiel.

»Hören Sie mich noch«, rief ich. Der Apparat schwieg.

Wie ich nach Hause kam, weiß ich nicht mehr. Es war, als stampfte ich durch Trauermorast, der blind und stumm machte, auch beim Überqueren einer befahrenen Straßenkreuzung, auf der Autos nicht weichen wollten.

Zwei Tage aß ich nichts, trank nur Heidelbeersaft und Chemiebier, bekam Nierenschmerzen, Krämpfe in Füßen und Händen und frömmelndes Weh im Haar, bekannt aus Zeichnungen von Wilhelm Busch (1832–1908).

Als ich wieder zu trainieren begann und das Wetter, das sich nicht ändern wollte, Schwerstarbeit leistete, schlugen an Silvester Knospen aus. Am Neujahrsmorgen lagen oben auf dem Schuttberg Olympias leere Flaschen, ausgebrannte Kartuschen von Feuerwerkskörpern, auch Löffel und Kämme.

In mir wiederholte sich im Schrittakt hinauf oder hinunter fortwährend der Satz: das Haus der glühenden Pfosten, das Haus der glühenden Pfosten.

Dafür gab es viele Deutungen, vor allem selbstmitleidige, weshalb ich sie, schneller werdend, abstreifte.

Mitte Januar fiel noch immer kein Schnee. Eine giftige Staubschicht, in der sich spektral Farben brachen, als kämen sie von Sternen, breitete sich bis zu den Alpen aus, über denen süchtige Bläue stand. Am Weg fand ich eine bloch- oder pascalfarbene Wollkappe, übersät mit metallischem Glimmer.

Abgemacht wurde, daß meine Tochter die uns beiden zu große Kappe montags, mittwochs, freitags trüge, ich sie dienstags, donnerstags und samstags. An Sonntagen würden wir sie, wenn wir auf die Straße gingen, nicht aufsetzen, so daß, falls wir schwitzten, drei Viertel davon wie üblich über den Kopf ausdünste, der rücksichtslos Wärme aus dem ganzen Körper an sich zog.

Der beinahe geschlossene Systemkreis der Evolution, wodurch gleichmäßige Arbeitstemperatur für das Gehirn garantiert blieb, interessierte meine Tochter nicht. Sie friere nur dort, sagte sie, wo ihr kalt sei.

Richtig, aber zuerst am Kopf. Ohne Kappe wären wir verloren.

Hatte ich sie auf, glaubte ich, aus dem zusammengepreßten Trümmerschutt des Olympiahügels, der von zerbombten Häusern stammte, die Toten ›dageblieben, dageblieben‹ wispern zu hören. Vielleicht rannte ich aus der Enge immer wieder davon und hinaus nach Golgatha, als wäre es möglich, zusammen mit Vorfahren wie auf einem Schweif durch die Luft zu reiten, bevor das Vergessen begänne.

Zu Hause, schon in ihrem Pelzmantel, in dem sie schwitzen würde, maß mich wie schon vor ein paar Jahren meine Frau am Türbalken. Ich war zwei Zentimeter kleiner geworden.

Ob sie die Nummer des vergessenen Telefonapparats im Haselnußgebüsch kenne, fragte ich.

Sie müsse sich um interkontinentale Sportnachrichten kümmern, Verträge schließen, Satellitenzeit fürs Fernsehen buchen, sagte sie. Das seien genügend düstere Kapitel.

Dann wandere die Frage nach Wärmeverlusten in die Empirie zurück, antwortete ich, da es in Sibirien trotz Pelzmützen mehr Schlaganfälle gebe als sonstwo in der Welt, andererseits litten in Schweden, Kanada und Israel auch Frauen verstärkt darunter, was nicht nur eine Folge von extremer Kälte, viel Alkoholgenuß und fetter Speisen sein könne.

Ein Wiedergutmachungsproblem, sagte sie, Beeilung, sie müsse ins Büro. Ich solle meine Organe fragen, die ich mit so viel Zärtlichkeit bedächte, mir an den Schläfenlappen zusätzlich Facettenaugen wachsen lassen, damit nichts Interessantes durch die Maschen schlüpfe, kein Beistrich mehr oder irgendeine Hochzahl, die besage, wie der Massenstaub im Weltall verteilt sei.

Erbittert schieden wir. Im Englischen Friedhof flickte an einer langen Geraden neben einer Bank ein Radler seinen Vorderreifen, und noch zweimal traf ich den Radler frühmorgens an derselben Stelle. Er fluchte, machte Beschwörungszeichen, als wolle er einen Bann aufheben. Vielleicht handelte es sich um einen neu eingestellten Veterinär, unterwegs zur Tierklinik Ecke Königinstraße, wo ich vor Jahren eine von Mullbinden umwickelte Kuh, die operiert worden war, in einem Gerüst hatte hängen sehen.

Ende Januar saßen im Olympiapark Biertrinker vor einem Kiosk und sonnten sich. Das lautlos malmende Wetter brachte auch die Wissenschaften zum Blühen. Gräßliche Mirps, Zahlen, die von hinten nach vorn gelesen wiederum prim waren, nur durch eins und sich selbst teilbar, hatten sich entdecken lassen, zum Beispiel das Jahr 1949, das nächste hieß 3011. Daraus entstanden, noch mal umgedreht, Nonrep-Mirps, in denen sich keine Ziffern wiederholten, begriffen als Retrospieglung zur öden Fläche unseres Daseins hinunter, in dem es keinen Winter geben sollte. Wahrscheinlich litten wir unter der den ganzen Erdball umspannenden Aufheizung der Atmosphäre, die Wanderdünen dem Mittelmeer näher rücken ließ.

Das Nonrep-Mirp 987 653 201 war unsterblich geblieben, genannt auch Hela-Kultur. Es stammte als Zellenzahl aus dem Gebärmutterhalskarzinom der Henrietta Lacks, die 1951 in Baltimore daran gestorben war, doch seither teilen sich primaverahaft in den Glasschälchen der Forschungsinstitute die Krebszellen weiter, und viele Sciencetruks (Wissenschaftsführer, saxorussisch) hofften, daß wenigstens Krankheit als ein Zipfelchen Ewigkeit auf dem dahinrasenden Zeitpfeil laborant verharrte.

Es fand sich noch eine Strickmütze am Weg, eine vielfarbige aus westdeutschem Acryl, mitteldeutschem Dederon oder aus einem neuen Erdölderivat. Am nächsten Tag lag vor einem kleinen Wald eine bunte, lange Strickjacke, schmutzig und teilweise durchs Gras in den Boden getrampelt, als habe jemand seinen Zorn an ihr ausgelassen. Die Leute sprengten ihre Hüllen ab, wie es am Sternenhimmel Rote Riesen taten, bevor sie in sich zusammenstürzten zu ungewohnter Dichte.

Ende Januar gab es spätnachts im Fernsehen die Meisterschaft der Blinden im Riesentorlauf auf einem österreichischen Gletscher. Ein paar Meter voraus fuhr immer ein Führer, der Wellen, Steile und Kurven ansagte, während die Blinden mit Vertrauen und alarmierten Sinnen durch die Tore schwangen, nicht fielen, hinter dem Ziel dann einander umarmten und mit leeren Augen, aus denen manchmal Tränen rannen, den Hang hinauf blickten, woher sie gekommen waren.

Am nächsten Morgen versuchte ich, im Englischen Friedhof mit geschlossenen Augen zu laufen. Auf sandigen Geraden gelang es zeitweise, als erzeugten Sohlen und die kleinen Gesteinskristalle der Strecke eine magnetische Führung, während das Gehör schwankende Begrenzungen oder Lichtungen entwarf und die Magenstrahlung des Sonnengeflechts eine purpurne Schwärze, in deren Walze ich steckte, forschend durchdrang. Wurde ich ängstlich, kam ich aus dem Takt, riß die Augen auf und war enttäuscht, daß nichts passierte.

Ab ins Krankenhaus der Barmherzigen Brüder beim Nymphenburger Park: Ein Urologe hatte bei einer Routineuntersuchung einen schlafenden Nierenstein entdeckt, und zwar links, obwohl ich vor zehn Jahren nach Beendigung der ersten zwei Bände eines Endlosromans, rechts eine Kolik bekommen hatte, wenn auch kein Stein gefunden worden war.

Der saure Kiesel, hinter den Magellanschen Wolken der Darmgase gleich einer Supernova auf dem Röntgenbild hervorschimmernd, konnte sich aus einem Überangebot an Yoghurt, Quark, Milchkaffee, Kräutertee, Tomaten nebst Weißwein gebildet haben und war zu groß, als daß er wieder zerbröselte oder selbständig sich einen Weg nach draußen suchen konnte. Im nächsten Sommer bei Hitzeläufen würde er sich wahrscheinlich melden, und dann gute Nacht, Marie, falls ich irgendwo weit weg auf einem Strand oder in einer leeren Steppe unterwegs wäre.

Bestätigt vom gewalttätigen Wetter, das der winterlichen Jahreszeit nicht Platz machen wollte, hatte ich mich entschlossen, den Stein zertrümmern zu lassen. Ich mußte, weshalb meine Wahl auf die Barmherzigen Brüder gefallen war, die die neueste Kleinteilchenkanone namens Dornier II besaßen, nicht stundenlang in einer gefüllten Wanne liegen, sondern es würde trocken geschossen werden. Morgens käme ich, abends, im besten Fall, ginge ich. Auch die Kosten waren geringer, alle anderen Kliniken hatten zumindest fünf Tage für ihre Arbeit veranschlagt.

Die verkrustete alte Angora-, nein Agoraphobie, der ich entronnen war, begann sich wieder zu regen, und ich sah, wie ich einst, wild auftretend in der Passagierkabine, ein Flugzeug vor dem Start gestoppt und zur Umkehr gezwungen hatte oder wie ich vor zwanzig Jahren nachts durch die verriegelte Glastür, ohne mich zu verletzen, eines Berliner Krankenhauses gesprungen war, um auf dem Bärenfell vor dem Bett einer Kostümbildnerin zu landen, die mich damals mit Flaschenbier, Wurstbroten labte, dann wieder einpackte und zurückbrachte.

Anstehen im Krankenhaus vor einem Schalter, Datenaufnahme, Nummernausgabe, Gang in den Keller, wo ich in ein Dreibettzimmer eingewiesen wurde. Nüchtern war ich gekommen, sollte es bleiben. Ich bekam ein hinten nicht zu schließendes Nacht- oder Operationshemd an.

Mein Bettnachbar, ein schartiger Geselle mit kompliziert rasiertem Bart, als habe er ein Sprachstudium hinter sich, stellte sich als Schrebergarten- und Schäferhundinhaber heraus, litt an Nierenkrebs, war zum vierten Mal da, sagte, er treffe immer wieder auf dieselben Personen, denen es noch schlechter gehe.

Der andere, an der Wand nahe der Zimmertür liegend, setzte sich auf, stach mit einem Finger besinnlich durch die ausgehöhlte Mitte eines Zimtsterns, den er in der Hand hielt. Ich erfuhr, daß er noch vier, fünf Tage auf eine Operation warten müsse, auf Nulldiät gesetzt worden sei, an Blasenkrebs leide, jedoch das Ende des Darms würde zu einer Schlaufe, die blasenartig zusammenwachse, geformt werden, und später stecke ein Röhrchen darin, biegsam und verschließbar, als besäße er ein natürliches Organ.

Ich saß aufrecht im Bett am Fenster, das zu einem Garten aus Gras und verschlungenen Plattenpfaden hinausging. Abführmittel, die ich erhalten hatte, wirkten nicht oder nur holofern, denn wenn ich zum Abtritt durch einen engen Korridor eilte, der vollgestellt mit Eimern, Tiegeln, Kesseln, tiefen Pfannen, Gefäßen aus Bakelit, Zinkblech und nähtereichem Eisenguß war, dann fühlte ich mich, solang ich es dort aushielt, nur bang.

Der Stein wurde nicht zerschossen, ich mußte warten bis zum nächsten Tag, Kosten: dreihundert Mark. Über mir an einem Galgen hing ein Tropf, aus dem Kochsalzlösung durch eine blasse Leitung in eine Armader tröpfelte.

Ich wanderte mit dem Tropf nachts hinaus in Korridore. Ein großer Zwerg, der eine Lederjacke anhatte, die bis zu seinen Waden reichte, trug einen Topf voll Blut und Gewässer, vielleicht eine Kunstniere, vor sich her. Der Zwerg grüßte stumm, ich gab Bescheid.

Am Ende eines anderen Gangs stand ein beleuchtetes Aquarium, in dem Schwaden von Unterwasserpflanzen in einer Dünung wehten, auch trieben sich kleine Fische mit schleierförmigen Flossen umher. Die Wand dahinter war mit einem Mosaik aus blauen und goldfarbenen Schlieren geschmückt, deren Strudel verborgene Organe bildeten. In der Ecke auf einem Stuhl saß einsam ein Mann, an dem, wie ausgestülpt, links und rechts je ein gefüllter Plastiksack am Bademantel hing.

Ich wollte telefonieren, Ottschajanije, Verzweifelung sagen, kehrte aber wieder um, kroch ins Bett und wurde nachts mehrmals geweckt, weil der nierenkranke Nachbar jede Stunde aufs Klosett ging, was, hörte ich ihn sich entschuldigen, ein gutes Zeichen sei. Im Garten vor dem Fenster regten sich Vögel, die, verwirrt vom warmen Wetter, noch nicht nach Afrika geflogen waren.

Am nächsten Morgen kam ich an die Reihe, durfte, obwohl ich vor Furcht und Nüchternheit mich gern durch einen langen Trainingslauf bestätigt hätte, nicht aufstehen und wurde in meinem komplizierten Hebe-und-Senk-Bett hinausgeschoben. Der Lift wollte nicht funktionieren, er ruckte zwischen zwei Stockwerken eine Weile hin und her, schließlich krachte er hinauf, zur Ambulanz, wo es hinter einer weißen Tür in schnellen Folgen klickte, als stießen Lotto-Kugeln aneinander.

Nach einer Stunde peinigenden Wartens im Vorraum, einer von rollenden Betten, schlurfenden Patienten und hastigen Assistenten durchkreuzten Neonhölle, wurde ich ins Heiligtum bugsiert, mußte auf einen instrumentalen Sockel klettern, mich dort auf den Rücken legen, über mir Mündung und Hydraulik der Dornier II. Neben der Tür hing eine kreisrunde Uhr mit huschendem Sekundenzeiger.

Dämpfungsspritze und erneut Flüssigkeit aus einem hochgehängten Tropf in den Arm, dann Anschluß von feuchten Gummipfropfen auf der Brust samt Drähten an ein Sonar- und Telegerät, das mein Herzpochen wiedergab, welches, obwohl ich Ruhepuls 55 hatte, mit etwa 105

Schlägen dahinjagte, während auf der Mattscheibe des Apparats ein gelbes Pünktchen tanzend Kurven mit riskanten Gipfeln beschrieb.

Der Kopf schwoll an, begann zu brausen, doch einen weißen Mann in Pantinen, der mir einen Bleischurz auf den Unterleib gelegt hatte, konnte ich noch fragen, mit welcher Frequenz die Kanone arbeite.

Wisse er nicht.

Und wie lange?

Komme darauf an.

Der Arzt saß in einem Kommandostand, hatte meine Röntgenaufnahmen, die vor einem Leuchtfenster hingen, geprüft und versuchte über elektronische Fernbedienung den photographierten Stein, die Dornier II zielte steil auf mein angehobenes Becken, mit dem Bild auf dem Monitor in Einklang zu bringen.

Sei schwierig, er sehe nichts, erklärte der Arzt.

Hinter der Magellanschen Wolke.

Wir befänden uns nicht im Observatorium des Deutschen Museums. Ich solle stillhalten, er fokussiere jetzt, schieße in den Nebel.

Ein rasendes Klicken, das ich draußen in der Vorhölle schon gehört hatte, brannte sich irgendwo in die linke Niere, aber das Schlimmste war, daß ich mich, geknebelt an Armen und Beinen mittels Schnallengurten, nicht regen konnte, in Fachsprache, fixiert worden war.

Bebend griff Platzangst um sich. Ich hatte meinen Rücksturz, obgleich der schlafende Stein wahrscheinlich auch bei Hitzeläufen nie aufgewacht wäre, festlich inszeniert.

Vor Entsetzen mochte die Körpertemperatur wie während eines Strandrennens durch trockenen, kaum Halt gebenden Sand inzwischen 41 Grad betragen, eine Zunahme, die Beutel-, Kloakentiere und Ameisenigel, denen wir angehörten, nicht aushielten, wogegen Vögel aus Gründen gesteigerten Stoffwechsels im Flug viel Wärme benötigten, weshalb sie Eier legten; Embryonenbrut wäre verdorben.

Daran dachte ich trotz Fesselung unter massenreichen Stößen. Erbrechensgefühle und Schleim in der Nase; der Arzt sagte, ich solle tief atmen, hecheln wie eine Schwangere.

Frage: Ob es Korpuskelstrahlen oder elektromagnetische Wellen wären?

Sei wie Hagel auf eine einzelne Frucht in einem großen Erdbeerfeld.

Und die Pflanzen darum herum?

Wir hätten genügend Zellen, auf ein paar hunderttausend komme es nicht an.

Mir war, als kröche der Sekundenzeiger auf der kreisrunden Uhr erschöpft unter den schwarzen Pfeil für Stunden.

»Vorbei?«, fragte ich.

Wenn es nicht gewirkt habe, sähen wir uns morgen noch mal, sagte der Arzt. Er verließ sein fernes Steuerpult, löste Riemen, Schnallen, zerrte, nachdem er den Bleigürtel zu Boden hatte fallen lassen, mein Nacht- und Operationshemd herunter und war meinem Gesicht sehr nah, als wollte er mich liebkosen.

Gott segne Sie, hätte ich beinahe gesagt.

Er rief, Beeilung, nächster Patient. Wieder unten im Kellergang, schlief ich ein, erwachte, wollte aufstehen, blies von einem Tablett, das eine junge Haubenschwester vor mich gestellt hatte, Erbsen, geschnitzelte Trockenkarotten, gepaart mit Weizenflocken, hinaus durchs offene Fenster in den Gras- und Plattengarten, aber die Vögel waren weg. Es hatte sacht zu schneien begonnen.

Nachts, das Kopfkissen umarmend, zum dritten Mal müßten dreihundert Mark aufgebracht werden, schwebte ich durch mehrere Königreiche, durch die der Nieren, Blase und der Milz, zuletzt durch das der Leber, des einzigen nicht schmerzempfindlichen und deshalb teuflischsten Organ.

Flucht am nächsten Morgen, ohne eine Glastür sprengen zu müssen; Wanderung nach Hause entlang des Nymphenburger Kanals, auf dem Schwäne und Duckenten schwammen mit ihrem Spiegelbild im dunklen Wasser. Der Schnee war geschmolzen, die Temperaturen stiegen wieder unter Föhn und Sonne.

Eine Röntgenschwester hatte geraten, Weißbier zu trinken, sonst setzte sich Steingries nieder, und kleine Industriediamanten wüchsen in den Nierennestern. Tagelang war ich, das zarte Körperbergwerk flutend, beduselt, verschwand auf der Strecke in Büsche, wo blutiger Schaum sich ergoß. Manchmal zuckte ich zusammen, wenn ein Splitter sich Bahn brach, funkelnd stellte ich ihn mir vor, ohne ein Kleinod je zu erspähen.

Das städtische Binnenklima teilte sich: Im Norden zeigten die Rauchfahnen der Schlote Richtung Dachau, im Westen wehten weiße Wolken aus einem Kraftwerk dem Bodensee zu, der, glaubte ich zu sehen, als Diadem am schwarzen Himmel sich nochmals entwarf, schließlich zerrinnend in einem dummen Licht. Der luftige Verkehr erstarb. Über dem Kraftwerk stieg der geschönte Dampf senkrecht auf, verharrte, stürzte in sich selber nieder, zurückkriechend durch die Kamine in die Kessel. Alarm ertönte, Autos verkeilten sich, die chemische Pest zerbarst, und aus dem taub gewordenen Himmel flatterten Flocken wie zerrissenes Löschpapier.

Im Schlaf erwachte die Schwermut, ich träumte nicht, der Serotoninspiegel war angestiegen, brachte die Botenberichte zwischen den Neuronenzweigen im Gehirn zum Schweigen. Fehlte Tryptophan, das dem Körper zugeführt werden mußte, trat Depression ein, nachzulesen in frühen Kirchenbüchern von Jamestown, Virginia, USA, als erste Siedler ausschließlich Mais gegessen und in einem überdurchschnittlichen Ausmaß Selbstmord verübt hatten. Die Krankheit hieß Pellagra (pelle agra, rauhe Haut), verursacht durch Mangel an Vitamin B, ohne das der notwendige Eiweißkomplex Tryptophan nicht gedieh.

Auch nahm im Winter das Cholesterin, unabhängig von Fettverzehr, im Blut zu, doch Pektin, eine hochmolekulare, kohlenhydratähnliche Gerinnungssubstanz, vorhanden in Äpfeln, verringerte das Cholesterin wieder, was Fischen, die seit neuestem auch an Herzschlag starben, nicht half. Ihr Tod hing mit der Überdüngung der Seen zusammen, in deren Unterschichten durch Fäulnisprozesse nun Benzol entstand.

Auf und davon, ich lief argwöhnische Übungsrunden, begegnete auf dem Olympiahügel einer Schulklasse, deren Lehrer erklärte, daß sich das Restaurant auf dem Fernsehturm drehe.

Tue es nicht, riefen drei türkische Buben, die sich nicht beirren ließen, worauf der Lehrer ihnen fünf Seiten Abschrift aus dem Biologiebuch über das Wochenende auftrug.

Drehe sich trotzdem nicht, antworteten die Jungen. Ich blieb, über den Daumen nach oben visierend, so lang stehen, bis der Lehrer einsah, daß er sich täuschte. Früher, in hurtigeren Zeiten, hatte das Restaurant zum Imperium einer Imbißkette für gebratene Hühner gehört.

Im Englischen Friedhof erstrahlte in frühem Licht der kleine, weiße Säulentempel des Monopteros, Stätte verzweifelter Heroinsüchtiger, die tot in Schlafsäcken gefunden wurden, während unten im Februargras Möwen auf Suche nach Nahrung in langen Reihen sich verneigten.

Dann endlich Schnee, ein Sturm blies ihn schräg über Dächer, durch Straßen und Alleen. Im nahen Luitpoldpark war noch eine Gruppe lachender Japaner unterwegs, rutschend in Halbschuhen, bis aufwirbelnde Schwaden alle Kameras verklebten.

Die Not der späten Wärme und der Sonne war zu Ende. Draußen im Gelände lag Tiefschnee, durch das ein Mädchen ohne Handschuhe und Ohrenschützer sich mühte. Vor Anstrengung hatte es Nasenbluten bekommen, rief: »O, heiliger Sebastian, wie schön!«

Als ich es fragte, ob es vor Monaten kopfunter zur Erholung von einem Lärchenast gehangen habe, schüttelte es, Blutstropfen flogen beiseite, den Kopf.

Wir schieden voneinander. Ich verfolgte eine Krähe, die niedrig dahinstrich, glitt auf einer unsichtbaren Eisplatte aus und stürzte in eine Wächte: Stille und Dämmer, die Nase zu, die Lider geschlossen.

Lang hätte ich in meinem Flockenbett bleiben mögen, doch ein Meteor schlug neben mir ein, es war das Mädchen, das sich zu meiner Seite drehte. Wir wischten uns gegenseitig die Gesichter frei und küßten uns.

Es hieß Tanja. Ich sei Sebastian, sagte ich. Aber nie mehr, nachdem wir aufgestanden und uns getrennt hatten, sah ich es wieder, obwohl ich den ganzen Winter nach ihm Ausschau hielt, auch die Laufzeiten wechselte, denn verabredet, damit das Märchen leichtfertig bliebe, hatten wir uns nicht.

Manchmal, wenn ich nicht schlafen konnte, verspürte ich im Dunkeln eine fadendünne Panik, als verweigerte meine Nase die nächsten Atemzüge oder als zögen vereiste Finger statt Tränen eine Spur.

Das Land versank in Schnee: Reis und Nudeln wurden knapp, Post und Zeitungen konnten nicht ausgeliefert werden, dagegen verstopften Wurst- und Fleischwaren den Markt, die Preise fielen. Zu lesen war noch, daß jeder zwanzigste Postbote von einem Hund gebissen wurde und daß in städtischen Anlagen, deren Wege kaum zu bahnen waren, Leinenzwang für Hunde eingeführt werden solle. Ein Sturm der Entrüstung, der nicht abflauen wollte, begann, obwohl in einer kleineren Nachricht stand, daß jedes

Jahr etwa tausend Kinder totgeschlagen würden oder an Mißhandlungen stürben.

Auch Trauer schwächte das Immunsystem, woran ein zweimaliger Olympiasieger der Marathondisziplin gelitten hatte, der Abessinier Abebe Bikila, der nach einem Autounfall querschnittgelähmt war und nicht schwimmen lernte, sondern sich im Bogenschießen übte, schließlich in seinem Rollstuhl verendete.

Dagegen trainierte ein Carsten Th., Kapitän der tschechischen Elbe-Schiffahrtsgesellschaft, täglich in der Kajüte seines Schleppkahns ›Peute 4‹ auf einem sechszehn Meter langen Rundkurs; war der Laderaum leer, stand ihm eine Strecke von dreißig Meter Seitenlänge zur Verfügung.

Der älteste Marathonläufer der Welt, Galia J., war neunzig geworden, Diplomingenieur der Elektrotechnik und Spezialist für autonom angetriebene Zahnräder. In seiner Jugend hatte er Stabhochsprung betrieben, als die Stäbe noch aus Eisen gewesen waren und mit der Spitze in eine Eisenbahnbohle gerammt wurden.

In Februar- und Märzschnee verwehten Sucht- und Wehmutsspuren. Kälte und Taumel durch Gestöber nahmen zu, als eines Abends, die Straßenlampen brannten schon, über Eis und Furchen mir ein leichtbekleideter Tamile entgegenrannte, einen großen Strauß Rosen zwischen parkende Autos warf und weiterhetzte, verfolgt von einem Inder. Wahrscheinlich hatte der Asylant versucht, in den indisch beherrschten Blumenhandel für Bistros und Bars einzubrechen. Ich holte den Strauß, brachte ihn nach Hause.

In diesem Winter wurde auch das überschwere Element 109, das in der Natur gar nicht vorkam, für ein paar tausendstel Sekunden aus Eisen und Wismut in einem Schwerionenbeschleuniger hergestellt. Starke Wechselwirkungen waren zu überwinden, als sollte eine große Ballettgruppe von Anfängern, gleich instabile Atomkerne, mit einer kleinen Profitruppe, gleich stabile Kerne, einen geschlossenen

Reigen aufführen. Nach kürzester Zeit bräche Chaos aus, und erst bei der noch lang nicht erreichten Transuranen 114 drehte sich der Tanz wieder im Kreis wie auf einer Insel der Seligen; Ruhe kehrte ein, Stabilität.

Während der Karwoche schmolz der Schnee. An Bäumen und Zäunen hingen handgeschriebene Plakate, Hunde seien verlorengegangen. Vielleicht waren Studenten und Studentinnen, die sich nicht mehr auf den verseuchten Amateurstrich wagten, als Fänger für Laborinstitute der pharmazeutischen Industrie unterwegs? In der Universitätsmensa hieß es, daß pro Hund hundertfünfzig Mark bezahlt würden, ein Gerücht, dem ich ein Freudengedicht aus Ghaselen widmete, eine arabische Spezialität: Dieselben Reime kehren in allen silbengleichen Zeilen wieder, in ungleichen Zeilen nicht.

Eines Morgens, es hatte stürmisch getaut, lag auf einem von der Sonne getrockneten Fleck ein toter Maulwurf. Sein sepiafarbener Körper war überraschend klein, und seine fast durchsichtigen Schaufelpfoten sahen aus, als hätten sich Häute über zusätzliche Augen gespannt.

Ein paar Kilometer weiter raschelte es im Laub. Schnaufend und ächzend, die spitzen Schnauzen gegeneinander, kämpften zwei Igel um ein Weibchen, das sich daneben zusammengerollt hatte. Oder aber es war aus dem Winterschlaf noch nicht erwacht und von den beiden Männchen vorzeitig aus dem Nest gestoßen worden?

Wiederaufgetaucht, erst 26 Jahre alt, war auch Stefan S., der vor zwei Jahren als Berufssoldat bei dem Marinedenkmal Laboe an der Ostsee sich zum Kampfschwimmer noch hatte ausbilden lassen. Inzwischen war er Zivilist geworden, hatte hundert Meilen amerikanischer Gebirge durchquert, desgleichen an einem Stück die Wüste Nevada, und war in 18 Tagen eintausendeinhundertzweiundsiebzig Meilen auf einem eine Meile messenden Rundkurs um die Tennisanlage Flushing Meadow bei New York gelaufen. Die Geräusche startender oder landender Düsenmaschinen des nahen Flugplatzes La Guardia mochten ihm nach Nächten und Tagen wie ohnmächtige Brandungen gegen einen Felsen vorgekommen sein. Die letzte Runde trabte er mit einer wehenden, deutschen Flagge in der Hand. Ich fürchte, in einem früheren Reich hätte der ehemalige Berufssoldat blind vor Pflichtverlangen bis zum Ende Dienst getan.

Der Wunderläufer Yannis Kouros, Rekordinhaber aller Ultradistanzen, erreichte schon nach 10 Tagen und 10 : 30 : 35 Stunden die Tausend-Meilen-Marke. Danach wog er 3 Kilo mehr, da er nach jeder zweiten oder dritten Runde ein wenig gegessen und an einem versalzten Schwamm gesaugt hatte, um Wasser im Körper zu binden. Der Grieche hatte während des Laufs mehrere Lieder gedichtet, die er nach seinem Sieg auf einem angestrahlten Podest vortrug.

Ich fand Zuversicht in einem Studienbuch der Maria Sibylla Merian (1647–1717; Naturforscherin, Aquarellistin, Kupferstecherin). Für das Frühjahr 1686, als sie sich von ihrem Mann getrennt und mit ihrer Tochter auf dem holländischen Schloß Waltha der protestantischen Labadistengemeinde, einer reingläubigen Kommune, Zuflucht gefunden hatte, schrieb sie über Frösche:

»Im April legen sie eine grosse Menge Eyerlein, die man Froschleyg nennt. Ich schnitt das Weiblein auf und fand in ihr eine Matrix (Mutterboden), wie alle anderen Thier haben, also daß sie nicht durch den Mund gebären, wie etliche gemeint haben. In Anfang May nahm ich vom Froschleyg, welches ich am Wasser fand, und stach von dem jungen Gras mit Erde ab und tat solches in ein Geschirr und goß Wasser darauf und warf Brot dabei, dieses nun erneuerte ich täglich. Nach einigen Tagen fingen die schwarzen Körnlein an ihr Leben zu zeigen und nährten sich eigentlich von dem weißen Schleim, der um sie herum war, danach kriegten sie Schwänzlein, damit sie im Wasser schwömmen wie die Fische. Im halben May bekamen sie Augen, 8 Tage danach brachen hinten zwei Füßlein aus der Haut, und wieder nach 8 Tagen stießen vorne zwei hervor. Da sahen sie aus als kleine Crocodilen, danach verfaulte der Schwanz, so waren es rechte Fröschlein und sprangen auf das Land.«

Zürich

Start auf dem Stauffacher-Quai; daneben lag der Sihlkanal, einst ein stürmischer Grenzbach zwischen der Stadtgemarkung und dem offenen Land. Es war sehr kalt.

Nach Zieleinlauf, langwieriger Duscherei und dem Verzehr eines Glockenapfels würden wir Kleiderzeug finden, das noch über den Absperrungen hing. Ich nahm eine Bluse, ein Ringelhemd, vor allem einen Pullover aus Lambswool mit, wärmende Stücke, die den Siegerinnen gehört hatten, bevor sie aufgebrochen waren, um sich alle drei für die Olympiade in Seoul zu qualifizieren.

Der Himmel strahlte makellos, entgegen kam Schneewind, denn es ging, nach wenigen Kilometern, schon hinaus und fortwährend entlang dem Züricher See auf einer langweiligen Strecke, die verdroß. Wir hatten sie uns als Beginn für eine Rennsaison, deren Dramatik und Glück sich erst im nächsten Winter vollenden sollte, ausgesucht.

Plötzlich sagte einer: »As-tu vu le royaume des chocolats?« (Hast du das Reich der Schokoladen gesehen?)

Zum ersten Mal war ich nach dem Baccalauréat, dem französischen Abitur, Anfang der fünfziger Jahre in dieser Stadt gewesen, auf einem schwarz angemalten Rennrad mit Namen ›Hirondelle de St. Étienne‹ (Schwalbe von St. Étienne), das mir mein Großvater geschenkt hatte. Der Erwerb dieser Kostbarkeit muß damals eine komplizierte

Transaktion von wenigstens einem Zentner Leder, dann verwandelt in Butter-, Zigaretten- oder Getreidewährung, in Gang gesetzt haben, und ich sah auch zum ersten Mal schwarzen Asphalt, als ich, von Winterthur kommend, in die Stadt einfuhr. In den Teer waren weiße Mittelstreifen und nach links oder rechts weisende Pfeile eingelassen, als befände ich mich auf einer Rennbahn.

Ich war unterwegs ins Tessin. In Kolonialwarengeschäften wurden Orangen und Bananen verkauft, doch die ganze Zeit lebte ich ausschließlich von Milch, Semmeln und Schokolade, was Wadenkrämpfe hervorrief. Unterwegs war ich zu dem Dichter Hermann Hesse, der, ich wußte es, wenn er in seinem Rosengarten wandelte, einen Reisstrohhut aufhaben und niemanden empfangen würde. Am Gartentor hing eine Tafel, auf der stand: Bitte, keine Besuche.

Als ich dort anlangte, nachdem ich vorher zu der Radiostation ›Monte Ceneri‹ (Aschenberg), von der wir während der Kriegsjahre erschöpfende Kenntnisse durch den Äther erhalten hatten, dann hinunter zum Luganer See und wieder hinauf zu dem Dorf Montagnola, an dessen Rand Hesse wohnte, gefahren war, brach die Welt der sehnsüchtigen Aquarelle und der pietistischen Provinzphilosophie endgültig auseinander.

Später radelte ich an einem einzigen Tag über den Passo dello Stelvio, dessen Serpentinen noch nicht geteert waren, und über einen Paß, der, glaube ich, Morteratsch hieß. Geld und zu essen hatte ich nicht mehr, ein Mädchen, in das ich mich sogleich verliebte, spendierte Ziegenmilch und einen halben Laib Brot. Als das Mädchen auf eine Schnitte auch noch Honig strich, wurde ich ohnmächtig.

Rücksturz an den, einheimisch genannt, Züri-See. Weiterhin eiskalter Wind, ich trudelte durch Straßendörfer, die Kilchberg, Rüschlikon, Thalwil, Oberrieden,

Horgen und Au hießen, eine zusammenhängende Mittelstandsöde aus Villenbauten, Autoläden, Restaurants und Elektronikfirmen. Wer hier wohnte, mochte sich im Recht dünken.

Zu trinken gab es Kaltes und Warmes, auch eine versalzte Bouillon, die in den Zellmembranen die Kalziumpumpen antrieb, so daß wir Wasser verlören, noch durstiger würden.

Verwundert las ich runde, marmorierte Luxusschwämme auf, in den Farben Rot, Blau, Grau und Orange, jagte auch einem seltenen grünen Stück hinterher und sah, nachdem alle rundum im Hosenbund staken, einer gepolsterten Boje ähnlich. In Moskau hatte ich Quader aus Rohgummi mitgeschleppt, in Rom, während eines Hitzerennens, zierliche, rautenförmig geschnittene Ware in den damaligen Fabelfarben der Modesaison.

Ich wußte nicht, was ich photographieren sollte, suchte nach einem Dickicht, vielleicht einer Mülldeponie oder wenigstens nach einem Lämmergeier, der sich von einer Fernsehantenne erhöbe. Auch waren die beiden Dibbuks, die mich ausgiebig geplagt hatten, vor Langeweile in den Knien verstummt.

Als ich eine Tankstelle anvisierte, versagte mein kleiner Photoapparat, erholte sich während des ganzen Rennens nicht und erwachte mit einem knirschenden Zählgeräusch erst nach dem Ziel wieder.

Die Wohlanständigkeit der Gegend lähmte, als, einen kleinen Berg herunter, bereits die ersten beiden Rollstuhlfahrer schon vor der 20-Kilometer-Wende, die ich erst erreichen würde, entgegenschossen. Geduckt saßen sie in Fötushaltung, die Beinchen hochgeschnallt, in Renngestellen aus Leichtmetall, die sie mit der Hand antrieben: Der Weltrekord für Marathon lag bei ihnen etwa eine halbe Stunde unter dem von Läufern.

Erwachend, probierte ich längere Schritte aus, doch alter

Haß auf Rechtschaffenheit, glattgekämmte Landschaft, den ich ein Leben lang nicht würde abschütteln können, lähmte schon wieder.

Dann aber tauchten hintereinander die ersten Renner in der Außenspur entlang des Ufers auf, voraus Manuel de O., ein portugiesischer Saisonarbeiter, der seine Position halten und nach dem Ziel vor Glück und Erschöpfung in Tränen ausbrechen würde. Später erzählte er, nun bekomme er eine unbefristete Aufenthaltsgenehmigung und Arbeitserlaubnis für die ganze Schweiz; ein Irrtum.

Die nächsten Gruppen folgten in Abständen, darin der schnelle Außenseiter, der vorher wie immer wochenlang am Telephon geklagt hatte, er trainiere kaum, fühle sich krank, habe Schleim in der Lunge, leide an einer wunden Zehe, sein Mittelohr rechts fiebere, außerdem schwömmen jeden Morgen, wenn er sich rasiere, schwarze Punkte im Badezimmerspiegel vorüber: Es waren losgerissene Eiweißketten, die sich im Kugelraum des Auges selbständig gemacht hatten und dort weiter sich überschlagen, zusammenknäulen, wieder verabschieden würden, bis sie nach Jahren, zwar nicht verdünnt, jedoch in irgendeiner Ecke der Netzhaut sich verkapselten.

Der schnelle Außenseiter glühte auf der Gegenbahn, sah mich, sah mich nicht, jedenfalls würde er in seinem ekstatischen Zustand, der die Beine und Schulterblätter beflügelte, unablässig dahinjagen, froh und mutig.

Wende in Wadenswil, ein Luxusweiler, wo eine Kapelle Märsche spielte und ein paar Luftballons matt an Schnüren hingen. Es ging dieselbe Bahn geradeaus zurück, aber nun erreichte mich Depression nicht mehr, ich pauste innerlich (DDR-Deutsch für Schichtarbeiter).

Auf der anderen Seite des Sees lagen der grüne Oetlisberg, dann der Adlisberg, auf denen noch Firnflecken glänzten, und aus der Höhe schwangen sich kleine Drachen und Fallschirmgleiter nieder.

Ein Contergan-Geschädigter überholte mich. Seine kurzen, verkrüppelten Ärmchen pendelten wie Flossen hin und her, so daß der Läufer, um Balance halten zu können, sich immer zwischen einem linken und einem rechten Ungleichgewicht vorwärts gebeugt hindurchreißen mußte. Später wurde er langsamer, gab aber nicht auf.

Wind schob, drehte, blies wieder von vorn. Die einfältige Strecke verleitete zu anaerober Rennerei. Als ich in der Ferne jedoch den Turm des Frauenmünsters sah, versank ich in Erinnerung: Mitte der fünfziger Jahre waren Brundhilde und ich aus Milano frühmorgens in Zürich angekommen. Wir hatten kein Geld, spazierten die Bahnhofsstraße hinauf und hinunter, besahen Würste, Knäckebrotschachteln und Juweliersschmuck in Schaufenstern, hätten gern einen der Pflastersteine zwischen den Tramgeleisen ausgegraben. Wir küßten und bedauerten uns, denn wie wir weiterreisen könnten, wußten wir noch nicht.

Aus einem Torbogen trat ein Mann, der einen Lodenmantel anhatte und eine Polizeimarke vorwies.

Wir sollten unsere Pässe zeigen. Wir taten es nicht, protestierten, wurden arretiert und von Eddi Pfeiffer, wie der Streifenbeamte hieß, und einem aus der Kälte herbeigeeilten Kollegen, der sich ebenfalls gelangweilt hatte, zum Polizeipräsidium gebracht. Grund der Verhaftung: Wir sähen nicht aus, als hätten wir in einem Hotel geschlafen.

Antwort: In Zürich kämen Nachtzüge an, sogar aus dem Ausland.

Im Präsidium war es warm, wir saßen auf einer Bank, bekamen Wurstbrote zu essen, argumentierten wieder, damit wir länger bleiben konnten, als einer der Polizisten sagte, »der rychsdütsche Sauseckel soll sy Gosch halte!«

Ich fragte auf hochdeutsch einen Vorgesetzten, ob er gehört habe, wie sein Untergebener mich beschimpfe?

Antwort: »Natürli nyt.«

Wir wurden abgeschoben nach Konstanz am Bodensee. Die Fahrt in der Eisenbahn war frei, und Brunhilde hatte von einer uniformierten Beamtin zwei weitere Käsebrote eingepackt bekommen.

Damals wurde, wie heute nach einer Generation erneut, eine als verrucht gedachte schwarze Kleidermode mit verrutschten Nähten an den Nylonstrümpfen getragen, und die Bars, die bei uns längst ausgestorben sind, jedoch nicht in Zürich, dem calvinistischen Sündenbabel, hießen Rio, Kakadu und, unvergessen, Ba-ba-lu. Dazugekommen sind, gleich daneben, Etablissements für Pornofilme und -gerätschaften.

Brunhilde hat nach mir in kurzen Abständen noch drei Männer geheiratet, ein steter Aufstieg; zuletzt war sie Gattin eines in Algerien geborenen Juweliers geworden. Ihre Aschenurne steht in einem Mausoleum auf dem Friedhof Père Lachaise in Paris.

Wir trugen damals amerikanische Militärmäntel der UNRRA (United Nations Relief and Rehabilitation Administration), einer Hilfsorganisation für Flüchtlinge und Verschleppte in den, nach dem letzten Weltkrieg, von den Alliierten besetzten Gebieten.

Ich erwachte aus schleppendem Taumel, beschleunigte und galoppierte, ein dezimaler Paarhufer, hinunter in eine Unterführung, doch es war zu spät, Kilometer 40 lag bereits hinter uns.

An der Innenkurve des Sihlhölzli, während Sekunden durch einen Lautsprecher angesagt wurden, stand der schon geduschte und wieder zivil angezogene, schnelle Außenseiter mit umgehängtem Gepäck (3:30:09).

Wir aßen Glockenäpfel und, was wir nach einem Marathon noch nie getan hatten, jeder eine Bratwurst. Dann wandelten wir auf Holzstegen unten am kanalisierten Bett der Sihl entlang zum Bahnhof, um sofort mit dem nächsten Zug der Stadt zu entrinnen.

Der schnelle Außenseiter gedachte seiner Jugendliebe, einer Züricherin der Oberklasse, und ich einer Freundin, die wir am Tag vorher besucht hatten.

Ihr war es zum Erwerb eines Schweizer Passes in der hungrigen Nachkriegszeit gelungen, von einem jungen Züricher geheiratet zu werden, der virtuos Querflöte spielte, allerdings keinem Beruf nachging und später ein gewürfeltes Tuch der PLO um den Kopf geschlungen trug. Sie ist längst geschieden und graphologische Gutachterin für head-hunters geworden, die Führungskräfte aus Firmen abwerben und ihnen wieder vermitteln.

Rennsteig

Verseucht von Thüringer Fleischmahlzeiten, einer Eiweißschwemme langgliedriger Moleküle der DDR, die wir nie und nimmer zerschlagen könnten, waren wir, der Außenseiter und ich, um drei Uhr früh in Suhl aufgestanden, hatten Tee getrunken, eine Scheibe Altbrot gegessen, Vitamintabletten und Aspirin gegen Muskelschmerzen geschluckt und waren in einer Tschaika (Möve), zusammen mit dem Genossen Lupe Battermilk, dessen Vorfahren, wie er rühmte, Miterfinder weißer Lasuren für Porzellan gewesen seien, durch Mainebel und Industriedörfer nach Eisenach gefahren.

Dort Start von 2700 Exorzisten auf der Hohen Wiese, die sich sofort zu einem steilen Pfad namens Hochwaldgrotte verengte; wir kamen kaum durch, trippelten minutenlang auf der Stelle. Voraus auf dem schwierigsten Lauf der verschlampten Republik stürmten die Kenner und Trainingshelden.

Wir besaßen zwar Nummern, jedoch keine Kontrollkarten, denn niemand, weder aus dem östlichen noch westlichen Ausland, durfte aus Gründen überlasteter Organisation, auch wegen politischer Vorsicht, daran teilnehmen.

Es hatte einen langwierigen Kampf durch dies- und jenseitige Unterflurzentralkomitees gekostet, daß wir nun, wenigstens als Phantome, unterwegs sein konnten, obwohl es seit Jahren immer wieder Eingeschlichene gab, die sich von Freunden, Verwandten in Turnvereinen der Deutschen Demokratischen Republik deren Namen ausborgten, mit dem sie teilnehmen konnten. Einer, den wir kannten, ein Allgäuer aus der Hugenottenkleinstadt Memmingen, doch wir sahen ihn nicht, er war langsamer als wir, rannte zum dritten oder vierten Mal über den Kamm, der früher Rynnestig geheißen hatte, ein Händlerspfad, bis nach Prag reichend.

Zunächst ging es durch Mischwälder, wie ich mir die Höhen vorgestellt hatte. Raine taten sich auf, bewachsen von Zittergras, an den Rändern durch Farne wie eingezäunt, und darin stand getüpfeltes Kraut, das Engelssüß hieß. Ich lief beiseite, riß eine Staude ab, zerrieb Blätter zwischen den Händen, aber roch nichts. Der schnelle Außenseiter rief, Pfingsten sei erst in einer Woche.

An Himmelfahrt waren wir angereist, hatten vom Zug aus in westlichen und östlichen Landschaften den Vatertag als Biersause erlebt, doch nach der Grenze besetzten Frauenbrigaden ganze Abteile und speditierten Betrunkene, die, Federhüte auf und Blechschilder um, grölend eindringen wollten, wieder hinaus.

Ich fühlte mich, da nur unter Frauen aufgewachsen, wie zurückgekehrt. Diese freie, wilde Zeit hatte damals bis zur Währungsreform gereicht. Als allmählich die Krieger, Väter, Onkel, Verstümmelten eintrafen, die wieder Regie übernehmen wollten, mißachteten wir sie. Seither bin ich gebrandmarkt, kenne kaum Freunde, außer einem Astrophysiker, meinem Sciencetruk und einem schwäbischen Rechtsanwalt in Hamburg, der sich immer mehr rückerinnert, radikalisiert.

Es war ein Hinauf-und-hinunter-Lauf auf engen Steigen; Wurzelwerk lag quer, spitze Steine behinderten, manchmal mußten wir, um überholen zu können, in Dickicht ausweichen, doch wenn wir es durchbrochen hatten, waren wir an den Läufern von vorher immer noch nicht vorbei.

Manche mußten aufgeben, besaßen nur elendes Schuhzeug. Weil wir ausgepolsterte, mit Stollen versehene amerikanische Erzeugnisse anhatten, wurden wir als Exoten erkannt.

»Woher kommt ihr«, wurde gefragt.

Antwort: »Von hinten.«

Nach etwa zwanzig Kilometern erreichten wir den Großen Inselsberg, einen Getränkestützpunkt (DDR-Deutsch). Von dort führte die Strecke grausam hinab; einige überschlugen sich. Dann ging es sofort wieder hinauf, aber schon aus ästhetischen Gründen trabten wir, gaben Prätze (Zündung, sächsisch).

Später gestand Lupe Battermilk, er habe uns gesucht, sei mit seiner Tschaika-Limousine zu der Straßenüberführung Toter Mann, die wir überquerten, später, wenige Kilometer vor dem Ziel, noch zu der KOM (Kraftomnibus-)Station Mordfleck gefahren, habe uns jedoch nie gesehen, und sein entsetzlicher Verdacht sei noch größer geworden, daß wir den Lauf nicht durchstünden, als Westler irgendwo liegenbleiben würden, und das Komplott aus Dirigismus wohlwollender Funktionäre des Zentralkomitees in Berlin, Abteilung Kultur, aus Einsprüchen des TSV (Turn- und Sportverband) und durch Befürwortung des FDGW (Freier Deutscher Gewerkschaftsverband) bekanntwerden könnte. KGS bedeutete etwas wie Kleingartensparte, also Zuteilung eines begehrten Schreberquartiers, oder ein NMS hieß Neckermannschacht, Durchzug in einer dreifüßigen Grillamphore aus Schmiedeblech. Unter SAAW verbarg sich ein Billiggetränk, der Schaalaer Wermut, den Penner, die es, Gott sei Dank, in der DDR inzwischen ebenfalls gab, bevorzugten und sich leisten konnten, da sie von der Fürsorge, wurde behauptet, was ich nicht glaubte, pro Tag zehn Mark erhielten; im Winter müßten sie dafür schneeschaufeln.

Wir entdeckten einen Feuersalamander, der, noch nicht zertrampelt, über die Strecke kroch. Ein Ostdeutscher sagte, so ein Tier habe er noch nie gesehen, er komme aus dem Erzgebirge.

»Nu, da kriegste die Auge nich mehr auf«, gestand er, »bei uns is alles vergiftet. Die Bäume sind weg, und wenn de in de Bode dupst, haste Ausschlag am Finger. Woher seid ihr?«

Antwort: »Von hinten.«

Es wurde mühseliger, vorbei an Spießberg und Nesselhof, dann Donnershauk. Düsenjäger, die dieselben Geräusche wie bei uns hinter sich herschleppten, hatten Übungsflüge aufgenommen. Heißer Sturm, wenn der kranke Wald, der nur noch aus Fichten bestand, Platz gab, blies entgegen, kam, wie wir später lasen, aus den Kiewer Ebenen und habe ganz Mitteleuropa bis zum Atlantik heimgesucht, vermengt mit Partikelgeschossen aus dem Großen Wermut (altrussisch Tschernobyl).

Spürbar war nur der Staub, die Augen entzündeten sich. Einmal rannte ich zu einer Arnikastaude, ein anderes Mal zu einer Lupine, suchte Besänftigung.

Wir kamen an einem Weiler namens Gottesgabel vorbei, aus dem, würde Battermilk, unsere Aufsichtsperson, behaupten, seine Ahnen stammten. Es klang ermutigend, ob wahr oder nicht.

Auf einem Stück Asphaltstraße, das zur Erholung ein paar Meilen hätte länger sein können, sah ich eine Dreikantfeile fahren, auch Duk-Duk genannt, eine dreirädrige, kleine, sich selbst bewegende Kipplore mit Einhubmotor, Schwungscheibe und gelochtem Eisensessel für den Fahrer, ein Relikt aus der Stalinzeit, ohne das die gesamte Bauwirtschaft der Betonisazija zusammenbräche. Das heroische Fahrzeug transportierte einen Wurzelstock, schien mit ihm zu winken.

Greifenberg und Grenzadler: Wir waren noch nicht erschöpft, tranken Schleimsuppe, verschmähten süßen Tee und photographierten immer wieder Funde am Weg, vor allem Dreierflaggen, die ab und zu an Kreuzungen aufgepflanzt waren. Einmal wickelte ich mich in alle ein, das nächste Mal, es dauerte Minuten, und der Kreislauf sank ab, dirigierte ich den Außenseiter vor die vom heißen Kiewsturm gepeitschte Staatsfahne mit goldenem Ährenkranz; daneben flatterte eine schwarze (Tod oder Anarchie), auf der anderen Seite eine rote (Blut oder Revolution).

Ein älterer Läufer sagte, als wir weiterhetzten, »alles Tunke«, und es entwickelte sich, als auf einer sanften Steigung mit genügend Dauer aus dem Schläfenlappen körperautonome Kokaine rannen, ein Gespräch:

Er, behauptete der apokryphe Renner, lebe im Sommer von Stachelbeerverkauf aus dem Garten seiner Datsche (datscha, russ.). Jeder Konsumladen bezahle für ein Kilogramm privater Beeren vier Mark und verkaufe sie wieder für zwei Mark, ein betriebswirtschaftlicher Irrsinn, den der sozialistische Staat auffange, so daß im Grunde nicht einmal geerntet werden müsse, sondern es genüge, nur zu kaufen, dann sich in der Schlange anzustellen, um als Kleingärtner die Früchte wieder zu verkaufen.

Frage: Ob die staatlichen Organe davon wüßten?

Antwort: Na klar.

Was tun?

Weitermachen.

Im Kapitalismus gebe es diese Verschwendung nicht.

Deshalb sei er auch mehr wert.

Wir verließen den Zerstörer, beschleunigten. Atemnot setzte ein, als beengte das durchgeschwitzte Turnleibchen, und ließ bis zum Ort Branntweinwerst nicht nach, der nächsten Station, wo wir aus einer hölzernen Rinne inmitten von Huflattich tranken. Wanderer, die Vesperbrote verteilten, hielten gegen die Sonne aufgespannte Regenschirme über uns.

Eindrücke, Vorwissen, Begeisterungsfähigkeit und Wehmut potenzierten sich, als wüchse ein Ententeich, der schon zur Hälfte verkrautet war, bei jedem nächsten Schritt weiter zu.

Irgendwann, bei Kilometer 40 oder 47, während wir ausholten, auch auf die Armbanduhren geschaut und uns gegenseitig bestätigt hatten, daß wir trotz aller Abschweifungen gut unterwegs waren, und die Bühne, ein von Panzerspuren gefurchter Steig, abfiel, aber ich, müde geworden, hinüber, um mich abzulenken, zu einem Kahlschlag sah, auf dem noch eine einzige, japanisch anmutende Fichte stand, die, ebenfalls ein Erschöpfungsmerkmal, zu anagrammatischer Spielerei verleitete (Ferdinand de Saussure, 1857–1913, Mémoires sur le système primitif des voyelles dans les langues indoeuropéennes; Bestandsaufnahme des ursprünglichen Systems der Selbstlaute indogermanischer Sprachen), dachte ich an Worte wie Annabasis (Tochter) oder an begehrenswerte Gebiete wie Ghana, Lakarna, an Täuschungsbegriffe gleich Bypass, Passo dello Stelvio oder weiße Ränder, Passepartouts um Aquarelle, stolperte und fiel, mich noch verknäulend, unzulänglich seitlich gekrümmt: Beide Knie bluteten, der rechte Ellenbogen war wie radiert, die rechte Hand gestaucht, ein kleiner Finger anscheinend gebrochen.

Ich stand sofort wieder auf, rannte, von Adrenalin angeschwollen, die nächsten Kilometer wie von Sinnen, um Schmerzen zu überbieten. Die galizischen Teufel in den Knien schwiegen gebannt.

Wäre ich stehengeblieben, vielleicht sogar zum nahen Klubhaus des VEB Wälzkörpers gehumpelt, wo ich Trost und Pflege erhalten hätte, dann wären vielleicht Sätze der Bürokratisazija wahr geworden, dessen formalistischster lautete: »Der Sargdeckel ist auf der Seite des Verbrauchers schmucklos.«

Das Klub-, eher Ferienhaus war der Erinnerung an Friedrich Fröbel (1782–1852, Volkserzieher) geweiht worden, Schöpfer der Kindergartenbewegung, der schrieb, durch Spiel, Gesang, rhythmische Bewegung und Gartenarbeit könne stufenweise auf das Erwachsenendasein vorbereitet werden, ein ehemals revolutionäres Konzept.

Fröbel hatte mit scharfer Nase, hohlen Wangen und langen, beiderseits des Schädels herabgestrichenen Haaren wie ein Indianerhäuptling ausgesehen. Ich kannte seine nachgelassenen Predigten, war in einem protestantischen Internat mit ihnen gefüttert worden.

Eher hätte mir ein persischer Geburtsschemel geholfen, aber dann hätte ich verweilen müssen, wodurch der Schmerz erst richtig fühlbar geworden wäre.

Angekommen am Beginn der Feriensiedlung Oberhof, deren größtes Hotel zwei aneinandergeschobenen Sprungschanzen, die nach beiden Seiten abfielen, glich, tranken der Außenseiter und ich alles, was noch vorhanden war, nur Wasser gab es nicht. Der Kiewer Sturm fegte unermüdlich durch die Senke.

Auf einem Plattenstück, einem Autobahnstunnel ohne Anschluß, sah ich eine Kutsche stehen. In ihr saß, ein Irrtum war kaum möglich, der kommunistische König für Bildung, Gesundheit, Wissenschaft und Bibliothekswesen, den ich vor zehn Jahren während eines Essens im Berliner Kronprinzenpalais kennengelernt hatte, Sabo Leo Winawer.

Er winkte. Ich rannte in Richtung Kutsche, aber je näher ich kam, desto mehr entrückte sie.

Winawer war gebürtiger Schwabe wie ich. Er hatte von der Kampfzeit erzählt, dem Untergrund, eine mühsame Verzettelung. Sie hätten sich in Wäldern getroffen, zwei Stunden Fußmarsch hin, drei Stunden zurück, dann habe er noch eine Meldung oder ein Grundsatzpapier, eingewickelt in Wachstuch, in einem Dorfbrunnen versenken müssen, aus dem am nächsten Tag irgendeine angeworbene Gänseliesel, die, wäre sie entdeckt worden, den Gang zum Volksgerichtshof hätte antreten müssen, das Päckchen wieder herausholte und unter der Schürze zum nächsten Posten, einem verschwiegenen Sekretär gebracht habe. Angekommen in der Zentrale Berlin, gar Moskau sei nie etwas.

Und deshalb, hatte er damals im Kronprinzenpalais gesagt, freue er sich diebisch, daß sie jetzt die Macht hätten, auch Lachs, Schnittlaucheier oder Schnitzel mit einer Scheibe Ananas darauf und einem hineingesteckten Hawaiiwimpel sich gestatten könnten.

Ich hatte meinen Landsmann noch gefragt: »Warum zitterst du?«

Antwort: »Weil ich alt bin.«

Zuletzt, am Ausgang des Eßsaals und gestützt von seiner Sekretärin, die ein kleingemustertes Barockdirndl anhatte, doch ich hatte mich in die Vielsprachige schon bei scharfen, schwedischen Fischlein, der Vorspeise, verliebt, trompetete Winawer noch ein britisches Sprichwort aus, daß »a camel a horse designed by a committee« sei. Aber wie heiße es bei uns? Arbeiten wie ein Ochs.

Wir trabten einen enger werdenden Weg wieder hinauf, jagten dann in Schnellschritten mit auspendelnden Armen voran, eine Taktik steinzeitlicher Jäger. Oben gab es Sumpf und stehengebliebene Tümpel, die zeitraubend umkurvt werden mußten.

Rutschend hielten wir uns gegenseitig aufrecht, liefen über dunkle Eisplatten, erfrischten uns auch mit Schnee, dessen Zungen verborgen in Gehölzen schimmerten.

Ich dachte an den Kunststoffaden Dederon, gesponnen aus gehärteten Erdölderivaten im Chemiefaserkombinat Schwarza, wo ich, ebenfalls vor zehn Jahren, hatte arbeiten und mich umschauen dürfen.

Rührung kam auf, besonders am nächsten Tag, als ich wieder in dem Industriewerk umherschweifte und sah, was sich geändert hatte: Korridore geweißelt, im Keller die Parteizentrale mit helleren Schrankmöbeln ausgestattet, und die Kantine, genannt Freßpalast, inzwischen verglast.

Aber am Diätschalter stand nicht mehr meine Freundin, eine an Lymphdrüsenkrebs erkrankte, heftige Person, mit der ich zahlreiche Gefechte hatte austragen müssen, weil sie meine Essensmarken nicht anerkennen wollte. Gäste bekämen Fleisch, hatte sie entschieden.

Antwort: Ich ließe mich nicht zu Mast, Eiweißkollaps verurteilen.

Gegenantwort: Wer nicht arbeite, sei nicht krank.

Die Strecke wurde unübersichtlich, wand sich durch Furten, und erst jetzt, lang nach dem Sturz, setzte ein perfider Nachschock ein, der den ganzen Körper mit Schwäche erfüllte. Ich fror, lief im Windschatten des Außenseiters, der rücksichtslos, wenn wir auf matt gewordene Gruppen stießen, uns Bahn brach, damit ich in gleichmäßigem Taumel bleiben konnte.

Auf Höhe Großer Beerberg erreichten wir den Scheitel (982 m); rechts im Tal waren eine Stadt und ein Zementwerk zu sehen, derweil nahm Angst, falls es nur noch abwärts ginge, wieder zu.

Andererseits wurde ich durch zunehmenden Stumpfsinn und Willen wie in Binden eingewickelt, ein vertrautes Gefühl, das weitertriebe von einem Horizont zum anderen, der ein Stein am Wegrand, ein Ameisenhügel in einer versteppten Schonung oder eine entrückte, kleine Wolke sein mochte, die wir auch noch erreichen würden, schaukelnd durch eine nur Schritt für Schritt sich entwickelnde Entfernung.

Körperkatastrophe und Täuschung waren ineinander verschmolzen, spendeten wattierte, neue Kraft, die, während wir zwar immer wieder stolperten, als Wahn unendlich trüge.

Die sich verschiebende Schattengrenze hatte den Thüringer Hochwald in einen Quarz verwandelt, über dessen Adern wir rannten, als müßten wir den Gesteinsbrocken, damit er aus dem Weltraum nicht abstürzte, mit unseren Tritten in Bewegung halten.

Beim letzten Getränkemarkt, er lag vor der Siedlung Schmücke, gab es Schmalzbrote und Bier. Wir aßen nichts, doch tranken einen Pappbecher voll und noch einen; es war, als rauschte Schluck um Schluck eine alle Hindernisse beiseite schiebende Hoffnung durch Herz und Magen.

Hätten wir noch ein, zwei Stunden länger laufen müssen, hätten wir uns den Rausch auf Frist nicht erlaubt, so aber schwangen wir uns über ausgetrocknete, geröllhaltige Pfade hinunter, auch vorbei an der Omnibushaltestelle Mordfleck, wo Battermilk, die Bewahrperson, uns nicht sah; wir waren zu schnell.

Vor uns fiel einer, wurde übersprungen. Der nächste konnte auf der schmalen Spur nicht ausweichen, weshalb der Außenseiter, um mir Raum zu schaffen, ihn an den Gegenhang stieß.

Tage später in Schloß Kochberg, wo ich im Frühsommer vor zehn Jahren nach dem Aufenthalt im Chemiefaserwerk Schwarza zur Erholung gewohnt hatte, bugsierte mich der Außenseiter vor ein Portrait Friedrich Wilhelm Schillers und sagte, der Dramatiker und ich, zwei Schwaben, wir hätten dieselben Nasen.

Bisher hatten wir alle Kontrollschleusen, wo die Nummernkarten gelocht wurden, mit dem Ruf durchlaufen: Vergessen!

Beim letzten Posten, wenige Kilometer vor dem Ziel, wollte uns einer der Funktionäre, die in einer Windjacke oder kajakhaften Hülle verpackt waren, zurückhalten, aber keine Chance, wir rissen uns los. Ich hatte ein schlechtes Gewissen, hätte gern erklärt, jedoch der Sturm des Biers dauerte noch an.

Abgang hinunter nach Schmiedefeld, einem Dorf, in dem wie gleich daneben in der Ortschaft Allzunah noch Glasrohlinge geblasen wurden. Aus einem der letzten Schiefersteinbrüche stammte auch das Material für Schindeln, die an Hauswände genagelt wurden.

Wir folgten bewimpelten Absperrungen, hinter denen Zuschauer warteten, doch Kehren um Parkplätze und über geteerte Straßen, an denen Gemeinschaftsgaragen standen, nahmen kein Ende. Schließlich durchbrachen wir eine Lichtschranke für elektronische Messung und verschwanden sofort in der Menge (67 km gleich 6:50:10).

Wir tranken Holunderlimonade und aßen, der Thüringer Verseuchung war nicht zu entrinnen, Bratwürste, nun auf einer Bank neben Volkspolizisten sitzend, die uns beglückwünschten und denen wir, sie nahmen sie ohne Zier, unsere Geländeschuhe überreichten.

In Socken auf Suche nach unserem Gepäck wandten wir uns noch mal um und sahen an einem Gegenhang in Reihen etwa tausend Trabis stehen; die Autohalde sprühte im Sonnenlicht.

Saba Leo Winawer hatte damals erzählt, daß nach mehrfacher Nutzung die Kunststoffkarosserien, zu kleinen Paketen gepreßt, in einem leeren Bergwerk versenkt würden, denn bei Verbrennung steige reine Salzsäure durch die Schornsteine und regne wieder herab. In ein paar hundert Jahren würden vielleicht Prähistorikerinnen, zunächst lustlos grabend, auf Beweisstücke materialistischer Schmach stoßen.

Einer der wenigen Marathons, die meines Wissens abends veranstaltet wurden und trotz Sommerzeit bei genügend Langsamkeit oder schlechtem Wetter bis in die Nacht hineinreichten. Ich war bereit für Verzauberung.

In der Karolinenstraße, einer Fußgängerzone, die mit der Pest internationaler Kugellampen verseucht war, denn irgendein Herstellerkartell hatte es verstanden, sie auf der ganzen Welt unsicheren Stadträten aufzuschwatzen, herrschten Düsternis, Schwüle und Blasmusik. Wir trampelten dicht gedrängt auf die Lorenzkirche zu, über deren Portal eine Rosette prangte, als wäre Stein zu Klöppelspitze geworden.

Es ging über glattes Pflaster steil hinab und an quadratischen Zementeinfassungen für Blumen und Hartlaubgewächse vorbei, dann um Ecken herum, in Gäßchen hinein und über eine Brücke. Rechts lag auf einer Insel in der Pegnitz das Heiliggeist-Spital, ein Altersheim aus schwarzroten Sandsteinquadern, die, nachdem die Innenstadt fast gänzlich zerbombt in Trümmern gelegen hatte, aus Ruinen gesammelt und zum Bau des Altenspitals wiederverwendet worden waren.

In spitzen Winkeln führte das Rennen durch die Topographie, wie sie Chaosforscher angelegt haben könnten, wobei scheinbar Mittelalterliches völlig neu aussah, manchmal unterbrochen von eingezwängten Fassaden der fünfziger Jahre. Die Sträßchen waren in der Mitte abgesperrt, auf der anderen Hälfte fuhren Autos.

Eile und Flüche, Helfer winkten zu Unterführungen hinunter, in denen umgestürzte Pfosten lagen, wir mußten sie überspringen. Vor mir rief einer, das nächste Mal ziehe er Beinschienen an.

Weiter draußen begannen Alleen und Wiesen, als wäre die Stadt schon zu Ende, doch wir hatten nur den inneren

Mauerring verlassen. Neubaugebiete wuchsen an einer langgezogenen Senke empor. In der Mitte lag der flache Wöhrder-See, die gestaute Pegnitz, früher Bengerts geheißen (Schlammfluß; keltisch). Hier standen einst die Werkstätten der Färber und Gerber, gestaffelt nach Größe und Alter, weiter oben, wo der Fluß wieder tiefer und rascher wurde, hatten sich die Nagelschmiede und Drahtzieher mit ihren wassergetriebenen Hammerwerken angesiedelt. Im 19. Jahrhundert waren kleine, private Elektrizitätswerke dazugekommen.

Vorbei die Zeit der Zünfte, der begnadeten Kupferstecher und Steinmetze, auch der ersten Eisenbahn von Nürnberg nach Fürth, als auf den ersten Photographien die Stadt noch gotisch ausgesehen hatte, oft verwechselt mit geduldig und heimelig; Grausamkeit wurde nicht genannt.

Inzwischen waren Industrieanlagen und neue Siedlungen ringsum ins Land hineingewachsen, unterteilt von Straßen und Rampen, als hätten boshafte Riesen einen ausgeschütteten Steinbaukasten hinterlassen, und als ich rannte und schwitzte, mich auch langweilte, ein während Sport unangenehmes Laster, fiel mir ein, daß in der Nachkriegszeit der größte Versandhändler und der König der Radio- und Grammophonhersteller hier wie in einem Frühbeet hatten gedeihen können. Das gewalttätig Völkische wurde zugeschüttet und akkurat bepflanzt.

Irgendwann gab es zu trinken. Wir liefen wieder durch eine Unterführung, dann die langgezogene Heinemann-Brücke hinauf über den versumpften Schacht der Pegnitz: Die Aussicht zur fernen Innenstadt mit ihren Türmen, Giebeln und der auf dem Ölberg liegenden Burg stimmten heiter, außerdem rannten wir, bevor wir noch mal in die Wöhrder-Wiesen eintauchten, entlang einer Straße namens Wurfbein. Die nächste Unterführung war zu sehen, vor der G.I.s standen (General Issue, Government Issue; allgemeine Regierungsausgabe amerikanischer Landser), die an diesem Samstag nachmittag Ausgang hatten und, sich krümmend vor Lachen, mit Stöcken komplizierte Wirbel auf eisernes Geländer schlugen. Einer trommelte auf den mit Bändern geschmückten Blechdeckel einer Mülltonne, als stamme er aus Mexiko.

Durch die geschorenen Auen nach der Unterführung wand sich ein geteerter Pfad, der durch Büsche führte. Ich wollte schneller werden, überholte eine Gruppe, einen versprengten Hund und zwei Frauen mit irokesenhaften Frisuren, doch ein einzeln stehendes Gebäude, das nach engen Kurven höher wuchs, zog mich in seinen Bann, ein aus Erkern und Balustraden geschichteter Wohn- oder Sprungturm, dessen viereckige Fensterluken wie Zierat ausahen, der Norikus, ein Mahnmal unbeschwerten Sozialbaus, als solche Ungetüme, um Arbeit von Häuslichkeit zu trennen, fernab ins Grüne gestellt wurden.

Bier, Doppelschicht, Reiswein, Friseur, Kindersegen fielen mir ein, dann Video, Abtreibung, Stockbetten, Kur, Pfandschein, Höhensonne, Alleinsein, Verstopftsein, letzter Ausflug zum Rhein.

Je näher ich kam, desto mehr rückte das Zementgebirge vom See ab, weshalb, wer aus jeder beliebigen Höhe den Sprung in Freiheit oder wäßrige Durchsichtigkeit gewagt hätte, auf einem vorspringenden Dach oder auf einer Terrasse aufgeschlagen wäre.

Nachts erzählte mir ein Freund, der sein Gelehrtentum verlassen hatte und vielleicht der nächste kommunistische Tribun der Industrie- und Lebkuchenstadt werden wollte, daß in dem babelhaften Stockzahn inzwischen nur noch Rückwanderer und Asylanten, verarmte amerikanische Soldatenfamilien und ausgesteuerte deutsche Familien wohnten, und unten hätten bis auf einen Friseur und einen Billigladen alle anderen Geschäfte geschlossen. In diesem Silo kämen die meisten Selbstmorde vor, nicht mit Tabletten, Strick, Handtuch oder Stromschlag, sondern hinaus im Flug zum unerreichbaren See.

Beschleunigung durch den nächsten Park, der umrundet werden mußte. Junge Türken spielten dort Fußball; ihre Mädchen schauten ihnen zu. Eines hatte sich abgewandt, saß im gelben Gras und weinte. Ich wäre gern hingerannt, besann mich, machte längere Schritte.

Wo immer ich Kinder sehe, kleine oder große, beginnt Versunkenheit. Es ist, als stünde die Zeit still, als kehrten Arglosigkeit und Neugierde vereint wieder, als neigten sich noch einmal Löffel, Gabel, Messer ineinander, oder als gebe es noch keinen Unterschied zwischen Mund und After: Breilein hinein, Breilein heraus. Und wenn es notwendig geworden wäre, hätte ich mit meinem unsichtbaren Schwert Samurai Eltern oder anderen Unholden, die ein Kind peinigten, mit einem Streich den Kopf abgeschlagen, der in vierblättrigen Glücksklee gefallen wäre.

Es ging einen Anstieg hinauf und hinein in die Stadt, entlang an bewimpelten Seilen; Gassen und Sträßchen taten sich auf, die Beckschlag, Grübel und Agnes hießen, Namen für Handarbeit oder für einst Selig-, gar Heiliggesprochene.

Verzückt ein- und ausatmend folgte ich dem abendlichen Gespensterlauf, rannte auch zurück, wenn ich auf einem restaurierten Stück Befestigungsmauer ein wiederangeklebtes Hexenhäuschen mit paspeliertem Fachwerk gesehen hatte, um es zu photographieren.

Auf einem Trottoirkurs kamen wir gegenüber dem Hauptbahnhof vorbei, dann einscherend in die Königstraße, wo linker Hand die Mauthalle lag, nach der die Breite Gasse begann, bis Weißer Turm, ein ruinöser Plattenweg; dort war früher gefoltert worden, auch unter Einsatz der mit Nägeln bespickten und zuklappbaren Eisernen Jungfrau.

An diesem Ende, dem kleinen Ludwigsplatz, stand, in einer Novelle wäre es kaum erträglich, die übereck katastrophal glatte Sichtfassade der Allgemeinen Ortskrankenkasse mit Eingangsschleuse.

Wir gelangten wieder in die Karolinenstraße, die Fußgängerzone, von der aus wir gestartet waren, zurück, und die ersten zehn Kilometer lagen hinter mir; dreimal mehr sollten noch nötig werden.

Es ging erneut hinab über Pflaster und hinein in Gassen behaglicher Verwunschenheit, als böten Streben und Bögen des zwanzig Meter hohen Sakramentshäuschens der Lorenzkirche ein Wunderwerk des Steinmetzen Adam Kraft (1460–1509), der es, versteinert Schlegel und Meißel in der Hand, zusammen mit zwei knienden Gesellen als Statue auf den Schultern trug, unbekannten Schutz.

Nach der Stadtmauer begann wieder die öde Freizeit- und Wohnlandschaft, durchzogen von Straßen, untertunnelt für Spazierwege. Dort überholte ich einen Renner, der in ein kleines Diktiergerät sprach. Sein Bericht, falls wir ihm im Zentralorgan der Laufbewegung begegneten, würde vor Sportbegeisterung strotzen.

Irgendwann, die Schwüle hatte zugenommen, und es ging zurück in die Innenstadt, kam auf einer steilen Kehre, als ich einen der Fußgängertunnels gerade verließ und einen Anstieg vor mir hatte, ein Schnelläufer entgegen, der aussah wie Günter W., 46, doch einen weißen Knebelbart trug, aber verkleidet und eingeschlichen hatte sich W. schonoft, zuletzt als türkischer Arbeiter, um Deutschland von unten zu erkunden. Beim Marathon war es dem Laienprediger ebenfalls ernst. Er grüßte verschwörerisch, ich lachte.

Abends suchte ich W., fand ihn nicht, in der Teilnehmerliste war sein Name auch nicht vermerkt. Vielleicht hatte mich ein notwendiges Berufsübel ergriffen, die Phantomatik.

Es wurde dunkler und begann zu regnen. Die Stadt roch im Dampf nach blumig gewordenem Teer und chemischem Nieswurz, eine Mischung zweiter, dritter Natürlichkeit.

Vorausrenner überrundeten oder kamen auf der anderen Spur bereits entgegen, die Köpfe gestreckt, die Schritte ekstatisch. Ich hängte mich eine Zeitlang an, bis Muskeln versagten und der Atem keuchte.

In Berlin waren dieser Tage zwei schottische Sergeanten, Edward M. und Gordon W., in 15 Stunden und 50 Minuten die gesamte Berliner Mauer entlanggelaufen, 178 Kilometer, beobachtet und weitergemeldet von einem DDR-Wachtposten zum anderen. Unterstützt hatte die beiden eine Gruppe britischer Soldaten mit drei Fahrzeugen, die auch Rennboote mit sich führten, in denen zweimal die Havel überquert wurde. Als die Schotten frühmorgens am Checkpoint Charlie vorbeikamen, strömten Leute aus den noch vollen Lokalen, warfen Geld auf die Straße und feuerten an. Edward nahm ein Löffelchen Kognak zu sich, Gordon ein paar Schluck Bier, dann rannten sie hinein in neue Helligkeit.

Über die Nürnberger Straßen fiel nun Nacht, Regen schoß herab und behinderte die Sicht, so daß, als ich zum letzten oder vorletzten Mal am Portal des Hauptbahnhofs vorbeikam, glaubte, das aufgerissene Maul eines der Ungeheuer aus dem Park von Bomarzo zu sehen, wo Fürst Vicino Orsini im 16. Jahrhundert libertine Feste gefeiert hatte, wie wir sie, gepeinigt von Schnellbuffets und Kino, nicht mehr zustande brächten. Keusch rannten wir durch Schwärze und Nässe um Erbarmen.

Vor der Stadt stand Wasser in den Wiesen, die Schuhe sogen sich voll, gaben Schritt für Schritt verhängnisvolle Töne von sich, jedoch Kühle und Ungewißheit trieben an. Vor der tiefsten Unterführung standen keine trommelnden Negersoldaten mehr, und als das schwarze Wohngebirge der Selbstmordfamilien aufragte, bedauerte ich, daß die Langstrecke bald zu Ende sein würde.

Plötzlich gelangen Lockerungsmanöver, wie ich sie schon vor zwei Stunden hätte tun können sollen. Die letzte Durchquerung des Cramer-Klett-Parks geschah wie im Flug. Aus Regenschwaden tauchten gereckte, einsame Kuriere auf, unterwegs wie zu fernen Dörfern, denen sie Botschaften brächten.

Verwinkelte Innenstadt und eine Explosion aus Licht: Ein Auto war verunglückt, lag quer mit noch drehenden Rädern; durch ein zersplittertes Fenster hob sich ein blutendes Gesicht.

Ich zählte die Fugen des Plattenwegs bis zum Ziel unter der glühenden Rosette der Lorenzkirche, aus der, es war kein Spuk, ein Glockenspiel erklang (3:32:12).

Nachts war ich noch in den westlichen Pegnitz-Auen auf einem Fest der DKP(Deutsche Kommunistische Partei). Dort traf ich eine Freundin, trank Bier und aß gebratene Würstchen, zum dritten Mal verludernd nach einem Marathon in diesem Jahr. In der fast leeren Budenstadt tanzten die letzten auf einem Holzpodest schnellen Foxtrott zu Harmonikamusik und Beckenschlag. An der Wand stand ein Spruch: Stell dir vor, die Russen kommen und kaufen bei uns ein.

Säuglinge wurden gewickelt, kleine Kinder stampften, als wir gingen, durch nasses Sägemehl. Ein dicker, bärtiger Mann, der aussah wie ein Gesamtschullehrer, fiel draußen in den Sumpf, drehte sich auf den Rücken und zeigte, das geblümte Hemd aufreißend, seinen Bauch.

Die nächste Revolution würde anders sein, boshafter oder gelinder, eher jedoch müßten wir uns bewaffnen müssen zur Verteidigung letzter Besitzstände, in Nürnberg vielleicht hinter den fassadären Trümmern des einst gigantischen Parteigeländes der Nationalsozialisten.

Fruchtbarkeit prangte: Nachts regnete es, tagsüber stach die Sonne. Das städtische Gras blieb grün, und die Brennesselwälder und säumenden Büsche an der Trainingsstrecke verwuchsen zu Dickichten. Ich mußte mich hindurchkämpfen, auch Spinnengewebe, die hintereinander wie Kulissen hingen, durchtrennen. Klebrige Schleier blieben haften, zerrieben auf der Brust und riefen Allergien hervor, eine Form von Blatternsucht, die Beulen wachsen ließ, juckte und brannte. Im Bett vermehrte sie sich noch. Ich sollte duschen, frottieren, Beruhigungstabletten verschlingen, die Lähmungen im Kopf, nicht in Gliedern oder auf Blößen verursachten. Am liebsten wäre ich aus dem Fenster gesprungen. Der Puls jagte und stolperte.

Ich las, daß bei Ausdauersportlern die Lymphozyten, verbunden mit einer erhöhten Ausschüttung des Streßhormons Cortisol, weniger würden, so daß die Immunschwelle sank, Platz gab für Infekte.

Zudem war entdeckt worden, daß Bäckerhefe Vitamine im Körper band, andererseits Schwermetalle anzog, Spuren von Quecksilber, Blei und ähnlichen Giften aus der Luft, wie es auch Pilze auf dem Boden taten.

Der Magen tat weh, ein altes Übel, auch der Unterbauch schmerzte, und wenn ich austreten mußte, beobachtete ich argwöhnisch den Urinstrahl, ob er noch genügend weit, vor allem hoch, was per Griff manipuliert werden konnte, sich entfernte.

Der Duft welkender Linden- und Rosenblüten nahm zu, vermengt mit dem süß aasigen Lackgeruch aus den Bayerischen Automobilwerken, deren dreizylindriger Büroturm sich im Blick ein wenig neigte, wieder erhob, in der Senkrechten verharrte; darunter vorbei tobte der frühmorgendliche Ringverkehr.

Holunderblätter waren schwarz von Vogelkot bespritzt,

eine Bedrohung, vor der ich floh, da ein tragischer Heldengesang nicht in der Natur, eher am Schreibtisch erfunden werden konnte.

Ich fühlte mich immer noch zu jung, zu unerfahren, um den Schlußband des Endlosromans Thuja zu vollenden, denn inzwischen zog die Kiesgrube, in der ich mich seit Anfang der siebziger Jahre eingegraben hatte, Wasser, Morast, Sinnferne an, ob die Kinder, die Satz um Satz erweckt worden waren, überhaupt begreifen würden, daß sie zu leben vermochten.

Ebenfalls frühmorgens auf der Strecke sah ich ein Kaninchen. Es war verschreckt, nicht von reichsdeutschen Schäferhunden enthauptet worden, sondern wurde von sechs Igeln beschützt, die, ihre Stacheln aufgestellt wie Stinktiere, einen Ring um es bildeten.

Fauchend und welkes Laub niedertrippelnd, blieben die Igel im Kreis stehen, obwohl ich mich tiefer beugte, gegen Stacheln blies, sie auch besprach, doch die Tiere ließen sich nicht erschrecken.

Ein paar Kilometer weiter blieb ich stehen und bemerkte entsetzt, daß eine Flut schwarzer Wanderameisen an meinen Beinen hochkroch. Ich wollte sie abschütteln, rannte weiter, ein Riese, der Insekten mit sich trüge bis nach, wenn er je dort ankäme, Bangkok, wo ich einst in der Hitze blaue Handschuhe gekauft hatte.

Kann Verausgabung zu Krankheit werden?

Falls bisher noch nicht, würde wenigstens ein Rückkehr in alte Schwellenangst erfolgen, ob das Geflecht der Empfindungen, die sich überkreuzenden Denkgefühle und Phantasmen überhaupt auf Papier zu bringen waren oder ob ich weiterhin Flüchtling bleiben sollte, der zwar zu sich selbst zurückfände, dort aber nicht mehr heimisch wurde.

Ich stellte mir vor, am Treppenlauf auf das New Yorker Empire State Building teilzunehmen, dessen Türen zu den 67 Fahrstuhlschächten verriegelt worden waren. Es stürmten 77 Herren und 18 Damen in diesem Jahr über 1575 Stufen auf 320 Meter Höhe empor, und nur unten auf dem grauen Marmor des Foyers konnte zunächst überholt werden. Der Älteste, der mittat, war ein 77 Jahre alter italienischer Dirigent.

Im 20. und 65. Stock reckten sich, an die Mauer gedrückt, Helfer, die Wasser reichten. Die Schenkel schmerzten, die Arme schnellten ruckweise, um mitzuziehen, hoch, im Kopf verdickten sich Druck und Empörung, daß Anreise und wieder Abflug in keinem Verhältnis zu dem kurzen Ereignis standen.

Der Schnellste, ein Australier, benötigte 11 Minuten und 8 Sekunden, die schnellste Frau, ebenfalls aus Australien, brauchte eine Minute und 16 Sekunden mehr. Oben empfing King Kong die Läufer, der alle an den Pelz seiner Brust drückte, wo sie noch eine Weile vor Erschöpfung schwitzten und pfiffen, bevor der König der Tiere sich über die Stacheln des Schutzgitters gegen Selbstmörder schwang und, mit einer Hand winkend, außen an dem Wolkenkratzer langsam hinunterkletterte.

Ab ins Allgäu zu langen Strecken, Buckelwiesen und durch Hohlwege hinauf. Subtropische Feuchtigkeit und Wärme hatten verwunschenes Himbeergestrüpp, in dem ich als Kind mit meiner Mutter in umgehängte Milchkannen Früchte gepflückt hatte, blutrot gefärbt. Jetzt raufte ich sie mit beiden Händen ab und stopfte sie in den Mund, aus dem der Saft floß, manchmal vermischt mit den Fermenten zerbissener Würmer.

Würden die Temperaturen, wie Klimaforscher es befürchteten, im Mittel weiter ansteigen, dann schaukelten an unseren Kindern und Kindeskindern Elefanten, Giraffen und Zebras vorüber, während unten in den Ebenen sich Steppen ausbreiteten. Aber ich könnte nicht mehr dabeisein, nur noch als erinnerter Geist mitziehen.

Im Blockhaus auf dem Herrenberg am Ende der Adelegg

tupfte der Kunstmaler Pfrang, sitzend in einem ausrangierten Zahnarztstuhl, Schneeflocken und Eiskristalle auf ein sorgfältig grundiertes Tafelgemälde. Er sagte, entweder wandere er nach Indien aus oder in die nächste Stadt.

In welche?

Antwort: Er brauche Autobahnanschluß, in der Nähe einen Kindergarten und eine Schule für seine Brut, die inzwischen, wie früher schon seine Frau, an Einsamkeit und nasser Winterallergie leide.

Antwort: Er solle sich im Ruhrgebiet ansiedeln, wo verlassene Walzstraßen wie ausgeweidete Wale aufragten.

Pfrang sagte, dorthin gehe er niemals. Deutschland reiche für ihn höchstens bis zum Main, jenseits davon beginne wahrscheinlich Skandinavien.

Ich gab ihm recht und lief am nächsten Tag zum Iberg, eine himmellange Strecke über asphaltierte Sträßchen, die die Knöchel stauchten, hinauf, hinab und endgültig bergan durch kranken Stangenwald, in den Stürme Breschen geschlagen hatten. Bekannte Pfade waren von Farnen zugewachsen, und auf dem letzten, steilen Steig mußte ich durch grüne Fangarme rudern.

Hinter dem verkrauteten Weg lagen eingestürzte Stollen, in denen Häftlinge, russische, polnische und serbokroatische Gefangene, die letzten Messerschmitt-Maschinen, sie waren schneller als der Schall, montiert hatten. Wer nachgrübe, würde noch Gebeine und Metallteile finden.

Auf dem nächsten Berg, genannt die Kugel, befuhr ein junger Bauer mit einem japanisch beschrifteten Traktor, der sowohl Räder wie Raupen besaß, die je nach Bodenkrümmung eingestellt werden konnten, den runden Kegel. Scherblätter schnitten das dünne Engelsgras ab, und kleine Rechen, hinten an dem Fahrzeug angebracht, kehrten es in ein Fanggitter.

Wie oft er hier oben sei, rief ich dem Overall-Mann zu.

Zweimal im Jahr.

Wo er wohne?

Unten in Seltmans.

Es war eine frühe Industriesiedlung, in der eine Zellulosefabrik abgewrackt und in Kisten verpackt nach China versandt wurde, ein, fiel mir ein, als ich über Wurzelwerk weiterrannte und vorbei an grau gewordenen Rindenstämmen, in denen Geister wohnen mochten, die gegen mein Gesicht schlugen, Beispiel für Mischkultur, wenn eine Rechenanlage, angeschlossen an eine genügend alte Buche, aus den Speichern des immensen Blattgrüns Antwort zöge, woher wir stammten und wieviel Erinnerung wir davon noch besaßen.

Über Serpentinenkies lief ich weiter, hatte blaue Geländeschuhe an, deren Stollen unzerstörbar schienen.

Links aus einem Tal kam der Kamin der Gemeinschaftsheizung einer Gewerkschaftssiedlung in den Blick. Rechts unten vor Seltmans lag, wohin ich wollte, das Bauernschloß einer Landschaftsportraitistin, die, wenn ich ihr genügend lang zugesprochen hatte, auch Umschläge für meine Bücher malte, welche sie nie las.

Aus einer Brunnenröhre hinter dem Bauernschloß trank ich Eiswasser. Drinnen bekam ich, wie schon ein paar Mal, aus der zweiten oder dritten Diätküche Marmorkuchen zu essen.

Traudel Herzgespann und ihr jugendlicher Sekretär, der Direktor eines Alpenhotels gewesen war, nun in Vermarktung von Gemälden und Aquarellen eine befriedigende Aufgabe gefunden hatte, stritten über die Widerspiegelungstheorie, ob, was sich im Gedächtnis als Bilder darstelle, für Artefakte schon genügend verwandelt sei oder ob in den durch Angst, Schrecken und Begehren verzerrten Phantasmen naturalistische Details wiederentdeckt werden müßten, um sie erneut zu übersetzen, so daß, wie durch ein umgedrehtes Fernglas beobachtet, aus großer Entfernung bekannte Muster auf uns zuströmten, deren Vertrautheit eine zweite Heimat simulierten?

Draußen, vor den weit geöffneten Türflügeln des Wintergartens, rannten konfus Zwerghühner über den Rasen, und weiße, umherstolzierende Pfaue stießen ab und zu ihre häßlichen Schreie aus.

Der Marmorkuchen hatte angenehm geschmeckt. Mit zwei Tassen Kräutertee, der, wie der Sekretär, Joseph der Knecht, erklärte, aus Katzenpfötchenblüten, Salbei, Ringelblumen, Taubnesseln, Malven, Pfingstrosenblättern, Hagebuttenschalen, Eibisch und Huflattich komponiert sei, schwemmte ich nach. Huflattich enthielt ein Alkaloid, an dem vor kurzem eine Schwangere, die jeden Tag literweise diesen Pflanzensud getrunken hatte, gestorben war.

Es tat weh, wieder in Gang zu kommen, besonders bergabwärts. Bänder und Gelenke widerstrebten. Erst unten auf Teer gelangen ausholendere Schritte, doch ich wollte nicht auf einer der vielen, öden Straßen, die das Allgäu durchkreuzten, bleiben, sondern wählte nach dem Weiler Großholzleute eine verlassene Bahnlinie nach Hause, auf der ich vor fünfzig Jahren als Fahrschüler täglich unterwegs gewesen war.

Geleise lagen keine mehr auf dem Damm, der in ausholenden Schwüngen durch Wiesen führte, dagegen waren aus dem Kies Kräuter, die Hungerböden bevorzugten, Weiden-, Birken- und Pappelsprößlinge gewachsen, die teilweise ein Dickicht bildeten, durch das ich mich hindurchkämpfen mußte.

Einer alten Eisenbrücke über die Argen fehlten die Bohlen, so daß ich, als es mir schwindlig wurde, über einen verbliebenen Schienenstrang, der auf der anderen Seite abbrach, kniend kroch. Auf einer großen, rostigen Schraubenmutter des Bogengeländers saß ein Salamander, der sich sonnte.

Vielleicht, bildete ich mir ein, hatte er mir mit seinem schnell atmenden Balg Zeichen geben wollen, ich solle, wie er, mich ausstrecken und mich dem Dröhnen der Zeit hingeben, das anschwoll, wieder abebbte, bis es sich, je länger wir zuhörten, verlor. Es würde schließlich nur noch eine durchsichtige Schleife zurückbleiben, deren Enden weiterwüchsen, sich zu neuen Figuren verschlingend, bis der Himmel von ihnen erfüllt wäre und wir mit dem Rücken voraus in die Luft hinauf versänken zu unserem Bett.

Beim Baggersee, in dem einst Taka Kose Schmitz hinter einer Regenwand verschwunden war, und erst nach einer Woche hatte das Wasser die Leiche freigegeben, trugen die Fichten hoch aufgeschossene Angsttriebe, als könnten sie, indem sie schneller wuchsen und noch mehr Samenzapfen abwarfen, ihre Art vor der feindlich gewordenen Chemie des Regens bewahren.

Der Wald schrie, lockte dadurch Schädlinge an, die sich in die kranke Borke fraßen. Das schrille Wimmern bewegte sich in einem Bereich von etwa hundert Kilohertz, eine Frequenz, die fünfmal höher war als die, welche das menschliche Ohr noch wahrnahm.

Das unhörbare Jammern und Klagen drang, je schneller ich durch Strauchwerk und über Schotter zu laufen versuchte, in mich ein, mochte Zellwände durchschlagen und Kerne zertrümmern, so daß ich von innen heraus zersiebt würde, allmählich nur noch eine Hülle darstellend, die heimwärts taumelte, wo sie zusammengefaltet in den Schoß zurückkröche, der sie geboren hatte.

Die von der Malerin und ihrem Sekretär debattierte Widerspiegelungstheorie beinhaltete auch die Umkehr des Zeitpfeils, der wie abgefackeltes Methangas Leben löschte. Begann Entropie, schrumpfte die Zeit, bis, wenn auch die Sterne explodiert waren, nur noch Eisenklumpen durch den schwarz gewordenen Weltraum trieben.

Das Kreischen der Wälder hätte längst aufgehört, aber irgendein Ton schnitte noch durch das All, das tiefgefrorene Klirren eines Lurchs oder das Sirren einer Schmeißfliege, die ihre Beine aneinanderriebe, und beide Geschöpfe säßen in einer anderen Raumblase oder Zeitschleife und sähen befriedigt zu, was mit dem Anfang der nächsten Ewigkeit geschah.

Mitte August wollte ich im schweizerischen Wallis an einem Berglauf teilnehmen, von Sierre im Rhonetal 32 Kilometer steil hinauf bis auf etwa 3000 Meter Höhe und wieder kurz hinunter nach Zinal. Die Strecke war berüchtigt.

Im Zug dorthin saß mir lange Zeit ein tauber, junger Mann gegenüber, der Schluchten, Täler und Felsmassive erklärte. Er sprach in einem bellenden Dialekt, dazu bewegte er erklärend die Hände, nickte mit dem Kopf, schüttelte ihn, und wenn ich nicht verstand, lachte er und schrieb mit dem Zeigefinger ein Phantomwort in die Luft. Kam ein Tunnel, lehnte er sich zurück und schloß die Augen, bis es wieder hell wurde. Mir las er von den Lippen ab und wiederholte zur Probe noch mal, was ich gesagt hatte.

In Brig verabschiedete er sich und stieg aus. Als ich auf dem Bahnsteig den Gegenzug erwartete, stand er plötzlich mit einem Plastikbecher voll Milchkaffee wieder vor mir, sagte: un café au lait à peu près.

Im Gebirgsdorf Chandolin auf halber Höhe an der Strecke konnte ich bei einer Hamburger Familie, die nur noch französisch redete, wohnen. Die Töchter trugen Strohhüte und versuchten mit Schmetterlingsnetzen Zitronenfalter einzufangen. Abends schwangen sich die Mädchen auf Rennräder und trainierten zusammen mit ihrem Vater, einem Photographen, rasende Abfahrten und kurvenreiche Anstiege.

Die schöne, überaus geschwinde und magere Mutter der Töchter, die in Hamburg Modelle dirigierte, mähte am Abhang unterhalb des turmartigen Familienbaus mit einer Sichel heftig dürres Gras, wofür, wie ich später erfuhr, Arbeitslose als Landschaftspfleger von der Gemeinde zwanzig Schweizer Franken pro Stunde erhielten.

Fast alle Häuser waren aus dunklem Balkenholz und

saßen auf mehrschichtigen Steinplattensockeln, die Halskrausen glichen, damit Bergratten nicht hinaufklettern konnten.

Ich übte auf schroffen Pisten, keuchte und ächzte, wollte mich an die Höhe gewöhnen. Vom verschneiten Matterhorn, das in wolkenlose Bläue stach, blies frostiger Wind, während die Sonne brannte und schon nach einem Tag von Gesicht und Armen sich die Haut schälte.

Vor Trockenheit waren die Lärchen scharlachfarben geworden. Als ich in einem Gehölz stehenblieb, um der knisternden Stille nachzulauschen, sah ich an einer feuchten, dunklen Mulde, die ein versiegter Bach zurückgelassen hatte, einen Iltis. Er trank leise schnalzend.

Tiefer in Sand und Kies, wo sich Grundwasser sammelte, lebten in Zeitlupe kleine Krebse und Schnecken, Räder- und Bärtierchen, Viel- und Wenigborster, Fadenwürmer und Milben. Sie waren alle blind, völlig durchsichtig und wurden nicht größer als einige Millimeter. Pflanzenreste und Humusstoffe, die der Regen zu ihnen hinabschickte, genügten ihnen zum Leben. Gäbe es sie nicht, würde das Wasser faulen, und Bakterien verstopften die feinen Hohlräume, durch die das Wasser sickerte.

Oben auf dem zwischen den verkrüppelten Bäumen flimmernden Pfad, der le Rotzé hieß, war der Iltis, der mich entdeckt hatte, im Schatten von Steinen davongejagt. Ich dachte an ein Lied der Töpfer:

Alte Scherben waren wieder zu Tonkrügen zusammengesetzt worden, und die Rillen, die sich zur Zierde um sie wanden, trugen vielleicht den Rhythmus des handwerklichen Ritzens in sich, so daß abtastende Meßfühler, die mit Lautsprechern gekoppelt wurden, ein besinnliches Brummen oder wiegendes Summen übertrugen, das aus vielen tausend Jahren zu uns herüberflutete.

Während langer Läufe hatte ich manchmal gesungen, als verlöre ich mich in der Zeit und befände mich an anderen

Orten, wo unbekannte Vorfahren warteten, die mich zunächst erschreckten, aber dann hätte ich mich näher gewagt, zwar die Sprache der fremd und wild Aussehenden nicht verstanden, doch irgendeine Wendung, ein kleines Lachen oder ein paar neugierige Töne wären mir vertraut vorgekommen, und ich hätte mich, noch einmal einen Blick zurückwerfend, entschieden, dort zu bleiben. Diese endgültige Flucht wäre aber schon während der ersten Sprünge mißlungen.

In Chandolin, bei der hochmütigen Herbergsfamilie, gab es viele Gäste und schwierige Mahlzeiten. In der letzten Nacht, unten in einer Kammer, packte ich, bevor es dämmerte, meinen Rucksack und ging. Ich höre noch das Hohngeschrei, daß ich ein Feigling sei, Angst hätte.

Ja, sagte ich zu den Läufern und Läuferinnen im Haus, die sich gerade anzogen, ich hätte Angst, vor der Hitze, vor mir selber und vor ihnen.

Es dauerte Stunden, bis ich, verschiedene Omnibusse wechselnd, wieder unten im Rhonetal war, doch auf den Nachtzug aus Paris war Verlaß. Er hatte genügend Verspätung, so daß ich ihn noch erreichte.

Die Fahrt ging zurück nach Brig, dann durch den Simplontunnel, wo auf der anderen Seite die Grenzstadt Domodossola lag, deren trommelnder Name mich schon als Kind begeistert hatte. Außerdem war dort die Maßeinheit Pico-Dauz erfunden worden (Eider, 1898–1924, Physiker; »Zur Verschiebung interstellaren Massenstaubs«).

Später, die Hitze hatte wieder zugenommen, heißer Wind stürmte durch die geöffneten Fenster, fand ich Platz in einem Abteil. Aber diesmal saß mir kein tauber, junger Mann gegenüber, sondern zwei alte Frauen schliefen, die Köpfe gegeneinandergelehnt, aufrecht im Sitzen. Mitunter seufzten sie und lächelten schmerzlich, erwachten jedoch erst, als wir Mailand erreichten.

Drückender Glast lag über den Ebenen, die sich zum

Meer senkten. Die Felder sahen versengt aus. Hinter Genua führte die Strecke an der Riviera entlang, deren Küstendörfer und -städte zusammengewachsen waren. Immer wieder hielt der Zug, fuhr gemächlich weiter, wand sich durch Tunnels, und vor den zahlreichen Straßenüberquerungen pfiff und klingelte er.

Das Meer reichte oft bis zum Unterbau aus Quadern und Blöcken des Bahndamms, glänzte und blendete, als wäre es aus poliertem Metall. Ich lehnte, die Arme aufgestützt, im Fenster, das Gesicht umspült von Wärme, frischem Dunst und öligen Gerüchen. Bald, bald, meldete die Erwartung, würde ich bei meiner Familie sein. Die Ferien begännen, Angst und Ungeduld hätten ein Ende.

In einem der Badeorte stieg ich aus und nahm ein Taxi hinauf in die Berge, wo die Hänge von der Abendsonne in gelbes Licht getaucht wurden, durch das Blitze zuckten, als schösse Quecksilber aus Felsen und Blättern. Ein Bergrükken schien, bevor er in Schatten fiel, sich zu entzünden.

Die letzten Kilometer mußte ich zu Fuß gehen. Es war ein erholsamer Marsch nach der langen Fahrt. Den gewundenen Weg säumten Brombeerbüsche, die voll reifer Früchte hingen. Mit beiden Händen pflückte ich sie, wollte nicht genug davon kriegen. Dann, nach dem letzten Anstieg, war ich endlich angekommen und wurde umarmt. Wir standen auf einer Terrasse, unter der ein Esel hauste. Davor lag ein Schwimmbad, dessen Becken in einen Abgrund hinausragte, aus dem die Nacht emporstieg.

Der Ort hieß Evigno. Es gab in ihm keine Geschäfte zum Einkaufen, nicht einmal eine Cafébar. In der Frühe und spätnachmittags kam ein alter, kleiner Bus, der selten jemand brachte oder mitnahm.

Die einzige Straße führte zur Küste hinunter, hinter dem Dorf verzweigten sich zwei steinige Pfade im Gestrüpp der Macchia an den Hängen. Die ligurische Terrassenkultur, von Generationen in mühseliger Arbeit errichtet, zerfiel. In den struppigen Gärten standen noch Olivenbäume, aber sie wurden kaum mehr beschnitten, trugen nur noch wenig. Neue Plantagen im Süden produzierten billiger im Überfluß.

Es herrschten wieder Wildnis und Einsamkeit. Steige waren zugewachsen, ich mußte auf Erkundigungsgängen durch Büsche brechen, kam kaum in Trab, kletterte von Terrasse zu Terrasse, auf denen wilder Hafer wucherte. Und immer wieder verfiel ich in Brombeerrausch, aß mich satt, während Schweiß und schwarzer Beerensaft auf Brust und Arme tropften.

Vögel hörte ich nie, dafür flatterten weiter oben zwischen Kastanien, Eichen und dornigem Strauchwerk, aus dem Anisstauden ragten, Schmetterlingsschwärme entgegen, als wollten sie, da sie keine Feinde mehr hatten, nun mich jagen. Einmal war ich von ihnen so dicht umhüllt, daß ich um mich schlug und den Berg hinunter floh. Erst bei einer ehemaligen Schießanlage machte ich halt und flocht einen zerrissenen Lappen, mit dem früher Gewehre gereinigt worden waren, um den Kopf. Dann lief ich wieder bergauf, bis ich mich in Kletten verwickelte.

Tage später behauptete meine Frau, nachdem sie aus der nächsten Stadt am Meer Zeitungen geholt hatte, sie habe einen Schakal gesehen. Kurz vor dem Auto sei er über die Straße gehuscht.

Unmöglich, sagte ich. Vielleicht sei es eine Hyäne gewesen.

Nein, eher ein Dachs oder ein Hermelin.

Wir versuchten es mit allerlei Tieren, die wir meistens nur aus Büchern kannten, wobei wir schließlich bei Zwergelefanten ankamen, ein Einfall unserer Tochter, der uns am besten gefiel. Entweder war das Tier jung und einem Wanderzirkus entlaufen, oder es stammte noch aus der Kreidezeit, von der es im unwegsamen Ligurien irgendwo noch eine Falte geben mochte.

Inzwischen hatte ich nicht nur Schlehen- und Lorbeerbüsche, auf denen Apollofalter saßen, entdeckt, sondern auch Erdbeerbäume, etwa schulterhoch. Sie wuchsen auf freien Flecken in der Macchia und muteten in ihrem ebenmäßigen Aufbau wie eine unbekannte Weihnachtszüchtung mit Beeren als Schmuck an.

Blieb ich stehen, um die Schönheit zu bewundern, stürzten sich sogleich Fliegen und Stechmücken auf mich, so daß ich ständig in Bewegung bleiben mußte, im Gestrüpp Beine und Arme um mich schlenkernd, oder einmal, als ein von Kühen getretener Pfad in das Halbdunkel eines Eichenhains verlockte, mit der Stirn gegen einen wie in der Luft hängenden kleinen Stein stoßend. Es war der im Kreuz unsichtbar gespannter Fäden eingewobene Vorratssack einer Spinne, deren Raupenmahlzeit ich herabgerissen hatte, und vielleicht, stellte ich mir vor, würde sich die Spinne aus ihrem Versteck gleich auf mich fallen lassen, ein übermäßig großes und zorniges Tier, ebenfalls ein Relikt der Kreidezeit.

Für Tage wich ich auf Teerstraßen aus, lief in der Frühe über Serpentinen durch enge Orte, die Camporondo, Borganzo, Moltedo und San Pietro hießen, ins Tal hinunter bis zum Meer, wo an der Promenade die ersten Zeitungsleser sich auf Bänken niedergelassen hatten und ein Sprengwagen mit matten Rinnsalen, die wie bei einem wunden Käfer aus Schlitzen und verbogenen Drüsen flossen, die Gehsteige netzte und immer vor einem schon geöffneten Eiskiosk stehenblieb. Einmal trank ich dort ein Glas Mineralwasser und bekam sofort einen Magenkrampf.

Über Diano Castello und Diano Arentino ging es wieder zurück, lange Anstiege, die in der Sonne lagen. Autos, die überholten, wurden ihrerseits von Motorrädern geschnitten, weshalb ich in engen Straßen dicht an Gartenmauern und Hauswänden mit dem verlangsamten Verkehr, doch auf breiten Straßen, wenn seine Geschwindigkeit wieder zunahm, auf der anderen Seite gegen ihn lief.

Zunächst geriet der gelbe Kirchturm von Diano Castello ins Blickfeld, wurde größer im Blau, aber es dauerte, bis ich die Torbögen und Gassen des Dorfes erreichte, in denen es nach frischem Brot roch, ein gebenedeiter Geruch, als öffneten sich jeden Morgen für die Bewohner die Pforten des Himmels.

Weiter oben, nach einem flachen Stück zur Erholung, über dem die schweren Trossen einer Überlandleitung hingen, deren dunkles Summen gefährlich besänftigend klang, begannen Blättertunnels aus Olivenbäumen.

In ihren Schatten schwang ich mich Kurve um Kurve höher, hörte einen Hund bellen oder sah Geröll in einem ausgetrockneten Gebirgsbach sich auftürmen. Es mußten schon Jahre vergangen sein, daß Wasser herabstürzte, die Steine waren mit hartem Gras und Kronen aus Kastanienschößlingen bewachsen. Wäre ich Maler, würde ich ein zyklopisches Felsengebäude entwerfen, zu dem von einer grünen Insel zur anderen Ziegen emporkletterten, und auf einem der knochigen Tierrücken säße ein Kind, das verwundert aus der schwindelerregenden Höhe herabblickte, als gäbe es unten mehr zu sehen.

Allmählich kam der verwitterte Kirchturm von Diano Arentino in Sicht, ein Ort der Stille mit einem Krämerladen, vor dem rote Waschmittelkartons wie ein Bollwerk, das Besucher eher abwehren sollte, aufgeschichtet waren.

Nach zwei Kurven und vorbei an einer Telefonzelle ohne Tür mit einem zur Hälfte aus der Halterung gerissenen Apparat, doch der Hörer lag auf der Gabel, schien noch zu funktionieren, führte die Straße zu einem Restaurant mit Pergola im ersten Stock, das nur abends geöffnet hatte.

Jeden Morgen, wenn ich dort unterwegs war, saß in der Sonne vor der Küchentür ein alter Mann, der einen Schurz anhatte und mit einer Bürste Muscheln säuberte. Er arbeitete umständlich und besinnlich. Ich freute mich, schon von weitem zu sehen, wie er eine Muschel oder eine Auster hochhob und sie hin und her wandte im Licht, ob sie auch sauber sei. Einmal hatte er einen Tisch herausgestellt, auf dem er zögernd Fische ausnahm, die er anschließend in einen Kessel voll Wasser legte.

Nie blieb ich bei ihm stehen. Zu dem Bild gehörte auch ein immer an derselben Stelle geparkter Geländewagen mit Breitwandreifen, mehreren Scheinwerfern und einem Überrollbügel, wahrscheinlich das Renommierfahrzeug des Wirts. Neben dem alten Mann in seiner Schürze wirkte das echsenhaft ausgerüstete Auto, als habe es sich aus einem Zeitalter verirrt, das längst vergangen war.

Eines Abends fuhren wir zu dem Restaurant. Die Essenszeit hatte noch nicht begonnen, aber alle Tische oben in der Pergola waren schon reserviert. In einer Nische, wo sonst Brotkörbe, Gewürze und Weinflaschen auf einem über zwei Holzböcke gelegten Brett standen, wurde für uns Platz gemacht.

Es gab keine Speisekarte, sondern für einen festen Preis mehrere Gerichte, die wir kaum bewältigten: zuerst Fischsuppe mit Muscheln, dann kleine Teigringe in Knoblauch gebacken, anschließend verschiedene Gemüse, darunter blumenartige Geschöpfe, die Vergißmeinnichten ähnelten, zusammen mit Lammfleisch, das schmeckte, als sei es mit Bucheckern gespickt worden. Nach einer Pause, die wir mit Mineralwasser und Wein überbrückten, folgten dünne Nudeln in einer grünen, scharfen Soße, die mit Karamelpudding und süßem, schaumigem Eidotter besänftigt werden konnte. Wer wollte, aß noch Eis oder trank Kaffee und Mandellikör.

Dann trafen die ersten Gäste, die vorbestellt hatten, ein, und unser Tisch wurde wieder als Anrichte gebraucht. Obwohl wir zu dritt waren, mußten wir nur für zwei bezahlen. Unsere Tochter sei, sagte der junge Wirt, der auch abends hochmütig eine Sonnenbrille trug, eingeladen, er entschuldigte sich für den Tisch.

Unten schauten wir noch durch die offene Tür zur Küche. Frauen und Mädchen arbeiteten in Dampf und Hitze. Ein tragbarer Fernseher, der auf einer Waage stand, lief, und der alte Mann saß mit eingezogenen Beinen, damit er niemanden in dem vollen Raum behinderte, in einer Ecke. Jetzt erst bemerkte ich, da ich nicht mehr rannte, daß er blind war.

Ich hätte dort bleiben sollen Tag und Nacht auf der Schwelle, bis ich versteinert gewesen wäre oder als Hausdiener hätte aushelfen dürfen. Frau und Tochter wären in der Küche angestellt worden, und erst im Winter, wenn das Restaurant schloß, wären wir nach Hause zurückgekehrt. Alles hätte eine andere Wendung genommen, wenn im Rückblick Fehler und Versäumnisse sichtbar werden, deren Geschichte damals begann.

Die Unrast jagte mich auf den Pizzo d'Evigno, eine peinigende Tour durch Gestrüpp und niedrige Eichenwälder, deren Zweige zum Boden reichten und ineinander verflochten waren. Manchmal glaubte ich, einen Pfad entdeckt zu haben, den früher Maultiere getreten hatten, aber schon nach kurzer Zeit endete er vor einer Felsenplatte oder einem voll reifer Früchte schwarz gewordenem Brombeerbusch. Spinnen hatten ihre Netze darübergewoben, und Wespen flogen kreuz und quer, als sei ich ihrem größten Nest, das sie je besaßen, zu nahe gekommen.

Nach der Baumgrenze gelangen leichtere Schritte. Auf einem mit Federkraut bewachsenen Grat ging es zum Gipfel hinauf. Unten lag ein zerfallener Stall in einer Senke, die einst von Steinen gesäubert worden war und deren Gras, obwohl vor Sonne gelb geworden wie alles andere zerraufte Grün, noch gleichmäßig wuchs. Verrostete Träger einer Lastbahn standen in der Fallinie zum Wald hinab, um dessen Wipfel, bevor eine Schlucht sich auftat, sich noch Schlingen der abgerissenen Drahtseile sich wanden, als habe Technik aus Angst vor ihrem Zerfall zuletzt eine Partnerschaft beginnen wollen.

Das Tal herauf kreiste, getragen von Kehrwinden, ein Bussardpaar, schien manchmal, wenn es von der einen Thermik in die nächste überwechselte, die, mit anderen Augen gesehen, Wogen und Brandungen geglichen hätten, wie in der Luft auf der Stelle zu treten, um sich, nur mit ein paar Flügelschlägen ausgleichend, von einer stürmischen Welle hinauftragen zu lassen, bis es, hoch über dem Kamm angekommen, zu segeln begann, hinüber zum nächsten Grat und hinaus in die Weite, die für sie ein verläßliches Element war.

Plötzlich brach ich in Tränen aus, nicht aus Überanstrengung, eher weil die beiden bis zu ihrem Tod zusammenbleiben würden, wofür der mühelose Flug ein unerreichbares Vorbild darstellte.

Ich rannte über Schollen und Geröll, stieg zuletzt im Schnellschritt bergauf und fing, obgleich die Sonne brannte, im kalten Wind zu frieren an. Oben auf dem Pizzo bat ich eine verwitterte Frau, die mit ihrer Nichte von der anderen Seite heraufgeklettert war, um einen Schluck Wasser, bekam aber, obwohl die Kappe einer Thermosflasche aus dem Rucksack ragte, nichts, weil, wie die Bergsteigerin behauptete, der Tee ausgelaufen sei.

Die Calvinistin stammte aus Böblingen in Württemberg, lebte den Sommer über in einem Haus am Meer. Ich beglückwünschte sie dazu in unserem gemeinsamen Dialekt, sagte, sinngemäß zurückübersetzt: Jeder stehe in seinem Sach.

Der Weg hinunter war schwierig. Bald taten die Knie weh, Schenkel und Beine waren vom Strauchwerk zerkratzt. Jeder Schritt mußte in dem unwegsamen Gelände genau beachtet werden, doch mitunter stellte sich während des Trabs ein synkopierter Rhythmus ein, als wartete stets an derselben Stelle ein Stolperstein.

Irgendwo in einem der steilen Eichenhaine lag auf einem blanken, weißen Felsen eine grüne Schlange mit schwarzen Streifen. Sie war dünn und rührte sich nicht. Als ich ihr einen Ast hinhielt, wand sie sich blitzschnell um ihn, den Kopf, der hin und her schwang, auf mich gerichtet, je schneller ich, den Ast gleich einer Fackel gereckt, zwischen zwei eingefallenen Terrassen schräg am Hang abwärts lief. Vor einem ausgetrockneten Bachbett wirbelte ich den inzwischen gebrochenen Strunk so lang im Kreis, bis die Schlange sich löste und wie eine abgetrennte Peitschenschnur davonflog. Sie klatschte auf Steine, war tot.

Beinahe wäre ich wieder in Tränen ausgebrochen, als hätte ich an diesem Tag zum zweiten Mal verloren. Was es genau war, wußte ich nicht. Es konnte nur mit etwas Unerreichbarem zusammenhängen, das nie berührt werden durfte, doch von uns ersehnt wurde, so wie das dahinziehende Bussardpaar für einen leichten Tod bürgte und die Geschmeidigkeit der Schlange für Selbstverständnis und Leben.

Abends erzählte ich von den Ereignissen, behauptete aber, die Schlange sei wieder davongekrochen.

Meine Tochter sagte, die Bussarde würden die Schlange fressen, und dann seien alle drei zornig auf mich.

Unmöglich, erwiderte ich, die Bussarde seien doch woanders gewesen.

Sie würden sich vereinigen, sagte sie, wandte sich ab und ging.

Die Drohung ließ sich nicht abschütteln. Ob ich zur Küste hinablief oder auf einer brennend heißen Teerstraße, die ich entdeckt hatte, den Berg zu umrunden versuchte, aber die Straße hörte in einem Steinbruch auf, immer spähte ich nach dem Bussardpaar aus, erklomm Felsen, jagte auf Pfaden von Hang zu Hang, schon hinter der nächsten Biegung konnte ein überraschender Blick gelingen.

An die Schlange dachte ich fast nie. Ihr Tod bedeutete

vor allem, daß es in dem unwegsamen Gelände überall Schlangen gab, aber von ihnen ging keine Gefahr aus, im Gegenteil, ich hätte, bildete ich mir ein, wenn ich einer begegnet wäre, sie diesmal mit der Hand ergriffen.

Die Prophezeiung meiner Tochter bezog sich auf das Bussardpaar, das mich, falls ich es nie mehr sehen würde, unerlöst zurückließe. Jeder Punkt am Himmel konnte einer der Vögel sein. Oder sie meldeten sich mit Schreien aus einer Eibe, in der sie ihre Beute versteckt hielten.

Immer wieder fand ich grüne, gelbe und rote Schrotkartuschen. Sie waren versandet, stammten noch von der letzten Jagdsaison, während der alles, was sich bewegt hatte, abgeschossen worden war, auch Mäuse und Spatzen. Jedoch die Bussarde hatten in unerreichbarer Höhe ihre Kreise gezogen und darauf gewartet, daß die Jäger das Land verließen.

Außer Füchsen, Dachsen, Mardern, Eichhörnchen und Murmeltieren lebten in den ligurischen Alpen auch Wildschweine. Anfang des 19. Jahrhunderts, als die Bauern ihre Terrassenkulturen zu schichten anfingen, waren die Tiere ausgerottet worden. Zehn, zwölf konnten in einer Nacht einen ganzen Hektar Kartoffeln oder Korn umpflügen, oder sie brachen auf Suche nach einer Schlange eine ganze Stützmauer ab. Nach dem Weltkrieg wanderten erste Exemplare von der französischen Seite der Seealpen, vertrieben durch Waldbrände, die jahrelang wüteten, wieder ein.

Vielleicht war der Schakal, den meine Frau nachts zu sehen geglaubt hatte, ein cinghiale, ein Wildschwein gewesen, das mürrisch durch sein Revier trottete, in dem zwar noch Weinreben gediehen, doch Trauben fraß es, seitdem sie mit Gift gespritzt wurden, nicht mehr. Es zerbiß sie nur und spuckte sie wieder aus. Wildschweine waren Feinschmecker. Sie legten systematisch Getreidefelder um, damit sie unter den zartesten Wurzeln und besten Ähren auswählen konnten. Früher waren sie auch in Hühnerställe eingebrochen, doch an den Käfigen von Legebatterien hatten sie ihren Zorn nie ausgelassen. In einem Gewächshaus bei San Remo, wurde behauptet, seien sie schon gewesen, sorgfältig Tulpenzwiebeln schälend, ein Meer junger Nelken hätten sie verschmäht.

Ich erzählte meiner Tochter von den Schweinen, unseren Freunden, aber weder sie noch meine Frau wollten etwas darüber wissen. Meine Frau beharrte auf dem Schakal oder der Hyäne, und meine Tochter wiederholte düster, zuerst würde das Bussardpaar die Schlangen fressen, dann stürzten sich alle auf mich.

Warum, fragte ich.

Niemand dürfe ihr Gebiet betreten.

Ich könne doch nicht fliegen, sagte ich. Die Bussarde hätte ich nicht gestört.

Uns gehöre das Dorf und das Schwimmbad, antwortete sie, den Tieren die Berge, den Vögeln Himmel und Luft.

Früher hätten die Bauern an den Hängen kleine Äcker angelegt und Olivenbäume gepflanzt, erwiderte ich. Und Jäger gebe es heute mehr als sonst.

Sie beharrte darauf, daß ich mich in mein Schicksal fügen müsse, ging, in einen Bademantel gehüllt, auf Zehenspitzen über die Fliesen des kühlen Flurs und verließ das Haus.

Ich fragte meine Frau, ob sie mir erklären könne, weshalb ich mich beschimpft fühle?

Ich hätte Angst vor dem Stehenbleiben, sagte sie. Zweifel liefe ich tot, und wenn ich schriebe, teilte ich mich in einen Beobachter in großer Höhe und in einen, der in jeden Winkel krieche, auf.

Bussard oder Schlange, fragte ich.

Für ein Kind, sagte sie, bedeuteten Symbole noch alles gleichzeitig, für Erwachsene nicht. Wir erklärten zwar, was sich in ihnen verberge, stellten Vermutungen und Beziehungen her, öffneten Falltüren und kletterten auf das steilste Dach, aber unsere Gefühle steckten in ganz anderen Scharnieren, lägen bloß, gefüttert von Schmach und Schmerzen.

Dann müsse sie, sagte ich, Gedichte schreiben, nicht ich.

Niemals, sie flüchte doch nicht.

Mittags stand ich auf dem leeren Dorfplatz und bewegte mich nicht, fühlte, wie die Hitze in mich kroch, während Schauder sich über Schultern und Rücken ausbreiteten und in den Schläfen es zu summen begann, als sei ich an Ströme angeschlossen, die mich für eine Umspannung benutzten.

Das Verbrennen der Schlacken hatte ich üben wollen, und manchmal war es, wenn ich in eine Trance hineinlief, auch gelungen. Die Welt war im Mittelpunkt der Gestirne gewesen, weil auch ich mich nicht mehr zu rühren schien. Rote Schleier glitten vorüber, ein Huhn schrie und verlor den Kopf. Die Innenansicht besaß viele Gewänder, in deren Falten es Nistplätze gab.

Ruhe kehrte ein, Stille nach dem Tosen. Der Atemtakt verbündete sich mit dem Heben und Senken der Gezeiten; der Mond zog flaches Gras wie Haare hoch, und falls ein Hindernis im Weg lag, korrigierte ich das Schrittmaß oder wich, ohne aufzublicken, aus.

Ungeschriebene Zeilen flüsterten sich gegenseitig Versprechungen zu, als säße ich auf einem Stern und überwachte gleichmütig Fahrpläne, Geburtenregister, Versicherungsdaten und, wenn mich danach gelüstete, auch das Drüsensystem des Pfauenauges oder das Grauen des Pings vor dem Pong, bevor es mit dem nächsten Schlag verklang.

Die Not löste sich auf, ein kugelrundes Ich rollte davon, angetrieben durch Lust und von Fliehkräften auf Parallelbahnen gezerrt, die, wohin sie auch führten, wieder in denselben Spuren mündeten.

In der Mittagsglut auf dem Dorfplatz wäre ich Entgegenkommendem nicht mehr ausgewichen, es war jedoch noch der falsche Ort. Es hätte in Enna auf tausend Meter Höhe in der Mitte Siziliens geschehen sollen, wo Demeter, die Göttin der Fruchtbarkeit, geboren worden war und ihre Tochter Persephone von Pluto in die Unterwelt entführt wurde. Dort stürzte unter der senkrechten Sonne die Erde in sich selbst zurück und stieß Staubfahnen aus. In der Brust lag eine erstarrte Schlange, die erwärmt werden mußte, damit sie von den Bussarden gefressen werden konnte.

Frühmorgens, als der Esel im Stall unter der Terrasse noch nicht geschrien hatte und auf dem Wasser des Schwimmbeckens, das in das ausgetrocknete Flußtal hinausragte, noch nächtliches Laub trieb, suchte ich nach einem Steig durch Ginster und Stechapfelkraut. Ich wollte auf den Pizzo Aguzzo, der nach einer Kletterpartie neben dem Pizzo d'Evigno lag.

Dunst hing zwischen den Zweigen, und Spinnennetze waren von kreisenden Tautropfen beschwert. Ein Rebhuhn, das mich eine Zeitlang begleitete, indem es immer wieder ein Stück vorausflog, ließ kleine Ergüsse aus versteppttem Gras, wenn es darüberstreifte, sprühen.

Nach Olivenhainen am Hang geriet ich wieder zwischen Brombeerwälle, die undurchdringlich waren, so daß ich zu einer Steilflanke ausweichen mußte, auf der oben eine Hütte stand, um die ebenfalls dornige Büsche wuchsen. Aber ich fand eine alte Leiter, mit der ich den letzten Hag überwand.

Dahinter führte ein Pfad, auf dem es sich traben ließ, bergan. Verwilderte Olivenbäume hingen voll Kletten, dikken Zöpfen, die sich manchmal zum nächsten Baum gleich Hängebrücken, unter denen ich hindurchkriechen konnte, verwoben hatten.

Der Anstieg endete an einem trockenen Bachbett, durch das ich vielleicht direkt auf den Berg gelangen mochte. Eine Hummel irrte über die blanken Steine, gefolgt von zwei Raubwespen, die im Eifer der Jagd aneinanderstießen und die Beute verloren.

Über eine bemooste Wand kletterte ich höher, griff in Schlick, der aus einer Rinne troff, auch eine Konservenbüchse klemmte zwischen Ästen und Farnen. Oben angekommen, glitt ich in ein Becken im Fels voll eiskaltem, blau schimmerndem Wasser, das sich über meinem Kopf schloß. Ich wäre gern in der Tiefe geblieben, bis ich das unterseeische Schloß der Glockenblumen erreicht hätte, in deren Erkern und Hauben genügend Luft vorhanden gewesen wäre für einen längeren Aufenthalt, aber nach ein paar Zügen mußte ich wieder auftauchen.

Frierend stand ich vor einer zweiten Wand, in der es kaum Haltegriffe gab, so daß ich mit Spreizschritten und auseinandergespannten Armen mich hochzuschwindeln versuchte, wieder abrutschte, noch einmal von vorn begann, schließlich an Gras und Schößlingen am Rand mich hochzog. Brust und Hände waren zerkratzt, in den aufgeweichten Schuhen gingen die Schnürsenkel auf.

Ich dachte an den Chemiker, Prediger und Dichter Albert Friedrich Benno Dulk, der nach zwei vergeblichen Versuchen im Juli 1865 in sechseinhalb Stunden von Romanshorn nach Friedrichshafen durch den Bodensee geschwommen war. Zwar hatte ein kurzes Gewitter getobt, doch Dulk wurde von einem Bademeister in einem Gondelkahn begleitet. In dessen Schutz trank Dulk, wenn er sich erschöpft fühlte, Weißwein, wie es früher auf staubigen Überlandstrecken auch Kuriere und Depeschenläufer getan hatten.

Auf mich wartete nach Überwindung des Felsabsturzes wieder ein gefülltes Becken, diesmal von der Sonne durch Akazien grün leuchtend bestrahlt.

Auf dem Rücken schwamm ich langsam im Kreis, fühlte Wärme und Selbstverzeihen, gurgelte und trank, besah meine blauen Stollenschuhe, die sich im Wasser wie Blüten öffneten, sich wieder schlossen, wenn ich ein Bein hob, dann senkte.

Eine dritte Wand war leicht zu erklettern. Kröpfe und Zacken boten genügend Halt, so daß ich mich in der Mitte auf ein Querband setzte. Während des Trocknens sah ich einer Gottesanbeterin zu, die mit ihren vielgelenkigen Gliedern eine rote Waldameise festhielt, sie vorsichtig freiließ, das Insekt nach Irrgängen auf einem Stein erneut fing, aber anscheinend unentschlossen war, ob es sich um ein richtiges oder falsches Opfer handelte. Mit einem gewaltigen Satz sprang die Gottesanbeterin davon und nahm im Flug die Ameise mit, die, wenn sie losgelassen würde und fiele, trotz des unendlichen Sturzes ohne Schaden landete und auf kilometerlangen Spuren, die das Bodendickicht durchkreuzten, in ihr Revier zurückfände.

Oben nach den Felsenriegeln gab es kein Becken mehr, nur ein Trockenbett, das schmaler wurde und in Gestrüpp sich verlor. Durch hartes Gras, in dem Geröll lag, stapfte ich aufwärts, hörte Kuhglocken aus der Ferne, ein sehnsüchtiger Klang in der Einsamkeit, doch es dauerte noch lang, bis ich unter einem Grat vereinzelt Jungvieh sah, das, als ich näher kam, davongaloppierte.

Ein Höhenweg führte einen baumlosen Kamm entlang, und scharfer Wind blies. Der Schweiß erkaltete, ich fing zu traben an, geblendet von durchdringender Helligkeit, so daß ich manchmal die Augen schloß und mir vorstellte, ich könnte ohne Schaden weiterlaufen, allmählich auf eine Bahn geratend, die nur noch aus Licht bestünde, aber der Taumel als Tunnel währte nur kurz. Stolpernd riß ich die Augen auf.

Dann endete auch dieser Weg. Flanken und Gegenschrägen wechselten, bewachsen von ausgedörrten Stoppeln, über denen ein Hauch wie von Kieselalgen oder Mehltau lag, während ich immer schneller wurde, verleitet von Weite und Bläue, zwischen denen ich bald die Kappe des Pizzo Aguzzo mit erhobenen Armen vor glücklicher Erschöpfung erreichen würde, doch nach der nächsten Kehre begann eine neue Steile, die sich in Wellen fortsetzte.

Zuletzt brach ich vor einem weißen Rind, hinter dem ein Kalb hervoräugte, in die Knie, wartete keuchend, bis das Paar sich näher wagte, Cloe und Aloisia, die ihre Köpfe senkten, auffordernd schnaubend, so daß ich schließlich auf den Rücken der mageren Kuh kroch. Sie trug mich zum Gipfel, das Kalb folgte.

Die Namen waren falsch. Mutter und Kind hießen, aber ich begriff nicht, woher ich es wußte, Rachel und Noki. Es war so, als hätten die Namen in einer tieferen Schicht des Gedächtnisses bereitgelegen, wohin Ereignisse aus der Kindheit gewandert waren, und ich erinnerte mich, früher auf dem Friedhof zu Hause manchmal laut arabisch gesprochen zu haben, anscheinend phonetisch täuschend echt, weshalb ein marokkanischer Soldat der damaligen Besatzungstruppen über die Gräber sprang und heftig auf mich einredete, doch ich verstand nichts.

Wenn die beiden Namen damit zu tun hatten, dann auf eine Weise erst entdeckten Verlusts. Unwillkürlich griff ich ins Fell der Kuh und setzte Ameisen, die dort umherirrten, auf eine Rißwunde der während des Ritts angezogenen Knie. Die kleinen Tiere bissen sich fest, schlossen mit ihren Zangen die Wunde, das Blut versiegte.

Plötzlich wußte ich, woher die Namen stammten. Rachel und Noki waren zwei Mädchen gewesen, die während des Kriegs im Allgäu ein paar Wochen in die Schule gingen. Sie hatten hochdeutsch gesprochen und seidene Zopfmaschen in den langen, blonden Haaren gehabt. Als sie nicht mehr in die Klasse kamen, hieß es, sie seien zusammen mit ihren Eltern schon halb verwest auf Matratzen in einer Scheune gefunden worden. Der Vater war Arzt gewesen, die Mutter Schauspielerin bei der Berliner Filmgesellschaft Ufa, ein fremdes, deshalb unabwendbares Schicksal, da sich diese Familie, wie wir glaubten, bei uns eingeschlichen hatte.

Oben auf dem Gipfel stieg ich ab und mußte wieder weinen. Kuh und Kalb blieben noch eine Weile, bevor sie gingen, unverwandelt. Den Ameisen kniff ich Kopf und Hinterteil platt. In ein paar Stunden würde das tote Nähzeug von der verschorften Wunde gestreift werden können.

Die ligurischen Gebirge verloren sich im Dunst, in dem vereinzelt aus den Tälern emporgekletterte Rauchsäulen standen. An den Hängen ließen sich Dörfer und Marktflecken unterscheiden, manchmal verbunden durch Motorengeräusche, herbeigeweht von Windstößen, unter denen ich mich duckte, nachblickend Aloisia und Cloe oder Rachel und Noki, die hintereinander abwärts kletterten.

Ich überholte sie, die Tränen trockneten in den Augenwinkeln. In einer Senke überfielen mich Stechmücken. Aus einem Trullo, einer igluhaften Hütte mit Gewölbe aus gehäuften Steinen, galoppierte ein schwarzes Kalb, kehrte um und verschwand wieder darin. Dornenbüsche und Gestrüpp verstellten den Steig. Ich rannte aus Angst hinauf, um in einer Kehre einen anderen Weg, auf dem Kuhmist als Losung lag, zu finden.

Eines Morgens, hoffte ich, würde ich aller Schmerzen und Verlassenheitsängste ledig werden, sitzend in einem Abteil, egal unterwegs wohin. Ruhe kehrte ein, eine von außen nach innen dringende Stille, die mich stolz machen würde.

Einmal, als ich in Panik eine Furt, die Kühe durch Gestrüpp gebrochen hatten, verließ, um steil abwärts ins Tal zu dem verlassenen Schießplatz abzukürzen, sah ich, daß das Bussardpaar über mir segelte, als wollte es einen Weg weisen. Auch gaben durchhängende Trossen einer der Starkstromleitungen von Mast zu Mast summend Bescheid.

Vor Hunger fiel mir Stoccofisso ein, ein Lehnwort für getrocknete Stockfische, die, importiert aus Norwegen, an italienischen Ladentüren hingen. Einmal hatten wir ein großes Stück gekauft, einen Tag lang gewässert, dann gekocht, aber Gestank und die aus den Gräten gelierte Masse hatten uns geekelt. Kaum vorstellbar, daß die Eroberer noch nicht bekannter Kontinente auf Segelschiffen davon gelebt hatten.

Als ich unten im Dorf angekommen war, wurde ich umarmt, aber nie mehr, sagten meine Tochter und meine Frau, dürfe ich allein in die Wildnis fliehen. Mein Herz hämmere gegen die Rippen, es sei deutlich zu sehen.

Zum Ende der Sommerferien fuhren wir entlang der Küste nach Bordighera und besuchten das Grandhotel Angst in der Via Romana 150. Cavaliere Adolfe Angst, ein gebürtiger Schweizer, hatte es 1887 eröffnet, einen prunkvollen Palast, in dem damals die erlesene Gesellschaft abstieg. Seit das Hotel 1939 geschlossen wurde, liegt es hinter hohen Mauern in einem verwilderten Park, in dem wir durch Gras zu Palmen wateten, die mit ihren Stämmen die Brüstung der Aussichtsterrasse eingedrückt hatten. Die Fenster des riesigen Gebäudes waren leer, die Eingänge mit schweren Brettern vernagelt. Nur die Buchstaben des Namens hatten sich auf dem Dach gehalten. Vor vierzig Jahren hauste ich dort in verwüsteten Zimmern mit einer Frau, die mich aus Nachsicht geheiratet hatte.

In einem zugewachsenen Graben, der vom Kesselhaus zur Küche führte, fanden wir einen Ast, mit dem ich eine Luke aufzusprengen versuchte, doch meine Tochter hielt mich zurück, sagte, die Verstorbenen würden böse, wenn ich sie störte.

Meine Frau trat in Glas, und ich verletzte mich nach einem Sprung von einer Mauer am Kopf.

Blut, rief das Kind, Blut, Blut! Es rannte durch Farne, Wicken und Disteln, bis es auch stürzte.

Unter Tomaten, die sich an einem Geländer hochrankten, ruhten wir aus, vor uns den brüchigen Palast, aus dessen Kaminen spitze Stangen ragten. Von einem halb abgebrochenen Balkon hingen Bahnen gebleichter Stoffe, einst vielleicht die Bespannungen von Liegestühlen, oder es waren Turbane inzwischen toter Gäste.

Rücksturz

Im Meer bei Syrakus war es einem 59jährigen Sizilianer gelungen, ohne Atemgerät in 101 Meter Tiefe zu tauchen. Er benötigte für diesen Rekord zweieinhalb Minuten.

Eine Nachricht, die die Grenzen menschlicher Natur noch mehr verschob, lautete, daß in Kassel für Hunde im gesamten Stadtgebiet Leinenzwang eingeführt worden sei. Wer dagegen verstieß, riskierte ein Bußgeld von 75 Mark. Und in Australien wurde erwogen, Hunde, deren Bellen die Nachbarschaft störte, einer Stimmbandoperation zu unterziehen.

Bereitschaft oder Gutmütigkeit schlugen um, denn Getreidebrei enthalte, hieß es ebenfalls, reichlich Sporen des Pilzes Claviceps purpurea, genannt Mutterkorn, ein Halluzinogen ähnlich dem LSD, auch Gift für jene, die viel Roggen aßen.

Zur Steigerung wurden radioaktiv strahlende Nerz- und Zobelmäntel entdeckt, deren Felle aus schwedischen und russischen Zuchtfarmen stammten, in denen Elchfleisch verfüttert worden war. Pro Kilogramm waren 10 000 Becquerel Cäsium 137 gemessen worden. Pilze und Flechten, Nahrung der Elche, besaßen den doppelten Wert.

Mich beunruhigte eher der Fuchsbandwurm, ein eingewanderter Parasit der primären Nahrungskette Früchte – Feldmaus – Fuchs oder der sekundären Folge Beeren – Hausmaus – Katze. In den Zwischenwirten gediehen nur drei Millimeter lange Würmer, die Millionen Eier produzierten. Monatelange Kälte oder Hitze schadeten ihnen nicht. Als unsichtbare Wolken schwebten sie in Gehölzen und über Pfaden, durch die wir eilten. Eingeatmet, infizierte das fruchtbare Gewölk die schmerzunempfindliche Leber, was nach fünf Jahren zu einer tödlichen Krankheit werden konnte. Der Parasit war gefährlicher als die Tollwut.

Ich hätte auf der Stelle stehenbleiben und mich nicht mehr bewegen sollen. Der lauernde Lebensüberdruß wäre trotzdem gewachsen und mit ihm der Nahrungsmittelberg, den wir während unseres Daseins verzehrten: etwa 500 Zentner Brot, Gemüse, Obst, Fleisch, Nudeln, Reis, Kartoffeln, Getränke und Süßigkeiten, eine Lagerhalle voll und groß wie ein Fußballfeld.

Zum Erbarmen, wenn wir bereits mit gelbem Gesicht im Krankenbett lägen, läsen wir, daß ein Taucher, wie geschehen, vor der Atlantikküste Floridas von einem Ansaugrohr für Kühlwasser eines Atomreaktors verschluckt worden war. Unverletzt erreichte der Entgeisterte das Innere des Kraftwerks. Hinterher erzählte er, es sei sehr dunkel geworden, Maske und Handschuhe habe es ihm während der einen halben Kilometer langen Reise durch das Leitungssystem vom Leib gerissen. Leichte Hautabschürfungen seien das geringere Übel, der Schreck beginne erst.

Nach den Sommerferien in die Stadt zurückgekehrt, klagten wir über Schmerzen und Sehnsüchte. Regen und Sonne wechselten wie Atemzüge. Wenn ich frühmorgens auf der Strecke an mein Kind dachte, seinen Weg in die Zukunft phantasierte, brach ich in Tränen aus, lief schneller oder blieb manchmal stehen und wollte mich in Blätterhöhlen verkriechen, damit Angst und Pein schwänden.

Im Englischen Friedhof hatten Stürme Breschen geschlagen. Edeltannen waren geknickt worden, Gesträuch lag flach. Darüber flogen mit einem pfeifenden Schwirren wie in einem finsteren Konzertstück von Stockhausen Wildgänse in Pfeilformationen, stießen Trompetentöne aus.

Die Wunden im Gehölz rochen nach Baldrian und Zwiebeln. Kurz darauf witterte ich Schweiß und überholte einen Schock Soldaten, der müde von einem Nachtmarsch Rucksack um Rucksack hintereinander tappte. Nachdem ich sie überholt hatte, rief vorn ein Offizier, der kein Gepäck trug, Heil Heidegger, Heil Hitler, tausend Mark für Bier!

Als ich zur Begrüßung umkehrte, beschnüffelte ein Schäferhund, den einer der Offiziere an der Leine führte, mein Geschlecht.

Ich bat, den Hund beiseite zu ziehen.

Antwort: Wos mogst? Wo bist? Hau ab!

Die Soldaten rückten auf, lachten und applaudierten. Ich floh, schon wieder Tränen spürend, diesmal aus Wut. Im Tal der Bayern herrschte Dummheit, Grobheit, Düsternis, längst bekannt.

An einem der nächsten Morgen lagen auf dem steilen Treppensteig hinauf zum Schutthügel im Luitpold-Park zunächst Steinchen, dann Blätter und schwarze Holunderbeeren, schließlich 17 gekreuzte Trinkröhrchen, eine Sperre, die sich nicht überwinden ließ.

Schmerzen im Unterleib meldeten sich, auch hatte ich das Gefühl, als könnte oder dürfte ich nicht mehr atmen. Zwei kleine Pekinesen, die entgegenkamen, jaulten vor Verlassenheit.

Es roch nach Moder, Verwesung und, wie ein Freund, der schnelle Außenseiter, einmal erklärt hatte, nach feuchtem Tandemnebel, eine tückische Waffe der Natur, die, so schnell wir auch rannten, uns immer überhole und in Bann schlage. Wunden brächen wieder auf, Zerrungen nähmen zu.

Ich lief zurück und unten über eine Wiese, auf der, in Schlafsäcken verpackt, Betrunkene schliefen, Gäste des jeden Herbst in München stattfindenden Gemeinschaftsrausches.

Zu Hause taute ich in heißem Wasser auf. Die Schmerzen verebbten, aber im Magen blieb ein weher Klumpen haften, der sich nicht löste. Mein Kind rief, es wolle einen anderen Vater.

Ein Vater dürfe auch krank sein, antwortete ich.

Nein, sagte es, sonst sei er keiner.

Es ging, fuhr allein mit der Untergrundbahn durch die Stadt und benützte noch einen Omnibus bis ins neue, tropische Ghetto der Montessori-Paradiesschule, die draußen neben dem Klinikschiff Großhadern erbaut worden war.

Wir wußten nicht, wie unsere Tochter sich orientierte, vielleicht nach Helligkeitsgraden, Farben, Ansagen oder Klängen, auf die wir nicht achteten oder die wir nicht hörten. Doch immer erreichte unser Kind sicher sein Ziel, schwenkte seinen Rucksack oder seine Mappe im Kreis, als gehörten ihm alle Provinzen, die es bereiste.

Sonntag morgens standen auf den Hügeln des Olympiageländes schon Väter, die sich wie Tiefseefischer Geschirre umgeschnallt hatten. Sie ließen Drachen steigen, komplizierte Gebilde, die nicht mehr in Heimarbeit aus Papier, Kleister und geschnitzten Hölzern hergestellt wurden. Sie waren mit Hilfe von Computern, die Strömungen, Steig- und Fallgeschwindigkeiten errechneten, entworfen worden, vertrackte Gebilde, die Reusen, Pagoden, Stachelrochen und Röhrenpilzen glichen und, wenn Könner an den doppelten Zügen richtig zugriffen, senkrecht in die Höhe stiegen, Saltos vollführten, steil abstürzten und über dem Boden zögernd verharrten, wobei sie schnurrten und knatterten.

Eine Siebenerformation aneinandergeknüpfter Handschuhe, geführt von einer kurzhaarigen Frau in Lederkleidung, jagte die anderen Drachen vor sich her oder putzte in parallelen Schwüngen Kubikräume leer, und beinahe wäre ich in die gespannten Nylonstränge, die ich im Gegenlicht nicht sah, hineingeraten. Sie hätten mir den Hals oder die Augäpfel durchgeschnitten.

Als ich mich duckte, kam die Frau, zurückgelehnt gezogen von ihrem Äthermobil, näher, fragte: »Host Angst?«

Nickend richtete ich mich wieder auf.

»Mogst au amol?«

Ich hätte in das Geschirr schlüpfen müssen, außerdem verwirrte das Bayerische.

Mit ein paar Schritten kehrte die Frau mir ihren Rücken zu, so daß ich versucht war, ihren angestrengt gebeugten Nacken, in den aus der Frisur ein sorgfältig geschnittener Haarzipfel, eine Art Mistel, ragte, zu küssen, doch als ich auf Fußspitzen fast soweit war, schossen die Hochleistungshandschuhe, die Hügelkuppe rasierend, im Kreis auf mich zu. Klopfenden Herzens flüchtete ich.

Später an diesem Tag aß ich drei Stück Kuchen, trank Milch und Orangenmelasse, hatte nur noch ein Begehren: Geruhsamkeit, sitzende Haltung und Masse.

Gedichten hätte es nicht wohl getan, doch der verzweifelte Schlußroman Thujas öffnete sich wieder. Seine ätherischen Öle verbanden sich mit dem Rauch von Zigaretten, der den inneren Zirkel sowie den Lampenschein über der Schreibmaschine umhüllte.

Verbannung ins Allgäu: Ich mußte zu Krankendienst antreten; Erbarmen und Gegenwehr hielten sich die Waage. Wenn nicht, schlug ich mit einem ausgerissenen Zaunpfahl die Stämme alter Birn- und Apfelbäume wund oder hieb in einen Komposthaufen.

In einer Hütte aus Latten und Folie gediehen grüne Gurken und kleine Melonen, als wären sie zu einer Versuchsanordnung in den Unordentlichen Werkstätten angerichtet worden, der zukünftigen Schule unserer Kinder, die im nächsten Jahrtausend grausame Verteilerkämpfe erleben würden.

Ich lief davon. Meine Lieblingsschuhe waren kaputt, und eine blaue Turnhose mit drei Taschen, Relikt aus Internatszeiten, zerschliß Naht für Naht. Föhn, der Bilder umgekehrt gegen die Gebirge warf, zerrüttete auch das Vieh, das auf den Weiden elektrische Zäune umwarf. Nur ein Setter, der allein entgegenkam und einen Kopfverband trug, blieb sehnsüchtig stehen. Auf den Höhen hatten Lärchen im Mischwald schon ihre Farbe gewechselt, als würden sie brennen.

Der wehe Klumpen im Magen blieb. Eine Vernichtungsangst, die ich seit langem kannte, nahm zu. Nachts flackerten und zuckten die Gesichtsnerven, so daß ich mich manchmal aus dem Fenster beugte und dachte, wie schön es wäre loszulassen. Angst und Not zerschellten, Leib und Seele schlössen sich freundschaftlich zusammen, Aasgeruch, den wir aus Geschichtsbüchern kannten, verlöre sich in Konventionen, auf die Verlaß war.

Langstreckenläuferinnen stärkten sich mit Eigenblut, damit die Menge an roten Blutkörperchen sich vergrößerte und mehr Sauerstoff transportiert wurde. Oder die Athletinnen begannen eine Schwangerschaft und brachen sie nach drei, vier Monaten wieder ab. Ein Überschuß an weiblichen und männlichen Hormonen, die für eine Geburt nicht mehr vonnöten waren, setzte sich in Überschwang um. Australische Wissenschaftler spekulierten, ob es nicht möglich wäre, Männern vereiste Embryozellen einzupflanzen? Der sich entwickelnde Fötus müßte im Unterleib nur weit genug von lebenswichtigen Organen entfernt liegen.

Einmal, es war auf den Menelzhofener Bergen im Allgäu und eine Nebelwalze wurde gerade von der Sonne aufgelöst, begegnete ich einer Braut. Sie stand allein auf einer Kuppe, preßte einen Strauß an sich und hielt mit der anderen Hand einen Kranz, der um ihr Haar lag, fest, während Windstöße an ihrem langen, weißen Kleid zerrten und Gras ihre Stoffschuhe näßte.

Als ich bei ihr war, fragte ich sie, ob sie auf Bräutigam und Photographen warte?

Sie verneinte.

Ob sie aus dem Auto, das sie zur Kirche bringen sollte, geflüchtet sei?

Nein.

Ob sie heute heirate?

Nein.

Wer sie sei?

Keine Antwort.

Merkwürdigerweise hatte ich keine Scheu, die einsame Braut mit Fragen zu überfallen, als hinge davon meine Existenz ab. Außerdem dachte ich an eine Todesanzeige, die ich vor Jahren ausgeschnitten hatte. Die Verstorbene war über neunzig Jahre alt gewesen und hatte Mariele Fürsich geheißen. Die Namen der Hinterbliebenen lauteten genauso.

Der Wind legte sich, die Braut wandte lauschend den Kopf. Jetzt komme das Auto, sagte sie.

Ich hörte nichts.

Der Altar sei bereit, rief sie. Ihre Stimme klang schrill, künstlich verschnellert. Unwillkürlich wich ich zurück, als die Braut, mir ihren Strauß entgegenstreckend, einen Schritt auf mich zu tat und noch einen, dabei größer zu werden schien, aber es war von Sonne durchfluteter Nebel, der ihre Gestalt in die Höhe hob und gleich darauf verschluckte.

Hier, hier, rief ich.

Keine Antwort.

Ich sei bereit, sagte ich. Ich hätte keine Angst mehr. Wenn sie wolle, würde ich auch Taucher werden im tiefsten See oder durch den Atlantik schwimmen.

Mit ausgebreiteten Armen suchte ich im Nebel, doch fand niemanden mehr, während eine Verlassenheit, deren Ursprung weit zurückreichte, sich ausbreitete, so daß ich, wie ich es schon oft getan hatte, davonrannte, durch den Wald hinauf und wieder hinunter, vorbei an Bäumen, an denen glühende Äpfel hingen, zu einer Straßenkreuzung, auf der ich nicht wußte, welche Richtung ich einschlagen sollte, und erst das Heulen von Ventilatoren, die Heu in der Scheune eines nahen Bauernhofs trockneten, brachte mich wieder zur Besinnung.

Zu Hause in der Stadt nahmen Weinkrämpfe und Schmerzen zu. Alle Fenster waren geschlossen. Die Flucht hatte ein Ende. Auch die Schuhe verloren ihr Gesicht. In einem Krankenhaus erstarrte ich. Schnee, der Erbarmen gehabt hätte, fiel nicht, der Winter blieb aus.

Im Frühjahr sah ich im Treppenhaus eine Blutspur, und über Krokusse las ich, als ich wieder zaghaft zu schreiben und zu laufen anfing, daß diese Blumen in Husum einst von Mönchen gepflanzt wurden, weil aus den Griffeln kostbarer Safran gewonnen werden konnte.

An Himmelfahrt erschlug ich frühmorgens zum ersten Mal einen Hund, der, ledig auf der Strecke umherschweifend, mich angegriffen hatte. Oder war es nur ein Wutausbruch am Schreibtisch gewesen?

Eiderstedt

Schmerzen, Trauer und Vernichtungsängste blieben, nur frühmorgens auf der Strecke verblaßten sie in Licht und Wind. Bei Regen gruben sie sich, schon bevor ich zurückkehrte, in die Tischplatte des Schreibtischs ein, um auf mich zu warten. Die Martern begannen von neuem.

In Nordfriesland, dem Land der Regenbogen, wo wir schon einmal gewesen waren, fand sich die Familie auf der Halbinsel Eiderstedt, die noch für einige Zeit die einsamste Gegend unseres Lands bleiben wird, ein. Für mich wurde sie zum Trainingslager.

Seit Wochen brannte die Sonne auf die Weiden herab, die zu Steppen geworden waren, auf der das Vieh unruhig hin und her zog. Gleich am ersten Tag lief ich, bedrängt von der ungewohnten Schwüle und Windstille dort, über die große Außenschleife, zunächst auf Asphalt von Wasserkoog nach Norderheverkoog, wo der Deich begann.

Vertraute Gerüche strömten vorüber, und ein gepflasterter Weg hatte von Gras, das aus Ritzen quoll, inzwischen Polster bekommen. Auf den Böschungen verharrten Schafe, schauten erschreckt herüber oder galoppierten, wenn ich mich näherte, wild davon. Verstreut umherliegende Misthaufen sahen aus wie verdorrte Pilze.

Vereinzelt standen in den Ebenen auf kleinen Hügeln Bauerngehöfte, Haubarge mit steilen Reetdächern, beschattet von Bäumen, die sie wallartig umgaben, einsame Burgen. Wir wollten, wenn es eine Wiedergeburt gäbe, uns in einem dieser Schlösser ansiedeln, damit die Generationen, von denen wir uns abgeschnitten hatten, wieder zusammenwachsen würden.

Der Weg führte vorbei an Pferchen und Drahtzäunen, in denen schmutzige Wollflocken hingen, hinauf zu Deichkronen und hinunter ins Watt, das sich regungslos als schwarzer Spiegel ausdehnte, markiert von Pfählen, zwischen denen Reisigbündel aufgestapelt waren, damit sich während der Flut Schwemmteilchen ansammeln konnten. Seeschwalben flogen schreiend, um von ihren im Salzgras verborgenen Nestern abzulenken, eine Zeitlang mit. Am Horizont glaubte ich den Saum der Insel Pellworm liegen zu sehen, bewachsen von Masten, Palmen oder haushohen Agaven.

Gatter mußten überklettert werden; auf den Augen eines toten Schafs hatten sich Fliegen zu einem begierigen Treffen versammelt, und ein alter Mann, der auf seinem Fahrrad, an dem vorn ein spielendes Kofferradio hing, entgegenkam, wäre beinahe gestürzt, als ich grüßte. Heftig trat er in seine Pedale hinter Schlagermusik und Nachrichten her.

Das Teerband im Watt schlang sich um gleichmäßig gebettete Dünenhügel, hinter denen es sich weiter abwikkelte. Allmählich wurde ich furchtsam, ob ich den Leuchtturm, an den ich mich erinnerte, erreichen würde. Aber dann, während das Licht immer stärker wurde und ich teilweise mit geschlossenen Augen lief, bis ich in Geröll geriet, wuchs der in Weiß und Rot aufgeteilte Schaft, als sei er ein abgetrennter, erstarrter Pulloverärmel, in die Höhe. Die erste Streckenhälfte war zu Ende.

Früher hatte uns dort Leo der Zaubervogel, ein Austernfischer mit rotem Schnabel, Hautschuppen und Schlick, wenn wir barfüßig gewesen waren, auf die Zehen gepickt. Und einmal, als es abends stürmte und vom Meer her wogte, wollte er nicht, da ich der letzte war, den er noch traf, daß ich ihn verließ. Erbost flatterte er niedrig über der Aufschüttung vor dem Watt hin und her, bis ich wieder stehenblieb. Er trippelte um meine Schuhe, beäugte sie und verneigte sich, doch ich zog sie nicht aus. Kurz danach tauchte uns der Fuß eines Regenbogens, der herbeigewandert war, in eine farbige Flut, Leo in Blau und mich in Scharlachrot. Danach jagte Leo davon, getragen von Böen, deren Gewalt er in steilen Messerflügen souverän überwand, bevor er in eine Regenwand tauchte.

Den Zaubervogel gab es nicht mehr. Wie die Robben waren auch die Austernfischer an einer Seuche gestorben. Aber draußen zwischen den Sielgräben lag noch der kleine Garten, in dem Pflanzen, als es noch weniger Schafe gegeben hatte, bis zu Kniehöhe wuchsen. Die Reihenfolge der Namen hatten wir laut gegen den Wind gerufen: Queller, Flieder, Dreizack, Aster!

Zurück führte die Strecke auf ehrfurchtgebietenden Gottesgraden durch das Land. Der Asphalt verschwamm im Glast, und die Schwermut des Wiedererkennens begann. Straßenkurven schienen sich endlos auszudehnen, so daß ich, langsamer werdend, in ihnen fast versank.

In Westerhever standen Kinder neben der Backsteinkirche und rührten sich nicht. Sonntägliche Stille und Glut hatten sie gebannt. Bei meinen klopfenden Schritten senkten sie ihre Köpfe, so daß ich mich schämte und lautes Atmen unterdrückte. Erst nach dem Dorf wagte ich wieder auszuschreiten, das Gesicht der Sonne entgegen, deren Hitze in die Poren griff.

Innerlich schälte sich Schicht um Schicht. In einem Gleichklang aus Bewegung und gedanklichem Strömen, das sich losgelöst entfaltete, flüchtete ich dahin, sah über gelbem Getreide eine flimmernde Lufthose sich erheben und nach einer langsamen Dehnung wieder auf ihr Bett sinken, in dem kleine Wirbel einen Scheitel durch die Ähren zogen. Dann verblaßte die Spur, und die Reihen der Halme waren geschlossen wie vorher.

Ich hätte beim Sprung über einen mit ausgebreiteten Flügeln flachen Vogelkadaver am Straßenrand meiner Sehnsucht vertrauen und mich in das Kornfeld hineinwerfen sollen. Verborgen wäre ich liegen geblieben und hätte dem Bröckeln und Murmeln der trockenen Erde zugehört. Ameisen und Käfer hätten mich begutachtet und wären über mich hinwegmarschiert, bis die Nacht die Lider beschwerte. Verwickelt in Dunst und später Kühle, wären die Glieder zu Wurzeln geworden, deren Wuchs durch den Acker sich ausgebreitet hätte, Nahrung holend aus meinem Leib, seinem Zerfall.

Ich hielt an und schrie, als gäbe es Antwort vom Mond, der sich nicht zeigte. Nur meine Tochter würde von einem Zeichentrickfilm, den sie hingebungsvoll betrachtete, wegblicken und behaupten, eine Hand habe neben ihr auf das Schafsfell, gegen das sie sich vor dem Fernsehapparat lehnte, geklopft. Vielleicht würde auch meine Frau mit der rauchenden Pfanne, die sie für ein kompliziertes Trockengericht gerade über dem Herd schwenkte, für einen Augenblick in der Luft innehalten.

Vorbei an geglätteten, neuen Häusern, die vor Jahren noch verwunschene Baustellen gewesen waren, lief ich weiter, wußte an einer Kreuzung nicht, ob ich nach Augustenkoog oder in Richtung Lehmrick und Nickelswarft mich wenden sollte, als ich eine Gerade wiedererkannte, die einst Regen und Sturm verdüstert hatten. Nun lag sie in Wärme und Licht.

In der Ferne führte sie zu einem schwarzen Gehölz, doch bis ich es erreichte, mußte ich noch viele Kilometer mit zusammengekniffenen Augen in der fast weiß gewordenen Helligkeit hinter mich bringen. Ein überholendes Auto, das nicht zu hören gewesen war, drängte plötzlich wie ein Schatten, der über den Meeresgrund segelt, vorbei und hinterließ Getöse und Streifen aus Panik. Erst als ich in mich hineinhorchte, ebbten die Schrecken wieder ab.

Dann vernahm ich mit dem Ellenbogen ein Zirpen und rasches Flattern. Es war ein Kiebitz, der kreuz und quer vor mir herflog. Zwei spitze Federn am Kopf wippten wie Antennen auf und nieder, und sein Schwanz glich aus, was die schwirrenden Flügel im Überschwang anrichteten. Mitten auf der Straße ließ er sich nieder und hüpfte, als ich näher kam, nur ein wenig zur Seite. Den Kopf neugierig gebogen, beobachtete er mich, aber zu einem Zaubervogel, der mich begleitete und nach Futter verlangt hätte, würde er nicht werden. Stumm hob er ab und strich über einem ausgetrockneten Graben zwischen Weiden entlang, bis ich ihn nicht mehr sah.

Kühe und Kälber lagen neben verdorrten Grasinseln auf abgefressenen Wiesen. Das Vieh käute wieder, die Mäuler waren gleichmäßig in Bewegung, und mein Schrittakt stellte sich unwillkürlich darauf ein. Im Verlangen, mit Natur, Schweiß und Verausgabung zu verschmelzen, glaubte ich, durch die Rinderflanken sehen zu können, wie der schwere Zellulosebrei von einem zum nächsten Magen hochstieg, bis alle sieben Kammern überwunden waren, um zwischen den breiten Zähnen noch einmal verarbeitet zu werden. Dieser Rhythmus verfestigte sich zu einer Ideentasche, als sollte ich mich, indem ich lief, immer kleiner werdend, selbst verdauen, bis nur noch ein Kügelchen über die Straße gerollt wäre.

Ein Traktor, aus einem Seitenweg kommend, verdunkelte die nach innen gerichtete Sicht. Beinahe wäre ich in das Ungetüm hineingerannt. Die Fahrerin, ein Mädchen mit Zöpfen, winkte aus der hochgeklappten Frontscheibe der Kabine. Auch Musik erklang, ein Orgelstück, nein, es waren die Stollenreifen des Fahrzeugs, die Luft unter sich zusammenpreßten und wieder freiließen.

Allmählich wurde der Kirchturm von Osterhever größer. Dort war ich einmal während einer überlangen Trainingsrunde in den Kolonialwarenladen hineingepoltert und hatte außer Atem um eine Banane gebettelt. Bezahlen würde ich am nächsten Tag. Vor Verlangen war mir schwindlig geworden.

Der Besitzer des Ladens, der einen weißen Arbeitsmantel trug, war zu einer Kiste gegangen und hatte mir wortlos eine Banane gereicht. Als ich mich bedankte und gehen wollte, sagte er, ich solle warten, und hatte aus der Kasse mir fünfzig Pfennig gegeben. Ich verstand nicht.

Das sei der Preis, sagte er.

Ja, morgen käme ich bestimmt wieder, antwortete ich.

Ich könne schon jetzt bezahlen, erwiderte er.

Als ich ihm das Geld zurückgab, sagte er, nun seien wir quitt.

Diesmal durcheilte ich den Flecken, der aus der Kirche, ein paar Ziegelhäusern, dem Laden, einer Autowerkstatt und einem seitwärts liegenden Altersheim bestand, dessen Fenster immer geschlossen waren, ohne Aufenthalt, aber vielleicht würde ich eines Tags in dem Geschäft eine Kaffeekanne, ein Rouleau oder sechs Paar Gummihandschuhe kaufen. Der unergründliche Hort beherbergte alles, was verlangt wurde, auch Melkfett, Zimtpulver, Rohrzangen, Hundeleinen und Wundpflaster. In einem polnischen Dorf wäre dieses Sortiment eine Offenbarung gewesen.

Verszeilen widerriefen sich. Sie hießen: Der Pfefferminzgeschmack der Zivilisation wird schärfer, Sand füllt die singenden Gläser …

Auf der endlosen Geraden, die von Osterhever nach Sieversfleth führte, verflüchtigten sie sich wieder. Ich wurde müde, versuchte mit längeren Schritten aus den Schenkeln Verkrampfungen zu schütteln. Irgendwann, wenn ich lauernd sitzen würde, sammelten sich um die Zeilen noch andere, ein neues Gedicht entstünde. Den Pfefferminzgeschmack triebe ich vor mir her, damit er sich erst im Schlußteil niederließe, wo die Maße schwänden bis zum Abschied.

Die letzten Kilometer wurden zu einem Fest. Ich erkannte Feldraine, ferne Dachkanten und Baumgruppen wieder. In einer Kurve hängend, wischte ich mit der Hand, ohne aus dem Gleichgewicht zu geraten, über den heißen Asphalt oder über die Sonnenkugel, die sich im blanken Teer widerspiegelte. Daneben stiegen Lachmöwen aus den Stoppeln eines Ackers auf und begleiteten in der Luft mit Sturzflügen und waghalsigen Kehren.

In den nächsten Tagen peitschten Sturm und Regen ins Gesicht. Das Anstemmen gegen die Gewalten wurde zur Plage, und die schmerzenden Kopfnerven sangen ähnlich Telephondrähten. Eisgraue Bullen verfolgten mich entlang elektrischer Zäune. Die wütenden Tiere stießen hustende Schreie aus, als beklagten sie sich, daß sie mich nicht zertrampeln konnten.

Dann packte der Sturm wieder von vorn, trennte Atemluft ab. Ich mußte zur Erholung der Lungen gebückt stehenbleiben, die sich stoßweise wieder füllten. Der Kirchturm von Oldenswort wollte nicht größer werden, aber dann, als ich durch den Ort eilte, umgaben mich Windstille, Wärme und Brotgeruch.

Meine Frau, die mich auf einem Fahrrad begleitete, was sie zum ersten und letzten Mal tat, hatte draußen in den flachen Fluren Mühe, sich aufrecht zu halten. Manchmal stieg sie ab und schob, während ich, den Kopf zur Seite gewandt, mühsam weiterlief, bis ich sie nicht mehr sah, umkehrte und sie hinter einem Gebüsch fand. Am liebsten hätten wir uns dort verkrochen.

Die Beine schmerzten, im Rücken erkaltete der Schweiß. Eine rachsüchtige Verzweiflung gab ein paar Wolkenfetzen und Reihern, die aus versumpften Gräben schräg nach oben trieben, flüsternd Bescheid, aufzugeben. Vielleicht breitete sich zufriedene Ruhe aus, wenn ich für immer sitzen bliebe, den Schein der Schreibtischlampe betrachtete und allmählich das eingespannte Papier beschriebe.

Am Morgen danach standen auf einer Wiese junge Rinder mit gesenkten Köpfen im Kreis, als würden sie beratschlagen, wie sie in Freiheit überleben könnten. Am Gatter parkte ein Lastwagen mit geöffneter Klappe. Eine Woge brauner Grasspitzen färbte sich, da der Regen nachließ, im Gegenlicht rot, dann durchdringend gelb. Ich stellte mir vor, Milch brandete, aus dem Hinterland kommend, über die Mördersteppe, und das furchtsame Vieh schwömme mit erhobenen Köpfen in der weißen See, deren Wellen sich glätteten, davon, um schließlich an Ufern, die zu Butterwällen geworden waren, auf Dämme hinaufzuwaten, wo Böen schaumigen Rahm in Girlanden emporwirbelten.

Wer sich besönne, fände auch zwischen Stamm und Rinde noch Platz, doch Körperchemie und die riskante Seele des Läufers treiben sich gegenseitig an, falls, wie geschehen, nicht ein metallenes Krankenbett wartete für Erstarrung, Verlassenheitsweh und nächtliche Todesängste, während Globuline, unscheinbare Kügelchen homöopathischer Medizin grausame Tunnels durch Stoffwechsel und Glieder schlugen. Die Zähne wurden wund, Magen, Blase und Haarsträhnen brannten, und das stolpernd rasende Herz gewann daran grausames Vergnügen.

Die Tage wurden wieder sommerlich. Auf dem Außendeich lief ein Feldhase voraus, blieb mit hochgestellten Löffeln vor einem Schaf stehen und sprang nach einer witternden Pause hinunter zu einem zugewachsenen Siel, aus dem aufgestörte Stockenten schwerfällig flatternd sich entfernten. Im kurzen Gras lag ein toter Krebs auf dem Rücken. Entweder hatte er sich aus dem Watt herauf verirrt und war vor Erschöpfung ausgetrocknet, oder ein Kind, das Wunder sammelte, hatte ihn verloren.

Viele Kilometer weiter stand allein auf der Weide eine gefleckte Kuh mit eingesunkenen Hüften, der aus der Scheide eine dünn gewordene, rote Nachgeburt hing. Neben ihr schwankte ein schwarzes Kalb auf zitternden Beinen, blieb verwundert stehen und wagte wieder drei, vier Schritte. Aus dem erstaunt offenen Maul troff Schleim, dessen Fäden an den beiden zu großen Knien vorn hängenblieben.

Weil wir auf der einsamen Halbinsel keine Zeitung, wie gewohnt morgens in der Stadt, erhielten, wickelte ich Münzen in rauhe Ulmenblätter, damit das Geld nicht aus der rückwärtigen Tasche der schlüpfrigen Turnhose sprang. In Tetenbüll, dem Dorf der Stille und gemauerter Tonnengräber im Ringwall um die Kirche, gab es einen Laden. Die alte Frau, die bediente, erkannte mich wieder, und ich sie auch. Aus ihrem Dialekt ins Hochdeutsche wechselnd, überreichte sie die Husumer Nachrichten, ein sorgfältig verfaßtes Blatt im Ausmaß einer Großstadtzeitung. Für den Rückweg steckte ich sie zusammengefaltet in den Hosenbund. Zu Hause in Wasserkoog war sie durchgeschwitzt. Die schwarzen Lettern der Nachrichten auf dem opak gewordenen Papier hatten scharfe Ränder bekommen. Preise für Schlachtvieh, Milchvieh, Mastbullen, Kälber und zwei Pferde korrespondierten feierlich mit den Zahlen des Wetterberichts.

Dunst kroch über die Wiesen, Rinder und Schafe versanken hinter Schleiern. Wenn ich durchatmete oder den Schrittakt wechselte, brauchte es eine Weile, bis sich wieder gewohnter Rhythmus einstellte. Vielleicht witterte ein Familiengen für Asthma, daß prekäres Erbe bereitlag. Ich sang und brummte, wollte überstimmen. Weit draußen in der bäuerlichen Einsamkeit saß, nachdem der Nebel sich gehoben hatte und die Sonne im tiefen Blau zu leuchten begann, auf dem Dach eines Haubargs am Trockensielpfad die Pfarrersfamilie der noch dänisch sprechenden Gemeinde und deckte eine Hälfte der mächtigen Schräge über der Tenne mit frischen Reetbündeln.

Die Schafe hielten das Gras kurz und trampelten den Boden fest. Disteln mußten ausgestochen und Mauselöcher zugestopft werden, damit, wenn die gefürchtete Flut hereinbräche, das Wasser glatt abfließen, sich nirgends eingraben könnte. Nicht zu vergessen war auch, daß bei Westerheversand eingedeichte Marschen einmal Hermann-Göring-Koog und nördlicher Adolf-Hitler-Koog geheißen hatten. Wohlstand war nicht nur mit Pionierarbeit, sondern auch durch SA-Dienst und Häftlingsfron erreicht worden. Und wenn wir die Photographien aus den dreißiger Jahren der damals errichteten Gehöfte und die germanischen Gesichter der neuen Siedler mit den widerspenstigen Wirbeln oder dicken Zöpfen betrachten, zerfällt manchmal die Zuversicht, ob sommerliche Ferien, wie wir sie erlebten, sich wiederholen sollten.

Die Strecken nahmen zu, verflochten sich, um nach einer Woche erneut in eine überlange Trainingsschleife zu münden. Draußen beim Leuchtturm fehlten die Austernfischer und Strandläufer, deren Familiengetriebe in die Luft einst kreisende Löcher gebrochen hatte. Nur ein paar Graugänse schwirrten mit gereckten Hälsen voraus, die Schläge ihrer Flügel erhöhend, aber noch war es zu früh für ihre Reise nach Abessinien.

Dann, eines Morgens, als die Last zu groß geworden war und von den Kirchturmspitzen sich die müden Blitzableiter neigten, rollten Mähdrescher durch das Getreide und spien Kornfontänen in nebenher fahrende Lastwagen. Auf dem nächsten, schon abgeernteten Feld zog ein Schlepper seinen sechsscharigen Pflug, ein mörderisch zu groß geratenes Instrument durch die Erde, und über die Schollen warfen sich Möwenschwärme, als stießen Hitze und Fruchtbarkeit ein Schneegestöber aus.

Strohballen, viele Zentner schwer, bewegten sich in einem trockenen Sturm über Gräben und Zäune auf die Straßen zu, als wollten sie sich dort versammeln, damit Betriebsamkeit und Verkehr für eine Weile angehalten würden.

In den Silos stürzten Weizen, Hafer und Roggen von Kammer zu Kammer, und vor den Höfen gärte Grünfutter unter weißen Plastikplanen, die von alten Autoreifen, als seien sie Rettungsringe, beschwert wurden. Nur ein Vogelbeerbusch, an dem ich vorbeilief, flüsterte aus seinen hellroten Dolden zu: vergiß mich, vergiß mich, du.

Warum, fragte ich.

Er sei giftig, sagte er.

Antwort: Hätte ich vergessen.

Aufforderung, ich solle eine Handvoll von ihm essen.

Ein paar Elstern taten es für mich, die, als sie satt geworden waren, sich gegenseitig mit Schnabelhieben um Vor- oder Nachsilben stritten, während ich bei der Kreuzung zur Gottesgeraden durch den Augustenkoog, eine Strecke, auf der Sinne und Augen wie gelöscht wurden, ins daneben liegende Bäckerhaus hineinstürzte und um eine Brezel bat. Ich bekam sie, doch kein Geld zurück wie im Kolonialwarenladen von Osterhever. Ich würde, wenn ich wieder vorbeikäme, bezahlen, versprach, beteuerte, prophezeite ich.

Tat ich's?

Tage später kaufte ich dort süße Schneckennudeln, einen Strang Brot, zwei Rahmstrudel, zwei Pflaumenkuchen und eine Tüte Eis und warf alles, ob für eine Selbst- oder Fremdbestrafung, aus dem Autofenster. Kälber am Straßenrand zertraten die aufgeplatzten Tüten und fraßen von dem Segen, der nicht ihnen galt.

Meine Tochter hätte gesagt, sie müsse mir die Haare schneiden, ich hätte zu viel Kraft.

Und meine Frau hätte mich beschworen, ich solle innehalten, die Zerstörung würde Magen, Herz, Lunge, Nieren und Darm erreichen. Nachts sei ich allein, sie schlafe und schlafe. Weckte ich sie, triebe sie mich aus der Hütte.

Es war ein Haus mit grünem Eternit auf dem Dach, Erfindung eines Baumeisters, der in der Stadt über ein Magazin für Strick-, Eß-, Freizeit- und Wohnkultur regierte, doch wenn er in sein von ihm selbst gebautes Schloß zurückkam, verwandelte er sich in einen vorzeitlichen Handwerker und Bauer. Aus grünen Äpfeln wurde Gelee filtriert; Enten, Gänse und Hühner gediehen bis zur Schlachtung; heißes Wasser perlte durch Heizungsschlangen unter dem Fußboden; seine Frau widersprach wenig, aber wandte sich, wenn er immer schneller redete, um und entwarf hoch oben auf der Deichkrone, wo manchmal meine Tochter saß, aus ein paar Wolkenflocken und Champignons im Gras einen Hammer, der, wenn er geworfen worden wäre, getroffen hätte.

In der fruchtbaren Einöde wohlhabender Familien, von denen die Erfindung des Kunstdüngers schon vor Generationen verflucht wurde, hatte es bei Todesfällen mehrere Grade der Trauer gebeben: ein Jahr nicht aus dem Haus und schwarzes Kleid mit schwarzer Haube; oder aus dem Haus in schwarzem Kleid mit weißer Haube und schwarzem Band; dann gewöhnliches Kleid, doch schwarze Handschuhe; Männer mit schwarzem Hut, später ohne; Kinder bis Weihnachten barfuß zur Schule unterwegs, schweigend.

Schafe bekamen ein Kreuz in den Rückenpelz geschnitten. Kühe und Schweine erhielten einen roten Fleck auf die Stirn, bedeutend, sie seien ausersehen für das Versöhnungsmahl nach einem Jahr, wenn der Tod endgültig verabschiedet wurde. Traf inzwischen ein neuer ein, was oft geschah, überkreuzten sich die Regeln auf verwirrende Weise, so daß schwarze Hutbänder mit weißen Handschuhen oder große Stiefel, die die Kinder anziehen mußten, mit Taft und einem geschlachteten Schwein zusammenfanden.

Knechte und Mägde waren davon ausgenommen. Das Gesinde galt als zweitrangig, nicht würdig. Es rächte sich mitunter, tanzte draußen nach einem Leichenbegängnis um einen in Brand gesetzten Holzstoß, trank, stritt sich um Rauchfleisch, begattete sich auch, während Wind und Regen, die in solchen Nächten besonders eifrig waren, sie verbargen.

Ein alter Knecht, übriggeblieben aus dieser Zeit, namens Kersten Leck Sopha, behauptete, sie hätten immer die Treue gehalten, bis im letzten Krieg Gefangene und Fremdarbeiter gekommen seien. Sie hätten sich dazwischengedrängt. Manche seien geblieben, wollten geheiratet werden.

Ob er dazugehöre?

Niemals, er habe keine Frau, sei nicht Witwer.

Und sein Sohn, der eine Reparaturwerkstatt besitze, in der es für fast jeden Autotyp aus Unfallwagen stammende Motoren und Getriebe vorrätig gebe?

Sei unehelich, heiße anders.

Ich verabschiedete mich, lief weiter und hatte das Gefühl, einer sorgfältig geschlossenen Vorratswirtschaft begegnet zu sein, der ich gern angehört hätte, jedoch meine Familie, zusammengesetzt aus Fanatikern und Renegaten, hatte sich im letzten Jahrhundert während Verfolgung und Hungerstürmen nach Venezia, Odessa und Südamerika zerstreut. Ein anderer Strang, in den ich eingeheiratet hatte, war konvertiert oder würde sich wahrscheinlich nicht fortsetzen.

Schweiß, Pein und Erbarmen beschleunigten. Der Kopf einer Kuh ragte aus dem Watt, wurde größer, und der Feldhase, den ich schon einmal getroffen hatte und der das Alphabet von hinten aufsagen konnte, begann es in der richtigen Reihenfolge vorzutragen, als ängstigte er sich, daß, wenn der Herbst sich zeigte, die Geschwindigkeiten abnähmen und das Land erstarrte unter eisiger Schönheit.

Daheim, wo mein Kind und meine Frau, gelagert in einen verschwiegenen, mit Schafsfellen ausgepolsterten Alkoven, einen finnischen, schwedischen oder dänischen Zeichentrickfilm ansahen, in dem die Bösen klüger, beredsamer, auch besser gestaltet waren als die wenigen Guten, weshalb ich ihm auch kaum entrinnen konnte, schlug ich in einem Buch eine Sage nach.

Ich saß in meiner Schlafkammer, die, obwohl gelüftet, nach Schimmel roch. Ein paar Weberknechte jagten, ihre hauchdünnen Glieder nicht verwechselnd, die gekalkten Wände hinauf und hinab. Dann streckte ein Kakadu, oder war es eine mit zuviel Erzählfarbe gesprenkelte Gans, die unsere Tochter seit Wochen mit Engerlingen, Wurstschnitten und Paprika gemästet hatte, ihren dicken Hals durch das offene Fenster, eine kurze Pause, die der Sage wohltat:

Das riesige Schiff Mannigfual war so groß, daß der Kapitän immer mit der Trillerpfeife auf dem Verdeck umherrannte, um seine Befehle zu erteilen. Matrosen, die jung in die Takelage hinaufkletterten, kamen bejahrt mit grauem Bart und Haar wieder herunter. Unterdes gönnten sie sich Leben dadurch, fleißig in Blöcke des Tauwerks, die Wirtsstuben enthielten, einzukehren.

Einmal steuerte die Mannigfual aus dem Atlantischen Meer in den Britischen Kanal. Das Schiff konnte aber wegen des schmalen Fahrwassers nicht durchkommen. Der Kapitän hatte den glücklichen Einfall, die ganze Backbordseite, die gegen das Ufer von Dover stieß, mit weißer Seife bestreichen zu lassen. Das half. Die Mannigfual drängte sich hindurch und gelangte in die Nordsee. Die Felsen bei Dover behielten seither von der Masse der angescheuerten Seife und dem Schaum ihre Farbe.

Später ging das Schiff unter, weil die Männer der Mannigfual sich noch einmal gegen den blassen, aufgedunsenen Christengott aufbäumen wollten. Sie befahlen einen Priester an Bord und zwangen ihn, das Abendmahl einer kranken Sau zu geben. Die See schwoll an, verschlang das Schiff, riß Stücke vom Land und verschluckte viele Inseln. Hausrat, totes Vieh und Leichen seien bis zum Winter in den Fluten getrieben, hieß es. Dann habe sie das Eis eingeschlossen oder zermalmt. Aber weit draußen hätten noch die Köpfe des Kapitäns und seines Pferds bis zu den Frühjahrsstürmen, von Frost überzogen, mit aufgerissenen Augen aus einem weißen Gebirge geragt.

Am 11. Oktober 1634 hatten Sturm und Brecher binnen weniger Stunden den Alten Strand zerstückelt. In den nordfriesischen Uthlanden ertranken etwa 10 000 Menschen, und Hunderte Quadratkilometer Land gingen unter. Die Bauern verelendeten, übriggebliebene Inselbewohner heuerten auf holländischen Wal- und Robbenfängern an. Von diesen jährlichen Reisen nach Grönland und Spitzbergen kam oft die Hälfte nicht mehr zurück. Eine Bittschrift lautete:

»Weilen Wir armen Leute ein dürr und mager Eilandt besitzen, das Jahrlich durch Sturm und Ungewitter augenscheinlich verringert, und am guten Lande abnimpt, nunmehr vast das großeste Theil unfruchtbar mit Heide und Santdünen vermenget, Unsere Nahrung zur Sehewerts auch merklich abgenomben, und wir in etzlichen Jahren fast unglücklich gefischet, also daß unser armes Landt jetzt nicht mehr denn vier Vischer-Schiffe oder Ewers haben, da Wir für wenig Jahren über 20 gehabt, die übrigen aber mit Unserem besten Volke und ihrem angewandten Gute und Nahrung in erbermlichen Waßers-Noth umbgekommen, dadurch Arme, Wittwen und Waisen gemacht, die auch darüber in beschwerlicher Schultlast geraten.«

Nach Generationen erholte sich das Land wieder, im fetten Marschboden der eingedeichten Kooge gediehen Korn und Flachs, und da den Chronisten zu trauen ist, galt später ein Spruch, daß die Nordfriesen die faulsten Bauern seien, sie ließen denn nicht für sich arbeiten. Auf den herzoglich sich erhebenden Warften in den Ebenen entstanden majestätische Gehöfte, deren Gewölbedächer von riesigern Vierkantbalken, die aus dem Stamm bis zu sechs nach oben gerichtete Schäfte besaßen, getragen wurden.

Jedesmal, wenn ich von Tetenbüll, dem Dorf der Stille, mit der Zeitung im Hosenbund wieder nach Wasserkoog lief, kam ich an solch einem Haubarg vorbei. Unter einem von Westen nach Osten geneigten Wald aus Ulmen verbarg sich ein verwilderter Park, in dem Rhododendronbüsche wucherten. Ein Gemüsegarten und herrschaftliche Blumenrabatten versanken in Unkraut. Im Gutshaus, an das breite Stallungen anschlossen, wohnte allein Gold-Else, Fräulein Peters, über neunzig Jahre alt. Ihr Name war ihr geblieben, weil sie aus Sparsamkeit früher Pferdemist von den Straßen gesammelt hatte. Jetzt hortete sie Anfeuerholz, Tüten, weggeworfene Dosen und, doch niemand wußte, wo sie die Sachen fand, Haarnadeln, Kämme und Becher voll Viehsalz.

In der Frühe um sechs Uhr stand sie auf, ging langsam in Gummistiefeln zu einer nahen Wiese, auf der noch ein Dutzend Schafe weideten, kehrte seufzend zurück und hatte entlang der Hausmauer etwa ein Dutzend Spazierstöcke stehen, mit denen sie fünf Hühner und einen Hahn, die, wie sie behauptete, sie oft angriffen, verjagte. Die Tiere seien unangenehm zutraulich, sagte sie, litten an Einsamkeit.

Davon schien sie wenig zu spüren, obwohl sie, weil ihr Gelenke und Glieder schmerzten, allmählich ihr Testament machen wollte. Doch für wen? Sie war die Letzte ihrer Familie. Vielleicht würde sie ihren Besitz der Gemeinde schenken, doch vorher kaufe sie noch einen Hektar Weide, der ihr angeboten worden sei, um das Anwesen abzurunden, wie es einst ausgesehen habe. Wenn ihr schwindlig wurde, hielt sie sich draußen an Büschen fest, drinnen in der dunklen, mächtigen Diele, die das ganze Haus durchzog, an Tischkanten und verrußten Balken.

Unter dem Rauchfang stand noch ein Eisenherd, den sie mit Kleinholz beheizte. Von der Decke ragten Haken, an denen einst geschlachtete Schweine gehangen hatten. Entlang der einen Wand gab es eingebaute Alkoven mit Schiebetüren, hinter denen das Gesinde geschlafen hatte. Sie selbst schlief im ersten Stock wie in ihrer Mädchenzeit. Wenn sie abends hinaufstieg, zündete sie kein Licht an, zählte nur die fünfzehn Stufen der Treppen, denn sie wisse ja, wo ihr Bett stehe. Nachts trug sie Fingerhandschuhe und eine Strickmütze, im Winter auch zwei Jacken übereinander.

Im Parterre waren die Steinplatten im Eingangskorridor von Wurzeln, die darunter hereingewachsen waren, zu Wellen aufgeworfen worden. Daneben lag der Salon mit Polstermöbeln und einem Klavier, an der Wand hingen Photographien der Eltern und Großeltern, von Bismarck und ein Tondo mit der Königin Luise.

Klavieralben in einem Notenständer aus Messing waren zerblättert und vergilbt, aber vierhändig hatte Fräulein Peters noch nach dem Krieg mit einem Fremdarbeiter, wie sie ihn nannte, der länger geblieben war, gespielt. Die furchtsame Liebesgeschichte, die sich entwickelt hatte, war verschwiegen worden, denn ein Fremder hätte Makel auf den Leumund geworfen.

Die alten Petersens hatten Mitte des vorherigen Jahrhunderts das Haus und 30 Hektar Acker und Wiesen gekauft. In einer Kutsche waren sie gekommen mit einer Truhe voller Goldmark. Als sie sich verzählten, packten sie ihren Schatz wieder ein, fuhren ab und kehrten am nächsten Tag zurück, um von vorn zu beginnen.

Geister wehten durch das düstere, feuchte Gehöft, das einst voll Leben gewesen war. Über den ausgetretenen Ziegelböden im Stall hingen an der niedrigen Decke noch aneinandergeknüpfte Stricke, mit denen die Schwänze der Kühe hochgebunden wurden, damit kein Schmutz in die Melkeimer fiel. Die Futterkiste vor den verschalten Pferdeboxen war verwaist, und Schwalben jagten durch Mauerlükken und einen zerbrochenen Flügel des Tors. In der Tenne lag noch zusammengesunkenes Heu, darüber verlor sich in Schwärze ein von Moos bewachsenes Schilfdach, in das Wiesel und Vögel Nester gegraben hatten. Nässe und eine dunkelgrüne Stille, wartend auf den Tod, tropften herab.

Gold-Else schimpfte, zerrte an einer Plane, unter der sich ein aufgebocktes Auto verbarg, das ein undankbarer, vom Staat mit einer Rente ausgestatteter Tagelöhner, vielleicht Kersten Leck Sopha, abgestellt und vergessen habe. Auch der Postbote, der ihr den Schlauch zum Füllen und Leeren der Waschmaschine angeschlossen und wieder abgeschraubt habe, komme seltener.

Wind rüttelte an den Fenstern. Die abgestorbenen Ulmen, die nackt waren, als seien sie nach Jahren aus einem Stausee aufgetaucht, boten keinen Schutz mehr. Dieses Jahr, in dem es keinen Winter gegeben habe, hätten die Marienkäfer überhandgenommen. Es sei eine Pest und Plage, selbst die Hühner verschmähten ihr Futter, sagte Fräulein Peters und ballte eine dürre, kleine Faust. Sie habe Sturm und Regen, die hier herrschten, seit Kindheit nicht gemocht. Nur in Husum, wohin ihre Eltern sie in ein Pensionat geschickt hätten, sei sie der Natur, die an allen Gliedern zerre, nicht überdrüssig gewesen. Sollte sie noch mal auf die Welt geraten, heirate sie, doch in der Stadt.

Zur Saatzeit wurde morgens um 3 Uhr aufgestanden. Der Oberknecht weckte, schlug gegen die hölzernen Schiebetüren der Kojen an der Dielenwand. Zum Frühstück an einem langen Tisch gab es eine Schüssel Graupenbrei, aufgewärmt vom Vorabend, und selbst gebrautes Dünnbier. Alle aßen gemeinsam aus einer Schüssel, jeder mit seinem Hornlöffel. Nachdem das Vieh gemolken, gefüttert und getränkt worden war, zogen um 6 Uhr Gesinde und Tagelöhner hinaus aufs Feld. Geackert wurde auf den schweren Böden mit Sechsspännern: 2 Pflüger gehörten dazu, 2 Treiber, die die Pferde führten, und 2 Hütejungen, denen manchmal erlaubt war, aufzusitzen. Um 11 Uhr mittags wurde Essen aufs Feld gebracht. Nach zwei Stunden Ruhe ging die Arbeit weiter bis abends 7 Uhr. Dann mußten die Gespanne versorgt werden, die Kühe, Schweine, Hühner und Enten. Graupenbrei, Dünnbier und Brot beschlossen den Tag. Vom Tisch weg stiegen Knechte und Mägde hinein aufs Stroh in die Alkoven.

Gold-Else sagte, bei ihnen habe es viermal Fleisch in der Woche gegeben, allerdings nie abends. Und wer Fisch haben wollte, fing ihn draußen in den Gräben um den Haubarg.

Im Winter waren die Wege manchmal wochenlang so tief verschlammt, daß kein Fuhrwerk durchkam. Geritten sei niemand, die Pferde hätten geschont werden müssen. Nur in den größeren Dörfern habe es bei der Kirche ein Stück geklinkerte Straße gegeben.

Vielleicht fiel damals die Landbevölkerung in Winterschlaf, zog sich in aus Schafsfellen genähte Säcke zurück, die in Stuben und Dielen von den Deckenbalken hingen. Beschrieben hatte es der Italiener Tommaso Landolfi (1908–1979) in einer Novelle: Briefe aus der Provinz.

Strecken, die ich zurücklegte, verwickelten sich. Mitunter traf ich vor einer einsamen Gabelung erneut dieselbe Gruppe Elstern oder Lachmöwen, die ich schon vor einer Stunde gesehen hatte. Oder ein Schäferhund, der eine Scheune, einen Traktor oder ein totes Schaf bewachte, jagte wieder auf mich zu, so daß ich, wie zu Salz erstarrt, stehenbleiben mußte und erst nach einer Weile, zerrüttet vor Angst und Wut, mich wegzuschleichen getraute.

Die Hitze nahm zu. Die gelben Steppen glichen somnambulen Fluren, und keine Wolken zogen auf, die früher Türme mit Schießscharten, Schlösser aus Bombast und fein gesponnenen Hängegärten gebildet hatten. Der Himmel blieb gleichmäßig wie eingemauerte Fliesen. Zuletzt, während einer langen Runde über Außendeiche, geriet ich in eine Kunstdüngerwolke, die von einem abgeernteten Kornfeld, das ein Traktor mit angehängtem Verteilerkasten befuhr, sich zur Straße gewälzt hatte und dort liegengeblieben war.

Auf einem Platz neben dem kleinen Hafen Tetenbüllspieker vergnügten sich sonntags junge Leute in der Sonne, indem sie mit einer Axt, als wären sie Kelten, nach einer auf einen Pfahl gestülpten Blechbüchse warfen. Wer getroffen hatte, johlte und erhielt Beifall sowie Bier aus einem Aluminiumfaß, das auf einem Campingtisch stand.

Ich entdeckte noch ein anderes Relikt, Taukuhlen in Wiesen, als hätten abgesprengte Reste von Kometen darin eingeschlagen. Es waren gegrabene Mulden, aus denen früher das Vieh trank und die Bauern sich mit Wasser versorgten. Die Tümpel wurden mit Stroh ausgeschlagen, und eingesetzte Aale, die auch Aas nicht verschmähten, sorgten für Sauberkeit.

Erst Anfang der fünfziger Jahre gelang es einem Flüchtling, der Parteiarbeit betrieb, daß auf der abgelegenen Halbinsel Eiderstedt zu allen weit auseinanderliegenden Warften Wasserleitungen gelegt wurden.

Zuletzt, bevor wir abreisen mußten, saß unsere Tochter abends oft allein auf der Deichkrone hinter dem Haus und aß aus einer Schüssel, die wir ihr brachten. Manchmal sang und tanzte sie im Wind, der erst im späten Licht sich meldete. Funken entzündeten sich in ihrem Haar, das, wenn sie sich abwandte, um Atem zu schöpfen, ihr ins Gesicht schlug. Die wilde Heiterkeit würde in der Stadt, wo wir den ganzen Tag über getrennt waren, nicht wiederkehren für uns, das Elternpaar, das sich sorgte und verzehrte.

Wir flogen zu dritt in die finnische Hauptstadt, Vater, Mutter und Kind, so daß ein sommerlicher Marathon zum bisher teuersten werden würde. Doch ich brauchte Schutz, hatte über ein Jahr, zerrüttet von Schwermut, Angst und Schmerzen, keinen mehr gewagt.

Damit wir nicht in Nahrungssorgen untergingen, nahmen wir Käse, gebratene Hühnerschenkel, sogar Brot mit, denn es blieb rätselhaft, wie die finnische Bevölkerung, die nicht an Magersucht litt, die überaus teuren Preise für Lebensmittel bezahlen konnte. In einem Restaurant aßen wir nie, dafür packten wir jeden Morgen im Hotel am Frühstücksbuffet von dem Überfluß ein, den wir nicht mehr essen konnten, Servietten voll Wurstbrote, Eier, Bananen, auch Kuchenstücke, am liebsten hätte ich noch eine süße, dunkelrote Speise mitgenommen, die aus Wald- und Moosbeeren bestand. Verräterisch hätte es aus Hand- und Hosentaschen getropft. Äpfel, die wir einmal kauften, kosteten pro Stück drei markka.

Beinahe wäre ich nicht zum Start des Laufs gegangen, krank vor Zweifel und Furcht. Die Familie sprach zu, würde schon nach wenigen Kilometern vor den Treppen und Kolonnaden des düsteren Parlamentsgebäudes an der Mannerheimintie warten, wo wir uns dann gegenseitig photographierten, als in der Menge der Teilnehmer noch kaum ein Durchkommen war.

Begonnen hatte der Lauf neben dem zierlich wirkenden Olympiastadion von 1952, wo der vielfache Langstreckensieger Paavo Nurmi (1897–1973) in Bronze gegossen auf einem Bein stand. Es war abends und schwül, der Himmel hatte sich bezogen, und wenn Regen aufkäme, würde uns draußen zwischen den Inseln des Seurasaarenselkä-Sees der Wind von der Straße fegen.

Eine langgezogene Strecke begann vor Häusern, die weit

auseinanderstanden, unterbrochen von flachen Felsen und von einigen mit grünem Flaum bewachsenen Erhebungen. Auf der Merikannontie kamen wir an einem Park vorbei, in dem das Denkmal für den nationalen Symphoniker Jean Sibelius (1865–1957) stand, ein viele Tonnen schweres Werk aus geschlitzten und verknorpelten Stahlröhren, die Orgelpfeifen und Birkenstämme symbolisieren sollten. Beiseite auf einem Schroffen thronte der Kopf des Komponisten, der, als wäre er Salondichter gewesen, dem des jungen Karl Marx glich. Kinder hatten mit Buntstiften Leben in die silbernen, toten Augen gebracht, die nun ein wenig verstört hinausblickten in die grüne Dämmerung des Parks.

Das Schuhzeug, ein altes Übel, denn die Suche nach idealen Laufgaloschen würde nie enden, fühlte sich bequem an, und die surrenden Knie, ein durch die Jahre zunehmendes Laster, würden nach einer Stunde aufhören mit ihrem Dibbukgesang oder aber zu stechen beginnen.

Ich hielt mich in der Menge, lauschte immer wieder durch Glieder und Organe hinein zum Mittelpunkt, der, verschoben aus Seele und Herz, im Magen lag, wo sich Bitternis und Säure ballen konnten. Noch fühlte ich mich wohl, doch mißtraute dem Zustand.

Das Ziegelgebirge von Alko, der staatlichen Elektrizitätsgesellschaft, geriet in Sicht, eine Fata Morgana der Zivilisation, die, wenn im Winter Stürme heulten, für Wärme und Überleben bürgte. Davor hing an einem Strommast ein Plakat, das in städtische Casinos zum Roulette einlud. Die protestantische Gesellschaft warb für Glücksspiel und hielt auch das Monopol für Alkohol, indem sie sich Widersprüche teuer bezahlen ließ.

Einen Tag später würden wir Zeuge werden, wie in der Straßenbahn ein betrunkener, alter Mann auf einen jungen Mann einschlug, der merkwürdig nachsichtig blieb, obwohl er von Faustschlägen ins Gesicht getroffen wurde. Aber als die Bahn hielt und die Tür sich öffnete, flog der alte Mann hinaus aufs Gehsteigpflaster. Blut floß und sammelte sich. Vorsichtig stiegen wir darüber und über die gekrümmt liegende Gestalt.

Fahle Limonade, Wasser und einen heiklen Maulbeerensaft, dem ich nicht zu widerstehen vermochte, gab es genügend an der Strecke. Ein paar Zuschauer riefen ihre phantastisch zusammengesetzten Substantive, die im Finnischen noch hemmungsloser aneinandergekoppelt werden können als in unserer Sprache. Wenn nokka Schnabel hieß und nokkela findig, schlau, doch nokkonen Brennessel, so war kaum auszudenken, welch bandwurmartige Anagramme, die sich gleich leuchtenden Pfaden durch Wälder schlängelten, damit die Bewohner dieser Einöden sich nicht verirrten, daraus sich schmieden ließen. Neidisch lief ich wie ein verstörter esi-isä weiter, ein Stammvater, dessen Ursprung sich jenseits des Indogermanischen verlor, aber im Estnischen und Ungarischen wiederauftauchen würde. Eine Jugendliebe in Berlin hatte mit ihrer Mutter, wenn wir zusammen einen Spaziergang wagten und ich eine Bemerkung nicht verstehen sollte, heimatliches Estnisch gesprochen.

Die Strecke wellte sich, stauchte und strebte hinaus nach Kuusisaari, die Sechser- oder Fichteninsel, und weiter zur Lehtisaari, der Blattinsel, weshalb lehtimies Journalist hieß. Die Eilande waren durch asphaltierte Dämme verbunden, und Dunst verhüllte Schären draußen in der See. Ein Motorboot, das sich näherte, schleppte einen langen Schaumstreifen hinter sich her, der, als das Boot umkehrte und wieder Fahrt aufnahm, am Heck hochsprang und zerstob.

Es ging mir gut: Atem mäßig, Schenkel ohne Arg, Knie trocken und verstummt, Seele, Herz und Magen wie ausgewandert, da sie im Schrittmaß, das ich bestimmte, folgsam mitpendelten.

Irgendwann in den endlosen Föhrenwäldern tauchte in der Ferne ein Hochhaus aus senkrechten Reihen perlmuttfarbener Fenster auf mit einer Hornisse oder einem Hubschrauber am Ende des flachen Dachs, Neste, die Verwaltungszentrale der staatlichen Ölgesellschaft. Solang sie im Blick blieb und bis ich an ihr, als sie keinem entrückten Wunder mehr glich, vorbeikam, bürgte sie für ein spannendes Geheimnis, das beschleunigte.

Dahinter bogen wir in eine halbseitig abgesperrte Autobahn ein, auf der sich Verkehr der Hauptstadt entgegenschob. Es stank, und drei, vier Frauen überholten mich, denen ich mich anschloß. Erst auf dem Rückweg würde ich sie meinerseits überholen, um Müdigkeit, die längst eingesetzt hatte, zu übertönen.

Auf dieser öden Strecke, die kein Ende nehmen wollte, während wir schon die Silos, Kranentürme und Rauchsäulen des Westhafens sahen, ereilte mich die sphärische Trigonometrie, ein Ereignis der Selbsttäuschung von Boten, Berichterstattern oder Märchenerzählern.

Aus kugeligen Dreiecken, die es nur am mathematischen Himmel gibt, lösten sich die Winkel und wurden größer, als beinhaltete der Erdball vierhundert oder sechshundert Grad. Trinklieder, anakreontische Zechgesänge setzten ein, auch Demetrios Triklinios, um 1280, der Hesiod kommentierte, musizierte mit, oder das Triklinium, drei hufeisenförmige Sofas in einem römischen Speisezimmer luden ein zu Rast, bis aus dem überanstrengten Stoffwechsel, der die Sinne verwirrte, die monströs gewordenen Sichtwinkel sich wieder verabschiedeten und probat zusammenfügten.

Obwohl wir noch nicht einmal 20 Kilometer gelaufen waren, kam uns schon der erste Rollstuhlfahrer entgegen, geduckt in seiner Leichtmetallkarre, deren dünne Geschwindigkeitsräder er mit seinen in Handschuhen verpackten Händen antrieb. Ein paar Minuten später rannte der erste Läufer vorüber, federnd ausgreifend und versonnen lächelnd im späten Licht. Seine blonden Stichelhaare glichen einer kleinen Kappe aus Ähren.

Kurven, Geleise im Asphalt und Kreuzungen, die abgesperrt waren, behinderten. Wir scherten in den Westhafen ein, wo im vordersten Dock der Kreuzfahrer Fantasy lag, an dem noch gebaut wurde. Sein in zwei Hälften geteilter Schornstein ragte auf wie die Schwanzflosse eines gestrandeten Wals.

Neben einer holprigen Straße der Altstadt waren Eisenbahnschienen, die blind endeten, in einer Schlucht versenkt. Nun begann meine Zeit, die der Unordnung, der brechenden Winkel und der Chaosforschung inmitten rostendem Kraut oder einem Berg aus Schrauben. Überholend sah ich Industriebauten, auf denen Bachstelzen spazierten, oder an einer Mauer von Koff, der ältesten Brauerei Skandinaviens, hing wiederum ein Plakat für Roulette.

Im letzten Holzhaus der Stadt saß hinter einem Erkerfenster ein Mädchen. Es las, unbeeindruckt von der darunter vorüberkeuchenden Meute. Vielleicht würden wir uns, hoffte ich, eines Tages wiedersehen, möglicherweise in einem der unteren Decks des Hauptbahnhofs.

Etwa die Hälfte der Strecke war bei der Halbinsel Kaivopuisto, Brunnen- oder Kurpark, erreicht, der schönsten und teuersten Wohnlage Helsinkis. Drinnen, an einer stillen Straße, lag das älteste Botschaftsgehäuse der Sowjetunion, ein kostbarer Tresor im Empirestil mit einem Staketenzaun, und wenige Meter gegenüber hatten die Amerikaner eine brezelhafte Ansiedlung gebaut, umgeben von einem höheren Zaun aus Edelstahl mit scharfen Spitzen.

Stürmischer Wind, der vom Meer über uns schlug, verzehrte alle Kräfte. Ich wollte die Teppichwaschanlage, die für die Armen der Stadt gebaut worden war, sehen, entdeckte sie nicht, und als ich Zuschauer auf englisch fragte, wo sie sei, erhielt ich keine Antwort.

Mit einem eingelegten Spurt ging es über eine Kuppe, auf der Böen zur Seite rissen. In einem von Planen überdeckten Hochstand saßen Photographen, die zuviel getrunken hatten.

Draußen im Meer sollte sich in brandender Gischt eine russische Festung, die nie erobert worden war, erheben. Ich sah sie auch nicht. Doch gegen die Masten der in der Bucht vertäuten Yachten schlugen im Takt der Windstöße lose Trossen, musizierend wie ein Glockenwerk.

Im Brunnenpark Kaivopuisto war ich vor vielen Jahren eines Nachts mit dem Dramatiker Heinar Kipphardt (1922–1982; In Sachen J. Robert Oppenheimer; Bruder Eichmann) gewesen. Wir hatten eine Einladung zu einem Poetikfestival erhalten und waren, meine Frau, er und ich, dorthin geflogen. Zollbeamte hatten uns lang durchsucht und befragt, ich fürchte vor allem, weil Kipphardt, ein gedrungener Mann in einem monströsen Nadelstreifenanzug, behängt war mit Gin- und Whiskyflaschen, notwendige Währung, wie er sagte.

Damals nachts in dem Park, meine Frau war nicht mitgekommen, vom sommerlichen Horizont glomm immer noch Licht, das Bäume, Wasser, auch unsere Gesichter in schönen Schein tauchte, erzählte Kipphardt, der kein Wort der Landessprache verstand, daß er im Weltkrieg sich als Finne ausgegeben habe und von der Ostfront bei Leningrad in die Berliner Charité versetzt worden sei, in der er dann Arzt für Irre wurde, bevor er zum ersten Mal in den Westen ging. Später kehrte er in den Osten zurück und wanderte erneut zu uns aus.

Kipphardt hatte sich eine Speckschicht als Schutz zugelegt. Meist schwieg er oder sprach, falls er es tat, gedehnt überlegt, oder aber plötzlich wurde er von Wut und Angst geschüttelt, fing an zu schreien und zu bezichtigen.

Als wir ihn einmal unangemeldet in seinem niederbayerischen Anwesen besuchten, einem umgebauten Zollgebäude mit Wiese, Pappelallee und einem kleinen Fischerhaus über einem Bach, sprangen ihm die Schweißtropfen aus der Stirn. Sich verhaspelnd rief er seine Tochter an, ob sie, die im nächsten Dorf wohnte, nicht kommen könne?

Wir liefen nun über Kopfsteinpflaster Richtung Südhafen, auf dessen anderer Seite, verdeckt von Fährschiffen, die Uspenski-Kathedrale stand. Auf dem Marktplatz davor, wo die Strecke nach Westen abbog und mehr als die Hälfte erreicht war, herrschte Betrieb. Auffallend groß geratene Pfifferlinge, Zuckerschoten, Gurken und Salatköpfe wurden verkauft. Die Tschernobyler Wolke hatte besonders in Finnland für viele Jahre die Natur verseucht, die bei Pflanzen und Beeren zum Teil mit Riesenwuchs darauf reagierte. Vor allem Moose waren davon betroffen, so daß das Fleisch der Rentiere und Elche nicht mehr genossen werden konnte. Geschlachtete und geschossene Tiere wurden vergraben, ihr Fleisch manchmal auch an Zobelfarmen verkauft, deren exportierte Pelze in anderen Ländern erstrahlen würden.

Hinter dem bescheidenen Leningrader Rathaus erhoben sich in gelbem Glanz vor dem schwarzen Himmel die Treppen, Säulen und hochmütigen Kuppeln des Doms, der Tuomikirkko, der Urteilskirche, die durch eine Seitenstraße knapp photographiert werden konnte, aber dann ging es die Einkaufsstraße der nördlichen Esplanaden hinauf, an deren Ende der Turm des Torni-Hotels sichtbar wurde, in dem mein Kind säße und versonnen über die Stadt blickte. Vielleicht lief im Zimmer auch der Fernsehapparat, der einen Bericht über den Marathon zeigte.

Ich suchte meine Frau, die beim Schwedischen Theater stehen wollte. Erst weiter oben in der Lönnrotinkatu sprang sie plötzlich neben mir her und photographierte mich, während ich sie ebenfalls aufzunehmen versuchte, aber die vor Schweiß nassen Finger glitten immer wieder vom Spannhebel ab, bis der Apparat schließlich aus der Hand fiel und auf einer in das Pflaster eingelassenen Straßenbahnschiene auch noch ein Stück vorausglitt. Wir lachten vor Erregung und Rührung und umarmten uns kurz.

Danach erlosch die Begeisterung. Hinter der Kreuzung beim Westhafen führten wieder dieselben Geraden durch schüchterne Außenviertel, über Autobahnen und Inselstraßen zurück. Die Schenkel fingen zu schmerzen an, Erholung gewährte nur einmal eine lange Steigung in Wälder hinein. Vom dunklen Wasser her trieb warmer Nebel, aus dem Vogelrufe zu hören waren, als wollten sie unserer Verirrung einen anderen Weg weisen, den ich gern eingeschlagen hätte, um die Schrecken eines seit Jahren nicht beendeten Romans abzukürzen. Die Flucht davor begann von neuem. Ein paar Sätze flatterten vorüber und zerschellten an den opalisierenden Panzerfenstern des staatlichen Ölgebäudes Neste.

Die letzten Kilometer peinigten, obwohl im Kopf ein rauschhafter Stumpfsinn eingesetzt hatte, der den Leib unter sich mittrug. Als der grazile Treppenturm des Stadions fern zu sehen war und außerdem die Straße sich senkte, rannte ich wie von Sinnen, so daß die Schmerzen mich nicht mehr einzuholen vermochten, doch neben mir hielt ein alter Zwerg, der trotz Wärme eine Pudelmütze aufhatte, verbissen mit, auch noch zwischen ersten Häuserzeilen und den Felskuppen des Kaupungin puutarha, des städtischen Parks, den wir noch umrunden mußten, bis der wütende Verfolger gegen ein Absperrgitter prallte und sich in Speichelregen und Geschrei auflöste.

Vielleicht war es der in das Wurzelwesen gefahrene Geist Kip Keinos gewesen, der im kenianischen Hochland, wenn er von Siegen heimkehrte, auf dem Dorfplatz hofhielt, aber jeder, der ihn berühren, gar mit ihm sprechen wollte, mußte zuerst Geld in einen Hut werfen, den der Wunderläufer in der Hand hielt.

Drinnen im Stadion erklang Musik. Nach dem Zieleinlauf tanzte ich ein wenig auf dem von Scheinwerfern wie unterirdisch getauchten Rasen, um letzte Mühen abzuschütteln. Dann schlüpfte ich ungewaschen in die Kleider, so daß der Schweiß mit seiner Salz- und Mineralienfracht wieder in die Haut zurückfände, aß drei Bananen und erhielt draußen vor dem Tor von meiner strahlenden Tochter eine blutrote Rose überreicht (3:30:43).

Wir fuhren zum Hauptbahnhof, einem Basaltgebilde im Art-déco-Stil, das einem ausladenden Radioapparat früher Jahre ähnelte. Im Speisesaal, der aussah wie ein Birkengewölbe mit lohfarbenen Gemälden an den Wänden, aßen wir nicht, sondern spielten Roulette, eine der Merkwürdigkeiten finnischer Gesellschaftsordnung. Niedrigster Einsatz war kaksi, höchster viisi markaa, zwei oder fünf Mark. Zunächst gewannen wir, immer nur auf Schwarz und Rot, gerade und ungerade setzend, dann legten wir Transversalen, verdoppelten den Einsatz und verloren wieder alles. Betrunkene, die mitgehalten hatten, verwünschten uns.

In den Betonverliesen der Unterdecks im Hauptbahnhof kauften wir ein: Roggenringe, Erbsenschoten, Käsedreiecke, Sahneyoghurts, teure Lachsbrote und Stücke eines Blaubeerkuchens, der nach gummiartiger Melasse schmeckte.

Wir speisten bei Kerzenschein auf dem Hotelzimmer. Dazu tranken wir Leichtbier der Firma Koff, und im Fernsehapparat lief eine sowjetische Reportage über eine nationale Demonstration in Riga ohne Ton. Nachts suchte zwischen den Betten ein Fischerkahn, der nicht gestehen wollte, daß er sich verirrt hatte, eine Spur.

Am nächsten Morgen riß der Himmel auf und übergoß die Stadt, in der es keine Hochhäuser gab, nur ein paar Kirchturmspitzen und in den verschiedenen Häfen Silos oder das filigrane Gespinst der Hebekrane, mit gleißendem Licht. Wir saßen in einem Tragflächenboot und sahen die Schären, den Schaum um ihre felsigen Ränder, die russische Festung, vor allem in der Bucht von Kaivopuisto, dem

Brunnenpark, die Teppichwaschanlage, die, es war Sonntag, nicht benützt wurde.

Kreta

Neben dem Palast von Knossos, dessen Ruinen noch von ausgewogenen Maßen für Gedeihen und Verlangen der minoischen Frauenkultur vor 4000 Jahren zeugten, standen wir und warteten. Eine hitzige Novembersonne brach sich manchmal durch schwarze Wolken Bahn.

Es waren nur 77 Teilnehmer, vor allem russische, polnische, jugoslawische, britische und holländische Wanderarbeiter, die Preisgelder abräumen wollten. Sieger wurde jedoch ein junger Amerikaner, der Streckenrekord rannte, ein faltenloser, akademischer Mittelschichtler, überaus freundlich und selbstsicher, schon im voraus eine Katastrophe für die Ärmeren, zu denen auch ein Kenianer und Tansanier gehörten.

Als ein dicker Mann, der auf einem Mäuerchen stand, die Startschußpistole in die Höhe hielt, wurde die Menge plötzlich von einem gelben Schaufelbagger, der es mit dröhnendem Motor eilig hatte, rücksichtslos geteilt.

Dann liefen wir los, den Berg hinauf, sprachen und keuchten, lobten die Landschaft und unsere Anwesenheit zum Ende der Saison in diesem Jahr, das dramatische Winkelzüge in der politischen Gesellschaft inmitten Europas beschert hatte.

Es wurde wärmer. Die Straße führte nach Iraklio hinab, früher eine Kleinstadt, inzwischen ein ausuferndes Haufendorf aus Zement und Skeletten, genauso häßlich wie Athen, wo mein Freund, der schnelle Außenseiter, und ich am nächsten Vormittag auf der Akropolis froren.

Regen setzte ein, nahm zu, wir kühlten ab. Noch hielt ein blonder, deutscher Riese mit, der, wie er erzählte, früher in Riad und Abu Dhabi als Koch gearbeitet hatte, jetzt aber in Athen eine Schule leitete, um Lehrlingen die Zubereitung internationaler Speisen beizubringen, wonach zum Beispiel über Wiener Schnitzeln aufgespießte Ananasscheiben schweben sollten oder dergleichen. Nicht nur das Fernsehen, auch die Küchenkunst ebnete alle Unterschiede ein. Wir verabschiedeten den Riesen, beschleunigten.

Im Palast von Knossos gab es als Reliefreplikat an einer Wand auch einen blauen Affen zu sehen, damals ein Sinnimport aus dem schon längst zerfallenen ägyptischen Theodizeereich, aber er gehörte, nach vielen Jahrtausenden, wieder zu uns. Wir fühlten, gering geworden und störrisch, wie er.

Der Regen wurde noch stärker, fiel herab wie tropische Patronen, auch die Stadt Iraklio wurde durch sich ergießenden Beton weiter zerstört.

Unten am Freizeitufer mußten wir ein wenig hinauslaufen nach Nea Alikarnassos, früher eine neugriechische Siedlung, wo wir die Holzgerippe von Küstenbooten sahen, rot angemalt, dann ging es wieder zurück entlang der deprimierenden Küste, verrottet und verbaut, ich hatte aber noch Gelegenheit, über Rampen und durch Büsche auf die Gegenfahrbahn hinüberzuspringen, um, nachdem mehrmals der Spannhebel des naß gewordenen Photoapparats zu schlüpfrig geworden war, wie ein Lipizzaner rückwärts trabend, einen Likörfabrikanten aus Rhodos, der zusammen mit seiner Tochter unterwegs war, aufzunehmen.

Wir liefen vorbei am Hafen, wo Walnüsse und kleine Fische verkauft wurden, sahen die venezianische Festung, die im letzten Weltkrieg zerbombt worden war, und am Rand der Stadt Hotelschachteln und einen zerfallenen, türkischen Wohnpalast. Iraklio hatte in den letzten Jahrhunderten viele Besatzungen gehabt, zuletzt Briten, danach deutsche Fallschirmjäger, die reihenweise noch in der Luft abgeschossen worden waren.

Es ging hinab, hinauf und hinaus Richtung Gazio, wo ein Heizwerk mit Schornsteinen aufragte.

Der Regen hatte aufgehört; es herrschte angenehme Kühle. Ein blauer Pritschenwagen jedoch, aus der Gegenfahrbahn einscherend, wollte nicht anhalten, fuhr, obwohl ich schrie und zuletzt, um nicht zu verunglücken, gegen das Fahrgehäuse trommelte, aus dem ein schmutzig bärtiger Mann so dumm wie sein kleiner Sohn blickte, weiter, während hinter mir Läufer und Läuferinnen ebenfalls riefen; auch die Sirene eines Polizisten auf einem Motorrad, das mich noch eine Weile beschirmte, tat mit.

Mein Freund, ohne den ich Exotengänge nie wagen würde, setzte sich allmählich, um sich zu beweisen, nachdem er viel weniger als ich trainiert hatte, ab und entschwand in Begehrungsnebel. Ich hörte seine Schuhe auf nassen Asphalt klatschen.

Wahrscheinlich, da ich entschiedener als er schreibe, muß er geschwinder laufen, jedoch, wenn er endlich ein Buch begönne, einen Roman, würde er, von meiner Redaktion geplagt, zurückfallen.

Es ging hinein ins Land Richtung Gebirge, durch die Dörfer Girofiraka, Kato, Miron, Dafnes bis Venerato, und überall am geriffelten Teerweg standen Betonbuden der zivilisatorischen Zerstörung. Einige hatten Solarspiegel für Heiz- oder Kühlwasser auf den Dächern.

Neben einer Truthühnerfarm lief ich wieder zurück und schrie husch, husch!, aber die schwarzen Hennen stellten sich nicht enger zusammen, damit ich sie eindrucksvoll hätte photographieren können.

Im Tal der Trauer und der Einsamkeit warteten angepflockte Ziegen am Wegrand, Kilometer 30 aber war noch immer nicht erreicht. Ich bedauerte mich, verfolgte einen Griechen.

Er lieferte Überholgefechte, rannte voraus, wieder neben mir her, sonst war niemand mehr in Sicht. Zuletzt wies er, um mich abzulenken, zu einem Berg, aber es nützte nichts. Ich sagte auf italienisch, es sei ohne Zweck, con scopo senza fine. Er fiel zurück, kam eine Viertelstunde später ins Ziel.

Die Gesellschaft der hehren Griechen, wie bisher in Geschichtsbüchern dargestellt, bleibt ein Mißverständnis, da nicht die Sklaven- oder Favelawirtschaft dazugerechnet wurde. Auch unser Landsmann Friedrich Hölderlin (1770–1843), Hymniker und ekstatischer Wanderer, unterlag dem Irrtum. Vielleicht war er deshalb, als geheimer Jakobiner die Französische Revolution begehrend, für die letzten vierzig Jahre seines Lebens verrückt geworden, lebte in einem Turm bei einem Schreiner und seiner Tochter. Wenn er in den Gassen von Tübingen ausgeführt wurde, trat er als Geigenvirtuose ohne Instrument auf oder spuckte Kulturtouristen, die ihn bestaunen wollten, ins Gesicht.

Die Elite, die mit Freiflugscheinen angelockt worden war, hatte sich beizeiten davongemacht. Auch der schnelle Außenseiter war nicht mehr zu sehen, derweil ich aus Neugierde immer wieder Kehren lief.

Alle Teilnehmer, gleichgültig ihrer Berufe, hatten genügend Start- und Handgeld bekommen, so daß die halbe Reise davon bezahlt werden konnte. Wohnen in einer Hotelschachtel und Essen waren umsonst. Ich freute mich zum Ende des Jahres, das schlimm begonnen hatte.

Weshalb rannte ich? Sicher aus Entsetzen um mein Leben, jedoch auch aus Büchern und Gedichten heraus und wieder in sie hinein, um nicht selbstmitleidig zu zerfließen, ein altes Laster.

Meine Tochter, wieder in der rechten Hüfte sitzend, lärmte, tobte und rief: »Papa, das bist du nicht« und verabschiedete sich wie immer als heulend vorauseilender Schweif.

Mein Sohn, bisher während Läufen noch nicht vorhanden, hatte sich auf meinem Kopf zurechtgenistet und blieb dort bis Kiparissos, eine lange Kurve mit Gewächshäusern, in denen späte Tomaten wuchsen.

»Geh weg«, sagte ich.

Er blieb.

Nach dem Abitur hatte er, verführt durch Familieneinsichten, innerhalb von zwei Jahren in einer Kreuzberger Autowerkstatt seinen Gesellenbrief gemacht, danach war er jahrelang in bequemem Schichtdienst Fahrer von Notärztinnen, die ebenfalls Geld verdienen wollten, gewesen und hatte, da oft Sanitäter fehlten, Erhängte von Garderobenhaken genommen, verzweifelte Frauen, die zuwenig Tabletten geschluckt hatten, stoßweise beatmet oder war in seinem weißen, mit einem hohen Dach versehenen Transporter gesessen und hatte stundenlang gewartet, Taxifunk und Radio DDR abhörend. Jetzt studierte er Apparatemedizin, damit er später Herz- und Lungenmaschinen, zukunftsreiche Varianten des Otto-Motors, bedienen könnte.

»Bleib da«, rief ich im Tal der Einsamkeit, doch er hatte mich verlassen. Ein anderer Sohn, nächtlicher Flanierer, schlief meist noch zu dieser Vormittagszeit.

Sonne stach durch Gewitterwolken, es wurde heiß. Beiderseits des Asphalts nahmen die Skelettbauten wieder zu.

Eine junge Läuferin mit dramatischer Nase war kalkweiß im Gesicht. Während ich die Gefährtin langsam überholte, rempelte ich sie, damit sie aus ihrer Erschöpfung erwachte und Wut genügend Adrenalin in ihr entfachte. Dann verabschiedete ich mich mit langen Schritten über eine Gottesgerade. Auf einem Ortsschild war zu lesen, daß das verstreute Dorf dort Malades hieß.

Polizisten warteten an Kreuzungen und wiesen mürrisch weiter; zur Stadt war es noch weit. Nach einem Kalkwerk führte die Straße entlang Schilf und über eine Autobahnbrücke, deren öde, langgestreckte Wölbung kaum mehr zu meistern war. Dann nahm Schutt wieder zu, es ging zurück nach Iraklio.

Bei Kilometer 40, einer abrupten, von öligem Wasser überschwemmten Kehre, hielt ein Mann eine batteriebetriebene Küchenuhr hoch, die Stunden, vor allem vergeudete Minuten anzeigte. Der Messingrand der Uhr sprühte goldfarben.

Die letzte Steigung durch Häuserzeilen wollte kein Ende nehmen, die verkrampften Schenkel erholten sich aber noch einmal. Oben hatte, abgeschirmt von zwei Rennradlern, ein Amerikaner, von Schmerzen gebeugt, aufgegeben, als jedoch seine Begleiter riefen, da komme noch einer, lief er wieder los, uneinholbar.

Schließlich, den Berg hinab, nahmen wir hintereinander die enge Kurve durch das grün angestrichene Tor hinein ins Stadion, das ein griechischer, persischer, venezianischer oder türkischer Festungswall umgab. Wir mußten, und es war eine Schinderei, auf einer federnden Unterlage noch zwei Runden rennen.

Der Außenseiter sagte, als ich im Ziel endlich stehenbleiben konnte, ich solle meinen Nasentropfen abwischen, ein Alterszeichen.

Meine Frau hatte mich, wenn ich erschöpft vom Romanschreiben aus dem Märchenbüro kam und mir am abendlichen Familientisch ein Tropfen in den Teller fiel, angeekelt mich ebenfalls mehrmals schon darauf aufmerksam gemacht.

Es fing zu regnen an, wurde kälter. Aus roten, grünen, blauen und gelben Schwämmen, die ich aufgesammelt und als Bojen in den Hosenbund gesteckt hatte, rann weißer Schaum, Spülmittel, als wären wir Geschirr gewesen, das hätte gesäubert werden müssen.

Die Insel Kreta versank in Dunkelheit und Nässe. Wir nahmen ein Taxi, stiegen plötzlich wieder aus und liefen durch Pfützen davon.

Nachts, nach fettigen Fleischspießen taumelnd unterwegs, blieben wir vor einem Klaviergeschäft stehen und spähten durch das Schaufenster. Alle Instrumente waren mit Tüchern bedeckt, doch vor einem Stutzflügel saß ein Mann, der einen Pullover anhatte und vorsichtig immer wieder eine Taste anschlug, den Kopf schüttelte, geduldig weiterstimmte. Seitlich parkte ein Motorroller zwischen einer Harfe und einem Regal voll Knopfharmonikas.

Schräg gegenüber in der triefenden Gasse winkte eine Frau aus dem verglasten Eingang einer Pension namens Mary's Rent a Room. Wir traten ein, setzten uns auf ein Sofa.

Im Fernsehapparat lief ein Bericht über Berlin. Wir sahen, wie der gelbe Schaufelbagger, der uns beim Start auseinandergetrieben hatte, soeben eine Zementplatte aus der Mauer hob. Wir waren am falschen Platz.

Wäre ich reich, hätte ich dem Kapitän einer gemieteten Mystère befohlen, er solle sofort die Düsenmotoren warmlaufen lassen. Wir müßten zurück, zurück nach Hause, ins geteilte, durchlöcherte Land.

Marrakesch

Als wir spätnachts ankamen, waren in der engen, verwinkelten Medina alle billigen Herbergen besetzt. Polizisten schliefen in ihnen, denn der König war in der Stadt. Ein Bettler, der nach jeder Gasse noch einen Dirham verlangte, brachte uns ins Essaouria, dessen blau gekachelter Innenhof im Mondschein schimmerte. Ganz oben unter dem Flachdach fanden sich noch zwei leere Betten. Da jeder von uns nur eine Wolldecke bekam, wiegten wir uns nachts vor Frost in Hockstellung hin und her.

Am nächsten Tag holten wir draußen in der von den Franzosen erbauten Vorstadt Gueliz, wo die vornehmen Hotels standen, unsere Nummern ab, wanderten zurück und drangen in die Suqs ein: von den Täschnern zu den Messingschleifern, von den Nähern zu den Glasern, von den Holzschnitzern zu den Kassettenverkäufern, vom Suq al Rhazl, dem Wollmarkt, zu den Gommisten, die aus alten Autoreifen Schöpfkellen, Kannen, Kübel, Eimer und Sandalen schufen. Und in einem kaum erhellten, staubigen Gelaß am Ende der Kasbah saß ein Steinmetz, der mit einem Hammerstichel aus einer Fliese die beiden Schriftzeichen Djaml und Djamāl klopfte, Kamel und Schönheit, wie er übersetzte. Es konnte auch Jun bedeuten, symbiotische Wärme, die vielleicht mit Djun zusammenhing, bösen Geistern, die ich als Dibbuks, jüdische Teufeln, in wehen Knien kannte.

Wir aßen Harira, eine Volkssuppe, die es überall gab und aus Kichererbsen, Linsen, Saubohnen und Blumenkohlflokken bestand, dann noch Couscous, einen Hirsebrei, damit unsere Leber mit Kohlehydraten gefüllt würde: Entweder stellte sich die Darmflora abrupt um, oder wir erkrankten.

Nichteinheimische Läufer, die wir zu denselben Kostbarkeiten überredeten, krümmten sich nachts, gelangten nicht an den Start.

Wahrscheinlich hingen Wohlbefinden und exotische Bakterien mit der Bereitschaft zusammen, genügend vorbereitet zu sein, nicht nur leiblich, vor allem im Kopf, damit die Erwartung sich in Wirklichkeit verwandeln konnte.

Die noch mittelalterliche Innenstadt war ein Malud, ein Fest der Täuschungen, wie es vor ein paar hundert Jahren auch bei uns, zum Beispiel in Ulm gewesen sein muß, als dort Bürger über Generationen hinweg so viel ausgaben, daß das riesige Münster gebaut werden konnte. Solche Kunstwerke haben wir nie mehr zustande gebracht trotz verspiegelter Bürotürme.

Die Welt der Marrakeschi unterlag einem Tqaf, einem

Zauberspruch: Die Frauen, bis zu den Augen verhüllt, hockten auf dem Boden und verkauften Körbe; die Männer verkauften sie als Luftgebilde noch mal. Die zahlreichen Kinder als Versicherung für die Eltern, damit sie im Alter nicht verhungerten, folgten jedem Fremden und behängten ihn mit dünnen, geflochtenen Zöpfen, genannt Schicksalsfäden, für die sie Geld wollten. Wer nicht zahlte, wurde gestoßen, oder kleine Hände verirrten sich in Jacken- und Hosentaschen. Die Kinder transportierten auch Lasten oder durchforschten den Müll; zwei sahen wir auf der Djemma el-Fna, dem Platz der Gehenkten, in einem Kranz vergnügter Zuschauer boxen, angetrieben von einem Vater, der, wenn Münzen in die Mitte fielen, den beiden schmächtigen Kämpfern Hiebe versetzte, damit sie eifriger zuschlugen.

Zuletzt gerieten wir in eine blinde Gasse. Auf einer Waage lagen an den Füßen zusammengebundene, schwarze Truthähne und schauten uns an. Danach wurden sie in Käfige gesteckt, in denen sich schon Enten, Hühner und Tauben drängten.

Aneinandergeschnürte, ergeben am Boden liegende Hühner erwarteten ihren Tod. Ein Junge nahm jeweils ein Huhn hoch, stach ihm mit einem Nagel in ein Auge, schnitt ihm die Kehle auf und warf es einem älteren Arbeiter zu, der es über einer elektrisch betriebenen Raspel der Federn entledigte. Das von der Prozedur langgezogene Tier wurde aufgeschlitzt, ausgeweidet, ein wenig mit Wasser besprengt und auf einen Haufen schon nackter Toter gelegt. Ein Dialektspruch hieß: Ma darna fil quadra ma jettehrek. – Was leicht anbrennt, soll man nicht in den Topf tun. Die Ware war numéro uahed, erste Qualität.

An einer Ecke gab es heißen, dunklen Sud zu löffeln mit höchstens drei Schnecken im Napf, doch es gelang uns nicht, obwohl wir freundlich unterwiesen wurden, die gesottenen Körper hilfs eines spitzen Hölzchens aus den Gehäusen zu stochern. In Körben waren Berge lebender

Tiere, die sich leise bewegten, angehäuft; darunter tropfte in Eimer Schleim, begehrter Soßenfonds für teure Restaurants.

Nachts gefror das Mineralwasser unter dem Dach der Herberge Essaouira, aber die Plastikflaschen platzten nicht, stülpten nur einen Bauch aus, den wir allerdings anstachen, bevor wir frühmorgens durch die Kasbah zum Start trabten. Kinder nähten schon in offenen Läden an Djellabas oder brachten ihren Meistern Gläser voll grünen Minztees. Wir hatten Rennschuhe an, sie waren barfuß oder trugen Sandalen.

Am Ende der Djemma el-Fna, neben dem mit Wimpeln besteckten Gefängnis, bot die Menge der Läufer ein wenig Schutz. Es war eisig kalt, obgleich die Sonne von einem wolkenlosen Himmel strahlte.

Eine Musikkapelle spielte, und vermummte Schehata, Tänzerinnen, bewegten sich hin und her. Links ragte das rosenfarbene Ziegelminarett der Koutoubia-Moschee auf, rechts hatten sich auf teppichbelegten Stufen eines Zelts Honoratioren versammelt, darunter sechs Minister und andere Würdenträger, wie wir später im ›Le Matin du Sahara et de Maghreb‹, lasen.

Und wie immer, wenn der König fehlte, wurde sein Platz freigehalten. Hinter dem leeren Empiresessel hing eine große, goldgerahmte Photographie von Hassan II. mit seinem verlebten Bubengesicht, als sei er vielfacher Hausbesitzer im Frankfurter Bahnhofsviertel, gekleidet in einen Smoking und beringt.

An diesem Sonntag gab es außer dem Marathon International de Marrakech Grand Atlas noch die Verlobung der Prinzessin Lalla Aïcha im neuen Königspalast, zudem eine Blumenmesse für einkaufende Floristen aus Dänemark, Frankreich und West-Deutschland und eine Hetzjagd auf Schmalwild in den Geröllwüsten außerhalb.

Am nächsten Morgen stiegen mit uns betuchte Herrschaften ins Flugzeug via Casablanca nach Rom oder Genf.

Auch makellose Käfige, in denen gefleckte Dalmatiner ruhten, wurden eingeladen.

Plötzlicher Frühstart, die Kälte hatte viele ungeduldig gemacht. Polizisten schrien, Böllerschüsse warnten. Der schnelle Außenseiter hielt mich zurück.

Es dauerte eine halbe Stunde, bis alle, die davongerannt waren, von Feuerwehrautos und Ambulanzwagen wieder zurückgetrieben werden konnten. Dann ging es endlich los. Ich zog einen Kaschmirpullover, den ich einst nach einem Marathon in Zürich, an einem Zaun hängend, gefunden hatte, aus und wickelte ihn um den Bauch.

Die ersten Kilometer führten durch die Avenue Mohammed V Richtung Norstadt Gueliz, hinter der sich im Licht rot verbrannte Hügel erhoben. Dann schwenkten wir durch die Grands Boulevards nahe des Flughafens und vorher vorbei am Bahnhof, in dem täglich zwölf Züge ankamen und abfuhren, dann zurück zur Koutoubia-Moschee, um entlang der Stadtmauer uns allmählich von der Menge zu trennen, die die Straßen säumte.

Etwa tausend Soldaten kontrollierten mit umgeschnallten, ehrwürdigen Karabinern die Strecke. Das überall anwesende Militär beschäftigte sich in diesem Königreich selber, dessen eine Bevölkerungshälfte unter fünfundzwanzig Jahre alt war, Kinder und meist arbeitslose Talaba, Studierte, die zwei Säulen der Royalität. Jedoch wer würde wen stürzen? Die Kinder das Militär oder die Wehrmacht die Kamarilla? Versuche hatte es gegeben, vor allem in den siebziger Jahren. Blut, Henkersschlingen, Folter und Gefängnis waren die Folgen gewesen.

Die Festungsmauern wurden kleiner. Wir liefen auf Asphalt entlang eines Geröllfelds, in dem einige Beduinenzelte wie kreisrunde Pflanzen standen, erreichten Olivenhaine und wurden von Soldaten gelangweilt belächelt, die uns und die Bäume bewachten. Seitenstraßen führten zu niedrigen Kasernen oder gediegenen Latifundien.

Ein einsamer Schiuch, ein Musiker, spielte auf. Er war zerlumpt, schlug virtuos mehrere Konservendeckel gegeneinander und sang dazu. Ich hätte mittun mögen, wäre ich nicht unterwegs gewesen.

Schließlich erreichten wir die hohe Mauer der Menara, hinter der ein Trinkwasserbassin aus dem 12. Jahrhundert lag. Als wir es umrundet hatten, erblickten wir einen klassischen, sparsam verzierten Pavillon, dessen Schönheit den Atem raubte.

Fabrikviertel begannen, Ölfässer lagen hinter Zäunen, und ausgerechnet dort, nachdem Zementhäuser und Hütten kleiner geworden waren, rannte der schnelle Außenseiter über einen in der geräumigen Straßenkreuzung eingelassenen Bunkerkegel mit Schießscharten nach allen Seiten, stolperte und fiel beinahe. Die Strecke war verläßlich blank, als triebe der Wind Riah, die Entrückung, uns an. Wir photographierten, ein mühsames Geschäft während eines Langstreckenrennens, doch hinterher vermittelten verwackelte Bilder eine Ahnung von dem, was wir erlebt und gefühlt hatten.

Auf der Route de l'Ourika, wo beiseite einfache Neubauten in alter Architektur lagen, nahm die Menge zu. Verschleierte Frauen, meistens hinter Reihen aus Männern und Kindern stehend, stießen Triller aus, und auf einem Parkplatz für Routiers reihten sich Lastwagen, beladen mit quittengelben Strohballen.

Dars hieß Straße, Bab hieß Tor: Ich wurde erwartungsfroher, da ich wegen eines einzigen Namens, der auch einer Person gehören konnte, hierhergekommen war, und irgendwo würde ich sie entdecken.

Beim Jardin de l'Agdal saß auf einem Mauerrest ein Storch in seinem Nest. Seither weiß ich, wenn Kinder danach fragen, wo diese Vögel, die es bei uns nur noch als Bilder gibt, sich im Winter vergnügen.

Ich dachte auch an leere Augen der singenden Bettler, die in einer Reihe, sich an Händen haltend, Allah gelobt hatten und mich nach reichlich Spenden zwischen sich gezerrt und betastet hatten, um mich noch mehr auszuplündern. Sollte ich je erblinden, würde ich zu ihnen auswandern und wie sie zwischen Gott und List mich zu behaupten versuchen.

Ein wenig Arabisch hatte ich nach dem letzten Weltkrieg gelernt, als marokkanische Soldaten aus dem Westen, dem Maghreb, in unser Haus im Allgäu einquartiert worden waren. Die Phonetik der Sprache war dem Alemannischen ähnlich. Ich probierte sie später auf Friedhöfen aus, als könnten dadurch Tote erweckt werden.

Die dünkelhafte Szene mit den entzückten Bettlern unterbrach eine schielend Einäugige, eine al Aaura. Sie zwängte sich dazwischen, verlangte Tribut; ich floh.

Etwa ein Drittel der Strecke war durchlaufen. Wir wurden schneller, hatten uns gelockert und nahmen von Getränketischen nur verkapselte Wasserfläschchen, die kaum zu öffnen waren. Vor Wut warf ich sie wartenden Kindern zu, die sie sogleich einsammelten und daraus vielleicht Ringe, Halsbänder oder bemalte Armreifen für den ärmsten Markt schneidern würden.

Der schnelle Außenseiter, solang er noch bei mir blieb, biß die kleinen Flaschen dann auf und trank sie an, damit ich leichter notwendige Flüssigkeit in mich rinnen lassen konnte, da Sonne, Wind und Kälte uns austrockneten.

Außenbezirke begannen, die Rue Belaid und die Avenue des Remparts, der Bollwerke und Wälle. Wunderbare Mauern aus fahlem Lehm dehnten sich linker Hand im Maß erhabener Dünen aus, auf deren Zinnen manchmal bunte Wäsche hing, oder über die Ränder beugten sich Zuschauer, als seien es die Köpfe von Marabus oder Störchen mit abgebrochenen Schnäbeln.

Rechts an einem Qued, einem Graben, waren bleiche Ziegen- und Schafsfelle ausgebreitet, auch blaue Tücher. Wir hatten die Gegend der Indigo-Färber erreicht, deren Bottiche hinter den Mauern sich befanden. Ab und zu waren

Pforten in sie eingeschnitten. Wenn wir jetzt ausscherten und hineinrennten in die Suqs, würden wir bald wieder den Platz der Gehenkten erreichen, wo es Minzetee gäbe, Milchkaffee und Joghurt.

Nach einer scharfen Kurve, am Anfang der Route de Beni Bellal, Söhne eines Berbers, erhob sich auf einer Düne eine weiße Qubba, der Kuppelquader eines Grabes für einen Marabut. Davor, ein wenig weggerückt, standen drei schwarze Gestalten, als wollten sie die Stätte des weisen Sajid, des Heiligen, vor der Springflut des Sports bewachen.

Danach verließen uns viele, das Ziel des Halbmarathons war erreicht. Die Straße wurde enger, buckliger, Palmgärten breiteten sich beiderseits aus, in die Pfade hineinführten, durch die wir gern gelaufen wären, doch hätten wir es getan, wir wären nirgendwo angekommen oder vielleicht später bei einer Quelle am Fuß des Grand Atlas.

Beschleunigung hinauf, hinab, denn nun, hoffte ich, würde vielleicht Maryam as-sarira li-nafsiha, Maria-die-Kleine-für-sich-selbst an der Fährte warten. Ich schickte den schnellen Außenseiter, damit er nicht störte, voraus.

Vor Jahren hatte ich eine Todesanzeige in der Zeitung entdeckt, daß eine Mariele Fürsich gestorben sei. Ich war elektrisiert und hatte, nach langer Krankheit, weil ich wieder leben wollte, eine Begegnung in einem Gedicht beschworen.

Während Trainingsläufen durch ein herbstliches Allgäu war plötzlich eine verlassene Braut mit einem Strauß Nelken und Rosen auf einem Hügel gestanden, umtost von Wetter und Wind, die an ihrem Rüschengewand und einem Myrtenkranz im Haar zerrten. In der Ferne läuteten Glocken.

Ich sprach mit der Braut, aber sie antwortete nicht, wartete auf ihren Hochzeitsmann, die Verwandtschaft und das Gesinde, die nicht kamen.

Ich sagte damals, sie solle ausharren, doch wenn sie allein bleibe, würde ich sie heiraten, sofort, doch sie entschwand wortlos durch eine Nebelwolke. Weiterspringend entlang Farnwäldern, hatte ich den Verdacht, einer Kinderliebe begegnet zu sein.

Nach ein paar Kilometern durch die Palmengärten, in denen uns niemand mehr zusah, stand an einer Kreuzung eine junge Frau, gehüllt in einen Haïk, in ein traditionelles Gewand. Um Arm- und Fußgelenke trug sie je einen Chuchal, einen Schmuckreifen.

»Maryam«, rief ich.

Keine Antwort.

Ich rannte zurück, breitete die Arme aus, sprach irgendetwas, das sowohl behutsam wie bedeutungsvoll klingen sollte, in meinem Stummelarabisch.

Die Person regte sich nicht. Als ich noch näher kommen und sie photographieren wollte, bückte sie sich und nahm vom Boden einen Stein, drohte mit ihm. Ich wickelte meinen Pullover ab und warf ihn als Tifkira, Geschenk, der Frau entgegen, doch Maryam as-sarira li-nafsiha verlor sich hinter Palmen.

Ein Esel, den ich nicht sah, schrie. Der Sandboden, aufgeworfen zwischen Büschen wie Sastrugi (Wächten; russ.) in polaren Regionen, behinderte, doch angestrengt irrte ich auf Pfaden kreuz und quer, ohne Maryam noch einmal zu entdecken, obwohl ich Gelächter und das Wort Buhali zu hören glaubte, Narr.

Schließlich kehrte ich zur Straße zurück und nahm den Lauf wieder auf. Ein Lastwagen stand quer, mußte umrundet werden.

Von Uniformierten bewachte Wohnresidenzen in Gärten begannen, der Kurs schlängelte sich durch den Norden der Reichen. Manchmal überholten, obwohl die Strecke für jeden Verkehr gesperrt war, träge hupende Daimler-Limousinen mit kurzen Antennen, und Soldaten und Kontrolleure in roten Westen nahmen Haltung an.

Ich bekam, was ich nicht mehr kannte, einen Schwächeanfall, war zermürbt, als hätte mich Maryams Stein getroffen. Schmerzen krochen über den Rücken bis zu den Schultern hoch und setzten sich dort fest, auch Genickstarre ließ jeden Schritt zur Qual werden.

Dann sah ich am Rand einer Sania, einer Gemüseplantage, einen Sarrah, einen Schäfer, der Ziegen und Schafe vor sich hertrieb, begleitet von einem scheuen, lohfarbenen Hund, frohe Botschaft, denn in der Stadt, wie früher in Reykjavík, hatte es zu meiner Erleichterung keinen einzigen Hund gegeben. Hätte sich nach Marrakesch einer gewagt, er wäre sogleich totgeschlagen worden.

Ich griff aus, hinein in eine endlose, schwarz asphaltierte Gottesgerade namens Mohamed Abdelkrim, die sich bis zum Gebirge ausdehnen mochte. Mühsal und Djdba, Trance, sie flossen ineinander.

Maryam, bat ich, kehre zurück. Entweder bleibe ich hier, oder wir errichten im Allgäu, das ich umbauen werde, damit Kraut und Steine wachsen, ein Blockhaus, in dem die Kinder, falls es wieder Winter gibt, ihre Füße am Kachelofen wärmen können.

Keine Antwort.

Oder, flüsterte ich, wir eröffnen im Suq einen Laden für gezüchtete Kristalle mit eingeschlossenen Heuschrecken drin, Schreck und eiweißreiche Nahrung zugleich. Ein alter Nobelpreisträger für Chemie, den ich kenne, wird uns dabei helfen.

Schweigen und vermehrte Rückenschmerzen.

Mir fiel eine Legende ein: Zwei Kinder spielten. Das eine war ein Pferd, das andere der Reiter. Mutig saß er auf dem Rücken des Tiers und schrie vor Vergnügen. Am Abend band der Reiter das Pferd an einen Pfosten. Ein Ende des Seils war um das Holz geschlungen, das andere lag im Maul des Pferds. Dann ging der Reiter nach Hause, um sein Abendbrot zu essen, legte sich schlafen und träumte. Das Pferd blieb stehen, weil es schon dunkel war.

Ein Mann, der vorbeikam, fragte das Kind, warum es nicht heimgehe? Seine Eltern machten sich sicher Sorgen.

Es könne nicht, antwortete es, sei an den Pfosten gebunden.

Warum es nicht den Mund aufmache? Das Seil falle heraus, und der Weg nach Hause sei frei.

Oh, ja, antwortete das Kind, aber dann sei es kein Pferd mehr.

Die Gottesgerade des Abdelkrim war noch nicht zu Ende unter der senkrechten Sonne und in frostigem Wind, die sich gegenseitig bekriegten. Hinter mir, obwohl ich gern allein geblieben wäre, um wieder in die Verklärungen hineinzugeraten, wurden Schritte laut wie von Paarhufern. Es waren Abdarrazzuq, der Versorger, und Abdarahman, der Barmherzige, zwei junge Marokkaner, die sich, um durchzuhalten, an meine Fersen geheftet hatten, nun aber gaben sie in ihren erbärmlichen Schuhen auf und riefen, Tränen in den Augen: du courage, du courage!

Sie griffen nach meinen Händen, bevor sie zurückfielen, und hätten, wäre ich stehengeblieben, mich in einen Knäuel der Freundschaft und des Selbstmitleids verwickelt.

In der Geröllwüste neben der Straße standen vereinzelt wieder Häuserwürfel in Blaßgrün, rachsüchtigem Orange und in einem kinohaften Violett. Die Zivilisation der Grands Boulevards, die wir anfangs schon einmal durcheilt hatten, fing von neuem an.

Ich war wieder allein auf der flimmernden Bahn. Zuschauer, die so spät sich noch eingefunden hatten, begannen gemeinsam die Horaires de Prière, die Stunden des Gebets zu sprechen. Sie hießen an diesem Sonntag: Al-Fajr 06 H 01; Ach-Chourouq 07 H 31; Ad-Dohr 12 H 45; Al-Asr 15 H 25; Al-Maghrib 17 H 48 und Al-Ichaa 19 H 17.

Niemand hatte ich in der Stadt, wenn von den Minaretts die Tonbandstimmen der Priester, auffordernd zur Besinnung, erschallten, sich auf den Boden werfen gesehen.

Ein Trupp kleiner, dicker Advokaten aus Frankreich eilte vorüber, deren Beruf auf die Turnleibchen gedruckt war.

Beim Bahnhof überholte ich zunächst zwei pinguingraue Schweden, die beim verspäteten Start eifrig davongerannt waren, danach noch einen jungen, athletischen Bayern, der einen goldenen Knopf im Ohr trug und zwischen Kilometer 10 und 20, als wir noch voll Kraft und Zuversicht gewesen waren, erzählt hatte, daß er am Strand von Agadir den Winter überlebe.

Frage: Wovon?

Antwort: Autohandel und trabende Schäfchen in München.

Maryams Stein traf noch einmal in den Rücken, die Schmerzen brannten. Ich hatte keinen Willen mehr, ging spazieren, war zu einer Djrana, einem Frosch geworden. Selbst ein Kräuterelixier namens Ras al Haqut, das Krönung verkündete und vor allem von Wöchnerinnen genommen wurde, hätte nicht mehr geholfen.

Es waren nur noch wenige Kilometer bis zum Platz der Gehenkten. Entlang der Avenue Amir Moulay Rachid und schon anblicks des Turms der Koutoubia-Moschee steckten an Masten Tag und Nacht beleuchtete, gläserne Konterfeis des Königs, dem ich inzwischen alle Verwünschungen abbat, ein häßlicher Prozeß innerer Erweichung.

Nach der Zielbanderole hing ich über einem Absperrgitter und wollte speien, aber nichts kam. Der schnelle Außenseiter, längst da, gab mir eine Handvoll Haferflokkenbrei, vermengt mit Coca-Cola, zu essen; (3:48:01). So langsam war ich noch nie gewesen.

Eines Tags, verwünschte ich mich, würden wir nicht mehr in der Fremde um unser Leben rennen, sondern zu Hause sitzenbleiben.

Im Sommer, antwortete der schnelle Außenseiter, liefen wir um die Insel Sylt, bevor sie endgültig zerbreche, oder um den Fuß des Mont Blanc.

Wir trabten durch die Medina zurück in unsere Herberge, aber dort war das Gas für die Duschen im Winter abgestellt. Einer der sanften Sekretäre oder Pförtner, die hinter Vorhängen am Eingang schliefen, geleitete uns zum öffentlichen Männerbad, mehrere Korridore und Tunnels entfernt. Wir froren, da wir trotz Kälte verschwitzt waren.

In einem phantastisch gekachelten, engen Raum mußten wir unsere wenigen Kleider abgeben und ein paar Dirham bezahlen. Dann saßen wir in dem Bad auf einem Zementboden und wurden angeschrien, weil wir die Turnhosen ausgezogen und hoch oben an eine Leitung, ein Gas- oder Elektrizitätsrohr, gehängt hatten.

Nackte seien nicht erlaubt, hieß es.

Antwort: Wir kämen vom Marathon.

Murren und Verzeihen, während uns zwei Jünglinge schwarze, mit heißem Wasser gefüllte Eimer gaben, jene aus alten Autoreifen erschaffenen Gefäße der Gommisten. Wir übergossen uns, wuschen auch die Haare mit Shampoo, das in Tüten überall herumlag.

Naß, weil wir keine Handtücher hatten, rannten wir in unserem Turnzeug durch das Gassengewirr wieder zur Essaouira zurück und verkrochen uns für eine Weile in den Betten.

Nach ein wenig Schlaf saßen wir in einer Höhle, im Café Progrès, dessen Fortschritt aus einer Zeit stammte, als es noch ein Kino gewesen war. Von der Decke hing ein Ventilator mit drei Flügeln, die sich nicht bewegten.

Bei Pfefferminztee, die Straßenkarte von Marrakesch über den Knien, um sich des Laufs noch einmal zu vergewissern, verwechselte der schnelle Außenseiter links mit rechts und grün mit blau.

»Was ist das«, fragte ich. So hieß auch Klappfenster auf französisch, und nie hatte mir jemand erklären können, weshalb der Begriff aus dem Deutschen übernommen worden war. Hing es mit damaligen Besatzungstruppen zusammen, als Widerständler durch geheime Fenster entrannen?

Vor Beklommenheit, daß die Verzauberung schwand, waren wir Tränen nah. Der schnelle Außenseiter ersetzte seine Haftschalen, die er sorgfältig in einer Tinktur badete, durch seine gewohnte Brille.

Auf der von Karbidlampen erhellten Djemma el-Fna aßen wir einen Topf voll der Kichererbsensuppe Harira und marode Fleischteile, die von einem gesottenen Schafskopf abgeschnitten wurden. Bier, teuer gekauft in einer dunklen Ecke aus dem Sack eines Hirten, der nachts einem zweiten Beruf nachging, vollendete das Mahl.

Am nächsten Morgen, es war kalt unter dem blassen, blauen Himmel, begegneten wir, obgleich die Zeit zur Abfahrt drängte, einem Fqih, einem Lehrer, der alt und zerschlissen auf dem Henkersplatz in einem singenden Hocharabisch ein endloses Märchen erzählte.

Junge Leute traten hinzu, bildeten einen Kreis und lauschten ebenfalls, die Münder offen. Vor dem Fqih lag ein schmutziges Tuch für Spenden. Hätten wir alles gegeben, wären wir heute noch dort.

Mein Lehrer, er blickte mich an und schlug ab und zu nach langen, psalmodierenden Versen auf einem Tamburin zwei, drei schnelle Takte. Im Mund des Erzählers stand nur noch ein einziger, gelber Zahn, der, als wir gingen, drohend zu wachsen schien.

Nachdem der letzte Winter nicht stattgefunden hatte, jedoch mit Krankheit, Starre und Todesangst gefüllt gewesen war, wurde im Herbst der Blick wieder genauer.

Ein Falkenpaar kämpfte im Wind gegen einen Eichelhäher und eine Krähe, die die beiden Liebenden verfolgten, sie schließlich in die Flucht trieben, damit sie neues Futtergebiet eroberten und Freßriten beibehalten konnten.

Meine änderten sich nicht, sahen aber anders aus als die eines Klassikers: Goethe, beispielsweise, stand um 6 Uhr früh auf, was ich ebenfalls tat, frühstückte erheblich, ebenso ich nach 10 oder 20 Kilometern, dann kam Ernst Carl Christian John, Goethes Sekretär, der Jura studiert hatte, um im kleinen Bibliothekszimmer Diktate zu empfangen, die John später ins reine schrieb, ein Wunschtraum, doch ich werde nie eine Hilfskraft haben, die jedem Wort andächtige Beflissenheit verliehe.

Vermutlich nahmen Sekretär und Dichter gegen 10 Uhr ein zweites Frühstück ein, bereitet von Christiane, der jungen Frau des Klassikers, einst seine Dienstmagd, eine Liaison blamable, horrible unschön.

Spät, nicht vor 2 Uhr nachmittags, begann das Mittagsmahl. Es war opulent mit viel Fleisch wie Kapaun, Wild und Sauschnitten, dazu Soßen, kaum Gemüse, noch mal Kartoffeln oder gebratene Äpfel, die eher Schiller, der quer gegenüber wohnte, bevorzugte.

Abends aß Goethe nichts, erging sich in Auen, wurde gegrüßt, grüßte zurück, suchte bald das Bett auf.

Wir sehen uns alle erst nach der Tagesarbeit, die in dieser Zivilisation meist woanders betrieben wird, sitzen um den Küchentisch, und jeder spricht von dem, was er erlebt hat oder nicht. Dazu fluten in einem Fernsehapparat die Bilder der Welt vorüber, ein stochastisch, permanent abrollender Film, dessen Wortfetzen und Melodien nicht mehr stören.

Goethe trank viel, animierte auch Gäste dazu, schickte Billetts nach Würzburg und ins Elsaß um Kisten, gar um eineinhalb Fuder Wein.

Rauchluft, wie er Pfeifenqualm nannte, denn Zigarren oder Zigaretten gab es noch nicht, bezeichnete er als Greuel.

Während Goethe starb, hat er nicht gesagt ›mehr Licht‹ o. ä., sondern sein Diener, dessen Namen ich vergessen habe, es war nicht der Sekretär John, der nach Amerika hinterher auswanderte, richtete ihn in seinem Lotterbett, einem Schragen ähnlich einer Art Liegestuhl, hoch, schob ihm noch einen Pottchamber unter, denn der Tod preßte. Um den Gestank hinauszulassen, öffnete der Diener die Fenster, dann die Läden.

Trank Goethes junge Gemahlin mit am Mittagstisch? Ein wenig schon, obgleich sie als Frau nicht soviel Wein aushielt, da in ihrem Magen das Enzym Dehydrogenase kaum vorhanden war und Ethanol ungehemmt in Blut und Gehirn einströmten. Wäre Christiane Autofahrerin gewesen, hätte sie nach dem Blasen in einem Röhrchen der Verkehrspolizei eine Überraschung erlebt.

Küstenschwalben verbrannten veresterte Molekülstämme besser, flogen jedes Jahr 50 000 Kilometer aus der Arktis nach Afrika und wieder zurück, bis sie nach 20 oder 25 Jahren starben, worüber Goethe, wenn es ihm bekannt gewesen wäre, einen himmlischen Traktat geschrieben hätte.

Erneut unterwegs sprang mich ein weißer Hund zweimal an, wollte beißen oder begatten.

»Ach Gott«, schrie ich, »bitte nicht!«

Sei doch nicht so schlimm, sagte eine Frau an einer Kurve des Hangs.

»Angst, Angst«, rief ich, »das Vieh weg!«

Antwort: Ich solle zu einem Psychiater gehen.

Antwort: Ob sie verrückt sei, bayerisch und dumm?

Sie begutachtete ihr Tier, nahm es beim Halsband, schwieg, während ich schnell vorbeilief aus Entsetzen.

Hinterher, nachdem ich die kleine Ebene der Büsche, Wege und Winkel des Luitpoldparks erreicht hatte, dachte ich, mutiger geworden, was wohl geschehen wäre, wenn ich die Frau angesprungen hätte, um sie hinter Sträucher zu zwingen?

Schiller, Sohn eines Wundarztes, war früh gestorben, erst 46 Jahre alt. Er hatte seit Jahren Husten, Katarrh, Fieberanfälle, Schwächezustände, stechende Schmerzen unter dem Brustbein und im Leib gehabt. Zuletzt verlangte er wie oft nach Naphta, Äther. Wir würden ihn heute einen Morphinisten nennen.

Im Sektionsprotokoll der üblichen Leichenöffnung wird vermerkt: Lunge brandig, breiartig völlig desorganisiert; Nieren in ihrer Substanz aufgelöst und verwachsen; das verwickelte Gedärm derart katastrophal, daß es verwunderlich gewesen sei, wie Schiller so lang überleben konnte und die Peinigungen ausgehalten habe, noch Wort um Wort an der ›Braut von Messina‹ schreibend.

Es wurde kälter. Im Englischen Friedhof waren Akazien und andere kostbare Bäume gefällt worden, herausgerissene Parkbänke lagen im Kleinhesseloher See. Ein rotblonder Russe, der mich anhielt, Mitglied einer Ärztedelegation, sprach von Vandalismus. Die Leute hier seien reich, bunt angezogen, doch imbezill (aniosastniwitschnistija o. dergl.) Wir redeten auch über ovale Blutplättchen, die mehr Sauerstoff aufnahmen bei Kamelen und Dromedaren und daß diese Tiere 135 Liter Wasser trinken konnten, was mir, beschied er, leider nicht gelänge. Außerdem unterrichtete er mich, wie sich Weingeist und Ameisensäure im All verhielten, eine Erkenntnis sowjetischer Astronauten.

Ab nach Stuttgart-Wangen, in den ärmsten Teil dieser selbstgerechten Stadt, wo ich einst gewohnt hatte und beinahe zu einem Drogisten geworden war, der alles nahm außer Heroin.

Das Theaterhaus hatte eingeladen, ein interdisziplinäres Unternehmen für Tanz, Jazz, Dichtung, Batik, Gymnastik, Malgruppen usw., auch Rohkost und Logis, angesiedelt in einem bankrotten Industriedom für Trockenbatterien und Abflußrohre. Zunächst sollte ich laufen, was ich gern tat. Es ging über steile Pfade in Weinberge hinauf, und alle, die mittaten, wollten überholen. Ich verfiel in einen Brombeerrausch, blieb immer wieder stehen, raufte von Büschen reife Früchte, glich, bekleckert, bald dem Kolkraben von Wilhelm Busch.

Oben im Wald Beschleunigung, doch ich stolperte über eine Wurzel, fiel, Gelegenheit für eine Reporterin, mich zu interviewen. Sie schrieb dann einen Aufsatz darüber, dessen Sottisen ihr wahrscheinlich Achtung einbrachten.

Unten aus dem Tal des Jammers und des Fleißes ragten Schlachthäuser, Verteilerhallen, Montagequadrate und Heizwürfel hoch. Alles, was verzehrt wurde, rann, ausgeschieden, wieder dorthin.

Zu einer anschließenden Lesung in einem schwarzen Saal blieben wenige, wurden unzufrieden, da ich anläßlich eines Hitzemarathons durch Rom mehr über ein Treffen mit Giorgio Manganelli, dem Vielfraß, wehmütigen Zyniker, und dessen Kommentare über den einsam gestorbenen Spieler und Erzähler Tommaso Landolfi und den irren Bauchladen-Dichter Wilhelm Waiblinger, einen Schwaben und Freund Hölderlins, geschrieben hatte als über Ausdauersport.

Auch ein niedlich gebräunter Buchhändler spottete, da seine ausgelegte Ware, darunter meine, nicht gekauft wurde.

Auf und davon im Auto durch die Verteilerkreisel der Industriegürtel: Meine Frau steuerte, unser Kind tröstete, hatte Blitzlichtaufnahmen gemacht.

Manganelli starb inzwischen an einem Infarkt in seinem

gläsernen Appartement an der Via Senafé, deren Name, hatte er behauptet, entweder von einem türkischen General stamme oder eine indonesische Währungseinheit bezeichne.

Im Englischen Friedhof frühmorgens versuchte, welcher Irrtum, ein weißer Spitz einen KZ-Hund von vorn zu begatten. Im Kranz schauten andere Tierbesitzerinnen stumm zu, wußten nicht, daß ihre Geschöpfe für Nord- und Südkoreaner köstliche Speise waren.

Etwa 2 Millionen gerieten pro Jahr dort in Kochtöpfe. Bevorzugt wurden taillierte Möpse, dicke Bandogs, Pitbull-Terrier und Mastinos, also Kampfhunde, deren Fleisch, aufgehängt und mit Ruten geschlagen, zittern müsse, damit es zart werde aus Angst, eine, denke ich, festliche Angelegenheit.

Vielleicht wird es mir einmal gestattet sein, Boushintang, Hundebrühe, zu schlürfen mit kleingehackten Zwiebeln und Schnittlauch darauf. Dazu würden noch panierte Singvögel gereicht, Trut- und Knurrhühner oder süßsaure Schweinefüßchen.

In Korea ist allerdings das Schlachten von Tauben, Küken, Kaninchen und Goldfischen verboten worden, und pulverisierte Hirschgeweihe als scheinbar potenzfördernde Süßspeise werden kaum mehr angeboten, aber unvergeßlich schrieb der Große Vorsitzende Mao Tsetung in seinem rot eingebundenen Gottbüchlein: »Wohlgemerkt, unterschätzt nicht den Hund, seid fleißig, jagt.«

Meine Tochter und ich gingen, wenn ich nach langen Läufen müde war, sonntagsabends zum letzten Trödelmarkt auf dem ehemaligen Kasernengelände an der Dachauer Straße, die weiterhin zum ersten Konzentrationslager des 3. Reichs führt.

Wir kauften nicht mehr, sondern durchstöberten Abfall, fanden kleine Teppiche, Hemden, noch aufzuspannende Regenschirme, noble Umhängetaschen und große Steckhaarkämme von Spanierinnen, die wir niemals sahen.

Die Zimmer quollen über, und jedes Jahr mußte ausgeräumt werden. Trennungsschmerz entlud sich in Geschrei, vehementen Tränen, denen sich die ganze Familie hingab, bis wieder Ruhe einkehrte. Auch dieses Geloder wird nicht wiederkehren, je vernünftiger wir werden.

Giftige Föhnsonne herrschte. Am kleinen Müllberg über dem Unterföhringer See, in dem nicht mehr gebadet werden durfte, da er von Stethomoniasten verseucht war, molekularen Ungeheuern, die sich aus einst antiseptischen Pilzen zusammensetzten, hatten Pfadfinderinnen empfindlich weiße Bänder um die noch dünnen Stämme von Pappeln und Linden gewunden. Der Verkehrssturm, von der nahen Autobahn hervorgebracht, zerrte an den Knoten.

Bruno Bettelheim, was für ein Name, hatte sich, 86 Jahre alt, mit einer Plastiktüte über dem Kopf umgebracht, in einem Heim bei Silver Spring, Maryland. Immer wieder, wenn ich unterwegs war, um mich zu reinigen oder zu verwirren, fing ich zu seufzen an.

Bettelheim war in den Lagern Dachau und Buchenwald gewesen, ein Verteidiger der Psychoanalyse und des Kommunismus. Später erklärte er, die marxistische Ideologie habe ihn nie beeindruckt.

Eleonor Roosevelt, die Frau des amerikanischen Präsidenten damals, kaufte ihn frei, und Bettelheim, der Hölle entronnen, baute in Chicago eine Pflegestätte für autistische Kinder auf, die selbst nach Jahren der Fürsorge kaum Berührungen aushielten.

Bettelheims Buchtitel hießen: Individual- und Massenverhalten in Extremsituationen; Die leere Festung; Der Weg aus dem Labyrinth; zuletzt: Märchen sind wichtig. Er war kein Kritiker des Fernsehens, weil dort Raum und Zeit zusammenfielen, für Kinder ein Reichtum. Es werde, ob Hungerbäuche in Uganda, Magma aus dem Vesuv, die Pracht der gefräßigen Marienkäfer oder das Blau einer Mutter Maria aus Gips unter Maschinengewehrsalven, die

Welt zu einem permanenten Film zusammengeschaltet, schrieb er.

Ich hätte gern solch einen Vater gehabt, obgleich Bettelheim für glücklicher gehalten wurde, als er war.

Welche Selbstvernichtung! Er muß seinen Tod geübt haben, eingeholt von den Erinnerungen an Dachau und Buchenwald. Wahrscheinlich hat er mehrmals unter der undurchsichtigen Haube noch nach der Schnur getastet, die er um seinen Hals hatte festknoten müssen, sonst hätte er sich nicht ersticken können, bis aus Mangel an Sauerstoff in seinem wehen Gehirn ein Tunnel für Licht sich öffnete.

Seine eigenen Kinder waren irgendwo in den USA. An seine Frau wird er nicht mehr gedacht haben, der ehemalige Dachauer. Seine vielen anderen Kinder, die Berührungsängstlichen, schweigenden Spucker, in fremde Welten sich hineinonanierende Mädchen, sie blieben aus. Er stülpte sich die Tüte über und ergab sich der erwürgenden Lagerordnung, die er kannte.

Ein Berliner Kameramann erzählte, er sei kurz vorher noch in der Altenoase von Silver Spring gewesen, ohne filmen zu mögen. Immer wieder sei Bettelheims Schwester, ein paar Häuser entfernt wohnend, gekommen und habe dem Gezänk des heroischen Analytikers und Helfers standgehalten: »Mach die Tür zu. Verrück nicht die Uhr. Wo sind die Pillen, wo meine Schuhe? Weniger Wasser für die Topfpflanzen! Magda, bist du krank? Wie siehst du aus? Ugly! Der kleine Neger, der die Zeitung vor die Tür wirft, ich vertraue ihm nicht.«

Auf einer langen Schleife aus der Stadt hinaus und wieder in sie zurück stellte ich mir die Explosion unter der Tüte vor. Bettelheims Gedächtnis und kämpferische Güte war unter einer Maske wie auf einem elektrischen Hinrichtungsstuhl verschmort.

Im Nebel hörte ich am Ende des Englischen Friedhofs eines Morgens einen Schrei von der Leinthaler Brücke, auf der ich auch schon sehnsüchtig gestanden hatte. Abrupt sah ich noch, daß ein Klumpen fiel, der dann unten im fast ausgetrockneten Flußbett der Isar lag. Ich rannte davon und segnete die penibel eingeteilte Arbeit am Schreibtisch, ein Überlebensgerüst.

Heimwärts lag am Habsburger Platz vor dem Transformatorenhäuschen ein toter Nichtseßhafter unter einer Plane. Das ganze Jahr über hatten dort bärtige Penner übernachtet, waren in der Frühe schon laut geworden mit Zweiliterflaschen rotem Etschthaler zwischen den Beinen. Schließlich hatte die Stadtverwaltung die Parkbänke abreißen lassen, und der fröhliche Friede war vorbei gewesen.

Ein Notarzt sagte, der Säufer habe noch einmal gewunken, aber es könne auch ein automatischer Reflex gewesen sein. Der Kollapsschock setze, hervorgerufen durch Säureüberschuß, nochmals Muskeltoni in Gang.

Frost und Rauhreif begannen. Ich mußte, um nicht auszugleiten, über vereiste Wege flach laufen, bevor die Sonne, die trotz Winterzeit keinen Schnee gestattete, Sand, Kies und Erde wieder taute.

Blätter waren abgefallen oder geschrumpft, bei Notdurft eine Schwierigkeit. Mit Rauhreifflocken, langwierig zusammengestreift und zu einem Zapfen geballt, säuberte ich mich.

Kinder einer Sonderschule in Bremen, es waren Drittkläßler, schrieben, ich solle ihnen, bitte, einen Vierzeiler für ihre Zeitung fabrizieren. Ergebnis:

Das Nashorn in der Pause lächelt,
weil ihm ein Lehrer Luft zufächelt,
dann kriegt es noch ein Schinkenbrot,
zu Ende ist es mit der Not.

An Neujahr lagen auf den Hügeln Olympias geleerte Flaschen und ausgebrannte Feuerwerkskörper. Der Nationalrausch nach dem Bruch der Mauer zwischen Ost und West könnte ein 4. Reich einleiten. An einem Gebüsch hing ein Plakat:

Achtung Teutsche, die Wiedervereinigung ist ein Bismarckhering, zweimal versalzen!

Endlich fiel ein wenig Schnee, und unter den Bögen der Leinthaler Brücke waren Zelte aufgebaut worden anläßlich eines Wandertags für Senioren und Seniorinnen, die, Kniestrümpfe, Kniehosen und wattierte Anoraks an, dort im Schutz heiße Suppe erhielten und sich ihre Teilnehmerkarten stempeln ließen. Ich reihte mich ein, bekam Hühnerbrühe und eine Nummer auf den Handrücken gedrückt.

Tage später brannte die Januarsonne wieder. Ein junger Jordanier, Student am Polytechnikum, lag auf einer Zeitung am Hang. Er sprach, außer Arabisch, noch Englisch, Französisch, Italienisch, Spanisch, Griechisch, Maltesisch, Ungarisch, Finnisch und Deutsch. Wir unterhielten uns, nachdem ich erschrocken über ihn gesprungen war, auf lateinisch. Bei jedem Satz, den ich nur mühsam vollendete, brachte er Korrekturen an. Entschlossen verfielen wir ins Bayerische, das er als Flüchtling und Assimilationsgigant liebte. Ich verabschiedete mich deprimiert, doch ich wäre, wenn ich mich mit meiner Familie im Kairoer Zentralfriedhof, in dem eine halbe Million Menschen wohnten, hätte ansiedeln müssen, wahrscheinlich ähnlich fleißig geworden.

Mitte Februar stieg die Wärme auf 20 Grad. An Sträuchern schlugen Eichkätzchen aus. Von hinten schob trockener Sturm, die Füße verwechselten sich.

Christof, dem ich vor 23 Jahren in dem Film ›Tätowierung‹ eine Pistole in die Hand gedrückt hatte, die er nicht mehr hergab, bis er später im Gefängnis saß, aus dem er längst entlassen worden war, schrieb einen 226 Seiten umfassenden Brief über die große Sirte anläßlich einer Einladung nach Libyien, wo seiner Frau, einer Historikerin, während eines nächtlichen Festes von Ghaddafi, dem somnambulen Wüterich, eine grüne Revolutionsschärpe umgehängt wurde. Aus diesem Irrwitz sollte unbedingt eine Novelle geschneidert werden.

Seither hängt in der Tabernakelecke des Märchenbüros von einem eingeschlagenen Nagel eine herzförmige Mhala mit dem Portrait des großen Führers durch die Wüsten. Wenn mir nichts mehr einfällt oder die Beifügungen sich überschlagen, blicke ich zu dem kleinen Geschenk, und alles reiht sich hintereinander wie in Röhrensegmente.

Die pulsierende Sonne war wieder ein wenig kleiner geworden, doch ihr Radius hatte, wie im 18. Jahrhundert spekuliert, nicht um 2000 Kilometer zugenommen, sonst hätte im Mai 1715 Theophilus Shelton vom Dach seiner Wohnung in Darrington, England, keine Sonnenfinsternis beobachten können, worüber der Amateurastronom eine gelehrte Abhandlung schrieb, in der stand, unser Lebensgestirn sei aus Gold.

Entlang der Isar abwärts begegnete ich, ob in Sonne, Regen oder Wind, sonntags immer wieder an derselben Stelle einem kleinen, im Gleichschritt schnell marschierenden Ehepaar, das Äpfel aß. Es sah munter aus, listig, antwortete, wenn ich grüßte, nicht. Nach einem halben Jahr habe ich das Paar nie mehr gesehen; vielleicht ist es gestorben oder hat sich anders besonnen.

Im Allgäu lag an Ostern einen halben Tag lang Schnee, durch den Grasspitzen hochragten. Die Jahreszeiten verschoben sich.

In dem entwässerten, plan geschorenen Land meiner verfluchten Heimat fuhr eine junge Frau ohne Arme auf einem Dreirad. Sie steuerte es mit ihrem Kinn, gepreßt auf einen hochgeschraubten, ledergepolsterten Lenker. Hinter ihr lief ihr Mann.

Ich tat eine Weile nebenher mit, fragte, erhielt Antwort.

Das Paar hatte ein Kind, das normal war. Ich dachte an meines, brach, obwohl ich mich nicht strapazieren wollte, trotzdem in Tränen aus, die wieder versiegten.

Die Frau ohne Hände und Arme streichelte, wie ich zu wissen begehrte, ihr Kind mit Lippen und Füßen.

Ab nach Berlin, sitzend in Flugzeugen, Taxis und in einer Wohnung gegenüber dem Potsdamer Platz, dem Lumpenmarkt verarmter Polen.

Ich wollte erfahren, wie einer der Greise aus dem einstigen Politbüro der zerflossenen Deutschen Demokratischen Republik überlebt hatte, Kurt Hager, Chefideologe der DDR und ein Landsmann, gebürtig aus Bietigheim in Württemberg. Hager war, 78 Jahre alt, dort angekommen, wo er, ein Rotfrontkämpfer, als legendärer Kabelattentäter während einer Radiorede Hitlers in Stuttgart einst begonnen hatte. Der Besuch war traurig, zugleich verbiestert.

Ungehindert von Osten nach Westen wechselnd, trank ich danach in einer Kneipe zwei kleine Biere zur Erholung, die nicht eintreten wollte. Berufsberliner spielten am sonntäglichen Tresen Pharao, und der Gewinner mußte jeweils eine Blüte von einem Nelkenstrauß essen.

Flucht zu meinem Sohn, der bei einer älteren Freundin in einem monströsen Bau wohnte, in dem die Geräusche einer Autobahn, die durch den Zementkoloß führte, gut zu hören waren.

Zunächst schwiegen wir, dann redeten wir durcheinander, beschworen Familien, Abhängigkeiten, ein neues Reich, das sich vielleicht bilden würde. Sinnbild dafür blieb die an dicken Federn aufgehängte Tunnelautobahn, deren Schwingungen sich gegenseitig aufhoben.

Mein Sohn hatte nach dem Abitur in Früh-, vor allem Nachtschichten, die vorteilhaft bezahlt wurden, an dem Zement- und Stahlgewürm mitgebaut. Er führte im Leuchtschirm eines Computers, der zwischen dem Eingang zum Klo und einem von Regenmänteln, Pullovern und Hosen behangenen Kleiderrechen aufgebockt war, vor, wie aus Verwirbelungen zunächst Fraktale wurden, die dämpfenden Inseln der Stahlfedern. Aus dem Chaos waren langgestreckte, sich fast eben bettende Thetawellen geworden, vergleichbar den ausbleibenden Schwingungen nach dem Gehirntod.

»Und warum«, fragte ich, »wird nicht außenherum gefahren?«

»Weil es keinen Platz gibt.«

»Dann geht doch zu Fuß.«

»Deutsche ohne Autos? Unvorstellbar!«

Die Freundin meines Sohns, eine langbeinige Person und Spezialistin für Kosmetik, wußte, wie sich bei mäßiger Bewegung auf einem Quadratmillimeter Haut Parfümmoleküle verteilten oder daß Liebe vor Grippe schütze, weil in der Nebenniere mehr Cortison produziert werde.

Tage später Teilnahme an einem 10-Meilen-Rennen frühmorgens auf einer Rundstrecke im Münchener Nymphenburger Park, besorgt von der Sekte Sri Chimnoy, die auch einen 1000-Meilen-Lauf um die Tennisplätze von Flushing Meadow in New York veranstaltete; er dauerte mehrere Wochen. Jeweils nach 200 Kilometern wurde die Richtung gewechselt, damit sich die Hüftknochen der Probanden nicht ausleierten.

Die Mittelstreckler im kühlen Nymphenburger Park rannten dahin und keuchten in einem Maß, wie ich es noch nie gehört hatte.

Ein kleiner Mann, der gelbe Schuhe trug, schnürte immer wieder vorüber, bis ich nach einer Stunde, nachdem der Wicht schon im Ziel war, auch schneller wurde.

Krokusfelder hatte ich gesehen, sprossende Birken und schwermütig auf Höhe flatternde Rebhühner. Danach servierten die freundlichen, fortwährend lächelnden Sektenmitglieder vorteilhafte Fruchtgetränke, sanfte Honigkuchen und für Erschöpfte einen Kräutertee, der ein wenig nach Coca schmeckte. Ich wurde sehr froh.

Unterwegs hatte ich mehrmals den Tiger überholt, einen siebzigjährigen Architekten, der auch bei Minusgraden mit bloßem Oberkörper lief und fast alle Strecken kannte, ob auf nepalesischen Geröllpfaden, in heißen Tiefen amerikanischer Salzseen oder viermal hin und her durch Hongkong.

Hatte das Alter mit dem Stoffwechsel zu tun? Die biologische Uhr funktionierte ohne Erbarmen. Wenn der in den Chromosomen festgelegte Energievorrat verbraucht war, verlöschte das Leben bei Mensch, Tier wie Pflanzen. Die Stoffwechselrate als Energieumsatz pro Gramm Körpergewicht blieb identisch: beim Zaunkönig für vier Jahre, bei einem Einzeller für wenige Tage.

Greifvögel erreichten, angekettet in Käfigen, ein höheres Alter als Fledermäuse oder Igel, die nach dem Winterschlaf wieder auf Jagd gehen mußten. Oder die Weißzahnspitzmaus, die in lethargische Ruhepausen verfiel, lebte fast doppelt so lang wie die ihr verwandte Rotzahnspitzmaus. Zu extremen Methusalems gehörten Schildkröten und Krokodile. Ihnen ähnlich waren Nonnen und Mönche, Energiesparer in Klausur ihrer schützenden Religionssümpfe.

Auch Frauen verdankten ein längeres Dasein einem um 10 Prozent verringerten Stoffwechsel, während Männer, vor allem Ausdauersportler, ihre Frist schneller verbrauchten.

Im Englischen Friedhof saß ein vor Wut keckerndes Eichhörnchen auf dem Sandweg und mochte mich nicht vorbeilassen. Schließlich rannte es einen Baum hinauf, schaute mehrmals hinter dem Stamm hervor, als wollte es Signale geben. Dann jagte ein junges Kaninchen vorüber und verschwand zwischen Steinen. Flieder- und Holunderbüsche, deren Blüten gleichzeitig aufgebrochen waren, verströmten schwere Düfte.

Den Spuren nachgehend, entdeckte ich hinter einem Kiesberg eine Wohnung, geschichtet aus Betonquadern, darüber lagen Verschalungsbretter.

»Jemand da«, rief ich und hätte anklopfen wollen, wenn es eine Tür gegeben hätte.

In dem Gelaß lagen feuchte Polster aus einem Auto. Ein Schuh hing an einem Nagel, und einen zerschlissenen Mantel, dessen leere Taschen nach außen gestülpt waren, hatte jemand in eine Plastiktüte gestopft. In den Taschen befanden sich ein Rasierspiegel, ein Kamm, eine Zahnbürste und Geldscheine: Zloty, Forint, Rubel, Lew und Lei.

Ich verließ die Schlafstätte des Wanderarbeiters aus dem Osten, suchte den Platz nach Tagen wieder auf, bekam Herzklopfen, doch der Ort war leer, nur ein noch volles Likörfläschchen stand auf einem Sockel als Gruß an den nächsten Räuber.

Anfang Mai zum dritten Mal Marathon durch München. Es war abscheulich: Hitze, Enge, bayerische Laute, und immer, wenn ich an einer U-Bahnstation vorbeikam, wollte ich nach Hause fahren, lief aber weiter bis hinein in das Olympiastadion, dessen geflügelte Dächer traurig herunterhingen (3:28:40).

Nie mehr würde ich einen Marathon durch München absolvieren oder frühestens in zehn Jahren, aber dann, gottseidank, wohnten wir nicht mehr in dieser dumpfen Stadt, an deren Rand, in Großhadern, unsere Tochter in der Montessori-Paradiesschule allerdings glücklich geworden war.

Wir würden dann im nördlichsten Norwegen campieren, ein Traum meiner Frau, und unser Kind, das es noch immer wäre, ritte auf Seehunden und Robben. Oder mein Traum, wir lebten in Enna, einer Stadt tausend Meter hoch in der Mitte Siziliens. Im August bei Gluthitze würde aus dem Portal der Barockkirche gegenüber dem Camparicafé ein Sarg getragen werden, in dem ein Opfer läge. Voraus schritten der Priester, die Eltern und die schwarz gekleideten Angehörigen der Mafia oder n'tragheta.

Wieder, obwohl ich es nicht mehr hatte betreten wollen, war ich in Griechenland. Zum Ende der Arbeit am Schlußband der Thuja-Trilogie hatte es eine Gelegenheit gegeben, den düsteren Klassiker von Marathon nach Athen zu laufen, obwohl ein wundes Schienbein und eine ausgestandene Kieferoperation behinderten.

Im klaren Wasser der Bucht von Euböa konnte noch gebadet werden; ein magerer Bauer, der aussah wie ein verluderter Herzog, wollte am Straßenrand entweder Einheimischen oder Fremden südkoreanische Kassettenrecorder und Cityblasters verkaufen; die Bevölkerung war dick und zerflossen; in Restaurants und Hotels wurden, kein Wunder, selbst Kartoffeln völlig zerkocht und durch Soßen verschmalzt; und Kuhfleisch schmeckte nach dem Hühnerfett der letzten Touristenwochen. Ich hätte zu Hause am Schreibtisch bleiben sollen.

Morgens 9 Uhr ausgangs des wüsten Orts Marathon, ein von Hitze und Wassermangel verödetes Dorf, sank aus Wolken Schwüle, die nicht mehr weichen würde, und wenn es in den nächsten Stunden irgendwo vor uns geregnet hatte, war die Feuchtigkeit bereits wieder verdunstet gewesen.

Griechen oder Griechinnen, die einen Marathon kennenlernen wollten, hatten sich kaum eingefunden, dagegen Engländer, Amerikaner, sechzigjährige oder noch ältere Ladies und Gentlemen aus Neuseeland, und ein Herrenklub, gelb angezogen, aus Vancouver, dem westlichsten Canada. Die Flüge mußten schon eine Strapaze gewesen sein.

Ein knochiger, zitternder Greis paradierte durch die Menge. Er trug einen schwarzen Sonntagsanzug mit Ordensschnallen und eine Dienstmütze, wurde von Notabeln oder Sponsoren, die an Sport verdienten, vor Kameras geschoben, außerdem durfte er an Fahnenstangen Flaggen hochziehen, was ihm aus Erschütterung kaum gelang.

Es war Ergostasio Spiridon, ein Nachfahre des ersten Olympiasiegers 1896 auf dieser Langstrecke, Spiridon Louis, der, nachdem er vor einer Gastwirtschaft bei Kilometer 25 oder 27, aber die Kunde ist nicht verbürgt, noch ein Glas Weißwein getrunken hatte, zwei geschwindere Engländer überholte. Später, 1936, war Spiridon Ehrengast bei der nationalsozialistischen Olympiade in Berlin. Bevor er starb, soll er in eine ihm einst von der griechischen Königin überreichte Amphore gespuckt und gesagt haben, ach, wäre er doch Schuhmacher geblieben oder Kesselschmied geworden!

Überraschenderweise erklangen aus Lautsprechern ein schneller Telemann und ein schneller Händel, importierte Kultur, denn eine andere schien es nicht zu geben. Wir rannten los.

Bei Tymvos umrundeten wir den Hügel eines Massengrabs, in dem, laut Legende, 196 Krieger lagen, die gefallen waren, als der Heerführer Miltiades, der an Pusteln und zu kurzem Darm, wie damals Krebs genannt wurde, litt, über die Perser in der steinigen Ebene 490 v. Chr. siegte. Ein Läufer namens Pheidipiddes brachte die Botschaft zur entfernten Polis Athen, wo er tot umgesunken sein soll.

Er hatte nur Riemensandalen angehabt, die Wege waren schlecht, besaßen Buckel und Schründe.

Militärboten, die auch Spione waren, hielt sich damals jeder kleine König, dessen Reich höchstens hundert Quadratkilometer gleich zehntausend Hektar umfaßte. Nur die Perser in Kleinasien kannten schon Reiterstaffeln und -stafetten.

In Nea Makri, Neugroßdorf, beschleunigte die Kavalkade. Schweiß und Salze vereinigten sich, erste Steigungen begannen, noch leicht durchmeßbar. Wer genügend geübt hatte, fühlte sich im Recht; andere blickten zurück und rochen Brotdunst aus einer Zementbude in der Kleinstadt

Rafina, ein Ort, an dessen Ende eine verlassene Benzinstation stand, deren verstümmelte Arme sich kreuzten.

Es ging weiter bergauf, auch in steilen Kehren; Trainingsmöglichkeiten dafür hatte ich nicht gehabt. Vielleicht blieb deshalb vor Entsetzen die Nato-Uhr am Handgelenk für eine halbe Stunde stehen. Beim nächsten Mal würde ich einen digitalen Chronometer mitnehmen, der Stunden, Minuten, Sekunden, Mondphasen, Eisprünge und teilunterbrochene Erdumrundungen anzeigte.

Ich dachte an Krieger, die, gesalbt und verabschiedet von Frauen, welche rachitische Kinder im Arm hielten, einst in Furchen, durch Scharten und über Steige aufeinander zustrebten, bevor sie den ersten Streich ausführten.

In dem Film ›Edipo Re‹ von Pier Paolo Pasolini war gezeigt worden, daß damals ein Heer sehr klein war und die von Rüstungsplatten beschwerten Soldaten sich kaum bewegen konnten. Wenn sie auf einen Gegner trafen, hoben sie den Spieß, das Schwert, riskierten ein paar Streiche, standen keuchend sich gegenüber, bevor sie erneut gegeneinander stritten. Tote gab es kaum, mehr Verwundete, die allerdings unter der Sonne später verdarben. Eine aufgeschlagene Frucht, ein Kürbis oder eine Melone, hätten Linderung, gar Rettung gebracht.

Das Schienbein und der operierte Kiefer schmerzten besonders während Anstiegen. Ich eilte einer jungen Frau nach, auf deren grünem Trikot Schleswig zu lesen war, photographierte, überholte sie und bedankte mich. Eine Stunde danach konnte ich mich kaum mehr an einem Mann vorbeischieben, der barfuß rannte, keine Schuhe in der Hand hielt. Der Erschöpfte hatte nur eine grüne Hose an. Sein muskulöser Oberkörper war bloß.

Wo seine Frau sei, fragte ich.

Die Antwort blieb verlallt unverständlich.

»Wieviel Kilometer noch?«

»Zwanzig.«

Ob seine Füße bluteten?

Er laufe auch im Gebirge barfuß.

»Und im Winter?«

Gehe er schwimmen.

Entlang der Strecke gab es nicht nur Reklametafeln, auch Depots für Kaminholz, sortiert in verschiedenen Längen und Dicken, wobei Wurzelstücke am meisten kosteten. Diese sorgfältig geschichteten Haufen waren immer besonders gesichert.

Auf einem flachen Vordach jagte bellend, da ihm vielleicht mein Strohhut mißfiel, ein Schäferhund hin und her. Ein paar Kilometer weiter zwischen Pikermi und Pollini lag ein jüngerer dieser KZ-Zwerge platt gefahren auf der Straße. Vor Wohlbehagen blieb ich andächtig stehen.

Ein Läufer humpelte mit einem steifen Bein vorüber; kaum vorstellbar, daß er bis Athen gelangen würde. Andere trugen Kopfhörer, von Kassettenrecordern hoch gestöpselt, oder hatten sich batteriegespeiste Radiomuscheln über die Ohren geschnallt mit kurzer, über dem Kopf stehender Antenne gleich einer Feder.

Warum besaß dieses Land kaum mehr eine eigene Kultur außer jenen musealen Bauwerken und Scherben, die dem Tourismus dienten und die vor hundert Jahren Fremde, nämlich Engländer, Deutsche, Schweden und Amerikaner, begonnen hatten auszugraben?

Nachdem die Heruler ganz Archaia zerstört und Araber, Bulgaren und Türken es geplündert hatten, mußte tausend Jahre Resignation geherrscht haben, bis wieder ein Königreich entstand, kolonial gestützt von England und dummerweise Bayern, dessen Farben sich in der gestreiften Staatsflagge wiederfanden: Weiß und Blau, womit weder die Schwermut der Landschaft noch die Sonnenaufgänge gemeint sein konnten.

In den letzten Dekaden war Zivilisationsschrott importiert worden. Ähnlich verhielten sich auch die Ansprüche der Bevölkerung, daß der Staat jeden bezahlen mußte.

Eine Postbeamtin konnte nach 12 Jahren Dienst pensioniert werden, um sich anderen Geschäften zu widmen. Ein Fahrer der Elektrizitätszentrale ließ sich mit 45 Jahren invalid schreiben, um in zweiter und dritter Schicht den Müll der Reichen abzutransportieren und Armen Schwarzmarktzigaretten zu verkaufen. Nachts gehörte er in seinem Viertel noch einem Wach- und Schließdienst an, der allerdings nur kassierte.

Verrottung hatte außerordentliche Maße angenommen, ähnlich wie bei Läufern. Schwedischen Experten waren Messungen gelungen, daß auch Peripatetiker, philosophierende Wandelgänger, bei Schwüle 41 Grad Körpertemperatur erreichten, in beanspruchten Muskeln 43 Grad, in der Leber, als garte sie zu einer Speise, 44 Grad Celsius.

Viel tat weh, vor allem brannten phantomhaft fehlende Zähne. Sah ich auf meine versalzte Uhr, als ich eine Basilika photographieren wollte? Aber je näher ich der Kirche kam, desto unscheinbarer wurde sie, auch hätte ich gern ein Glas Weißwein getrunken.

Immer noch bergauf schrittweise vorbeihaspelnd an Ladies und Gentlemen aus Neuseeland, Australien, Canada, fiel mir Jean-Paul Sartres, eines Helden der westlichen Welt, Tod ein.

Sartre hatte 5 Bände über Flaubert, ein unerreichbares Vorbild, geschrieben und war blind geworden. Lang behauptete er, wenn er seine Hose näßte, ein Heer Ameisen habe ihn, sich auf ihn stürzend, befeuchtet.

Er versteckte Whiskyflaschen in der Wohnung, rauchte zwei Packungen schwarze Zigaretten pro Tag, schrieb Schecks aus für kommunistische Fraktionen, Freundinnen, auch für sich selbst, doch klagte darüber, daß er beim Gehen gestützt werden müsse.

An seinem Totenbett saß die ganze Nacht seine Gefährtin Simone de Beauvoir. Frühmorgens wollte sie, das Laken aufschlagend, zu ihrem Geliebten kriechen, beduselt von einer Flasche Schnaps. Als Krankenhausschwestern warnten, sie würde sich an dem von Wundbrand übersäten Leichnam infizieren, deckte sie den Toten wieder zu und legte sich neben ihm schlafen.

Simone de Beauvoir starb ein paar Jahre später an denselben Krankheiten wie ihr Geliebter: Herzwassersucht, Leberzirrhose, Lungenödeme und Arterienverkalkung.

Zuletzt hatte die eitle Intellektuelle schlimm ausgesehen. Schlurfend zwischen Eisschrank, in dem eine Freundin Salatköpfe und Fischspeisen deponierte, und einem Sitzpult, jahrzehntelang feierlicher Platz für das Schreiben, trug sie nur noch einen purpurroten Morgenmantel, dessen Knöpfe allmählich absprangen, da der Bauch immer dicker wurde.

Nach dieser Beerdigung stritten sich bergauf Mitlaute um Konsonantenballungen wie Balletttruppen, Sauerstoffflaschen, Auspuffflammen oder Betttruhen, jedoch nur bei Trennung hieß es Schritt-tempo oder still-legen.

Auf dem Scheitel verkarsteter Höhenzüge fingen die Vorstädte Halargos, Halandri und Papagou an. Vor uns lag das Athener Becken, in dem ein Drittel der Bevölkerung des Landes wohnte.

Fast niemand war, außer uns, zu Fuß unterwegs. Wenige Passanten an diesem Sonntag mittag verbargen sich hinter Pfeilern und im Schatten vor Arkaden, während der Autoverkehr schrittweise in Smog, Gestank und Benzindampf sich vorwärts schob. Zum ersten Mal bei einem Marathon mußte ich mich erbrechen.

Die Strecke führte noch 10 Kilometer hinunter in den zementierten Kessel der häßlichsten Millionenstadt, die ich kenne. Linkerhand der rechten Fahrbahn war eine Schneise durch aufgestellte, rote Plastikhüte abgetrennt worden, doch viele wurden von Autos und Lieferwagen, die auch unsere schmale Bahn benützen wollten, umgefahren. An Kreuzungen versuchten Polizisten, den Verkehr zurückzuhalten.

Ein zweiter Barfußläufer, der aus Grimm oder Verachtung seine Schuhe weggeworfen hatte, rettete sich vor einem auf ihn zufahrenden Omnibus mit einem Schrei unter eine Notbrücke. Hunderttausende wollten hinaus aus der Stadt. Wir rannten durch Häuserschluchten und über sonnenverbrannte Alleen in sie hinein, ein gegenseitiges Mißverständnis, das, gleichgültig ob es sich um Muße oder Sport handelte, mit Ausdauer zu tun hatte.

Irgendwann am Boden des Kessels war das alte, in einen Berg hineingegrabene Olympiastadion erreicht. Gegenüber erhob sich auf Felsen die geputzte Akropolis schlohweiß (3:51:28).

Auf Suche nach Duschen irrte ich durch Katakomben, stieg Treppen, durchquerte Gymnastikhallen, deren Sprünge im Boden durch versenkte Klammern zusammengehalten wurden. Zuletzt in einem leeren Raum standen nebeneinander zehn ehrwürdige Rohrgalgen, aus denen nach Umlegen gußeiserner Hebel gewaltige Wassermassen herabstürzten.

In einem der feuchten Korridore des Stadions schrien sich gegenseitig Mädchen an, da auf Computerausdrucken ganz andere Zeiten verzeichnet waren, als Monitore sie Zeile um Zeile schrieben.

Den Rucksack geschultert, begegnete ich später auf einem Platz dem gelb kostümierten, canadischen Herrenclub. Die Fröhlichen betraten ein nobles Hotel.

Im Gartenrestaurant davor erhielt ich, nachdem ich Reis und Gemüse bestellt hatte, einen fettigen Fleischspieß und gefrittete Kartoffelstengel: Verfluchung des Kellners und Flucht zum Flughafen.

An der Strecke hinaus reihten sich Lampengeschäfte und Rondelle, auf denen Autos und Motorboote zum Verkauf angeboten wurden, aneinander. Wohnhäuser waren, um Platz zu sparen, übereck gebaut mit Reklametafeln auf den Dächern. Wer dort lebte, verbarg sich hinter Jalousien, genötigt und krank.

Winter IV

Nach der großen Sturmflut am 11. Oktober 1634, als in den Uthlanden etwa 10 000 Menschen ertranken und gut 160 Quadratkilometer Boden samt Vieh und Gehöften untergingen, schrieb der Chronist C. P. Hansen: »Mit dem Verderb der großen, fruchtbaren Insel Nordstrand, dem Mittelstück des alten Nordfrieslands, war ein Prozeß, die Zerstückelung in einen schmalen Küstenstreifen und in einige Inseln oder Inselreste, die Scheidung unseres Volkes in Ackerbau, Küh- und Schafzucht treibende Friesen und Seefahrende und deren immer weitere Entfremdung von einander nicht bloß vor sich gegangen, sondern vielmehr vollendet worden. Wir finden mit Ausnahme der Pellwormfriesen, die seit der Flut mit Fremden vermischt wurden, doch trotzdem Bauern blieben, fast alle Inselbewohner nun auf den Meeren vorzugsweise mit Walfisch- und Robbenfang auf holländischen und hamburgischen Schiffen im nördlichen Eise beschäftigt. Nur die Helgoländer und einige Sylter können noch eine Zeit lang ihr Auskommen durch Hering in heimischer Nordsee betreiben.«

Dort lief ich wieder während Sommerferien über Asphaltbänder entgegen Sonne und Wind, der schwächer wurde, bis er schließlich erstarb. Alles schien bekannt zu sein, wurde aber fremd. Wunderbares Licht verwandelte sich zu gleißenden Balken, die von einer unsichtbaren Macht wie in die Erde gerammt wurden.

Die Augen entzündeten sich, Rotz und Schleim troffen, auch fingen die Glieder zu schmerzen an. Zuviel Ozon, eine neue Pest, war in der Luft; dazu gab es überall versprühte Jauche, deren Millionen Kilogramm Ammoniak sich in Stickstoff und Restoxide oder in ähnliches verwandelten.

In dem Weiler Wasserkoog, wo wir wohnten, wurde ein Richtfest gefeiert. Eine Kate, die sich scheinbar selbst entzündet hatte, war nach Abbruch in ein Mehrfamilienhaus umgebaut worden. Nachbarn fuhren vor, doch als sie ihre Fischplatten aus den Kofferräumen nahmen, stanken die garnierten Speisen. Aus meinen Trainingsschuhen sickerte Blut.

Frühmorgens aßen Hasen im Garten Gänseblümchen und Rosenblätter. Ein Rennschwein mit einer Klammer in der Nase stritt sich mit Gänsen um Futter und verlor meist. Kiebitze pickten in den Schimmel von Schafskot, Gabelweihen strichen im Niedrigflug darüber, und wenn ein Seeadler sich am Himmel zeigte, pflanzte sich unhörbarer und schattenloser Alarm von Kuhle zu Kuhle fort.

Meine Tochter fragte, ob ich glücklich sei?

»Ja.«

Meine Frau, die in ihrem Stadtbüro unentwegt von Kontinent zu Kontinent, um Satelliten zu mieten, telephonieren mußte, damit Tennis- oder Eishockeyspieler in Fernsehprogrammen zu genießen waren, machte nur noch Zeichen und senkte den Sonnenschirm über ihr Gesicht.

Im gemischten Lager aus Zwist und Frohsinn kehrte Stille ein. Auf den unendlichen Gottesgeraden herrschte vor den Deichen Hitze, hinter ihnen, wo das Watt sich ausdehnte, Kühle. Nachts wanderten Weberknechte mit ihren langen Beinen und verzückte Speichelfliegen über die beleuchtete Scheibe des Fernsehapparats. Sprechton oder Musik benötigten wir nicht mehr.

Ein Befund hatte sich nicht bestätigt: Hätte sich Anfang des 18. Jahrhunderts der Sonnenradius tatsächlich um 2000 Kilometer umfänglicher ausgedehnt, wie Theophilus Shelton in Darrington, England, damals behauptete, dann wäre der Bankier und Besitzer von Goldminen noch reicher geworden, aber Edelmetall, das Darrington aus dem Gasball am Firmament erbeuten wollte, war fein verteilt, daß auf eine Billion Wasserstoffatome nur neun Atome Gold kamen.

Auf Gottesgeraden dachte ich an eine Zeile: Harki Got, dö rogt, wik nemen. (Gehorche Gott, tue recht, weiche niemandem.)

Der Sinnspruch stammte von dem Heimatdichter, Widerstandskämpfer und Bewahrer friesischer Sprache Jens Emil Mungard.

Mungard stotterte, doch es heißt, obwohl der Dichterei verdächtig geworden, sei er trotzdem ein guter Bauer gewesen, allerdings ein schlechter Hauswirt, schweifend über Wiesen und Eingebungen notierend.

Der friesische Stammler starb vor fünfzig Jahren im KZ Oranienburg. Ich hätte gern seinen Hochzeitsanzug, den er erwarb, bevor er heiraten wollte, gehabt. Über das Mädchen, das er begehrte, wissen wir nichts. Einer seiner Verse heißt:

Us ik fööIt, sa wiar min Skriiwen,
üs ik taagt, sa haa ik't sair;
mun dit noch es, om tö bliiwen,
wan di Tir diarhen aur gair?

Wie ich fühlte, so war mein Schreiben,
wie ich dachte, so hab ich's gesagt,
ob das genug ist, um zu bleiben,
wenn Zeit auch darübergeht?

Die Asche Mungards kam in einem Kästchen zurück, das vergraben wurde, und wenn ich lief, schließlich rannte, stellte ich mir den vergeblichen Hochzeiter vor, sein schwarzes Gewand, den hochstehenden, gestärkten Hemdenkragen, die Krawatte, das Bärtchen auf der Oberlippe, als wollte der Stotterer würdig aussehen, beispielsweise wie ein Getreidehändler.

Unter Starkstrommasten glaubte ich Zwang zu verspüren, kletterte über einen Lattenzaun und geriet auf einen abgeernteten Acker. Unter orangefarbenem Abendlicht, durch das sich manchmal die Schatten von Wolken schoben, lagen zentnerschwere Strohtrommeln. Ich stolperte mit Erdklumpen an den Schuhen über ein Feld der Toten:

Frank, 29, hatte, da er die Trennung von seiner Freundin nicht aushielt, vor seinem Bauch eine Eierhandgranate entzündet. Als Junge war ihm nichts gelungen, selbst wenn er Geld stahl, doch er konnte 24stellige Rechenaufgaben multiplizieren, eine halbstündige Schwerstarbeit, wie es auch ein früherer Querkopf namens Arno Schmidt zustande brachte. Frank kannte seinen Vater, einen Flußschiffer, nicht und rettete sich in die Bundeswehr, wo er Waffenoffizier wurde. Einer seiner Vorgesetzten war Heideggers Sohn, ein Oberst. Nun liegt, was übrigblieb, auf unserem Friedhof, den ich immer besuche, wenn ich in meiner Heimat bin.

Susanne, 26, war eines Nachts erstochen worden. Der Mann, der es tat, ein Fliesenleger, war Kunde gewesen und hatte die Leiche, die erst nach Tagen entdeckt wurde, in ein Gebüsch geworfen. Susanne hatte jahrelang Heroin genommen, und ihre Mutter brachte mitunter Geld auf den Wiener oder Salzburger Bahnhof, damit das Kind überlebte. Schließlich ging es in ein Kraut- und Rübenzentrum, wollte rein werden, brachte es aber nur zu Methadondosierungen, trotzdem, jeder gewonnene Tag bedeutete Heil. Von den etwa zwei Dutzend Mädchen und Buben einer Rotte, der Susanne angehörte und die für Geld reiche, onanierende

Männer zusehen ließ, wie geschmolzenes Gift in Spritzen aufgesogen und in Adern gejagt wurde, sind fast alle gestorben oder haben sich umgebracht. Zuletzt hatte Susanne als Callgirl gearbeitet.

Ulf Miehe, 49, starb an einem Blutgerinnsel im Gehirn. Er war seit Kindheit nierenkrank gewesen, hatte später einen Herzinfarkt gehabt. Als er stumm, aber lächelnd in einem Klinikbett lag, habe sich, behauptete seine Frau, plötzlich von selbst das Fenster geöffnet für den Tod. Miehe war Regisseur gewesen, aber seine Filme kannte ich nicht. Er schrieb auch Kriminalromane, die einzigen, die ich las, wie ›Ich hab' noch einen Toten in Berlin‹, ›Puma‹ und ›Lilli Berlin‹.

Von Berlin waren wir eines Morgens in einem überladenen Volkswagen gestartet, und irgendwann auf einem Gefälle hatte sich der Tachometerpfeil 160 km genähert. Wir riefen: »Gott!« Dann krachte es, die Kolben fraßen sich fest. In einer Werkstätte ließen wir einen Austauschmotor einbauen. Während der Reparatur aßen wir eine doppelte Pizza, rauchten Kif und schwärmten, daß wir uns in einem der Filme, die Miehe vorhatte, als in weiße Smokings gekleidete Backgroundsänger einst wiederfänden und durch Halbtöne unmißverständlich einer Gospel-Riesin Takt gäben. Dazu ist es nie gekommen.

In Nordfriesland atmeten wir wahrscheinlich nicht sichtbare Wolken des kleinen Fuchsbandwurms ein, dessen Eier umherschwebten. Falls sie in unseren Lebern Platz fanden, würden wir Krebsgeschwüre, die zu wuchern begönnen, überleben.

Eine Taube kam vorüber. Die Zahl ihrer Gurrelieder (Arnold Schönberg) ähnelte der Menge des Unkrauts in einem ausgehobenen Graben. Nachts, wenn der Schlüsselreiz Licht fehlte, gediehen nur noch die Farnsorten Weizsäcker und Heisenberg wie in einem schwäbischen Haigerloch.

Warum verdaute sich der Magen nicht selbst? Schleim sei dort wie ein Gitter angelagert, vorher deponiert in Kammern aus Mono- und Zwiekarbonat. Gerät die Säure in Kontakt mit den Wänden, werde sie zu Wasser und Kohlendioxid neutralisiert, ein Ereignis, das vielleicht noch bei Fixsternen vorkomme, verkündeten Ärzte.

Ähnliches bewirkten Zwiebeln. Sie behaupteten ihren Duft als kurzkettige Eiweißstoffe, die zwar noch zu Tränen rührten, aber auch die Bildung von Gerinnseln verzögerten, so daß rote Blutplättchen in Adern nicht klumpten, sondern weiter Sauerstoff transportierten.

Erschöpft aus einer der Gottesgeraden wiederauftauchend, dachte ich an eine Vorfahrin, Sophie Auguste Dethleffs, wie auch meine Großmutter mütterlicherseits hieß, deren lange Nase ich habe, darauf am rechten Flügel eine Warze. Die Genome würden laut Mendel, Lorenz, Wilsson, dem konservativen Trio für Vererbung, eine Generation überspringend, frühestens in der übernächsten wiederauftauchen, vielleicht in Form von Mißbildungen, die als Krebs explodierten und Organe, selbst Gelenkschmalz auffräßen.

Sophie Auguste verfaßte im holsteinischen Revolutionsjahr 1849 patriotische Lieder und Balladen auf plattdeutsch. Im Ton seien sie, sagen Kenner, voll frommer, stiller Entsagung mit freundlichem Humor. Ich las einige, verstand sie kaum.

Die Ahne erhielt, nachdem sie als Haushälterin gedient hatte, in der Hamburger Schröderstiftung für Armutspersonen einen Platz, wo sie zusammen mit ihrer blinden, älteren Schwester in einem Zimmer lebte. Eines ihrer letzten Gedichte nennt sich: ›Gedanken beim Läuten der Glocken zum Tod des dänischen Königs Friedrich VII; November 1863‹. Es ist eine Elegie. Das Fräulein Dethleffs hatte sich schon lang verabschiedet, bevor Mungard, der Stotterer, erst geboren wurde.

Zurück in der Stadt erlebte ich in der Hocke vor einem Spitzahorn im Englischen Friedhof, wie sich eine Harzkugel unterhalb der Wunde am Stamm einem Zug Marienkäfer und Ameisen näherte. Und ich weiß nicht, wer wen zuerst zu fressen begann.

Erstaunlicherweise gelang es dem Rest der Horde, in die Kugel einzudringen und darin zu verschwinden. In etwa zehntausend Jahren könnten, falls nicht brennendes Ozon und Müll die Erde versengt hatten, Forscherinnen ein Stück Bernstein ausgraben und es, zurückdatiert, als ein Relikt aus der Fiberglaszeit katalogisieren mit Spuren einer Fingerkuppe darauf, aber Verbrecheralben von damals waren unnötig.

Im ersten Schneesturm, es war Oktober geworden, begegnete ich bei den Karwendel-Kasernen einem schnellen Geher, der weiß und rot bemalte Ketten um sich geschlungen hatte. Ich grüßte ihn, er antwortete nicht, war zu sehr beschäftigt.

Nebel, der sich tagelang hielt, roch nach Verderben. Zu Gerüchen, selbst wenn sie durch Paarungen in Kammern entstanden waren, fiel mir wenig ein. Auch das Wörterbuch für Synonyme versagte wie meist, außer ich hätte eines für Kisuaheli gehabt. In dieser Sprache, ließ ich mir sagen, seien etwa hundert unterschiedliche Begriffe von wohligen Düften bis peinlichsten Gestank vorhanden, einerseits für Pflanzen, andererseits für Tiere, aber nicht für Menschen.

Die Blut-Uhr kam an, ein kleines vom Zoll aufgerissenes und wieder verpapptes Päckchen. Die Devotionalien, mit der Panzersoldaten der Volksbefreiungsarmee für ihren heldenhaften Einsatz auf dem Tianenmen-Platz ausgestattet worden waren, besitzt ein altgoldfarbenes Zifferblatt mit roten Umrissen des Tors zum Himmlischen Frieden in der oberen Hälfte. Am unteren Rand ist der stilisierte Miniaturkopf eines Soldaten mit Stahlhelm zu sehen. Eingravierte, schwarze Schriftzeichen verkünden: ›Zur Erinnerung an die

Niederschlagung des Aufruhrs im Juni 89‹. Auf dem Sekundenzeiger sitzt ein winziger, roter Tropfen. Hinten auf dem Uhrendeckel haben sich die Stifter verewigt: die Volksregierung und das Parteikomitee der Stadt Peking.

Der Korrespondent der Süddeutschen Zeitung, dem ich dieses finstere Exemplar, das ich unbedingt haben wollte, verdanke, bezahlte mehr, als ich ihm beim ersten Mal überwies. Inzwischen kostete die Uhr mit metallenem Armband auf dem Schwarzen Markt 420 Yuan, etwa 150 Mark gleich einem Monatsgehalt, denn Soldaten, die die Uhr noch trugen, wurden verprügelt, was den Preis steigerte.

Nach dem frühen Schnee regnete es, auch Föhn brach durch, beheizte den Stadtkessel, unterstützt von einem Nebenprodukt, das bei der Herstellung von Nylon entstand, dessen Vorform, Adipinsäure, die Quelle für Lachgas war, lange Zeit ein zahnärztliches Narkotikum. Ungefähr eine Million Tonnen blies die Industrie jährlich davon in die Luft, und es würde Jahrhunderte dauern, bis das Gift wieder abgebaut würde, oder Außerirdische fingen zu lachen an.

Ich hätte gern die Energie eines nordamerikanischen Kolibris besessen, der zehn Prozent seines Körpergewichts in Muskeln und in der Leber speicherte. Zweimal im Jahr flog er dreitausend Kilometer zwischen seinem Sommer- und Winterrevier hin und her, zumindest ein Trainingsprogramm für professionelle Renner.

Von Mischkost hätte ich zu vegetarischer Ernährung wechseln müssen, ein schlimmer Aufwand, der sich im Familienhaushalt nicht bewerkstelligen ließ. Zudem war nicht erwiesen, ob Fleisch Ausdauer behinderte. Vielleicht schaffte Pangam-Säure, vor allem in Reiskleie, Aprikosenkernen und Ochsenleber vorhanden, mehr Raum für Sauerstoff in Körperzellen.

Fasermassen wären zu verschlingen gewesen. Ich hätte Gastrolithen benötigt, Magensteine, wie sie der 50 Meter lange Seismosaurus, größtes Landtier vor vielen Millionen

Jahren, besaß. Mit den Klauen riß der Saurier Blätter, Schilf und Stengel ab, schob sie in den Rachen, von dem sie zunächst in einen Kropf wanderten, wo Steine und Kiesel, die das Monstrum verschluckt hatte, die grünen Ballen zerkleinerten. Dann rutschte der Nahrungsbrei in einen steinfreien Magen. Auszuscheidender Kot fiel unermeßlich. Heute zwingt er uns in Stadtgebieten zu schnellen Entschlüssen, auf freiem Land führt er fast Behaglichkeit herbei.

Welke Blätter brachen durch, frische, in Schichten gelegt, schmiegten sich besser als luxuriöses Toilettenpapier an. Auch Schnee eignete sich, wenn er nicht verharscht war, und brennende Vereisung verwandelte sich nach wenigen Schritten in um sich greifende Erwärmung, die zum Becken hinaufstieg und den Bauch umschlang.

Einmal sah ich frühmorgens im vornehmen Viertel der Münchener Rückversicherung, wie ein geziemend gekleideter Angestellter aus Not zwischen niedrigen Hartlaubgewächsen in die Hocke gehen mußte und vor Scham seinen Aktenkoffer vor sich hielt, als könnte er dadurch unsichtbar werden. Er benützte Seiten einer Zeitung in Kupfertiefdruck, dafür gräßlichste Ware, da sie nicht saugte, nur verschmierte.

Ein andermal schob im Luitpold Park ein Zivildienstleistender einem Rollstuhlfahrer eine Schüssel unter und eine Flasche zwischen die Schenkel, laut lobend, damit der Krüppel sich bemühte. Wir grüßten uns alle drei, und am liebsten hätte ich die beiden umrundet, obwohl Tage vorher der genierte Angestellte eher Schutz und Zuspruch benötigt hätte.

Behutsames Licht wölbte sich, wenn der Nebel wich, über den Olympiahügeln, in denen Mäuse und die Toten nisteten. Unten in der Stadt erloschen die Girlanden der Straßenlampen. Plötzlich stürmte bellend ein Boxer herbei und sprang an mir hoch. Vor Panik riß ich einen Pfahl aus dem Boden und prügelte um mich und auf das Tier ein, bis sein Genick brach. Eine Läuferin, die ich jahrelang nicht gesehen hatte und inzwischen von Krebs ausgezehrt war, eilte zu Hilfe und versetzte dem Kadaver noch Fußtritte. Schreie einer verhinderten Lagerkommandantin ertönten hinter uns. Wir rannten davon und besprachen keuchend, daß wir für Wochen nicht mehr das Olympiagelände benützen könnten, wo uns die Rentner und Rentnerinnen mit ihren Bestien auflauern würden, sondern mit dem Englischen Friedhof, seinen öden Wegen vorliebnehmen müßten.

Seit 12000 Jahren waren 400 Hunderassen gezüchtet worden, Labradors und Bessameriden, Zwergpinscher und Krokopudel, Rottweiler, Huskies, Pitbull-Terrier oder Rhodesische Ridgebacks, Teckel und Dackel, zuletzt als Kultgeschöpfe eines Stammbaumbürokratismus der deutsche Schäferhund, der um die ganze Welt Dienst tat, bei Heer, Polizei und Sturmtruppen, auch Zivilisten, die von militärischer Macht ausgeschlossen waren, dienend. Eines Herbsttags 1936 war am Grab des Rittmeisters Max von Stephanitz, Züchters dieser Tiere, aus 700 Kehlen ein Halali gebrandet.

Kynologen fanden heraus, daß Hunde, die, obgleich sie gerade draußen gewesen waren, schon wieder hinausdrängten, nur Rangkämpfe inszenieren wollten, und, falls die Geschöpfe mit dem Schwanz wedelten, war es nicht Freundlichkeit, sondern sie verbreiteten Erkennungsdüfte aus dem After.

Patschten Hunde mit den Pfoten gegen die Beine ihrer Besitzer, glich es dem Verhaltensmuster des Milchtritts, wenn Welpen das Gesäuge der Mutter stimulierten.

Auch der Hundekuß war ein Bettelsignal noch aus der Wolfszeit, die Eltern sollten zum Auswürgen vorverdauter Nahrung aufgefordert werden, weswegen die Industrie sich einfallen ließ, Dosenfutter mit säuerlich riechenden Fermenten zu mischen, damit schnell wieder unsere Lieblinge bellten und wedelten.

Meistens taten sie es jedoch grundlos, mal aus Angst, mal aus Langeweile, aus Ärger oder Freude. Ein Spaniel vermochte in 10 Minuten 907mal zu bellen, was pro Sekunde anderthalb Beller ergab. Oder ein Hirtenhund konnte ununterbrochen 7 Stunden bellen.

Eine Züchtung zum sparsam bellenden Wachhund, vermuteten ermüdete Forscher und Forscherinnen, habe ebensowenig Erfolg gehabt, wie einen schuhezerkauenden Introvertierten oder einen Canis domesticus hervorzubringen, der ein Lawinenopfer ausscharrt und im Maul ins Tal schleppt laut Sagen und Märchen über Bernhardiner.

Das Bellen sei ein Komm-her-Geh-weg-Komm-her-Geh-weg-Laut usf., ein unentschlossener Zustand der Hunde, einzigartig in der Natur, nämlich miserabelste Anpassung infolge Infantilisierung.

Im Fernen Osten, beispielsweise in Kambodscha, Laos, Korea, Vietnam, China und auf den Philippinen, wurden Hunde vieler Rassen in Käfigen gemästet, vor allem kurzhaarige Möpse, und zuletzt, an den Beinen aufgehängt, mit Ruten geschlagen, damit das Fleisch bebt, zarter wird. Katzen gelten nur als Ausweichspeise; da sie dickfellig seien, dringe nicht genügend Angst in sie ein.

In Seoul boten etwa anderthalb tausend Restaurants ›boushintang‹, eingekochte Hundebrühe an, die auch die Potenz bei Mann wie Frau fördere, und der Große Vorsitzende Mao aß, als er zu zittern begann, oft Hundsbraten geschmort in Sojasoße mit Knoblauch zur Kräftigung.

Daß die Schriftzeichen für ›Tausend Hochöfen sollen glühen‹ zur Zweiten Revolution später für ›Hundert Blumen sollen blühen‹ während der Dritten Revolution vereinfacht wurden, erklärten die Biologie und Sprachwissenschaft, sei ein Merkmal triumphierender Alterskost.

Das Töten eines Hundes zum Zweck des Verzehrs war dort nicht gesetzeswidrig, sofern das Tier nicht auf unnötig grausame Weise ums Leben gebracht wurde.

Kulinarische Puristen verlangten jedoch, daß Hunde zur Veredlung des Geschmacks langsam erwürgt werden sollten, eine Todesart, die auch der spanischen Folter bekannt war: Die Seele Gottes fände dadurch wieder in den elenden Körper des sündigen Geschöpfs zurück.

Fernöstlich wurde der Kamerad Hund zwar geschlachtet, gleichwohl erlitten Tauben, Küken, Lämmer, Sing-, Trut- und Knurrhühner bei uns dasselbe Schicksal, ebenfalls Kälber, Kühe und, nicht zu vergessen, Hunderte Millionen Schweine, deren Intelligenz fast der von Delphinen entsprach. Falls die gepeinigte Kreatur uns verließe, um in die Meere hinabzusteigen, wo ihr Flossen wüchse, vernähmen wir, Mikrophone hinunterlassend, einen biblischen Gesang der Verachtung und grimmiger Freude.

Yoram Kaniuk schrieb in seinem Roman ›Adam Hundesohn‹, daß er als Sträfling gemeinsam mit dem Schäferhund des Kommandanten Klein aus einem Napf essen durfte, und manchmal, wenn Klein tief geschlafen habe, sei er ins Bett von Gattin und Gatte gekrochen, um als Hund die Frau des Lagerführers, die darum bat, zu befriedigen. Es sei eine große Gemeinschaft gewesen, damals in Treblinka.

Als die Amerikaner Berlin besetzten, habe er, damit Klein eine Rente erhielt, gegenüber den Behörden erklärt, daß Klein jüdischer Abstammung sei, doch ein Visum für Israel habe er Klein zunächst nicht verschaffen können.

Klein habe aus Abscheu und für eine gewisse Entschädigung entgangener Leiden Sprachen gelernt, Akkadisch, Ugaritisch und Aramäisch. Mit einer Handgranate, die niemals explodierte, habe Klein in die Zimmerwand Nägel geschlagen, an die er Zettel für seine semitischen Sprachen hing, inzwischen auch für Phönizisch, Hebräisch, Assyrisch und Babylonisch. Klein sei später nach Israel ausgewandert, wo er noch lebe.

Das Buch Kaniuks, dessen Eltern früher in Weimar wohnten, bevor sie flüchten mußten, endet in einem Sanatorium, als müßten Kommandant, Sträfling und Hund auf ewig vereint bleiben.

Es gab auch eine ungarische Sockelvariante für Überleben. István Bibó, längst tot, schrieb 1942 in einem Essay, daß mit dem Versailler Vertrag eine fulminante Chance verlorengegangen sei. Das besiegte Deutschland hätte nur im Westen an Frankreich, im Osten an Polen Gebiete abtreten müssen, wonach das ebenfalls sinnlos gewordene Österreich in den Schoß der mitteleuropäischen Zentrale gefallen wäre, die zwar an Größe gewonnen hätte, jedoch durch Zerwürfnisse neutralisiert worden wäre.

Die Kunst eines Friedensschlusses sei vertan worden. Der Kontrast zwischen äußerem Machtanspruch und innerer Hilflosigkeit habe die Deutschen erneut in Größenwahn, den Minderwertigkeitskomplexe speisten, getrieben. Das Ergebnis werde schrecklich sein.

Und wenn ich, unterwegs, mir vorstellte, was noch in den Gosudarstvennye arhivy SSSR, den Staatsarchiven der Unierten Sozialistischen Räterepubliken schlummerte, wurde mir sterbensfroh.

Vielleicht wäre ein deutscher Staat ähnlich wie früher eher möglich, als die Kaiser mit riesigem Troß noch von Pfalz zu Pfalz irrten und nie des Reiches Mitte erreichten. Nachdem die Scharen der Ritter, Marketenderinnen und Knechte eine Provinz leer geplündert hatten, zogen sie weiter. Handwerk, Bauernschaft und Handel erholten sich in Wäldern und versteckten Steinbrüchen; Krankheiten, die gewütet hatten, liefen allmählich leer; es wurden zunächst mehr Mädchen geboren, dann überschüssige Jungen, so daß der nächste Krieg sich vorbereiten konnte, womit wieder ein Ausgleich geschehen würde.

Anfang Oktober, eines Mitternachts, ereignete sich die zweite Begattung oder Wiedervereinigung. Hunderttausende drängten um das Berliner Reichstagsgebäude und von beiden Seiten gegen das Brandenburger Tor: Jubel erscholl,

Feuerwerke knallten, Würdenträger schrien in Mikrophone, in Strömen flossen Tränen und Schaumwein. Am Morgen kehrten Putzkolonnen hinterlassenen Müll zusammen.

Auch spezifische Moleküle, nachdem die Mauer schon vor einem Jahr geschleift worden war, verloren ihre Gewalt, die des einzigartigen DDR-Geruchs. Überfallartig hatte er sich jedem Gast zuerst am Grenzobjekt Bahnhof Friedrichstraße entgegengestellt und war nicht mehr gewichen, weder aus Fluren noch Korridoren.

Handelte es sich um Braunkohlenrauch, angereichert mit verbranntem Öl aus den Auspuffen von Zweitaktmotoren? Oder war es Perchloräthylen, das es allerdings auch im Westen gab, mit dem Ostklamotten chemisch gereinigt wurden? Stanken Linoleum und Anstrichfarben, die nie kapitalistische Leuchtkraft besaßen, anders? Verdächtigt wurden ›Wittol Wischwachs‹, auch der altertümlich beizend riechende Toilettenreiniger ›Fesia Form‹ sowie pures Formaldehyd. Doch die volkseigene Stigmatisierung rührte von dem beliebten Desinfektionsmittel WOFASEPT in der weißen Plastikflasche aus dem VEB Chemiekombinat Bitterfeld her.

Dieser dominante, Flächen und Hohlräume besetzende Duft, der Heimat und Identität gewährt hatte, verwirbelte nun in Freiheit. Aber falls in abermals 41 Jahren als Erinnerung an die Dauer der Deutschen Demokratischen Republik vielleicht eine Anzahl Bitterfelder Moleküle sich wieder zusammenballten, atmeten dann etwa fünfzigjährige, sächsische oder thüringische Bundesbürger flüchtig einst vertrautes Nestbehagen aus der Kindheit ein.

Sollten wir vom Jemen lernen, wo sich der Norden mit dem Süden vereinigt hatte? Dort wurden nicht Regeln und Produkte des ärmeren Teils gelöscht, sondern eine Mischkultur war im Entstehen begriffen. Beide Währungen galten im ganzen Land, Geheimdienste und Parlamente taten sich zusammen, und Minister wurden versetzt, beispielsweise der Wirtschaftsexperte aus dem sozialistischen Aden nach Sanaa, wo ein Hilton-Hotel stand. In unserem Fall hieße es, daß der überzuckerte und beinamputierte Günter Mittag die Konzerne Daimler-Benz und Farben-Hoechst ruinierte, während das östliche Aluminiumgeld rasend an Wert gewönne.

Im kapitalistischen und religiösen Norden des Jemen galt immer noch ein Alkoholverbot, im freidenkerischen Süden hatte die DDR schon vor Jahren eine Brauerei errichtet, so daß nun Kolonnen in die frühere Grenzstadt Taizz fuhren, um Siira-Bier aus Aden zu trinken.

Umkehrschluß: Wir eilten in Massen, um uns zu berauschen, nach Leipzig oder Dresden, wo ein volkseigener Betrieb Nordkoreas die einzige Abfüllstation für Coca-Cola gebaut hätte.

Ein Paket mit einem Christstollen kam an, eingewickelt in das letzte Weihnachtspapier der DDR. Es war blaß, roch entweder nach Perchlordruck oder nach Tapete. Die Devotionalien wurden für einen Leitz-Ordner gelocht, damit im nächsten Jahrhundert Kind und Kindeskinder sich daran ergötzen konnten.

Im Allgäu während Bergläufen wanderte das Frühlicht an einem schwarzen Himmel und über noch grüne Wiesen mit. Manchmal erfolgte ein Klang, als hätte ich Handschuhe aus Glaswolle an.

Regen fiel auf Dezembergras und vereiste es. Das Rosenhaus am Hang, wo Bella Mainz und Taka Kose Schmitz gewohnt hatten, versank in Nebeln. Durch die einsame Landschaft heulten die Toten, und Kranke richteten sich in ihren Betten auf.

Schnee stürmte herbei. Einzelne Autos drehten sich mit eingeschalteten Scheinwerfern auf den Straßen. Der Tanz wollte kein Ende nehmen.

Die Namen an der Strecke hießen: Beurener Weiher und Ursee, Allmisried und Winnis, Enkenhofen und Hallenmoss. Dann ging es zurück über eine Kuppe nach Haubach, Schwanden und Rengers, weiter nach Rohrwies und Achen. Hier fuhr früher die Eisenbahn.

Auf einer Seitenstraße begegnete ich einem Schloß. Es war schlohweiß, mindestens fünf Meter hoch und überschlug sich federleicht immer voraus, schließlich blieb es an Stacheldraht hängen. Ein Erker brach ab, die Freitreppe vor dem Portal zerplatzte, und Bruchstücke aus Styropor wehten mir ins Gesicht. Erschrocken rannte ich den Türmen meiner Heimatstadt entgegen, zwischen deren Dächern sich ein explosives Staub- oder Mehlgemisch wölkte, als wollten St. Maria, St. Georg und St. Nikolai sich von einer Startrampe erheben, um sich in das All zu verabschieden.

Am Neujahrsmorgen war die Landschaft wieder eisig und klar. Im Westen ließ sich selbst der Säntis sehen. An seinem Fuß lag der Halbkanton Appenzell-Innerrhoden, dem das Bundesgericht in Lausanne gleiches Wahlrecht für Männer wie Frauen verordnet hatte. Vielleicht würde der Urteilsspruch die abgeschlossene Gemeinde aus ihrer musealen Erstarrung lösen. Die Zahl der Selbstmorde dort war so hoch wie nirgendwo anders in der Schweiz.

Im Februar nahm die Kälte noch zu. Ab Kilometer 20, wenn ich durch den Englischen Friedhof kreiste, folgten mir die Toten und noch Lebenden aus Gedichten und Romanen. Einmal begegnete ich dem turnenden Mann, den ich aus dem Luitpold Park kannte. Langsam reckte er Arme und Beine, dann drehte er sich plötzlich auf der Stelle, schneller und schneller, schwebte auf ein Gebüsch zu und verschwand.

Auch das ältere Ehepaar, das meist Äpfel aß, traf ich. Es nahm Anlauf und schliff über eine blankpolierte Spur auf dem Weg. Lachend und schwankend hielten sich die beiden gegenseitig aufrecht.

Daß Gleichheit nicht nur für Menschen, auch für Maße

und Gewichte gelten sollte, war eine Idee der Französischen Revolution im Geist der Aufklärung gewesen. Allein das Durcheinander an Längenunterschieden verzweigte sich in Fuß, Zoll, Linie, Points, Elle, Canne, Rute, Corde und peruanische Klafter. Das neue Maß sollte auf einem doppelten Fundament entstehen: der Natur und dem Dezimalsystem.

Im Juni 1792 brachen die Astronomen Baptiste Delambre und Pierre Méchaine zu einem geodätischen Abenteuer auf, der eine nach Norden, der andere nach Süden, um den Meridianabschnitt zwischen Dünkirchen und Barcelona zu vermessen. Jeder besaß einen Assistenten, eine Kutsche, die besten Instrumente und ein Bündel Empfehlungsbriefe, das sich allerdings als wenig hilfreich erwies, da die Unterschriften noch von Ludwig XVI. stammten.

Vor allem Bauern betrachteten die Meßarbeiten in Feld und Wald mit Mißtrauen. Sie hielten die Gelehrten für Spione, Royalisten oder Scharlatane.

In Paris wurden die Akademien geschlossen, revolutionäre Gesinnung galt mehr als wissenschaftliche Kompetenz. Pierre Méchaine verhungerte beinahe in Spanien, weil sein französisches Assignaten-Geld dort wertlos war. Doch nach sechs Jahren konnte eine internationale Kommission das neue Maß, den 40millionsten Teil eines Erdmeridians in Platin gießen lassen.

Dauerläufern, nachts auf einer Hundert-Kilometer-Strecke unterwegs, geriet mitunter der Gedanke an den Urmeter wie zu einem Sprung in eine unausschöpfbare Endlichkeit.

Meterhohe, etwa fünf Jahre alte Eichen wurden im Winter in den Parks gepflanzt, gestützt von Stangen gegen den Stamm. Der Schock, aus der Erde gerissen zu werden, blieb bei Kälte, wenn Bäume noch schliefen, geringer.

Ein Rebhuhn flatterte hoch. Eine Frau, in Pelz gehüllt und die Hörer eines Walkman übergestülpt, rief, als ich vorbeilief: »Pfui, Hund, bleib da!«

Manchmal entwickelte ich die Zwanghaftigkeit eines in amerikanischer Literatur für Somatik berühmt gewordenen 88jährigen, der pro Tag 25 Eier aß, insgesamt 5 Gramm Cholesterin. Der Liebhaber besaß einen effektiven Kompensationsmechanismus. Sein Darm nahm nur ein Zwanzigstel der Adernpest auf. Vergleichspersonen, auf Diät gesetzt, absorbierten die Hälfte. Der stolze Alte litt allerdings, was ihn wenig beeinträchtigte, solang er Eier aß, an Verstopfung, manchmal durchbrochen von einem verdoppelten Gallenfluß. Die menschliche Anpassungsfähigkeit war einzigartig. Auch KZ-Häftlinge hatten, abgemagert bis zum endgültigen Fettstoffverlust, so daß Leber und Milz aus Not sich selbst zu verzehren begannen, überlebt.

Dafür war allerdings noch Wasser notwendig, das wir in unserer technischen Zivilisation im Überfluß verbrauchten, uns auch täglich duschend, wodurch der Fettstoffmantel der Haut durchlöchert wurde und Bakterien eindrangen. Der Säureschutz fehlte.

Besser wäre, wir hüllten uns manchmal wie einst, als wir uns noch kaum wuschen, in Schmutz und Schweiß, damit Temperatur, Feuchtigkeit und Propioni-Sporen Gleichgewicht hielten.

Anfang März wurde es plötzlich sehr warm. Schnee und Eis zerflossen, dagegen setzten Krämpfe in Waden und Schenkeln ein. Ich wußte nicht mehr wohin, kreiste wie blind über bekannte Strecken. Trotz gewollter Verzögerung war der Schlußband Thujas fertig geworden. Vor 17 Jahren im Frühjahr hatte ich mit dem langen Buch begonnen, das zu einer Quintologie gewachsen war. Sollte ich nun wieder das Leben betreten oder mich von einer Brücke stürzen?

Bei Cassidor las ich nach, was der Senator vor etwa 1500 Jahren an Mönche in Vivarium schrieb:

»Wir wollen euch nicht über die Stundenmaße (horarum moduli) in Unkenntnis lassen; bekanntlich wurden sie zu großem Nutzen der Menschheit erfunden. Deshalb ließ ich für euch zwei Uhren machen, einen Stundenweiser (horologium), den das Sonnenlicht speist, und eine Wasseruhr (aquatile), die bei Tag und Nacht ständig die Stundenzahl angibt. Denn an manchen Tagen scheint die Sonne selten; dann führt das Wasser auf Erden wunderbar aus, was die von oben gesteuerte Leuchtkraft der Sonne nicht leistet. So hat die Kunst der Menschen das von Natur Getrennte zu einträchtiger Wirkung gebracht. Beide Uhren gehen so gleichmäßig und richtig, als würden ihre Anzeigen durch vermittelnde Boten aufeinander abgestimmt. Sie sind dafür vorgesehen, die Krieger Christi mit sichersten Zeichen zum Gottesdienst aufzurufen wie mit schallenden Trompeten.«

Ernüchtert blieb ich am Leben und würde weiter als Bote in Prosamärchen und Balladen berichten, was ich sah, hörte, dachte und fühlte, um die Vernichtung der Gegenwart ein wenig hinauszuschieben.

Es wurde wieder kalt, und aus dem frostig blauen Himmel schwebten Flocken. In einem Mauerversteck am Rand des Englischen Friedhofs, wo letzten Sommer polnische Wanderarbeiter genächtigt hatten, fand sich ein von Rauhreif überzogener Daunenschlafsack und ein schwarzer Koffer, auf dem kaum sichtbar Banca Monte dei Paschi di Siena eingeprägt stand. Die Almweiden-Bank war die älteste, noch existierende der Welt und die reichste Italiens. Der Koffer, dessen Nummernschloß bei jeder Zahlenkombination aufsprang, war leer. Vielleicht hatte ein Dieb oder ein Geldwäscher ein neues Leben begonnen?

Langer Schlaf im Hostal Mortal, einem Herbergsschuppen am Carrer Nou in den Ramblas. Dann begann ein strahlender Tag ohne Frühstück. Die Eingänge zur U-Bahn waren bunt auf blauem Grund bemalt, als sei Keith Haring dagewesen, der König der Bilderbibeln. Haring war, übersät von Sarkosi-Pusteln und mit einem Tumor in der Lunge, vor einem Jahr an Aids gestorben. Als Freunde nach der Verbrennung des Toten die Asche auf einem amerikanischen Berg verstreuen wollten, brachte niemand die Blechschachtel auf. Eine Freundin mußte Kilometer marschieren, um einen Dosenöffner zu holen.

In der luxuriösen U-Bahn erklang Musik, und die Stationen wurden von einer Engelsstimme angesagt. Ich hatte mich verspätet, lief von der Placa de Sants durch Gänge zur Estació Central, wo der letzte Zug noch wartete. Schaffner riefen apurarse, apurarse, Beeilung, Beeilung, als wollten sie uns auf amerikanisch-spanisch vor eine Erschießungswand treiben.

Die Fahrt in doppelstöckigen Waggons durch Vorstädte und an der Küste entlang war kurzweilig und dauerte bis Mataró eine halbe Stunde. Zu Fuß zurück würden wir ein Vielfaches unterwegs sein. Ich schaute zum blanken Himmel, war in Sorge, ob Achim rechtzeitig startete und mich aus der Höhe am vereinbarten Ort entdecken würde.

In Mataró warteten Omnibusse, aber ich wanderte Straßen aufwärts, trank in einem Café noch eine Cola und aß ein Stück Puddingkuchen, eine Sünde, doch Duft und Glanz waren unwiderstehlich gewesen.

Im Park Espanya lagerten Heerscharen, zogen sich um, dehnten die Glieder, verstauten ihr Gepäck in bereitgestellten Fahrzeugen. Alles war geordnet, geregelt, mehrsprachig angeschrieben und numeriert, und während des Laufs würden uns Hilfskräfte in weißen Trainingsanzügen unablässig mit Getränken, Orangenschnitzen, Wundpflastern, gar mit Seelsorge bedrängen, eine Übung für das nächste Jahr, die Olympiade.

Kurz vor dem Start sah ich noch in der Menge, wie ein Kurzbeiniger mehrere Spagate vorführte. Er kam, ohne daß seine Adduktorstränge vom Schambein rissen, jeweils flach auf dem Boden an.

Der Lauf begann langsam, führte hinauf und hinunter durch das Städtchen, ein, abzulesen an Imbißbuden, im Sommer von Deutschen besetzter Ort. Jetzt waren viele Franzosen unterwegs, dazwischen hielt eine Gruppe in lila Leibchen zusammen, auf denen stand: La Santé de Lourdes.

Gleich darauf, wir waren erst ein paar Kilometer gerannt, kamen wir an einem Haus vorbei, vor dem Karren standen, in denen junge Rüttler, Schüttlerinnen und Mongoloide saßen. Schwestern, die eine graue Tracht anhatten und weiße Hauben trugen, nahmen die Hände der geistig und körperlich Behinderten immer wieder hoch und führten vor, wie geklatscht werden konnte.

Ich lief zurück, wollte photographieren, doch der Apparat streikte, denn es waren meine Kinder, die ich sah, denen ich nie entrinnen und von denen ich lernen würde bis zum Tod.

Wir liefen durch Orte wie Vilassar de Mar, Premià de Mar und El Masnou auf dem ersten Drittel der Strecke, aber ich war verstört. Oder ich nahm die Begegnung zum Anlaß, mich nicht mehr verausgaben zu wollen. Hitze flimmerte, an jeder Getränkestation übergoß ich meine weiße, Allgäuer Wegwartskappe mit Wasser.

Trotzdem verknüpfte sich Behagen, seit jeher bekannt, von außen nach innen, suchte nach einem Kern. Aus einer Tanksäule, neben der ein einsames Reklameschild stand, dröhnte Jazz-Musik, die beschleunigte. Am Weg applaudierten Zuschauer. Mädchen in Hawaiiröckchen bewegten sich hin und her, Kapellenformationen spielten mit Trompeten, Fagotten, Klarinetten und fellbezogenen Trommeln auf. Stürzten wir zurück in die Falange-Zeit?

Darmgrimmen, wilde Blicke: Wo war Schutt, ein Maisfeld? Hinter ein paar Kartons, die Kühlschränke beherbergt haben mochten, Erleichterung. Es stank, blieb an den Fingern hängen, wurde später von Schweiß weggewischt. Für Adepten mitteleuropäischer Zivilisation, die uns sauber, reinlich dünkt, nicht zu vergessen: Noch unsere Eltern benützten Pottchambers, Porzellangefäße für Urin und Kot nachts in Schlafkammern. Übler Geruch entzweit zwar, doch wenn zerfallendes Eiweiß Familienähnlichkeit besitzt, umhüllt er auch, wird heimatlich.

Wir rannten durch die Cafépassage Montgat, wo auf weißen Plastikstühlen Zuschauer saßen. Hinterher hatte ich das Gefühl, ich hätte nach Art von Zen-Meistern anhalten und einen Becher Schokolade trinken sollen, doch derart gelassen war ich noch nicht. Später, in zehn, zwanzig Jahren während eines viel längeren Laufs über Gebirge oder durch Trockenebenen würde ich mir solch eine Lama-Pause gestatten mit Champagner, eingelegten Pilzen, Reisbällchen und süßsaurem Tang.

Nervositäten: Wo war der Doppeldecker? Der Himmel war noch blau, und neben uns fuhren Vorortzüge hin und her. Ich kletterte über einen Zaun, sah hinauf nach Hochspannungsleitungen, visierte nach unten, ob es neben den Geleisen einen elektrischen Eisenstrang gab.

Drüben war Sand. Kleine Wellen mit Schaumkronen benagten einander.

Ich winkte, schrie, rannte entlang der Küste. Der Doppeldecker kam, wie verabredet, niedrig entgegen, wackelte mit den Flügeln, zog hoch, entfernte sich, geriet auf den Rücken, so daß Achim mich seitenverkehrt, wenn überhaupt, sah, kam zurück, doch das Flugzeug landete nicht, da überall Leute mit Sonnenschirmen und Picknickkörben saßen. Außerdem jagten Bullterrier und Mastinos hin und her, aber hielten plötzlich vor einer trächtigen Schäferhündin inne. Schwindendes Noradrenalin blockierte die Kampfhunde.

Achim und ich waren fünf lange Jahre nach dem letzten Weltkrieg in einem protestantischen Internat unterhalb eines Hangs der Schwäbischen Alb zusammengewesen. Unsere Lehrer und Lehrerinnen hatten als bekennende Christen im Widerstand gearbeitet. Achim und ich stritten uns oft: der ständige Hunger, verschiedene Familienherkünfte, unterschiedliche Körpergrößen und Haarfarben. Achim verehrte den roten Kampfflieger aus dem Ersten Weltkrieg, ein Onkel oder Großvater.

Nach etwa fünfzig Jahren, hatten wir ausgemacht, wollten wir uns wiedertreffen. Er würde landen, mich aufnehmen, und wir flögen gemeinsam auf einer Schleife nach Port Bou, wo in der zementierten Grabnische 563 der Passagen-Schriftsteller und Kinderspielzeugsammler Walter Benjamin lag, der, nachdem der Herzkranke zu Fuß die Pyrenäen überwunden hatte, aus Angst, an die Nazis ausgeliefert zu werden, dank einer Giftkapsel gestorben war. Hektographierte Schriften Benjamins hatten wir in französischer Übersetzung schon 1946 kennengelernt, sie jedoch kaum lesen, gar begreifen wollen. Wir waren auf Jagd nach Brot, Kartoffeln, übten in der Freizeit Handball, Karate, auch Ringtennis, bei dem Fingernägel splitterten und Lippen aufplatzten.

Achim flog davon. Als ich seinen Doppeldecker photographierte, wurde die Aufnahme von einer der Oberleitungen für elektrische Vorortzüge durchschnitten.

Wir erreichten die Stadtgrenze Barcelonas, ein Haufendorf aus Neubauten und zusammengebrochenen Werkstätten in Gassen. Weiße Pfeile in der Mitte der Teerstraße wiesen den schnellsten Weg an.

Ein Mädchen, dessen blonde Haare zu einer Gretchenfrisur geflochten waren, überholte mit bloßen Füßen in dünnen Rennschuhen. Mithaltend hörte ich, wie ich zu keuchen begann, Schenkelschmerzen und Schrittweiten kontrollierend, aber das Idol meiner Kindheit, und immer noch war ich davon geprägt, blieb unerreichbar. Ich eilte und eilte hinterher, bis ich zurückfiel wie seither.

Vielleicht hat Achim, der Pausbäckige, landend auf einer der Betonpisten vor Santa Adrià Besòs, das Gretchen aufgenommen und beiseite gebracht, wohin ich nie gelangen würde.

Hunger brannte: zuwenig gegessen, fast nichts aus Gier oder Versäumnis in den letzten Tagen. Entlang der Strecke roch es nach Fisch, Fett, Fleisch, auch, bildete ich mir ein, nach Artischocken, gechlortem Wasser und Bananen.

Die dünnen Schornsteine neuer Heizwerke streckten sich in die Höhe, schrumpften, gegen die Hitze betrachtet, Schritt für Schritt wieder.

An einer der Gottesgeraden, etwa bei Kilometer 30 zwischen dem Carrer Progrés und der Gulpúscoa, fingen Verwaltungsschachteln und Bürotürme luxuriöser, sowjetischer Plattenbauweise an. In verglasten Fassaden spiegelten sich aufziehende Wolken; es wurde peinlich kälter.

Seit Jahren, jedoch noch kaum gestattet, griff altes Glücksverlangen als Zerstörung um sich, Knochen taten weh, Muskeln schmerzten, der Magen wurde zu einem feurigen Ball, nur die Seele, sie flatterte noch dahin. Ach, dachte ich, zwar würde ich das Gretchen mit der Ährenfrisur und dem gepolsterten Schambeinhügel, das nackt die Stufen des Stadions herabschritte, niemals erreichen, trotzdem das Verlangen bliebe.

Barcelona besaß eine Sportgeschichte, die bis in die Antike reichte. Ein römischer General aus dem frühen Barcino (familienangehörig) namens Lucius Minicius, was mit dem Miniskus in der Kniescheibe zusammenhing, hatte 129 n. Chr. ein Wagenrennen in Olympia gewonnen. Eine Reise dorthin dauerte ein Vierteljahr, Fahrt und Wanderung zurück seien, hieß es in der Literatur, von Unbill verlängert worden.

Der Hunger nahm zu. Da es nur Orangenschnitze gab, deren Saft die Magenwände angegriffen hätte, trank ich zwei Elektrolytfläschchen leer, viel zu spät. Der schwere, süße Saft flutete innen hin und her wie Quecksilber.

Vor uns lag eine Kolonnadenreihe, die in fahler Kälte mit Gegenwind zur Kolumbussäule führte. Dort hatte ich vor etwa 35 Jahren ein paar Tage, ebenfalls im Frühjahr, hinter einem Gebirge aus Schrauben am Hafen gewohnt, bevor ich dann nach Ibiza weitergezogen war, wo damals, außer Ibicencos und verbannten Widerständlern, zwei Finnen, der hochmütige Maler Trökes, eine Französin, die mich nachts in Ackerfurchen Beethoven nannte, und ein deutscher Regisseur, der Filmdiagramme in karierte Rechenhefte zeichnete, gewohnt hatten. Ich lebte von Feigen und Tomaten, schlief in einer verlassenen Mühle; mein Kopfkissen war ein Holzkeil, wie sie auch Fellachen benützten. Von solchen Mischkulturen zehre ich heute noch und ahne allmählich, weshalb ich laufe, unentwegt schreibe.

Es wurde, den Passeig Colom Marquès hinauf, noch kälter. Ambulanzen kamen heulend entgegen und sammelten Erschöpfte ein.

Die letzten Kilometer wanden sich, vorbei an dem Disney-Dorf Poble Espanyol, in dem es tags zuvor die Startnummern, Fußsalben und Reklamebroschüren gegeben hatte, weiter empor zum Montjuic, dem Judenberg. Flächen waren gebrandschatzt und mit internationalen Kugellampen bestückt worden.

Durch einen gelb beleuchteten Tunnel ging es hinein ins Olympiastadion, in dem auf rosarotem, federndem Belag noch eine Runde gedreht werden mußte.

Zwar fand ich meinen Rucksack, von Matarò hierhertransportiert, und konnte Jacke, Pullover und Hose anziehen, aber zu essen und zu trinken ließ sich nichts entdecken.

Absperrungsgitter überkletternd, sprach ich draußen, geschüttelt von Kälte, einen Mann an, der gerade seine Familie in einen Lieferwagen packte.

Ob er mich ins Zentrum hinunter mitnehmen könne, fragte ich ihn in einem Gemisch aus Ibicenc, Französisch, Lateinisch und Napoleonisch.

Er verstand sofort, setzte mich am verlassenen Heizwerk gegenüber der Placa Raquel Meller, eine Einbahnstraße mißachtend, ab. Auf solche Leute ist, wo auch immer, Verlaß. Zum Hostal Mortal war es nicht mehr weit. Vorher aß ich noch in einer Bäckerei etliche Kuchen und nahm eine Tüte Gummibärchen mit.

Ausziehen, duschen, ankleiden; die Hetze des Lebens begann wieder, zudem wurde es dunkler und Regen drohte. Neben dem Hotel las ich an zwei Ladengeschäften, welche sonntags geschlossen waren, die Aufschriften: Gomas, und Consultorio Medico Ginecologia analisis cerrado de 2 a 4. Vielleicht war es zu spät, vielleicht zu früh. Achim, noch mal eine Rückenrolle in Niedrigstflug ausführend, hätte mit den Flügeln gemahnt.

Der Park Güell, im Norden der Stadt, wo früher niemand wohnte, war noch offen. Ich ging auf verschlungenen Pfaden umher, besah Wunder aus bunten Kacheln, zu Pflanzen- oder Strauchstengeln aufgeschichtete Steinsäulen, kam aber nie zum Kern, dem Tempel dieser Welt, den Antoni Gaudí, ein völlig entrückter Architekt, entworfen hatte; alles war verschalt, harrte der Olympiade.

Gaudí hatte jahrelang mit einem genialischen Handwerksknecht, der alles über Kacheln, das Einbrennen von Farben, über Gneis, Schiefer und Bruchkoeffizienten wußte, und seinem uralten Vater in einem der Pförtnerhäuser gewohnt, die aussahen wie obszöne Anthroposophenbehausungen.

In der Cafeteria dieses Orts saßen Holländer, die javanisch sprachen, Engländerinnen, die Deutsch und Italienisch beherrschten, auch junge Japaner, die noch andere Sprachen stammelten.

Rasende Fahrt in einem Taxi zur Sagrada Familia, wo Gaudí gleich einem mittelalterlichen Zunftmeister in einer staubigen Baubude gearbeitet hatte, jedoch eines Morgens, als er auf seinem Fahrrad in die Stadt hinunterwollte, geriet er unter eine entgegenkommende Straßenbahn und verblutete, dann aufgebahrt, in einem Hospital.

Die Kirche blieb unfertig. Ihre fünf Türme, hochgezogen wie aus erstarrtem Schneckenschleim, werden derzeit technisch behandelt.

Unten, im Schoß der Felsenkirche, knicksten Mädchen vor brennenden Kerzen, tupften mit dem Zeigefinger gegen die Knie eines hängenden Christus und entfernten sich.

Der schnelle Außenseiter, der bei exotischen Läufen immer dabei ist, aber Freundschaft, um zu beweisen, daß er schneller ist, auf der Strecke vergißt, berührte ebenfalls, was ich ihm riet, die Knie des Kruzifixes, und etwas Wundertätiges geschah: Mein Freund knickte ein, konnte nicht mehr gehen.

Ich schleppte ihn durch den düster beleuchteten Tempel, setzte ihn auf einen Klappstuhl, aber der Platz war falsch gewählt, denn eine singende Truppe aus Witwen und Gymnasiastinnen, von Schmerzens- zu Schmerzensstation wandernd, näherte sich, voraus ein ekstatischer Laie, der einen riesigen, geschnitzten Jesus hochhielt.

Der Gesang wurde lauter, fordernder. Der schnelle Außenseiter, der mich so oft im Stich gelassen hatte, würde vermutlich verdorren, deshalb hakte ich ihn unter bis wieder zu dem Herrgottskruzifix, dessen Knie er mit befeuchtetem Finger noch mal berührte, und schon rannte er die steile Treppe hinauf, ich konnte kaum folgen.

Oben wartete, bestens zerlumpt, ein Bettler neben dem Portal. Ich gab alles, was ich in der Hosentasche hatte, umgerechnet fünf oder fünfzehn Mark in Münzen. Er war unwiderstehlich, da ich einst ähnlich gelebt hatte.

Der schnelle Außenseiter photographierte und zählte im Hut des Bettlers das Geld. Später aßen wir in einem Restaurant steifen Kakao mit weißen Hüten darauf, damit der Zuckerspiegel sich wieder höbe. Alle Möglichkeiten des nur im Deutschen zahlreichen Konjunktivs waren allmählich vonnöten.

»Schluß, aus«, sagte ich.

»Nein, weiter«, befahl der Gerettete.

Unten auf dem gravitätischen Passeig de Gràcia betrachteten wir die Casa Milà, das einzige Mietshaus, das Gaudí entworfen hatte, eine stockwerkhohe Prachtschlange mit Laubenschwulst und Kürbisblättern aus Gußeisen an Balkonen. Gaudí war der erste gewesen, der in Spanien Stahlbeton verwendete, und nie mehr war derart kühn gebaut worden.

Gegenüber der Milà stand die Casa Bottló, blau beleuchtet, als befänden sich in ihr Niederlassungen von Fluglinien oder Firmen für Friseurbedarf; so war es.

Wir wollten in unser Viertel zurück, drangen noch in einem verschwenderischen Kasemattenbau über Treppen bis zu einem Innenhof vor, neben dem eine höfisch eingerichtete Bar oder Schenke lag; die Leute darin, Junge wie Alte, machten uns Angst.

Nach einem Marathonlauf ist die Welt wie von neuem geordnet: Körper und Geist sind empfindlicher geworden, durchlässiger und kindlicher.

Wir waren in einem Centro Asturiano, einer, meine ich, subversiven Vereinigung. An Wänden hingen Wappen der Reconquista, der Wiedergewinnung, und ein dicker, in einen Nadelstreifenanzug gehüllter Mann wollte wissen, weshalb wir hier seien?

Wir photographierten, bedankten uns, zählten und rühmten die Wappen, sagten, wir seien Amerikaner, die jedes Jahr das herrliche, katalonische Barcelona besuchten. Diese Auskunft befriedigte.

Wieder zurück in den Ramblas, was mit reanimar, wiederbeleben, mit rebajaha, Rabatt, vielleicht auch mit rebanada, Brotschnitte, zusammenhing, fühlten wir uns in Sicherheit. Geschäfte für Brautkleider hatten auch Sonntag abends geöffnet.

Nuten und Hurren (Luther) flanierten umher, Polizisten vesperten in einem Sanitätswagen, Betrunkene und Rauschgiftsüchtige stützten einander, und Frauen, die sich allein gelassen fühlten, luden in eine Habitaciones Madam zum Verweilen ein. Vor einem zugesperrten U-Bahneingang pißte die Schönste vom Autostrich mit heruntergerolltem Trikot. Als sie fertig war, stieg sie von Stufe zu Stufe als Göttin empor. Ihr Gesicht war weiß geschminkt, ihr Haar aus hauchfeinem Draht. Sobald sie den Mund öffnete, fing ihr Zahnfleisch zu bluten an.

Wir setzten uns in ein Kneipenloch. Es wurde Schach und Billard gespielt, alte Männer schlurften in Pantoffeln herein und tranken nichts. Uralte Frauen verzehrten an Marmortischchen mitgebrachte Fischköpfe und schleckten ein Gläschen Likör leer. Zwei Homosexuelle stritten sich laut und wurden von jungen Verkäuferinnen, die wie Brigadistinnen aussahen, lachend getrennt. Die Schwulen versöhnten sich und weinten ein bißchen vor Rührung. Dort blieben wir und wären heute noch dort, wenn der schnelle Außenseiter nicht morgens den Hafen hätte sehen wollen, der jedoch von Bauzäunen aus Wellblech umstellt war.

Traurig fuhren wir zum Flugplatz und kamen zu spät. Da wir Billigstplätze hatten, die nur für eine bestimmte Maschine galten, begann eine neue, komplizierte Geschichte mit Wutausbrüchen, internationalen Verwicklungen, Beleidigungen, Identitätswechseln, krummen Geschäften und dergleichen. Irgendwann fiel mir ein, daß ich nicht wußte, wie langsam ich gelaufen war. Ich hatte keine Uhr dabeigehabt und im Ziel nicht auf die Zeitangabe geachtet. Der Zen-Meister äugte bereits durchs Gebein.

Ins Hostal Mortal torkelnd, waren wir nachts noch an eine einsame, flehende Lotterieverkäuferin geraten, der wir eine Handvoll Lose abkauften. Gottlob hatten wir wenig gewonnen, sonst wären die Enkel und Urenkelinnen der Alten aus Mauerlücken gesprungen, um uns den Gewinn abzujagen. Entweder hätten wir wieder laufen müssen, oder es wäre zu einem Kampf gekommen, denn bei genügend Geld kannten wir kein Erbarmen.

Doch wo blieb Achim? Tage später rief er aus St. Étienne an. In Port Bou hatte er nicht landen können, war weitergeflogen bis Perpignan, wo er auf einer abgelegenen Straße Platz fand. Bei Bauern kaufte er kanisterweise Benzin und stieß weiter nach Norden vor, um endgültig über dem französischen Zentralmassiv niedergehen zu müssen. Sturm und Regen hatten ihn beinahe zum Absturz gebracht.

»Und das Flugzeug«, fragte ich.

Stehe noch dort. In St. Étienne habe er einmal ein Bridge-Turnier gewonnen und sich bei Partnern jetzt Geld geliehen. Nun fahre er mit einem Mechaniker zurück auf die Hochebene.

»Ist die Maschine noch ganz?«

»Eine alte Frau hat sie mit ihrem Geländewagen in eine Scheune gezogen.«

Was die Frau allein in der Einsamkeit mache?

»Schafe züchten.«

Ob das alles wahr sei?

Warum nicht? Er habe mich zwar nicht entdeckt, aber ich hätte sicher photographiert.

»Stimmt! Einen Doppeldecker über der Küste.«

»Na, also.«

Mitte Mai wirbelten Blüten und Schnee durch die Luft. Schmutz wurde weggeblasen, doch in uns blieb er haften wie bisher und sorgte weiter für das unsterbliche Leben der Hela-Kultur, das sich aus den Laboratorien über den ganzen Erdball verbreitet hatte.

Trotz Frost gab es im Allgäu schon die erste Mahd. Kurz gewachsene Wiesen wurden bereits geschnitten, da es wegen des langen Winters an Futter für das Vieh fehlte und die Händler für Heu die Preise erhöht hatten.

Das Gras denke nicht darüber nach, ob es wachse, hieß ein Sprichwort, eine für Bauern unphilosophische Selbstverständlichkeit, da sie sich am Markt auch mit Sojaschrot oder Maniokhäcksel eindecken konnten.

Zwei Bauern sah ich, wie sie auf den Geleisen eines übriggebliebenen Bahndamms ihre Autos stehenließen und miteinander stritten. Kalter Wind wehte Flüche und gutturale Satzfetzen herüber.

Die beiden entfernten sich, waren nahe daran, sich gegenseitig zu schlagen, doch dann hakten sie sich unter und gingen zu einer nahen Wirtschaft. Ein Güterzug, unterwegs aus Leutkirch nach Urlau zum Munitionsdepot der Bundeswehr im Wald, wo im letzten Weltkrieg Tausende von Senfgasgranaten gelagert worden waren, näherte sich, konnte nicht mehr rechtzeitig bremsen und walzte die Autos unter sich fest. Ich floh, denn Soldaten sprangen von den Wagen ab, während die zwei Bauern nichts gehört hatten und in der Wirtschaft ihre Versöhnung begießen mochten.

Obwohl ich verborgene Seitenwege kannte, war ich statistisch gesehen nicht allein. Auf einem Quadratkilometer unseres Lands wohnten 220 Menschen, 55 Rinder, 86 Schweine, 9 Schafe, 2 Pferde und 319 Hühner, Gänse und Enten, eine grausame Dichte, durch die nur Geübte oder Träger von Tarnkappen schlüpfen konnten, indem sie in virtuelle Gitter, eine Art Rechensiebe, die überall standen, mit aufgerissenen Augen hineinrannten. Dahinter waren sie dann in einem nichteuklidischen Raum gerettet.

Wie aber ließe sich aus dieser Verschiebung oder Täuschung wieder entrinnen? Zunächst erinnerte ich mich an die Balladendichterin Sarah Arbeidsongeschiktheidsverzekering, die, obzwar rückwärts gehend, außerordentlich geschwind vor mir herzuschweben schien. Ihr Großvater war der Erfinder der holländischen Arbeiterunfallversicherung gewesen, hatte damit reüssiert. Seine Enkelin leuchtete immer noch, dank auch eines Gen-Transfers des Enzyms Luciferase der Glühwürmchen in die Koronargefäße. Solang die Kollegin lebte, würde jede Veränderung in ihren Herzkranzadern sichtbar werden.

»Komkommersalade of hersenen« fragte sie (Gurkensalat oder Hirn?).

»Neen«, sagte ich, »schaats« (Schlittschuhe).

Sie bevorzuge slagroom (Schlagsahne) en gedroogde pruimen (Backpflaumen), antwortete sie und wurde noch schneller, so daß ihre Leuchtkraft zunahm, bis sie in einem Funkenregen versprühte.

Schreie brandeten gegen die Gatter des ungewissen Raums, als sei jemand verletzt worden. Die Soldaten bangten um die Munition in den Güterwagen und suchten immer noch nach den Besitzern der zermalmten Autos. Entgeistert legte ich einen Spurt ein, der Zahlennebel verwirbelte. Die Sicht wurde katastrophal, nur noch das Apfelmännchen aus einem sich in unendliche Tiefen vervielfältigenden Fraktals schwankte als künstlicher Horizont auf und ab.

Gerettet hatte mich später eine Horde Harkis, die, Jahreszeiten überspringend, auf Rollski überholte.

Die Bewegung (arab. harakat) hatte als Söldnerarmee gegen die eigenen Landsleute im algerischen Befreiungskrieg (1954–1962) bei den Franzosen gedient. Die Nachkommen der Harkis, mindestens eine halbe Million, entzündeten inzwischen den Beton der Vorstädte Frankreichs, plünderten und schlugen aus Wut, allein gelassen zu werden, gelegentlich auch tot.

Korrekt paralleler Stockeinsatz der Harkis, der von dem Asphalt Bröckchen hochschleuderte, war beeindruckend. Das Rudel trainierte im Blütenmeer alter Rechnungen, die nie beglichen worden waren, Schlittschuhschritt, wobei das Gewicht des Körpers nicht senkrecht pendelnd, sondern vorwärts gebeugt gewiegt werden mußte, was zu Verkrampfungen in Schulter- und Nackenmuskeln führen konnte.

Die Gummirollen unter den kurzen Brettern knirschten, und Frequenzen erklangen, als würde die Virtualität bald Sprünge bekommen. Kurz nachdem es mir gelungen war, beim letzten Skifahrer hinten aufzuspringen, stießen wir durch eine lose Ziffernmasche.

Beim Bahnhof meiner Heimatstadt prallten wir nieder. Dort waren Fahrschüler, die ins Gymnasium nach Campodunum wollten und frühmorgens den Zug bestiegen, abends mit Ruß in den Augen wieder nach Hause zurückgekehrt.

Den Bahnhof gab es noch, restauriert und rosarot angemalt. Er war zu einem Videobordell umgewandelt worden. Am linken Eingang stand ›unter 18 Jahren‹, am rechten ›für Erwachsene‹ –.

Davor mußten mächtige Scheinakazien, die trotz des rauhen Klimas gewachsen waren, einem Parkplatz weichen. Die Bäume warnten einander, sobald eine Motorsäge sie anzuschneiden begann, schickten Äthylen als Botenstoff aus, worauf die ganze Allee in Rinde und Blättern das Gift Tannin entwickelte, was früher Pferden und Wild, die zuviel Baumfutter abweideten, Koliken beschert hatte. Doch diesmal nützte die chemische Selbstverteidigung nichts. Die Kettensägen fraßen sich tiefer, bis nach einem kleinen Ruck Stamm um Stamm fiel und, während sie am Boden schon zur

Ruhe gekommen waren, die Laubkronen noch ein Rauschen vernehmen ließen.

Der Abschied von Kindheit und Jugend tat nicht mehr weh. Im letzten Roman hatte ich schon die ganze Landschaft umgebaut, damit wiedererstünde, was fremd oder kostbar gewesen war, und eine neue, wilde und begehrenswerte Lebensgegend entstehen könnte.

Allerdings wollte ich flüchten, hinein in lange Exotenläufe, damit Erschöpfung eine Verklärung verhinderte, aber im rechten Knick-, Spreiz- und Senkfuß fing eine alte Kohorte, gegen die weder Spritzen noch Zinkleimverbände halfen, erneut an, laut zu werden: das Tibialis-Syndrom.

Eng gescharte Söldner oder Synekdochen wühlten sich waffenstarrend trotz aufgehäufter Eiswürfel durch Knochengebirge, bauten einen Limes, schufen Wehrgänge, Ansiedlungen und Palisaden, die, wenn sie manchmal auch abbrannten, erneut erstanden im Reich der Schmerzen und der dunklen Wälder.

Ich mußte sitzen bleiben, und die Seele, schwarz und schwer geworden, stürzte hinab in den Fluß des Vergessens, wo es weder Licht noch Schatten gäbe.

Ein Geheimnis bot noch Widerstand: Schokolade. Ihre öligen Säuren putzten die Arterien; ihr Brennmaterial, genannt Theobromin, ein Geschenk aus der Gruppe der Halogene, machte, unmäßig genossen, munter gleich Koffein. Dafür benötigen wir mit verschmierten Lippen pro Tag ein paar Tafeln, die pro Stück etwa 500 Kalorien mit sich rissen.

Gefahr drohte von allen Seiten. Beispielsweise produzierten ältere Langstreckenläufer, die wöchentlich mehr als hundert Kilometer trainierten, was ich oft getan hatte, zuviel Cortisol, das, die Muskeln zu Flucht oder Angriff vorbereitend, jedoch im Hypocampus, der geradezu darin badete, nicht mehr abgebaut wurde und vorzeitig zu Verödung führte, so daß eine verkniffene Intellektuellenüberzeugung wahr werden konnte: Sport mache dumm.

Zahlreiche Zellen gingen unter, die Informationsketten tragen, und der Gedächtnisreichtum ließe nach, eine verheerende Situation, auf deren Balance ich, nach Vernichtung und klärender Trance, während des Schreibens bisher vertraut hatte.

Auf dem Dach von Lingotto, der Urfabrik von Fiat, Fabbrica Italiana Automobili Torino, hatte ich einst stundenlang in Sommerhitze über Zementwellen unendliche Schleifen trainiert. Dort waren die legendären Kleinstautos Topolino, Cinquecento, dann der Seicento auf Versuchsstrecke geschickt worden.

Nun stand ich wieder dort, aber der zementierte Walfisch war leer, seine tausend Fensterscheiben waren geborsten.

Gramsci, der Kerkerkommunist, hatte in Turin zu agitieren begonnen, als Arbeiterfamilien aus dem Piemont, aus Ligurien, dem Friaul und aus Tirol gebraucht wurden und dort ansässig geworden waren.

Inzwischen gab es in Turin einen neuen Philosophen namens Gianni Vattimo, Hänschen Wölkchen.

Vattimo hatte ›il pensiero debole‹, das schwache Denken erfunden, eine Devise, die gegen Metaphysik opponierte, damit wir uns endlich der Wirklichkeit bemächtigen könnten, nachdem die barbarischen Zeiten des Platonismus, zerrieben durch den demokratischen Nihilismus, vorüber seien.

Bei Vattimo hieß es unter anderem: Der gespaltete Über-Mensch sei auch und vor allem ein Mensch guten Charakters, der keinen knurrenden Ton und nichts von Verbissenheit in sich trage, lästige Eigenschaften alter Hunde und Menschen, die lang an der Kette gelegen hätten.

In dünner Luft, hatten Ärztinnen in Ithaca, USA, herausgefunden, verbessere sich bei geschwächten Höhenkranken das konzeptionelle, also erfindungsreiche Denken, während Gesunde nur ihr Kurzzeitgedächtnis steigern könnten, eine Form nataler Logik wie bei Föten, die chemische Signale in die Nabelschnur und den Mutterkuchen schickten, damit Dehnung des Beckens für die Geburt einsetze.

Dumm, doch begabt, verharrten wir mit einem Gehirn, das ein Volumen von anderthalb Litern besaß, in dem hundert Milliarden Neuronen beherbergt waren. Und dieselbe Zahl an Gliazellen, spinnennetzförmigen Fasern, die bisher als Stützkonstruktionen gedeutet worden waren, sandten ebenfalls Espe um Espe, Zweig für Zweig zehntausendfach innerhalb Picosekunden elektrische Botschaften für schwaches oder starkes Denken aus, entweder in den linken, rationalen Gehirnlappen oder in den rechten, gefühlsseligen, den wir vor allem für Nacht- und Nebelwanderungen, für leichte und schwere Träume oder für Stürze über Brückengeländer benötigten.

Einen anderen Tod erlitt der französische Regisseur Jacques Becker (1906–1960). Mitte der fünfziger Jahre war in Paris sein Kriminalfilm ›Touchez pas au Grisbi‹ (etwa: Finger weg vom Zaster) zu sehen, mit den Schauspielern Lino Ventura, vormals Ringer, und Jean Gabin, einst Gemüsehändler. Becker schrieb aus der Südsee, als er endlich dort angekommen war, der Märchenglanz sei erloschen, und er erwache voll Schmerz aus einem Traum. Der Regisseur starb an Hämochromatose. Sein Körper produzierte unablässig Eisen, das nicht mehr ausgeschieden wurde, so daß Becker zu einer Statue erstarrte. Auch seine Lippen waren wie zu Metall geworden, während Glia- und Neuronenzellen, 200 Milliarden, einander noch Botschaften des Entsetzens und der Wut sandten.

Es fing zu regnen an, sacht und durchdringend. Brennesseln, die nicht gemäht worden waren, gediehen in ihren Verstecken und berührten die untersten Zweige von Bäumen. Erste Schritte fielen schmerzhaft aus, aber zwei Romanpersonen, die sich verloren hatten, Sophie Quellmalz und Anni Prellox, beide Geschäftsführerinnen einer Fabrik für Steuerungselemente, verlangten in Träumen ihre Rückkehr, sonst würde ich meines Lebens nie mehr froh werden.

Ich suchte die beharrlichen Frauen im Nymphenburger Park, wo Statuen auf Sockeln standen und mit dem Finger in die Ferne wiesen. Doch Ähnlichkeiten mit den Geschäftsführerinnen, selbst wenn Wolken Schatten wandern ließen oder der Wind von einem Springbrunnen in der Sonne funkelnde Wasserstreifen vorübersandte, waren nicht zu entdecken.

Auf breiten Kieswegen spazierte Publikum. Unter den vielen Schuhen tanzten kleine Steine auf der Stelle, schoben sich auseinander, prallten wieder zusammen, so daß eine zarte, knirschende Musik wie ein Heimwehlied weitertrieb.

Schließlich erreichte ich eine alte Ziegelmauer, die den ganzen Park umgab. Ein in feuchte Erde gestampfter Pfad, aus dem manchmal Wurzeln wuchsen, führte an ihr entlang, und eintauchend in die Wildnis, vermischte sich das wechselnde Grün der Büsche mit dem geschwärzten oder an Bruchstellen brandigen Rot der Mauer.

Ich lief, fast ohne zu schauen, stolperte nicht, stieß nirgends an. Ranken peitschten ins Gesicht, Dornen ritzten die Haut, auch ein runder, rutschiger Balken, der über einem Graben lag, schien sich darzubieten, als habe er auf eine Begegnung gewartet.

Auf einer Lichtung, hinter der nach einem Teich das zu einem Puppenhaus gewordene Nymphenburger Schloß im Licht zitterte, hörte ich eine Melodie, dem Klang nach gespielt auf einer Guerrini. Stehenbleiben wollte ich nicht, also lief ich im Kreis durch Gras und Blumen, schloß die Augen und überließ mich der wehmütigen Polka, die ein wenig Halt bieten wollte, bis sie nach einer Weile seufzend verklang. Wo der Akkordeonspieler saß, war nicht auszumachen. Verbeugungen in alle vier Richtungen sollten ihm danken.

Noch lang sprang ich über Hindernisse des Dschungelpfads, atmete Mücken ein oder ein paar Millionen Toter, die sich zu Insekten verpuppt hatten und wieder ausgehustet werden mußten. Quecken erblaßten, während sie mit ihren Wurzeln von beifüßigen Halbsträuchern Wasser stahlen, und ein Schmetterling, dessen flatternde Flugbahnen ich störte, mochte vor Ärger ins Schwitzen geraten.

Wo die Parkmauer aufhörte und ein Drahtzaun begann, blieb ich in abgebrochenen Zweigen und Reisig stecken. Es roch nach Moschus oder krankem Eukalyptus, aber es konnte sich auch um verschimmelte Mandarinen handeln. Da die Nase zwischen Tausenden von Düften unterscheiden konnte, für die es weder Umschreibungen noch Bezeichnungen gab, ließ ich das Pflanzen-Aas, in dem ich festsaß, zu einem Friedhof für Wurzelstrünke und Marder werden, in dessen Tiefe eine Königskobra faulte.

Nach Torf-, Lehm- und Kiesschichten stürzten dort unten die Jahre noch schneller rückwärts, bis sich Bakterien der Eiszeit fanden, die aus den Eingeweiden von mammutähnlichen Zwergelefanten stammten. Und wenn es, den Atem anhaltend, gelungen wäre, mir einzubilden, ich hätte vor einer Million Jahren gelebt, dann wäre ich nicht nur Zeuge einer fiebrigen Landschaft aus Methangas geworden, sondern auch, daß sich das Magnetfeld der Erde umkehrte. Und alle Bakterien, Würmer, Gliederfüßler, auch Haifische und Rochen hätten ihre Raubzüge und Vermehrungsstrategien zum ersten Mal in Richtungen veranstaltet, an die sie sich noch heute hielten.

Auf die Nase senkte sich der Schmetterling von vorher und aß Salz und Spuren von Salpeter aus dem Schweiß. Als ich zu dem Falter hinunterschielte, schwenkte er einen Flügel vor, als wolle er drohen. Langsam hob ich den Kopf, um den Kohlweißling besser zu sehen, dessen Fühler unruhig Duftmoleküle einsogen, die, stellte ich mir vor, wie bunte Bälle durch die Luft wirbelten, unter denen sich aber auch welche mit Kanten und Haken befanden.

Die Welt war in jedem Augenblick eine andere: gefährlich dicht oder nur klaffend, weiß und schwarz, unerträglich heiß oder stumm und kalt, mordgierig verknotet oder schamlos verlängert, erst beginnend oder schon restlos am Ende angekommen.

Der Falter verließ Tränke und Salzbank und wurde von einer Handvoll Wind ins nächste Laub getragen. Ich zog Schritt um Schritt die Beine aus dem Morast und brachte mich mit Strümpfen aus Schlamm auf einem breiten Weg wieder in Gang. Die Fenster eines Kavaliershäuschens waren geöffnet wie für ein Fest.

Nach Park und Schloß, als es über Straßen und Kreuzungen nach Hause ging, kamen alle Schmerzen wieder.

Der Sommer hatte sich, nachdem im Mai viele Blüten in Schnee erfroren waren, verspätet. Auch in Ligurien blieben Anfang August Schlehen und Brombeeren noch grün. Über Pfade im Dickicht, die niemand betreten hatte, spannten sich wie im letzten Jahr wieder Spinnennetze mit eingewickelter Beute darin. Fäden klebten im Haar und am Gesicht.

Frühmorgens, wenn die Hitze noch nicht eingesetzt hatte, legte ich Läufe über bekannte Strecken bergauf und bergab immer weiter aus, verfing mich in Schlingen, die Wegen glichen und an einer Steilwand endeten.

Einmal kam ein Hirte entgegen, der einen Esel spazieren führte. Wenn das Tier den Kopf nach Gräsern streckte, wurde es geschlagen und am Halfter vorwärts gezerrt. Der Mann, der kurze, ausgefranste Hosen und Gummistiefel trug, grüßte freundlich mit einem ›salve‹.

Sollte ich umkehren und den Esel schützen oder hinnehmen, daß er geprügelt wurde? Ich dachte an die deutsche Trias aus Selbstmitleid, Unterwerfung und Grausamkeit, die gewütet hatte, und wich an einer Kehre auf eine Seitenstraße aus.

Oben, nach Pontedassio, einem Flecken der Frazione Monti, stand die verwahrloste Kapelle, in der ich mich oft erholt hatte, nicht mehr offen. Sie war renoviert worden, und an den Türriegeln hing eine Kette mit Schloß. Eine andere Art Andacht war eingekehrt und wurde bewahrt. Dafür lagen auf einer Steinbank eine Spritze, wie sie Süchtige benützten, und ein leeres Tablettenröhrchen, beide von der Sonne schon wie ausgeblichen.

Hatte ein Liebespaar seine Gebete vergessen und war im Anblick der widerstandslosen Bläue, die sich in der Ferne über dem Meer als dunstiger Saum verlor, hoffnungslos geworden? Erschreckt sah ich schwarze Bremsspuren auf dem Teer neben der Kapelle, glaubte, ein wiedererwecktes Kreischen, dann Weinen und Flehen zu hören.

Zu Hause in dem alten Haus, wo wir wohnten, hatten sich Frau und Tochter eingeschlossen. Aus dem einen Zimmer ließ sich leise Musik vernehmen, aus dem anderen beschwörendes Gemurmel. Keine der beiden Frauen öffnete trotz Bitten und Klopfen an die Tür.

Ich setzte mich auf die Terrasse, bis ich in der Hitze fror. Der Schweiß trocknete und hinterließ salzige Zungen. Auf Hand- und Fingerrücken waren Blasen entstanden, auch um Bauch und Hüften zog sich ein Streifen, den der helle Hosenbund, von dem das Licht reflektiert wurde, eingebrannt hatte.

Ein Vogel schlug neben mir auf. Sein aufgesperrter Schnabel blieb offen, und seine Augen waren wie zu Stein geworden. Mitten im Flug war er gestorben und vom Himmel gestürzt.

Aus dem Haus klangen Rufe, ich solle kommen. Als ich in den Korridor trat, war niemand da. Schatten und Stille schienen undurchdringlich zu werden. Draußen heulte ein Motor auf, und Räder drehten durch. Stunden mußte ich warten, bis das Auto zurückkam. Ein Scheinwerfer war zerschlagen, ein Seitenfenster ließ sich nicht mehr in die Höhe drehen. Mutter und Tochter hatten eingekauft: ein Dutzend Flaschen Speiseöl, mehrere Blusen und Hemden, einige Sonnenbrillen, Küchengeräte, ein kleines Schlauchboot, erschreckende Mengen Nudeln und Grieß und einen Sack voll Salatköpfe, die schon faulten.

Nachts wurden in einem Stall nebenan fehlfarbene Welpen geboren. Die Hündin ließ sich ohne Widerstand zwei der blinden Jungen wegnehmen, und morgens hingen sie stranguliert von einem Ast. Meine Tochter stieß sie, so daß die faltigen Körperhüllen sanft hin und her schwangen, immer wieder an und sang dazu eines ihrer Geisterlieder, dessen Text niemand verstand.

Ob sie wisse, wer die kleinen Hunde erdrosselt habe, fragte ich.

Sie schüttelte den Kopf, schien mit dem Tod der Neugeborenen zufrieden zu sein, erwiderte, sie gehe auch in den Himmel.

»Wann?«

»Bald.«

»Nimmst du mich mit«, bat ich entsetzt.

Sie verneinte.

Von der Terrasse schaute teilnahmslos meine Frau. Sie flocht an einem Strick aus bunten Plastikschnüren, den sie das Hochzeitsseil nannte. Einmal nahm sie an mir Maß, nicht um den Hals, sondern um die geschlossenen Beine. Seit Tagen aß sie nur noch zerhacktes und geliertes Fleisch aus Frühstücksdosen der Marke Simmenthal, Produkt einer vor Generationen eingewanderten Schweizer Familie. Auf dem Etikett war ein weiß und rot gefleckter Ochse abgebildet, der vor Kraft strotzte.

Sobald sich die Sonne über dem Kamm des Pizzo Aguzzo zeigte, flüchtete ich hinunter ans Meer nach Diano Marino und wieder hinauf über enge, steile Straßen nach Diano Castello und Diano Arentino bis Diano Evigno, unserem Ort, der ein Schwimmbad besaß, dessen Becken wie ein mit Wasser gefüllter Schanzentisch über einen Abhang hinausragte.

Die Hitze stach in die Glieder, als würden sie sich verkürzen, schließlich verknoten. Hatte ich in einem Bauchgurt nichts zu trinken dabei, eine verschraubbare Dose, in der früher Joghurt gewesen war, dann fingen nach einer Stunde in der sich wie selbst bestaunenden Hitze schwarze Punkte vor den Augen zu schweben an, und ein hohles, wehmütiges Gefühl der Hingabe breitete sich aus, zog sich wieder zusammen und grub in den Kniekehlen, im Rücken oder unter den Schlüsselbeinen ein Loch, aus dem fadenförmig Leben wich, während ich mich aufzupumpen mühte, damit festere Konturen entstünden, deren Schatten Linderung böten. Doch die glühende Sonne machte jede Phantasmagorie zunichte, tauchte Mauern, zwischen denen ich lief, wie in weiße Flüssigkeiten, die bei jedem Schritt sich höher schoben.

Einmal spritzte mir weicher Kot ins Haar, und Zikaden wetteiferten in Chören.

Ich dachte an den einst dienstältesten Hoffnungsphilosophen Moritz Tuch, der das vielbändige Werk ›Geduld und Glut‹ geschrieben hatte, und wie er nachts aus dem Auto gestiegen und mit einem Vogel auf dem Kopf in die Dunkelheit hinausgeschritten war, um sich zu erleichtern. Als der uralte Gelehrte wieder zurückkehrte, blieb der Vogel bei ihm. Wir waren zu einem entführten Milliardär unterwegs, der nicht mehr essen noch trinken wollte. Das Gefängnis befand sich in einer von einem Gitter unterteilten Wohnküche.

Der Entführte ließ sich überreden, weiterleben zu wollen, und wurde später, versehen mit einer Skiausrüstung, auf einem Gletscher, dessen Abfahrten er kannte, da er jedes Jahr zu ihm flog, freigelassen. Geld hatte der Milliardär nicht bezahlen müssen, nur ein wenig Samen war für ein Vererbungsexperiment von ihm verlangt worden. Die Empfängerin, eine Romanperson, hatte Rosa geheißen.

Nach Jahren schrieb ich darüber. Der Philosoph gestattete es unter der Bedingung, daß ich seinen Namen und den Titel seines Hauptwerkes änderte, denn Moritz Tuch, obwohl dem Tod nahe, fürchtete sich, es war niederschmetternd, vor einer Entführung.

Der Milliardär aber, der von seinem Glück, in Liebesverlangen und utopische Leichtfertigkeit verwickelt gewesen zu sein, nie etwas erfahren hatte, starb auf einer Dienstreise; es stand in allen Zeitungen. Andere Hauptpersonen, nach denen ich mich sehnte, zerfielen während einer Implosion in der Universität Essen zu Staub.

Allein die beiden Kinder, die aus dem Kreuzungsversuch stammten, ob eher genetische Anlagen oder Umgebungen dominierten, überlebten. Das eine, Angela, war geistig behindert, das andere, David, war taub. Sie fanden Zuflucht im südlichsten Teil Deutschlands, im Allgäu, das zu einer Idylle der Mischkultur umgebaut worden war.

Immer wieder tauchten aus der Hitze Liguriens Bilder dieser fernen Heimat auf. Wenn ich sie in mir bewahren wollte, zerrannen sie in der Bläue, oder eine Windhose, die Kilometer um Kilometer vorauseilte, zerfetzte und verschluckte sie.

Einmal, verirrt in ein unbekanntes Tal, kniete ich vor einem Tümpel, der mit Samenfäden und Blättern bedeckt war. Wasserläufer mit hauchdünnen, abgewinkelten Beinen, die über die zarten Insektenkörper hinausragten, kreuzten auf Jagd nach Mikroben über die schillernde Oberfläche, und Libellen, die das Nahrungsreich unter sich aufteilten, stießen in Sturzflügen aufeinander hinunter, doch fingen sich wieder, um mit neuen Attacken sich zu bekriegen.

Im Spiegel des Tümpels erschien eine alte Frau, die in einem Schubkarren einen Kaktus den Berg heraufschob. Es war unerträglich, wie schnell sie näher kam, so daß ich mich zurückbeugte, damit sie nicht in mich hineinfuhr. Als ihr Gesicht dicht vor mir war, sagte sie höhnisch: »Oh, wie springt er schön!«

Dann wogte das Bild und zerrann, weil eine der Libellen auf das Wasser fiel und, bevor sie sich mit schwirrenden Flügeln hatte erheben können, nach unten gezerrt wurde.

War es die Klaue oder das Maul eines der Tiere gewesen, wie sie vor Millionen Jahren auf der Erde gelebt hatten? Saurier besaßen anfangs die Größe von Fröschen.

Ich beugte mich wieder über das Revier des Kampfes und der verwechselbaren Zeiten. Ihre Ordnungen überholten sich gegenseitig oder strebten in Vergangenheiten zurück, aus der sich künftige Ereignisse, die noch gar nicht geschehen waren, in Kreisbewegungen entwickelten. Die Gegenwart befand sich in ihrer Mitte und zerfiel im Augenblick ihres Entstehens.

Ich sprang auf und lief davon. Über einen steinigen Pfad ging es zu einer kahlen Kuppe hinauf. Hecken und alte Olivenkulturen waren von einer Feuerwalze vernichtet worden. Schwarze Stümpfe ragten noch aus der rissigen Erde. Von Strommasten schwangen sich Trossen über ein Tal und wurden gegenüber von stählernen Armen gehalten. Ich glaubte, die Elektrizität zu spüren, wie sie als unsichtbare, vibrierende Schnüre die Gegend durchstreifte und auch über meinen verschwitzten Rücken wischte, der vielleicht gemessen, aufgeteilt und geschält werden sollte.

Panisch rannte ich über den staubigen Hügel und wieder hinunter bis zu dornigen Wällen aus Zweigen, durch die kein Steig mehr führte. Zerkratzt, aber in Sicherheit, kam ich, den Blick zu Boden gerichtet, um Steinen auszuweichen, zu einer Senke, in der kurzes Gras und kleine, weiße Blumen wuchsen. Es war totenstill, nur die Mittagshitze summte.

Mücken fielen über mich her. Ich traute mich nicht, sie zu verjagen, blieb regungslos stehen, denn aus dem Schatten einer Gruppe von Eichen war leises Schnauben und Scharren zu hören.

Pferde hatten sich, die Köpfe gegen die Stämme gesenkt

und die prallen Kruppen, über die manchmal ein Zucken lief oder der Schweif peitschte, nach außen gereckt, im Kreis um die Bäume gestellt. Die Tiere bildeten einen Abwehrring und ruhten sich aus.

Der Anblick erinnerte an ein Gemälde des florentinischen Malers Paolo Uccello (1397–1475). Auf dem Mittelstück des Triptychons waren, obwohl es sich um die Schlacht von S. Romano handelte, kaum Ritter, Waffen oder Soldaten zu sehen, sondern in einer leeren und braunen, von einem abgewinkelten Weg durchzogenen Landschaft, als würde der Kampf nie beginnen, reckten sich vorn ein, zwei Pferdehintern empor. Sie strahlten eine höhnische und kompakte Sinnlichkeit aus, die bei der nächsten Bewegung jeden Betrachter zur Seite stoßen, vielleicht sogar Teile der Welt in Stücke brechen konnte. Ich wagte kaum zu atmen.

Die Pferde rieben sich aneinander und wieherten leise. Die Geräusche verbreiteten Ruhe, Vertrautheit und Stärke. Eines der Tiere kratzte mit seinem Huf ein Stück Wurzel blank und leckte daran, als suchte es nach Salz. Ein anderes mistete, wobei in dem mächtigen Hintern der schwarze After nach jedem Apfel, das er hinausdrückte, sich immer wieder schloß.

Ein Fohlen befreite sich aus der Enge, lief ins Licht und drehte sich übermütig um sich selbst. Dann scheute es die ungewohnte Leere oder war von einem Zweig, den es berührt hatte, erschreckt worden und drängte zurück in den schützenden Kreis. Zufrieden schnaubten ein paar Pferde, veränderten ein wenig die Stellung, damit sich wieder Leib an Leib fügte, und fegten mit ihren langen, strähnigen Schwänzen sich Fliegen und Stechmücken von den Rücken.

In Deckung eines Felsens, an dem ich mich festhielt, ging ich gebückt näher. Bis auf Schuhe, Socken und dünne Turnhosen hatte ich nichts an, ein Gefühl, als wäre Überleben ohne Hilfe in der Natur möglich.

Der Wind trüge Samen herbei, zu essen gäbe es Beeren und Kräuter, auch gelänge es, auf Almen Kühe zu melken und Vögel zu jagen, und in einer runden Steinhütte, einem Trullo, häuften sich Decken und Häute. Alles geschähe federleicht, so daß selbst Regen ein ständig brennendes Feuer, wenn Nässe um den Herdplatz floß, nie löschte. Ich mußte nur noch einen Schritt tun, damit das Paradies sich öffnete.

Beim Knacken einer dürren Rinde, auf die ich getreten war, hob ein Pferd den Kopf und trat aus dem Schatten der Bäume. Das Leittier blähte die Nüstern und schaute herüber, wobei es seitlich scheute, bereit zu Angriff wie zur Flucht.

Ja, schon gut, wollte ich sagen, keine Angst, aber es galt eher mir als dem Hengst.

Er wandte den Kopf wieder ab, als sei ich eines Blicks nicht würdig, stellte die Ohren hoch und drehte sie ein wenig, um alle Geräusche einzufangen, wozu auch ein leises Rieseln gehörte, das von einer silbergrauen Eidechse herrührte, die über den Felsen, an den ich mich preßte, hinabhuschte und im Gras unten aufgerichtet erstarrte.

Einige der Pferde waren unruhig geworden. Sie schoben sich aus dem Schatten und zeigten ihre maskenhaften Gesichter, denen Trauer oder Freude gleichgültig zu sein schien. Gab es lachende Pferde, oder war es, wenn sie ihre langen, gelben Zähne entblößten und das Maul aufrissen, immer Schmerz, den sie auszudrücken versuchten?

Noch bevor ein scharfes Wiehern die Stille unterbrach, huschte die Eidechse davon und überschlug sich bei einem Sprung über ein Stück Holz.

Erst jetzt hörte ich die Warnung, doch schon war der Hengst mit ein paar kurzen Schritten herbeigaloppiert und stellte sich vor die Sonne. Sein Leib strahlte Dunst und Hitze aus, während seine beschlagenen Hufe die dünne Grasdecke aufrissen.

Ich wich zur Seite, wurde von dem Leittier nochmal attackiert und bis zu Akazien am Rand der Senke in die Flucht getrieben. Von dort schaute ich mit Herzklopfen zu, wie der Hengst, den Kopf zurückgeworfen, langsam den Hang hinauf zu seiner Herde trabte und sich zwischen sie schob.

In der Hitze taumelten Fliegen durch die Luft, entfernte Schreie von Greifvögeln brachen sich an Bergkämmen, dann verwischten Windstöße, die, als seien sie ausgeschickt worden, Blätter abrissen und von ausgetrockneten Stellen Staub aufwirbelten, das Bild.

Ich suchte einen Weg durch die Macchia und blieb mehrmals in Gestrüpp stecken. Brombeeren waren in den letzten Tagen reif geworden, doch ihre schwarze Farbe täuschte. Sie ließen sich noch kaum zerbeißen und schmeckten sauer.

Auf einer schmalen Straße konnte ich endlich ausgreifen. Als in engen Kurven am Berg ein Müllwagen entgegenkam und, da ich nicht zur Seite sprang, halten mußte, rief der Fahrer aus der Kabine, ob ich fürs Laufen bezahlt hätte?

Die letzten Kilometer bis zu dem alten Haus über dem Schwimmbecken von Evigno kosteten viel Mühe. Eine Schmerzlinie, die sich auch bei längeren oder kürzeren Schritten nicht auflösen ließ, verlief von der rechten Schulter über die Rippen und den rechten Schenkel hinunter zum rechten Fuß, wo sie sich um die Knöchel schlang und auf dem Rist sich gabelte. Doch je peinigender jede Bewegung wurde, stehenbleiben durfte ich nicht, sonst würde ich nicht mehr von der Stelle kommen, desto lauter wurde ein Satz, der sich ständig ausrollte, so daß er beim steilen Anstieg zum Dorf hinauf, dessen Kirchturm sich Stück um Stück höher schob, sogar half, und keuchend und rennend stieß ich ihn in Gedanken immer wieder aus, wobei seine Umkehrung ebenso galt: Auch Trägheit kann zu Liebe werden! Auch Liebe kann zu Trägheit werden!

Ich flehte darum, denn begehrenswerter als Stillstand konnte Liebe nicht sein.

Oder wenn Liebe, erst geübt, dann vernachlässigt, träge würde, war auf sie Verlaß, bot Heimstatt, als läge sie blaß und ermattet in einem Liegestuhl, wohin ich gehörte.

Die Augen brannten, Hitze kroch über den Nasenrükken und schlug in den Mund. Auf Armen und den Handrücken hatten sich Salzkörner gebildet.

Die Liebe, flüsterte die Trägheit, sei ein Schubkarren, gefüllt mit einem Kadaver.

Die Trägheit, antwortete die Liebe, bürge für Dauer und Nachsicht, woraus Gewohnheit werde, ohne die wir stürben.

Die Romanpersonen hielten sich versteckt.

Ich klopfte und rief, die Tür blieb geschlossen. Andere Feriengäste, die im Haus wohnten, zeigten sich auch nicht. Nur aus dem Stall nebenan, wo die Hündin mit ihren Jungen lag, drangen Geräusche, als unterdrückte jemand ein Schluchzen.

Steif geworden, ging ich zum Schwimmbad. Ein paar Kinder sprangen stumm vom Rand immer wieder ins Bekken und tauchten, während das schaukelnde Wasser sie zu zappelnden Fröschen verzerrte, so weit sie konnten. Alle Sonnenschirme waren geöffnet, doch die Sitze darunter blieben leer. Auf einem ausgelegten Handtuch saß ein Mädchen und blickte mit tief gesenktem Kopf auf seinen Bauch, der sich schnell hob und senkte. Ich glaubte, die Atemstöße des Mädchens zu hören, das sich in der Mittagsglut und umgeben von einem Himmel, dessen Klarheit und Weite jede Empörung zerflattern ließ, vielleicht in Taumel versetzen wollte, damit die Einsamkeit gesprengt wurde.

Ich ging zurück zum Haus, die Tür war offen. Auf der Terrasse hatte Rosa in einen großen Eimer, der terrakottafarben war, Erde gefüllt und Äste, leere Plastikflaschen und zwei abgebrochene Moniereisen hineingesteckt, alles Funde von der Straße. Den Strauß schmückte sie noch mit Haarbändern, durchsichtigen Klebestreifen und einer silbrigen Schlangenhaut, die eine Viper abgestreift hatte.

In der Küche kochte ein Topf voll Nudeln, Bohnen und Reis, vermengt mit Öl und Gewürzen. Diesen Brei goß Rosa an ihre Pflanzung. Es sei sorgfältig hergestellter Dünger, sagte sie, schrie es beinahe, ich solle sie nicht stören. Wer etwas zu essen brauche, müsse sich selbst versorgen. Die Landschaft quelle über.

Rosa machte Aufnahmen, nicht zwei, drei, sondern sie photographierte ihr Werk mit einer automatischen Motorkamera, immer aus demselben Blickwinkel, bis der Film zu Ende war.

Nur so, sagte sie befriedigt, könne das Wachsen und Gedeihen in allen Phasen festgehalten werden, zum Beispiel wie eine Zopfmasche auf einem Stecken zu blühen beginne. Die Natur sei nicht mehr die Gefangene der Zivilisation.

Sie rauchte hastig und trank roten Aperitif. Das leere Fläschchen verflocht sie mit einem in dem Eimer hochstehenden Stück Maschendraht, das vor Vögeln schützen sollte.

Ich lobte jeden Einfall, sonst hätte Rosa wieder damit begonnen, daß sie das Gefängnis der Gewohnheiten verlassen habe, Haß und Ohnmacht miteinander stritten, sie kümmere sich nicht mehr um die Familie.

Mein armer, fremd gewordener Schatz, ich mußte ihn beschützen, doch wenn ich ihm zu Hilfe kommen wollte, blickte mich die Romanperson durch ihre Sonnenbrille, deren Gläser links und rechts zur Hälfte mit kleinen, ausgeschnittenen Portraitphotos von Angela und mir zugeklebt waren, feindselig an.

Ich hätte Uccellos Pferde entdeckt, sagte ich.

Sie interessiere sich nur für Hunde, erwiderte Rosa. Sie habe alle Welpen gekauft, der junge Bauer habe ihr die Hand geküßt.

Ich fragte, was sie mit den kleinen Tieren machen wolle?

»Mitnehmen!«

»In die Stadt?«

»Du wirst lernen, dich an Hunde zu gewöhnen. Deine Wut auf sie trifft nur dich selbst. Sie sind genauso böse oder gutmütig wie wir.«

Wir hätten aber eine alte Katze, sagte ich.

Werde sich umstellen.

»Niemals! Angelas Liebling stirbt.«

Wer Angela sei, fragte Rosa.

»Unsere Tochter.«

Diese laute Person, die immer störe? Das Kind leide an Verstopfung, weil es zu viel Milch trinke. Ich solle Fruchtsäfte kaufen, auch frische Feigen.

Rosa hatte sich abgewandt und photographierte von der Brüstung aus das nach der Mittagsruhe nun bevölkerte Schwimmbad. Sie hatte einen neuen Film eingelegt, der mit rasender Geschwindigkeit befördert wurde, so daß die drei Dutzend Aufnahmen, die alle dasselbe Motiv zeigten, aneinandergelegt wahrscheinlich wie ein verschwommenes Aquarell aussahen.

Ich solle die Hunde bringen, befahl Rosa.

Wo sie seien?

Im Stall! Männer hätten nicht nur eine kleinere Blase als Frauen, sondern auch ein kleineres Gehirn.

Daran hätte ich mich gewöhnt, sagte ich.

Ich ging in die Wohnung, wo es still und dunkel war. Durch die geschlossenen Fensterläden drang wenig Licht. Irgendwo tickten zwei Uhren um die Wette, als holten sie aus ihren Quarzherzen letzte Kraft, dann überboten sie sich und hielten für eine Weile, sich gegenseitig belauschend, inne, bevor sie ihren Streit von vorn begannen.

Schubladen und Schranktüren standen offen. Kleider, Wäsche und Schuhe lagen verstreut herum. In einem Sessel saß ein mit Pullover und kurzer Hose angezogenes Surfbrett aus Plastik für Kinder, dem ein Kissen als Kopf herabgerutscht war. Im Zimmer roch es nach Gas oder versengter Wolle.

In der Küche schwor ich mir, nicht mehr aufzuräumen wie seit Tagen, eher das Durcheinander aus aufgerissenen Tüten, zerschnittenen Zwiebeln, Öl, Puderzucker, Schnüren und Tüten noch zu verschlimmern, damit die Romanperson, deren Mann ich vielleicht einmal gewesen war, wieder zu Sinnen käme, als ich auf dem Hackblock ein Buch liegen sah. Ein roter Kugelschreiber steckte zwischen den Seiten. Ich schlug auf und las, wozu ich eine Taschenlampe benutzen mußte, weil das elektrische Licht nicht funktionierte.

Wenn Fabriken, Schulen und Ämter im Ferienmonat August geschlossen hatten und etwa ein Drittel der Bevölkerung sich in den Küstenregionen aufhielt, gab es dort oft Stromausfall.

Rosa oder meine verwandelte, verwunschene Frau, ich wußte nicht mehr, wer sich in wem verbarg, eine dieser Personen jedoch, obgleich beide, dessen war ich mir gewiß, Kriminalromane bevorzugten, hatte Hegels ›Naturrecht und Staatswissenschaft‹ in der billigen, vor 20 Jahren für revolutionäre Studenten auf den Markt geworfenen Pappausgabe nach Ligurien mitgenommen, und wo der Kugelschreiber eingeschoben war, stand:

»Bei Kunstwerken ist die den Gedanken in einem äußerlichen Material vorbildliche Form als so sehr das Eigentümliche des produzierenden Individuums, daß ein Nachmachen derselben wesentlich das Produkt der eigenen geistigen und technischen Geschicklichkeit ist. Bei einem schriftstellerischen Werke ist die Form, wodurch es eine äußerliche Sache ist, so wie bei der Erfindung einer technischen Vorrichtung, mechanischer Art – dort, weil der Gedanke nur in einer Reihe vereinzelter abstrakter Zeichen, nicht in konkreter Bildnerei dargestellt wird, hier, weil er überhaupt einen mechanischen Inhalt hat, – und die Art und Weise, solche Sachen als Sachen zu produzieren, gehört unter die gewöhnlichen Fertigkeiten. – Zwischen den Extremen des Kunstwerks und der handwerksmäßigen Produktion gibt es übrigens Übergänge, die bald mehr, bald weniger von dem einen oder dem anderen an sich haben.«

Die Banalität der monströsen Sätze war erschütternd. Daß die Herstellung eines Hackblocks sich von dem eines Gemäldes in Form und Fertigkeit unterschied, unabhängig von ihrem Nutzwert, verleitete niemanden zu größerer Neugierde. Und ein Buch setzte ebenso Fleiß und Übung voraus, wie es bei mechanisch erzeugten Gegenständen der Fall war.

Oder wollte Rosa mit der Textstelle auf etwas ganz anderes hinweisen? Entnahm sie Hegels Dialektik, daß der gekochte Brei aus Nudeln, Bohnen und Reis als Urschlamm dem erfundenen Gesträuch der Stecken ohne Wurzeln, der leeren Plastikflaschen, breiten Klebestreifen und Zopfmaschen überraschendes Wachstum reproduzierte? Eins entwickelte sich aus dem anderen, das Grobe aus dem Gekochten, das Feine aus der Tunke, ein späteres Blühen aus dem Dürren?

Oder aber sollte kategorisch festgestellt werden, die Zeit ziviler Bescheidenheit sei vorüber? Sitten und Maße tauschten ihre Plätze, die Nacht verlängere sich, der Tag werde abgekürzt, und wer sich verirre, solle das gründlich tun?

Auf die Terrasse zurück wagte ich mich nicht. Ich rief nach Angela, Rosas Tochter, dem Romankind.

Es schwieg. Hatte es sich zum Schwimmbad geschlichen, um Rosas fanatischer Verzauberung auszuweichen? Hinter einer Tür hustete jemand.

»Mach auf«, beschwor ich das Kind.

Es antwortete nicht. Schließlich griff ich nach der Klinke; die Tür war offen.

In ihrem Bett saß Angela und hatte die Kopfhörer des

Walkman übergestülpt. Sie sang, sich hin und her wiegend, leise eines ihrer Lieder, deren Text aus einem lautmalerischen Englisch und unbekannten Namen bestand, mit denen sie zwischendurch zankte, oder sie verfiel in ein Gespräch, das Landschaft, Haus, Tiere, andere Geister und Erlebnisse einbezog. Licht, das durch die gelben Vorhänge flutete, erfüllte das Zimmer mit wehendem Schein.

Ob sie nicht aufstehen und mit mir Eis essen wolle, fragte ich. Ein Lieferwagen habe neues zum Café beim Schwimmbecken gebracht.

Sie schüttelte den Kopf.

Ihrer Mutter gehe es nicht gut, sagte ich.

»Was ist«, rief sie, kurz ihren Walkman ausschaltend.

Einer der Welpen kroch unter dem Kopfkissen hervor und hinterließ einen Streifen aus Nässe und Kot.

»Türe zu«, schrie Angela.

Ich tat, wie befohlen. Jeder Widerspruch hätte das Kind nur noch mehr in Zorn gebracht, und vielleicht wäre auch Rosa herbeigeeilt, um aus dem Anlaß eine wütende Diskussion zu entfachen.

In der Küche auf dem Hackblock lag zum Trost Hegels ›Naturrecht‹. Unter Paragraph 68, wo der eingelegte Kugelschreiber lag, stand eingangs zu lesen:

»Das Eigentümliche an der geistigen Produktion kann durch die Art und Weise unmittelbar in solche Äußerlichkeit einer Sache umschlagen, die nun ebenso von andern produziert werden kann; so daß mit deren Erwerb der nunmehrige Eigentümer, außerdem daß er damit sich die mitgeteilten Gedanken oder die technische Erfindung zu eigen machen kann, welche Möglichkeit zum Teil bei schriftstellerischen Werken die einzige Bestimmung und den Wert des Erwerbs ausmacht, zugleich in den Besitz der allgemeinen Art und Weise, sich so zu äußern und solche Sache vielfältig hervorzubringen, kommt.«

Es war, als huschte die Furie Metamorphos durch den

Raum, denn Hegel, dieser nachahmliche, hölzerne Gelehrte, beschrieb nur, was gedacht oder erlebt wurde und auch anderen methodisch nützlich war, weshalb meine Anwesenheit die Wut Angelas, des Romankinds, steigerte. Jedoch die Schläge, von denen ich am Ende getroffen worden wäre, hätte eindeutig meine Frau ausgeführt, mit der ich nach Ligurien gefahren war.

Die Ferien, auf die wir uns gefreut hatten, verdunkelten sich. Wer sich verlor, fand sich an falscher Stelle wieder und kämpfte sogar um seine Ängste, die ihn beherrschten.

Ich duschte und aß einen kalten, süßen Brei, der vielleicht Dünger für ein Pflanzengebilde hätte werden sollen, aber als dafür nicht geeignet eingestuft worden war.

Mutter und Tochter nahmen das Auto und fuhren hinunter zur Küste. Sie würden wieder Kleider, Sonnenbrillen, Konservendosen, auch Knoblauchringe und verschiedene Modelle von Badesandalen kaufen, vor allem ein halbes Dutzend entwickelter Filme abholen, deren Bilder immer dasselbe zeigten, phasenweise minimal verschoben, als verberge sich darin die Sicht auf ein Geheimnis, dessen Entdeckung endlich Erlösung bringen sollte.

Den Welpen vom Kopfkissen brachte ich zu der Hündin in den Stall, die, obzwar mit dem Schwanz wedelnd, plötzlich nach mir biß. Als Dauerläufer war ich gegen Tetanus, Fleckfieber, Malaria, Cholera, Pocken, Diphtherie und Pertussis, pastoralen Keuchhusten, geimpft. Zum Gewöhnen an Exotik gab es zwei Wege: Entweder sich sofort den Mikroben der Garküchen und verwundeten Seelen aussetzen oder darben.

Irgendwann würde es gelingen, weitab, zum Beispiel in Pamir, neben einem Scheiterhaufen, auf dem gerade ein Toter verbrannt wurde, dessen Fette und verrußte Knochenteilchen in einen Gebirgsfluß tropften, Wasser zu trinken, ohne verseucht zu werden.

Nachts kamen die zwei Romanpersonen zurück. Sie

hatten Pizza mitgebracht, mehrere Schachteln voll. Was nicht gegessen wurde, erhielten Hunde, Katzen und Esel, ordnete Rosa an.

»Und das Mammut«, sagte ich.

»Wer?«

Ich hätte in der Felswand eines ausgetrockneten Wasserfalls einen Rüssel, den Kopf und ein Ohr gesehen.

Rosa wollte sofort dorthin.

Sie könne nicht klettern, entgegnete ich, außerdem reiche das Blitzlicht ihres Photoapparates nicht weit genug.

Wutschreie, Güsse aus Olivenölflaschen, danach ein unablässiges Wischen mit Toilettenpapier über den Terrazzoboden, weshalb Angela sich wieder in ihr Bett setzte, Musik aus dem Walkman hörte und mit ihren Geistern sprach. Die Tür mußte geschlossen bleiben.

Rosa packte die ganze Nacht Tüten voll oder sie schüttete den Inhalt noch mal aus, um ihn in Koffer und aufgerissene Taschen zu stopfen, wo er ebenfalls nicht richtig lag, weshalb sie alles auf die Terrasse schleppte, den Ort für Feuer, Übersicht und Dauer, wie sie erklärte.

Von den anderen Feriengästen im Haus war nichts zu hören. Entweder hatten sie sich verkrochen, oder sie waren abgereist.

Ich wickelte mich in eine Decke und schlief im Wohnzimmer auf einem kurzen Sofa. Rechnungen wegen Lärm und gründlicher Reinigung würden erst später eintreffen, wenn das Scheckbuch wieder neue Blätter hätte.

Am nächsten Morgen erkundete ich das Gebirge, stolperte verschlafen über Steige durch Eichenwälder, zählte Kartuschen an einem Schießplatz und, es war nicht zu unterdrücken, weinte ein bißchen, achtete allerdings darauf, ob die Tränen, während sie über die Backen rannen, wo sie, Salze sammelnd, noch dicker wurden, senkrecht fielen oder von irgendwelchen Insekten, die um mich schwirrten, eingefangen wurden wie zum Trost.

Uccellos Pferde sah ich nicht mehr. Aus einem vernebelten Tal war nur ein Muhen zu hören. In der Mauerlücke eines Trullos steckte eine Flasche. Sie war halb gefüllt. Als ich den Korken herausdrehte, roch es nach Diesel oder Radschmiere eines Lastenlifts, der Hirten in ihrer Einsamkeit mit Lieferungen versorgte.

Weiter oben war ein Pfad durch Felsen gesprengt worden. Auf einem in Leerlauf geschalteten Motorroller kam ein dicker Junge entgegen. Er versuchte, auch mit ausgestreckten Füßen zu bremsen.

Ich fragte ihn, ob er etwas zu trinken habe?

In einem Korb hatte er eine Flasche Mineralwasser dabei. Wohin die notdürftige Straße führte, wußte er nicht. Er war zum ersten Mal so weit heraufgefahren und traute sich nicht weiter.

Wolken stürmten über den Grat und fielen über uns her. Ich hörte nur noch das Klappern der Vespa, die über Steine holperte, dann begann der Wind zu flüstern, wurde lauter und mehrstimmig, und weiße Schwaden jagten vorüber, als trieben sie Beute vor sich her. Ich mußte mich beeilen, sonst würde ich mich verirren.

Kälte und Feuchtigkeit nahmen zu. Bei zu schnellen Sprüngen abwärts konnte ein Fuß umknicken, oder wenn ich fiele und mir das Bein bräche, müßte ich stundenlang kriechen, um nicht zu erfrieren.

Die Milz, dachte ich, ein bedeutungsloses Organ, es wird mich beschützen und geleiten. Früher wurde es Schwamm des Teufels und Sitz der Seele genannt, auch das innere Auge für den, der Blut verliert.

An einem steilen, kahlen Hang kürzte ich ab, hüpfte in Kehren von einer Grasscholle zur anderen, landete manchmal in vertrockneten Kuhfladen und hoffte, diesen Markierungen immer wieder zu begegnen. Die dichten Wolken verhinderten jede Sicht.

Blieb ich stehen, teilte sich der Sturm in vielfache

Stränge, begleitet von Bläserchören, Harfen und Kesselpauken, aus denen einzelne Stimmen kreischten, die sich in Spalten und Wurzelwerk verfingen. Es war ein gewaltiges, symphonisches Werk, das Arnold Schönbergs Oratorium, die Gurre-Lieder, hätte sein können, an denen der Komponist ein Jahrzehnt lang gearbeitet hatte, und da 400 Musiker dafür benötigt wurden, war es bisher nur dreimal aufgeführt worden. Aber jetzt tobte es, ohne von einem Dirigenten in Zaum gehalten zu werden, aus verschiedenen Richtungen vorüber, ballte sich und explodierte im Schlußchor, dessen Motto lautete: Sehet die Sonne.

»Seht sie doch«, rief ich. »Sehet sie!«

Der Appell war viel zu leise. Die Sonne steckte hinter Wolkentürmen und grimassierte. Allein ein Strommast, den der Nebel enthüllte, gab Orientierung.

Die Lieder verstummten, es begann zu regnen, und aus dem nächsten Tal ertönten Autohupen, freundliche Musik. Die Milz, der Amboß des Blutes und ein Fänger bakterieller Übel, sie verhielt sich standhaft und stabilisierte. Unten beim Schießplatz angekommen, kannte ich mich wieder aus.

Rosa hatte im Haus das Wohnzimmer abgeschlossen. Es sei, sagte sie, für Tiere reserviert.

Verständnisvoll meinte ich, wenn ihr Wohlbefinden davon abhänge, könnten wir bis zum Ende der Ferien nicht nur die Welpen, sondern auch die Hündin durchfüttern.

»Oh, nein«, erwiderte sie. »Die Tür zur Terrasse ist auf. Grillen, Würmer, Schmetterlinge, Bienen und Schlangen sollen kommen. Ich habe Milch- und Honigtöpfchen aufgestellt. Alle Gäste des Bergs sind eingeladen.«

»Und wohin gehen wir?«

»Ich schlafe in der Badewanne.«

»Wir haben doch Doppelbetten?«

»Die Hunde mögen den Stall nicht mehr.«

Ob der Hirte mit dem Esel auch einziehe?

Sie öffnete das Wohnzimmer, doch bevor ich einen Blick

hineinwerfen konnte, schloß sie die Tür wieder. Der einzige Zugang zur Terrasse war nun auch versperrt.

Abends kochte Rosa, versöhnlich gestimmt, einen großen Topf voll Grießbrei, von dem alle, wie sie forderte, nehmen sollten.

Angela wollte nichts, gab sich in ihrem Bett, während draußen ein biblischer Abend Himmel, Täler und Meer verklärte, der Kassettenmusik hin. Ich sah vorsorglich nach, ob Rosa mit Zucker und Zimt bestreuten Brei als Lockspeise für Ameisen und Tausendfüßler auf Fensterbänke gestrichen hatte.

Nachts starb eine Welpe, doch keinerlei Klagen wurden angestimmt, der kleine, noch warme Kadaver war nur draußen auf die Treppe gelegt worden.

Im Schwimmbad waren die Lichter unter Wasser noch eingeschaltet. Das Becken leuchtete wie ein Landeplatz für neugierige Wesen, vielleicht fliegende Hunde oder andere Segler ohne Federn.

Am nächsten Morgen war, als ich aufwachte, die verwüstete Wohnung leer, aber das beschädigte Auto stand noch im Hof. Wenn die beiden nicht mehr kalkulierbaren Romanpersonen den Berg erforschen wollten, um Relikte für magische Kunstwerke zu sammeln, mußte ich Mutter und Tochter einholen, denn die Hitze würde bald unerträglich. Zwei Wasserflaschen, die ich mitnahm, pochten schmerzhaft bei jedem Schritt im Bauchgurt gegen die Hüften.

Auf dem steinigen Ziehweg zum Schießplatz hinauf war niemand. Ich rief und horchte, doch erhielt keine Antwort. Nur manchmal ließ sich ein leises Klatschen wie höhnischer Beifall vernehmen.

Eine halbe Stunde später oben im verkrüppelten Eichenwald, wo es keine Pfade mehr gab und über von dorniger Macchia bewachsene Terrassen geklettert werden mußte, schlug ein losgerissenes Kabel des Lastenlifts, bewegt von einer Brise, gegen einen Baumstamm. Bis in diese Höhe hatten sich Rosa und Angela sicher nicht gewagt. Eher waren sie auf der Straße nach Roncagli oder Diano Arentino hinunter marschiert und photographierten Madonnen in Kapellen, verwunschene Astgabeln oder Glassplitter, die auf einer Kreuzung lagen.

Ich fing zu klettern an, überquerte eine Flanke aus Felsplatten, gewann an Maß und Übersicht, und sobald ich traben konnte, trocknete der Schweiß auf der Brust und im Gesicht.

Der Blick schweifte über Grate, gleichzeitig prüfte er Schritte voraus, wohin ich treten konnte, und Bekömmlichkeit, während das Herz vertraut klopfte und der Atem stoßweise ging, vereinte Körper und Seele, so daß Ruhe und Selbstgewißheit einkehrten.

Durch eine Scharte ging es steil hinauf, und wenn die Tritte kleiner wurden, pendelten die Arme stärker aus. Ich sah nur noch Grasbüschel und Steine, bis ich oben auf dem Pizzo Evigno war, wo eine Madonna auf einem Sockel stand. Der Wind wurde kälter, putzte die Berge blank, die sich in Wellen gegen Norden erhoben.

Die Unrast trieb weiter. In Kehren lief ich zum Sattel hinunter und an der anderen Seite wieder aufwärts zum Pizzo Aguzzo, den ich vor Tagen im Nebel verfehlt hatte. Eine weiße Kuh schritt vorüber und schaute mich mit ihren großen, feuchten Augen gleichmütig an, als sei der Tod, den sie nicht kannte, vielleicht ein vertrockneter Fladen, der von ihr stammte.

Es dauerte Stunden, über Wege wieder hinabzugelangen. Stumpfheit und Trauer beschützten, so daß die Strecke sich allmählich aufzulösen schien und ich einverstanden gewesen wäre, immer weiter zu laufen, schließlich in die Nacht hinein, damit ich nicht mehr zurückkehren mußte.

Bei einer Jagdgesellschaft, die Zelte aufgeschlagen hatte und ein zerlegtes Wildschwein briet, bekam ich Wasser, doch nur für eine der zwei Flaschen, die längst leer waren.

Irgend jemand lachte und tippte sich mit dem Finger gegen die Stirn.

Ich nickte, wollte aber kein Stück Fleisch. Es wäre zu einem unverdaulichen Klumpen geworden und hätte den Magen noch wunder gerieben.

Unten im Tal, als geteerte Straßen begannen und die Hitze sich in den Nacken einbrannte, war ich froh, noch nicht zu Hause zu sein. Es würde durch Dörfer und Kurven wieder bergaufwärts noch mehr als eine Stunde dauern. Wieviel Schmerz brauchte ich, um am Leben zu bleiben?

Monate später stand ich in einem Zugabteil an einem Fenster und blickte hinaus, ohne die winterliche Landschaft zu sehen, die vorüberflog. Plötzlich spürte ich mit einem warnenden Gefühl, daß ich keinerlei Schmerzen hatte, nirgendwo im Leib. Zuerst stellte sich Panik ein, dann Verwunderung. Mir fiel das weiße Rind vom Berg ein, das mich angeblickt hatte, als sei ich nicht da.

Bei Barthold Heinrich Brockes, der von 1680 bis 1747 gelebt und neun Bände Naturlyrik mit dem Zusatz im Titel, es seien physikalisch-moralische Gesänge, geschrieben hatte, las ich nach:

Auf bunt beblümt und dick begraster Erde
erblickt ich jüngst in der gehörnten Heerde
ein Bild des Friedens und der Ruh.
Ich sah dem sanften Wiederkäuen,
ich höret ihm zugleich mit Anmuth zu,
und mußte mich recht hertzlich drüber freuen.
Wie lieblich läßt es nicht,
wenn sie mit halben theils, theils ganz geschlossenen Augen
den ausgedruckten Safft voll sanffter Wollust saugen;
mit den beweglichen behaarten Ohren spielen,
und mit dem schlanken Schweif, sobald sie Fliegen fühlen,

um sie, zusammt dem Schwarm der Mücken zu verjagen,
mit regen Kreisen stets die glatten Seiten schlagen.
Der Farben Unterschied vergnüget das Gesicht:
wie angenehm, wie lieblich, läßt es nicht,
wenn man an dieser hier
ein glattes Schwartz, an der ein glühend Roth erblicket;
wenn eine bläulich graue Haut
dort eine Kuh, und sie, die Wiese schmücket.
Absonderlich wird nicht ohn Anmuth angeschaut,
wenn schwartze bald, bald rote Flecken
von mancher weißen Kuh die hell bestrahlten Seiten
mit mancherley Figuren decken.
Recht herrlich glänzten die, so scheckigt sind,
von weiten.
Die schön gehörnte Stirn ist an den Meisten weiß,
wopbey das schwartze Maul in seiner feuchten Glätte,
gar offt, als ob man es mit Fleiß
mit Leibfarbe nett umstrichen hätte,
recht artig anzusehn.
Wenn sie das frische Gras
mit scharffen Zungen mähn,
erregt jed Biß ein rauschendes Getön,
womit sich wechselweis ein starckes Schnauffen mengt,
das Dem, der sich dabey ins kühle Gras gestreckt,
ein nicht unangenehm Getös erweckt.

Solche Gelassenheit war nicht mehr möglich. Zerrissenheit durch Wissen, doch auch Komik, die schon Brockes eingeflochten hatte, nahmen zu, da Gott als Erbauer des Himmels fehlte. Dort oben gab es nur noch physikalische Räume, gekrümmt infolge Massenschwere und langer Brennweiten, an deren Optik noch ganz andere Wellen vorüberstürmten, daß selbst fernste Galaxienströme zu Straßendörfern wurden.

Ein einsames Gehöft zur Mittagsstunde; die komplizierte Entfaltung einer Schirmblüte; die Meßwerte einer

Wolke hinter einem Kirchturm? Die schönen Abschweifungen ordneten zwar an manchen Stellen das Chaos, aber realistische Sicht erzeugte trotzdem nur Trauer.

Damals hätte ich den beiden entsprungenen Personen gern den Berg gekauft, damit Mutter und Tochter dort bleiben könnten. Rosa wäre es möglich geworden, ihrem Wahn mehr Gestalt zu geben, indem sie z. B. zwanzigtausend Silberstifte ausgrub und der Grenzstadt Ventimiglia schenkte. Der phantasielose Name stammte aus der Römerzeit. Und Angela hätte vielleicht mit ihrem Kassettenrecorder die Musik der Grillen aufgenommen und ein wenig zerhackt, indem sie mit dem Vor- und Rückwärtsschalter spielte.

Erst am letzten Ferientag fuhren wir ab; Geld oder Schecks hatten wir nicht mehr. Im Hof stapelten sich Essig- und Olivenölflaschen, Waschmittelkartons, Nudelpackungen und Kilodosen voll Frühstücksfleisch der Firma Simmenthal.

Wie es mir gelang, den Pflanzenkübel, in dem dürre Zweige, die noch nicht ausgeschlagen hatten, steckten, darauf Plastikflaschen gestülpt, deren Blüte auch auf sich warten ließ, über Treppen, Stiegen und durch eine Gasse zum Auto zu tragen, weiß ich nicht mehr. Erbitterung, zugleich ein Streifen Hoffnung mußten bestialische Kräfte erzeugt haben.

Der Kübel hatte, während Dünger aus Dinkel-, Weizen-, Reisbrei und Fruchtzucker aus ihm floß und wie nach Schweinekot roch, nur gekippt im Heck des Kombiwagens Platz. Aber noch gab es genügend Raum für italienische Schülerfibeln, Koffer und verschnürte Pakete, kostbare Gestecke, Tüten voll Müll oder für eine aufgestöberte, nicht mehr funktionierende Nudelmaschine, deren Verrottung, erinnerte ich mich, später dem Rost der Riegel glich, als ich am Fenster in der Eisenbahn keine Schmerzen spürte.

Auch Angela hatte Kartons gepackt, die mitgenommen

werden mußten. Ich stapelte den Dachträger voll und spannte darüber eine Spinne, kreuzweise verlaufende, gummierte Schnüre. Sie langzuziehen und ihre Haken einzurasten ähnelte dem Kampf eines türkischen Ringers.

In der Glut gegen Mittag fuhren wir los. Zurück ließen wir Waren für etwa tausend Mark, die den nächsten Insassen der Herberge gehören sollten. Etwa zweitausend Photographien fanden zuletzt, obgleich Rosa, die unbedingt auf leeren Kisten sitzen wollte, deshalb den Kopf einziehen mußte, in ihrem Schoß Platz.

Den rechten Scheinwerfer, der noch brannte, ließ ich eingeschaltet, damit wir gesehen wurden.

Unten an der Küste fuhr ich Richtung Ventimiglia falsch, dann über Autobahnverteiler zurück, bis Tunnels begannen.

Es gibt davon 37 Stück, die letzten hinter Genua. Rosa wollte, auf ihren Kisten wie ein Fötus zusammengekrümmt, immer wieder aussteigen und winkend auf die Gegenfahrbahn laufen, wo sie überrollt worden wäre. Oder ich mußte anhalten, weil sie Wasser brauchte mit, wie sie schreiend erklärte, drei Tropfen Öl und einer Prise Salz.

Über Brücken gab ich Gas, da Rosa, nach hinten schlagend, wo Angela saß, schon wieder »halt, halt« rief. Seither sind Geländer über Schluchten keine Gelegenheit mehr, eher wird es der segelnde Schlaf mittels ummantelter Pillen sein.

Wenn sich Rosa auf der Autobahn erbrechen wollte, gelang es nur Angela, vielleicht dank der Geister, mit denen sie während der Ferien gesprochen hatte, diese grausam veränderte Person zu bändigen, indem sie Rosas Kopf an sich drückte und ihr ein Handtuch vorhielt.

Mir sagte sie, ich solle parken und hundert Meter nach hinten gehen, was ich, damit dieser Übeltäter, dieser Müllmann, der an allem schuld war, nicht mehr gesehen wurde, tat. Dort saß ich in der Hocke und wartete.

Einmal kam ein Polizist auf einer Motoguzzi vorbei und fragte, ob etwas pericoloso sei.

Nein, nein, erwiderten wir, nur dolore im Herzen und in der comodità; falsch, nix Gemütlichkeit, wir meinten Gemüt, ein Wort, das es in den meisten Sprachen nicht gibt.

Der Streifenpolizist fuhr erleichtert davon, daß er nicht eine Fracht verzweifelter Touristen zur nächsten Sanitätsstelle geleiten mußte.

Nach den Tunnels fing die Hitzeebene von Alessandria an, wo die Autostrada nach Osten abzweigte.

Falls der Tod mitfuhr, gewährte er einer Person wie mir, die aus Furchtsamkeit in gefährlichen Situationen umsichtig wurde, noch Dispens.

Ich sprach nur leise, sagte zu Rosa, sie dürfe nicht so laut werden, sonst verunglückten wir, und dieser erbarmungswürdige Knäuel, dieses zusammengekrümmte Bündel, das unentwegt schrie, es wolle sterben, sterben, gab sich Mühe, immer wieder Not, Jammer und Entsetzen in Weinen zu verwandeln.

Einmal mußte ich Benzin tanken. Rosa ging, notdürftig ein Schleiertuch um ihren Badeanzug geknüpft, an der Hand von Angela in die Stazione di Servizio. Als ich endlich dort war, stand Rosa an der Bar und verlangte immer wieder heftig nach einem Glas Wasser tiepido, lau, mit ein bißchen sale e olio, solamente tre gocce, Tropfen.

Öl gab es nicht, was Rosa erbitterte, denn in Italien gebe es überall Öl, im Gebirge, auf dem Meer, in Kirchen, auch an Tankstellen.

Alle Gäste waren aus Vorsicht oder weil das Irresein ihnen noch wie heilige Entrückung dünkte, zurückgewichen, nur ein bärtiger Mann sagte, diese Frau brauche medizinische Hilfe, er würde uns zum Hospital von Alessandria vorausfahren.

Nein, niemand, mochte ich gerufen haben, nessuno! Das Wort klang abweisend, fast vernichtend.

In einer Klinik wäre Rosa als Geisteskranke behandelt worden, hätte irgendwo in einem Saal gelegen, niedergestreckt von Dämpfungsspritzen, und Angela wäre es gelungen, sich genügend dramatisch aufzuführen, damit sie nicht von ihrer Mutter getrennt wurde. Hätte ich gegenüber dem Hospital als Fakir so lang einen Sitzstreik veranstaltet, bis auch ich eingeliefert worden wäre?

Wir fuhren in der Hitze den ganzen Tag, aßen nichts, tranken manchmal aus Wasserflaschen und hörten zu, wie der Wind am Gepäck auf dem Dach rüttelte. Das Auto schwankte, und wenn es holprige Fugen zwischen den Betonplatten der Strecke gab, erfolgten Stöße im Takt eines unbekannten Marsches, den vielleicht Angela kannte. Sie hatte sich wieder die Kopfhörer ihres Walkman übergestülpt.

Rosas Schreie waren leiser geworden. Manchmal senkte sie den Kopf und seufzte. Ich wollte ihr die Hand reichen, doch sie stieß sie zurück. So fuhren wir dem Abend entgegen, dann durch die Nacht, wurden auf dem Paß Brenner, obwohl unser ramponiertes und überladenes Auto einer Kutsche Asylsuchender glich, von den Zöllnern nur durchgewunken, und noch Stunden auf der österreichischen, später deutschen Autobahn beschützten uns Engel, die schon den ganzen Tag geholfen hatten.

Ich spürte weder Müdigkeit noch Zweifel, wußte, daß wir zu Hause ankommen würden, denn der böse, zugleich gutmütige Zauber, der vorauseilte, überwältigte auch entgegenkommende Fahrzeuge, so daß sie, von Strahlen unseres schrägstehenden Scheinwerfers geblendet, nicht mit der Lichthupe antworteten, sondern wie geduckt auf der anderen Seite passierten. Ich bildete mir ein, Segenswünsche zu hören.

Angela schlief, Rosa saß aufrecht mit offenen Augen und schwieg. Kühler Wind, der durchs offene Fenster brach, heulte und psalmodierte, bevor er in Lücken zwischen den Stapeln im vollgestopften Heck sich verlor.

Die Stadt war leer. Zwar muteten bekannte Straßen noch fremd an, aber vor roten Ampeln, während der erhitzte Motor klopfte, ließ die Anspannung allmählich nach.

Als wir daheim in den Hof einfuhren und dabei das zu schwere Auto mit dem Auspufftopf über die Schwelle schrammte, verwandelten sich die beiden Romanpersonen bei dem Getöse in jene zurück, die sie früher gewesen waren: Frau und Tochter.

Willkommen, mochte ich geflüstert haben.

Training

Der Winter fand nicht statt. Es regnete, meistens schien die Sonne, die Flüsse führten kaum Wasser. Ein süßlicher Geruch trieb über die Wiesen im Englischen Friedhof, und manchmal lief ich morgens wie durch Ausdünstungen einer endlosen Begräbnisstätte.

Windhunde bellten, hetzten näher, wurden von einer bunt angezogenen Frau dafür gelobt.

Ich rief, sie solle ihre Köter an die Leine nehmen!

Antwort: Das seien auch Lebewesen und hätten ein Recht.

Entgegnung: Die Hunde kackten und pißten die Gegend voll.

Antwort: Dös sei wos anderes.

Mit dem Kampfruf ›dumm und bayerisch‹ rannte ich davon, wurde gottseidank nicht verfolgt.

Am nächsten Morgen umkreisten mich am Schuttberg des Olympiageländes fünf Hunde, die zwei Frauen gehörten. Stehenbleibend bat ich wütend, die Hunde zu entfernen, worauf die Frauen sagten, ihre Tiere würden nur spielen.

Dann biß mich eine der nervösen, überernährten Kostbarkeiten in die Wade. Und wahrhaftig, rote Tropfen sikkerten aus einem Riß im Hosenbein.

Blut, rief ich, Blut!

Die Frauen sagten, keiner ihrer Hunde habe es getan. Es sei unmöglich.

Ob eine sich bückende Eibe mich mit ihren Zweigen verletzt habe?

Die beiden verspäteten Blockwärterinnen oder Lagerkommandantinnen beharrten darauf, ihre Lieblinge seien nur übermütig.

Lächerlich wäre gewesen, die Frauen aufzufordern, mit zur nächsten Polizeistation zu gehen, von der ich gar nicht wußte, wo sie sich befand. Hätte ich die Hundehalterinnen an den Haaren dorthin schleppen sollen?

Seither trage ich eine Sprühdose voll Reizgas mit mir, die ich noch nie benützte, denn würde ich einen Schäferhund oder Rottweiler, der angriffe, damit niederstrecken, verfolgte mich die aufheulende Rotte der Besitzer, gegen die nur noch ein Beil oder ein im Kreis geschwungener Zaunpfahl hülfe.

In den Englischen Friedhof wieder ausweichend, traf ich eines Morgens auf zwei alte Männer, die ihre Hunde ausführten. Als die Tiere sich begegneten, gingen sie sofort aufeinanderlos und verbissen sich ineinander. Die Herrchen zerrten an ihren Kötern.

Der eine alte Mann rief: »Seit fünfundzwanzig Jahren …«

Der andere schrie: »Was ist das für eine Bestie?«

Der eine: »Seit fünfundzwanzig Jahren bin ich …«

Der andere: »So ein aggressives Scheusal!«

Der eine: »Ich bitte Sie, seit fünfundzwanzig Jahren bin ich hier mit meinem …«

Der andere: »Wenn Sie nicht sofort … oh, er blutet!«

»Meiner auch!«

»Ich schlage ihn tot!

»Jetzt ist es genug! Sie täuschen sich!«

»Ich? Niemals!«

Gekläff, Jaulen und Knurren wechselten einander ab. Froh lief ich davon und hoffte auf Ausrottung, obgleich Hundehaltern nie getraut werden konnte. Im Notfall verbündeten sie sich, wenn, wie der uralte Philosoph Moritz Tuch gesagt hatte, der Pudding zum Beweis des Essens herhalten müsse.

Anfang Dezember fiel Schnee. Ich konnte meinen hellblauen, innen wattierten Hoffnungsanzug aus dem Schrank holen. Schon nach ein paar Tagen waren die Wiesen wieder grün, und brennendgelbe Laubteppiche leuchteten unter einem hohlen Föhnhimmel. Das Wetteramt meldete, Wolken gebe es nur an der Südseite der Dolomiten, während die Ozonwerte in Nordfriesland anstiegen. Die Landbevölkerung dort gerate in Gefahr.

Schließlich besänftigte Nebel, der Bäume und Sträucher einhüllte und in Schwaden über den Boden strich. Eichhörnchen blieben, wenn ich ihnen begegnete, verdutzt sitzen und bogen ihren Schwanz. Dagegen überholte ein lediges Pferd mit verrutschtem Sattelzeug und trug eine Verzierung am Kopf, als sei es ein Einhorn.

Mehrmals kam ich in der Frühe an einem singenden Wasserrohr vorbei. Stoßweise ergoß sich aus ihm milchige Brühe in einen Bach. Manchmal blieb ich stehen und zählte die Frequenzen mit, doch fand nie Anschluß. Irgendwo würde aber auf der dritten oder fünften Schleife der Räume ein verirrter Hase seine Löffel hochstellen und an Wochenenden den Rundfunksender YLE aus Helsinki hören, die ›nuntii latini‹, fünf Minuten neueste Nachrichten in Latein, einzustellen auf 11 755 kHz/25 m oder 9560 kHz/31 m, samstags um 8.40, 16.25 und 23.55 Uhr, an Sonntagen um 8.50 Uhr.

Es regnete und gefror sofort. Die Wege wurden zu Eisbahnen. Daneben sprossen durch Rauhreif die Gräser.

Eine starkgeschminkte Frau kam winkend über die Wiesen entgegen. Sie fragte, ob ich ein Tempotaschentuch dabei habe? Von ihren dickgetuschten Wimpern liefen schwarze Tränen herunter.

Ich versuchte Körnchen, die sich zusammengeballt hatten, ihr aus den Augenwinkeln zu reiben, aber es mißlang. Nur noch Weinen würde helfen.

Die Welt sei gräßlich, sagte die Frau, falsch eingerichtet, nichts passe. Manchmal regne es Buchstaben, doch sie ließen sich nicht zusammensetzen, zerbrächen in der Hand.

Die Frau hatte eine Wolke aus Parfüm um sich, die auch der Wind nicht zerteilte, und wenn sie sprach, strömte aus ihrem Mund, in dem mehrere plumpe Goldzähne saßen, ein Geruch nach Bittermandel.

Der Klempner habe falsch gearbeitet, sagte sie. Der Riß lasse sich nicht schließen.

Wen sie meine? Zahnärzte gebe es überall.

»Nein«, rief sie, »es ist der Demiurg! Er jagt mich durch die Parkanlagen, vertreibt Hunde und Vögel und verlangt nach einem Opfer.«

Ob sie Sehnsucht nach einer Apokalypse habe?

»Ja«, antwortete sie, »aber sie tritt nie ein.«

Inzwischen stützte sich die Frau auf mich und preßte ihr mit Make-up und Rouge bedecktes Gesicht an meines. In ihren aufgerissenen Augen sah ich geplatzte Äderchen, die ein rotes Muster wie von einer begonnenen Stickerei bildeten.

Ich hielt die Nähe nicht mehr aus, hatte Mühe, mich zu befreien. Die Frau warf sich zu Boden, griff nach meinen Beinen, bat schreiend, ich solle sie begleiten, zur nächsten Brücke, auf den nächsten Turm, ins Salzbergwerk oder zur Eisenbahn!

Entsetzt rannte ich mit losen Schnürsenkeln, die die Frau inzwischen aufgezerrt hatte, davon.

Auf einer Gottesgeraden entlang dem Mansuriya-Kanal unterwegs, als die Straße zu einer Buckelpiste geworden war, brach die Sonne durch den Dunst. Ich zog den Pullover aus und wickelte ihn um den Bauch.

Beim Start in der Frühe neben der Cheopspyramide, die wir schon vom Bett aus gesehen hatten, war es sehr kalt gewesen, und die wenigen Läufer, darunter zwei Finnen, zwei Amerikanerinnen und zwei Schweizer, die im Nildelta als Saatgutreiniger arbeiteten, waren ungeduldig geworden, bis sie endlich loslaufen konnten, auf die Strecke geschickt von einer ehemaligen Schönheitskönigin aus Atlanta. In einer langen Schlinge hatten wir die Hochebene überquert, vorbei an der Chephrenpyramide, deren Spitze wie vergletschert aussah, dann kehrten wir zur Cheops zurück, und in ihrem eisigen Schatten war es hinab zum Sphinx gegangen, wo es zum ersten Mal Wasser in Flaschen gegeben hatte. Den Verschluß mußten wir zur Garantie, daß das Wasser frisch war, selbst aufreißen, doch wahrscheinlich war es Kairos Schattenwirtschaft längst gelungen, schon gebrauchte Ware in neue zu verwandeln.

In der Vorstadt Gizeh mit ihren wilden Bauten, Reklametafeln und in Bündeln an den Häusern hängenden Strom- und Telefonkabeln waren wir an Kreuzungen weitergewunken worden, bald begann freies Land, und die geteerte Straße hörte auf. Wir liefen über Reifenspuren und achteten auf blaue Zeichen, die an Mauern oder Pfähle gemalt waren. Einmal sahen wir ein Schaf, das auch eine blaue Markierung auf dem Kopf trug, und in einer Fellachensiedlung streckte uns ein Mädchen ihre mit dieser heiligen Farbe bestrichenen Handflächen entgegen.

In den Dörfern am Kanal herrschte noch kaum Verkehr. Alte Frauen saßen auf der Schwelle ihrer Hütten, oder ein Mann arbeitete einsam im Zementgerippe eines Hauses, das, gebleicht durch Staub und Hitze, schon den anderen Bauten glich. Wären aus einem Lautsprecher, der an einem Mast hing, nicht die quälenden Rufe eines Muezzin zu hören gewesen, hätten wir glauben können, die Zeit um ein paar Jahrtausende gewechselt zu haben, als auf dem Kanal noch Schiffe nach Sakkara, dem Ort des Totengottes Soker, unterwegs gewesen waren. Jetzt stank das Wasser nach Kloake, und zerbrochene Plastikteile schwammen auf der öligen Brühe. Ein Büffel stand bis zum Bauch in dem Sumpf und hob den Kopf, als prüfe er den Wind, während Störche niedrig vorüberstrichen.

Ein trockener Sturm, dem wir uns entgegenstemmten, rüttelte an Palmen, und auf Feldern, die schon bewachsen waren, flackerte es grün. In dem kilometerlangen Tunnel einer Platanenallee erholten wir uns, auch lag festgefahrener Kies auf der Straße, doch draußen peinigten wieder das weiße Licht und der Staub.

Irgendwann hatten wir einen Läufer überholt, der genauso wie wir in kurzen Hosen und mit einer Nummer auf der Brust sinnlos durch die biblische Landschaft rannte, und später waren wir von einer Läuferin überholt worden, die einen Strohhut trug, festgebunden mit einem Gummiband unter dem Kinn.

Der schnelle Außenseiter, der langsam lief, damit ich mithalten konnte, sagte, auf dem Rückweg schiebe der Wind. Wir hatten jedoch noch nicht einmal die Hälfte der Strecke hinter uns.

Ein verbeulter Omnibus kam in der Sandspur entgegen. Wir mußten ausweichen und stürzten beinahe die steile Böschung hinab. Bald darauf jagte uns ein kleiner Lastwagen, dessen Ladefläche von Passagieren überfüllt war, zur Seite. Und einmal blieben wir in einer Ziegenherde, die Fellachen durch ein Dorf trieben, stecken.

Es war Freitag, ein Feiertag, in Buden wurde Tee getrunken. Am Rand der Felder hatten sich Familien zu einem

Imbiß zusammengefunden und lagerten unter aufgespannten Schirmen und Tüchern. Ein Mädchen in einem roten, zerlumpten Kleid führte einen Esel am Halfter, der zwei tropfende Körbe voll schlammiger Erde über den Rücken gehängt trug. Als das Tier nicht mehr weiterwollte, lockte es das Mädchen mit einem Büschel Gras. Der Esel senkte den Kopf und begann zu zittern.

Ich hätte stehenbleiben und umkehren sollen, den Schmerzen vertrauend, die ich seit Wochen hatte. Da sie aber, seitdem wir unterwegs waren, wie weggeblasen schienen, lief ich weiter, sprang über Steine, pflügte durch Sand und wollte am nächsten Tisch, auf dem in der Sonne feierlich Wasserflaschen standen, nicht haltmachen. Der schnelle Außenseiter mußte mich dazu zwingen.

Wer nicht trinke, verdorre, sagte er.

Wir gossen uns Wasser auch über Kopf und Brust, was den Mann, der den einsamen Tisch bewachte, veranlaßte, eilends Flaschen, die wir nur halb geleert hatten, wieder zuzuschrauben.

Wir bedankten uns, sagten schokran, schokran.

Unsere Aussprache war sicher falsch, doch der Mann, der eine blaue Armbinde als Erkennungszeichen trug, freute sich, so daß der schnelle Außenseiter mich aufforderte, ich solle, obwohl ich es schon getan hatte, bitte schön trinken, itfaddal aschrab.

Im nächsten Dorf, das wir durchquerten, hatte der Verkehr zugenommen. Ein Lastwagen fuhr im Schritt, Spaziergänger und Neugierige wichen nur langsam zur Seite. Als wir uns durchgedrängt und den Wagen überholt hatten, gerieten wir in eine Schar Gänse, die unaufgeregt vorausmarschierte. Plötzlich reckten sie die Hälse, fingen aus Schreck vor uns zu schreien an und breiteten die Flügel aus. Wir wußten nicht mehr, wohin wir treten sollten. Gänse liefen flatternd kreuz und quer, auch zurückgescheucht von Passanten. Wir mußten stehenbleiben, bis die Straße wieder frei war.

Nach dem Dorf besaß die Strecke, die noch an dem Kanal entlangführte, einen festeren Belag. Wir konnten nebeneinander in ein leichteres Schrittempo fallen, auch waren keine Tiere oder Fahrzeuge unterwegs.

Er habe, sagte der schnelle Außenseiter, leibhaftig die Gans von Kairo gesehen.

Sie seien nicht verschleiert, sagte ich keuchend. Einige hätten goldene und silberne Zähne. Ein Junge habe vor uns lächelnd ausgespuckt.

Wir wurden langsamer, stritten darüber, ob es sich um Schmuck handelte, der an Nasen und Ohren gehörte, oder ob der Mund zu einer Schatztruhe geworden sei, in die die ganze Sippe investiere, weshalb Frauen immer bewacht wurden und allein nicht auf die Straße durften.

Der schnelle Außenseiter lief noch langsamer, damit ich sprechen konnte, doch wenn er etwas sagen wollte, beschleunigte ich, so daß er mitten im Satz aufholen mußte und dabei noch in versandete Stellen geriet, bis er endlich seine Version zu Ende brachte.

Schließlich rannte er voraus und ließ mich rätseln, weshalb er dem Geflügel einen Namen gegeben hatte.

Wir lieferten uns gegenseitig eine Aufholjagd, die mich bald zermürbte. Außerdem hatte ich eine Mücke verschluckt und mußte husten.

Zwischen dem schwarz gleißenden Kanal, der vielleicht in die Wüste führte und dort zu einer unterirdischen Ader wurde, und Hainen, in denen von Stürmen gekrümmte Palmen wuchsen, erzählte mein Freund, daß es sich bei der Gans von Kairo um eine Oper handelte, die Mozart aus Ärger über das Libretto nie fertigstellte. Im Februar 1784 habe er resigniert gesagt, nachdem er das Manuskript in irgendeiner Schublade versteckte, seine gemachte Musik liege und schlafe gut.

»Eine Oper«, rief ich, »für einen Marathon um die Pyramiden!«

Der schnelle Außenseiter lief ein Tempo, bei dem ich gerade noch, ohne zu sprechen, mithalten konnte, während er sagte, die Oper sei bisher nur ein paarmal aufgeführt worden und immer ohne Schluß. Doch im letzten Jahr habe eine Gruppe junger Enthusiasten in der Kleinstadt Isny im Allgäu sich um das Stück bemüht und es zu Ende komponiert. Außerdem hätten sie den Einfall für einen Opernautomaten, der auf der Bühne stehe, gehabt, damit die verworrene Handlung, die plötzlich abbreche, wie durch Zauberkraft doch noch vollendet werde.

Wir erreichten eine Teerstraße und überquerten auf einer Brücke den Kanal. Dann ging es in langen Schleifen hinauf zu einer Hochebene, dem Beginn der Wüste.

Unten lag eine Oase, deren Bäume und Pflanzen einem schäumenden Meer, das immer mehr vom Sand erobert wurde, glichen.

Die Musik des Dramas über Liebe und Eifersucht, sagte der schnelle Außenseiter auf der bitteren Steigung in der Hitze, klinge wie im Traum. Die Handlung werde nebensächlich.

Don Pippo, Marchese von Ripasecca, halte Celidora und Lavina in einem Turm gefangen, um die Einwilligung zu einer Hochzeit zu erzwingen. Seine Tochter Celidora soll den Grafen Lionetteo, ihre Gesellschafterin Lavina ihn selbst, den Marchese, heiraten. Die beiden Mädchen seien aber ihren Geliebten Biondello und Calandrino treu. Schon seit einem Jahr versuchten die Burschen vergeblich, ihre Angebeteten zu befreien. Dank dem Automaten, der bei Mozart fehle, gelinge die Tat. Zuletzt löse sich die Geschichte zu aller Zufriedenheit auf.

Welche Rolle die Gans spiele, fragte ich und entwickelte Schritt für Schritt neue Möglichkeiten. Das Tier werde nicht nur als Bote verwendet, es wachse sich, im Theater durchaus möglich, auch zu einem weißen Kamel, einem Mehari aus, das die Gefängnistüren eintrete und die Paare in Sicherheit bringe.

Weiter kam ich nicht, obwohl ein Bösewicht, der Marchese, übrigblieb. Wir hatten die Wüste erreicht, die eher ein Schotterfeld war. Geröll breitete sich aus, und Sand hatte rechteckige Felsplatten, die wie umgestürzte Türen aussahen, glatt geschliffen.

Mit der Sonne im Rücken und geschoben vom Wind, der in Spiralen Sand emporsteigen und wieder fallen ließ, liefen wir auf die Granitpyramide von Sakkara zu, die König Djoser oder Zoser vor etwa fünftausend Jahren hatte erbauen lassen. Die riesige Grabstätte war dem Totengott Soker geweiht worden. Ihre fünf übereinandergetürmten und sich verjüngenden Stufen strebten wie gewalttätig empor. In einer Mauer davor waren falsche Türen, an denen wir im Schatten vorbeimußten, eingelassen.

Danach hatten wir die Wende erreicht, eine rote Eisenstange, die senkrecht in der Straße steckte. Läufer, die schneller als wir den Halbmarathon hinter sich gebracht hatten, ruhten sich in geparkten Autos aus. Unter einem Sonnenschirm gab uns eine auffallend geschminkte Frau, die Shorts trug und eine Zigarette rauchte, schon geöffnete Wasserflaschen. Sie wünschte uns Kraft für den zweiten Teil der Strecke. Jeder bekam noch eine geschälte Banane.

Während wir stehend aßen, sahen wir einer Gestalt zu, die, in ein flatterndes Galabjia-Hemd gehüllt, am Fuß der Pyramide mit einem Reisigbesen Steinblöcke abkehrte. Es war eine furchterregende Aufgabe, sich in der Glut des Tages der Reinigung einer Pyramide, die von oben bis unten mit Splittern, Sand und Trümmern übersät war, hinzugeben.

Selbst Hunderttausende würden ihr ganzes Leben daran verschwenden, wenn sie die gewaltige Grabstätte säubern wollten. Vielleicht handelte es sich jedoch um ein rituelles

Werk, für das die Herausforderung als Besinnung und Wertschätzung der eigenen Nichtigkeit zählte, und der Lohn der Mühe beinhaltete höchstens milde Duldung oder eine leicht spöttische Verneinung des Lebens, da nur Gedanken an den Tod eine Erinnerung in Form dieser unmäßigen Baudenkmale hervorgebracht hatten. Die künstlichen Gebirge waren seit Jahrtausenden immer wieder geplündert worden, indem Grabräuber sich in Gängen und blind endenden Korridoren vorarbeiteten. Auch sorgfältige Archäologie, die numerierte, barg und Stücke für Museen renovierte, würde mit ihrer Arbeit nie ein Ende finden.

Der Totengott Soker zeigte sich nur den Toten, deren Heerscharen um den ganzen Erdball fluteten. Das Vergessen heulte mit dem Wind durch die Geröllwüste und hinterließ umgestürzte Türen aus Stein im Schutt.

Wir rannten davon. Auf der Straße, die zum Mansuriya-Kanal hinunterführte, begegneten wir Läufern und Läuferinnen, die sich heraufmühten. Bei ihnen war ein alter, zäher Mann, der trotz der Hitze einen Rollkragenpullover anhatte. Gesicht und kahler Kopf waren von der Sonne dunkelbraun gebrannt. Winkend kam er auf uns zu, schien mit seinem knochigen Gestell, aus dem Knie und Ellenbogen ragten, wie zu schweben, und als er den Mund aufriß, glaubten wir zu sehen, daß alle Zähne fehlten. Gleich darauf blitzte uns in der Helligkeit ein fürchterlich makelloses Gebiß entgegen, das mit kauenden Bewegungen die Freundlichkeit des hageren Gesichtes betonen wollte.

Der schnelle Außenseiter duckte sich und verschwand im Schatten eines Felsens. Ich wich zur Seite und spürte, wie ein lastender Hauch vorüberstrich, dann war die Straße wieder leer, und bei der nächsten Kehre wurde in der Tiefe die grüne Bucht der Oase zwischen den Dünen sichtbar.

Auf dem Weg zurück stand die Sonne direkt über uns. Die Landschaft schien in der Hitze in lauter kleine Muster zu zerfallen, deren Inneres sich gleich einem molekularen

Prozeß bewegte. Eine Palme an der Straße löste sich auf, doch sie setzte sich beim nächsten Blick wieder zusammen. Alle Gegenstände besaßen eine Aura der Unsicherheit, als veränderte die Schöpfung ihre Absicht, so daß, wenn ich den Arm ausstreckte, er im Licht wie zerbrach, worauf die einzelnen Teile in verschiedenen Winkeln aufeinander zustrebten, zugleich bewegte ich im Takt der Schritte den Arm. Er trennte sich nicht von mir und schmerzte, wenn ich ihn gegen den Schenkel schlug. Die bedrohliche Fremde der Konturen jagte Schrecken ein, der nicht wie Schweiß vom Gesicht gewischt werden konnte. Jede Änderung erzeugte im nächsten Augenblick eine weitere. Getrieben von Angst, lief ich immer schneller, bis Atemlosigkeit zur Besinnung zwang und das Gestöber der vielen Partikeln in sich zusammensank. Die scheinbar lose gewordenen Bruchstücke kehrten an ihre ursprünglichen Plätze zurück.

Eine Ziege, die vorher an flächenhafter Ausdehnung gelitten hatte, war wieder ein normales Tier, das dürres Gras mit dem Maul abriß. Und eine archimedische Schraube, die zu einer eisernen Himmelstreppe geworden war, beförderte wie immer Wasser aus einem niederen Bett in ein höheres. Wie aber wurde das uralte Schöpfwerk angetrieben? Vielleicht besaß es einen Ionenmotor, den zerfallende Salze speisten, oder unten im Kanal saß ein Fellache, der die Schraube mit gleichmäßigen Fußtritten in Schwung hielt.

Der schnelle Außenseiter hatte sich wortlos verabschiedet. An einem stillstehenden Lastwagen vorbei lief er mühelos über die Buckelpiste. Frauen wanderten mit Schüsseln oder Körben auf dem Kopf zum nächsten Dorf, und ein Reiter sprengte aus einem Hain auf die Straße, riß sein Pferd herum und verschwand zwischen zwei kegelförmigen Haufen aus getrocknetem Dung.

Ich war allein auf der Strecke. Die Beine wurden müde, aber nur zu gehen, wagte ich in der Einsamkeit nicht. Die Fremde war kaum zu ertragen, wenn Mauern keine Schatten warfen oder auf der anderen Seite des Kanals sich zerfallene Häuser und Hütten hinzogen, deren schmutzige Wände mit blauen Zeichen bemalt waren, die manchmal Handabdrükken glichen. Aus Furcht, den Weg verfehlt zu haben, strengte ich mich an, Sand und Staub verschluckten bei jedem Schritt viel Energie. Manchmal rutschte ich aus, als läge Schnee in der Spur.

Beim Beginn des Dorfes, durch das die Straße führte, warteten Kinder. Sie johlten und liefen mit, griffen nach meiner Hose oder versuchten, den kleinen Photoapparat, der hinten in der Tasche steckte, herauszureißen. Einmal gelang es ihnen. Ich hörte, wie der Apparat auf den Boden fiel, blieb stehen und bückte mich. Ein Kind prallte gegen meine Beine, ein anderes zerrte an den Schnürsenkeln der Turnschuhe.

Schreiend schlug ich um mich, hatte auch den Photoapparat, der unbeschädigt war, in der Hand, doch wußte nicht mehr, wohin ich mich wenden sollte, denn überall waren kleine Hände, die Beute machen wollten. Schließlich befreite ich mich und rannte weiter, verfolgt von den Kindern, die allmählich aufgaben. Zuletzt wurde ich mit Steinen beworfen, und Erwachsene, die zusahen, lächelten oder schüttelten den Kopf, als wunderten sie sich, daß ich nicht getroffen wurde.

Außerhalb des Dorfes fing die lange Allee an, unter deren grünem Gewölbe ich zur Erholung manchmal kurz die Augen schloß. Die Ohren schienen geradeaus zu sehen, in diese Richtung zu peilen, und die Knie mochten hören. Völlig anwesend, als besäße der Körper ein stilles Zentrum, das die Kräfte einteilte, schmolzen Kilometer und Zeit ineinander, während Augenblicke sich dehnten, so daß ich wie auf einer imaginären Ebene, die sich dazwischengeschoben hatte, vorwärts kam. Es gab weder Schmerzen noch Durst, nur Luft strich entlang den Schläfen und verursachte kleine Wirbel im Nacken. Vor süßlicher Liebe für alles Gedeihen, das keine

Unterschiede mehr kannte, wäre ich beinahe zerronnen. Irgendwann stolperte ich und erwachte.

Musik erklang. Rechts hinter einem Zaun stand eine weiße Villa im Kolonialstil. An einer Balustrade lehnte eine Frau und sah durch ein Fernglas hinauf zu den Wipfeln der Palmen und Platanen.

Dieses Bild nahm ich mit hinaus in Hitze und weißes Licht, wo Fellachen, in zerfetzte Tücher gehüllt, über Dämme schritten oder eine magere, mit Schwären bedeckte knochige Kuh am Straßenrand den Kopf gesenkt hielt und nach Futter suchte.

Schritte näherten sich von hinten, jemand überholte und blieb, auch wenn ich das Tempo wechselte, vor mir. Es war ein junger Ägypter, der ein verschwitztes Leibchen, abgeschnittene Hosen und billige Tennisschuhe anhatte. Er lief leicht und sicher, trug auch eine Nummer auf dem Rücken, aber sie sah wie mit einem Kugelschreiber auf ein Stück Papier gezeichnet aus.

Der Läufer winkte, ließ mich an sich herankommen, dann wurde er wieder schneller, so daß ich zurückfiel. Dieses Spiel betrieb er mehrere Male, bis ich völlig außer Atem war und der Abstand sich zwischen uns vergrößerte.

Wir hatten die geteerte Straße erreicht, wo auf beiden Seiten des Kanals Häuser standen und in der Ferne, wenn die Flachdächer niedrig waren, die zitternde Spitze der Cheopspyramide auf einer dunklen Dunstglocke saß.

Karren versperrten den Weg. Alte Autos, denen der Deckel des Kofferraums fehlte, damit sie mehr beladen werden konnten, und offene Lieferwagen, auf denen dicht gedrängt Leute standen, fuhren im Schritt. Ich mußte mich durch die Menge winden, stieß gegen ein eisernes Tischchen, von dem Teegläser fielen, und ausgerechnet in diesem Durcheinander hatte einer der Streckenwächter mit der blauen Armbinde die Wasserflaschen in einer Reihe vor einer Schmiede auf ein Stück Mauer gestellt.

Ich wollte die Straße überqueren, doch ein hin und her schwankender Omnibus teilte das Gewühl. Kinder ahmten das Heulen einer Fanfarenhupe nach und rannten dem Omnibus entgegen, wollten ihn zum Halten zwingen. Er fuhr aber weiter, war überfüllt.

Wartende hängten sich an die Tür und wurden mitgeschleift. Ich trat in eine Lache und sah noch, daß auf der gegenüberliegenden Seite der Wächter die Arme hob und zurückwich, als der Omnibus, der sich wie ein Schiff auf die Seite legte, die kleine Mauer streifte und alle Wasserflaschen mit sich riß.

Gelächter war zu hören, auch eine schrill gesungene Melodie. Frauen, die becherweise Waschmittel kauften oder das Gewicht eines an den Füßen zusammengebundenen Huhns prüften, bildeten einen Kreis, in dessen Mitte ich gestoßen wurde. Plötzlich entstand Stille, und alle schauten mich an.

Ein Junge, der nur die Krempe eines Hutes trug und verschorfte Knie hatte, ließ den zu einem Ballon vor seinem Mund aufgeblasenen Kaugummi platzen, während ich nach einer Lücke in der Menge suchte, aber niemand wich zur Seite, im Gegenteil, noch mehr Zuschauer drängten vor, so daß der Platz immer enger wurde.

Jemand zerrte an meiner Hose. Erschreckt drehte ich mich, wollte schon eine Abwehrhaltung einnehmen, als ich den jungen Ägypter sah, den Läufer. Halblaut zischend sagte er etwas zu den Neugierigen, stieß die kurzen Sätze verächtlich hervor, wobei das letzte Wort in einer höheren Tonlage hängenblieb.

Ältere Männer mit Stoppelbärten und Scharten in den Gebissen widersprachen heftig. Jugendliche, die auf mich zeigten, mischten sich ein. Ein Kind fiel zu Boden und wurde wieder hochgerissen, während die Erregung sich dem anderen Läufer zuwandte, der auf seine Armbanduhr wies. Wahrscheinlich erklärte er die Regeln eines Marathons, doch dafür interessierte sich niemand. Wer in der Hitze unablässig rannte, war entweder irrsinnig oder wurde, was diesen Engländern, diesen Kolonialisten und Sportlern zuzutrauen war, dafür bezahlt.

»Come, come«, sagte der Läufer und zog mich an der Hand.

Wir mußten uns nicht mehr durch die Reihen zwängen, der dichte Kreis löste sich so schnell, wie er sich gebildet hatte, wieder auf. Ein von Staub bedecktes Sammeltaxi verlor beim Halten eine Tür, worüber allgemeine Genugtuung herrschte, denn nun konnten in das Auto, das schon voll war, noch zwei einsteigen, das heißt, sie stellten sich auf den Rand des hinteren Sitzes und ragten, sich am Gepäckträger festhaltend, über das Dach hinaus.

»Come, come«, wiederholte der junge Ägypter, doch ich wollte noch sehen, ob das Taxi abfuhr. Der Chauffeur stieg aus und verschränkte die Arme.

Eine Staubwolke wanderte die Straße herauf, wich zum Kanal hin aus und kehrte zurück, dürre Blätter, Papierfetzen und Zweige in einem Wirbel mit sich reißend. Bevor die Staubhose über uns fiel, wurden Stimmen und Geräusche schon leiser, dann hüllte uns brauner Dämmer ein. Sand setzte sich in Nase, Mund und Ohren und begann in den Augen zu brennen. Nur noch Silhouetten waren sichtbar, an denen Kleider flatterten. Ein Kamel tauchte mit dem Kopf nickend auf und verschwand wieder.

An der Hand des Läufers trabte ich durch das Gewoge, konnte kaum atmen und blickte zu Boden, wo die Straße blank gefegt wurde, doch an einigen Stellen entstanden Wellen, als handelte es sich um Wasser. Auf den Fluten jagte ein umgekippter Stuhl davon, dem leere Kartons und Lumpen folgten, derweilen wir vorwärts taumelten. Dann drehte der Sturm, und aus der Staubwand flogen uns Erdkrumen wie kleine Geschosse entgegen. Plötzlich befanden wir uns in Helligkeit, auch Rufe waren wieder zu hören. Das

Fauchen und Poltern legte sich, die Sonne stand über uns wie vorher.

Erleichtert folgte ich dem Ägypter, achtete nicht darauf, wo wir waren. Soldaten saßen am Weg und langweilten sich. Einige spielten Karten, andere hatten sich um ein kleines Transistorradio geschart, aus dem eine Predigerstimme klang, die immer wieder abbrach. Später erinnerte ich mich, daß die Soldaten alle unbewaffnet gewesen waren, und jemand erzählte, sie gehörten dem niedersten Rang an, würden zur Bewachung von Straßen, die Würdenträger benützten, eingesetzt. Arme Familien schickten ihre Söhne zur Armee, damit sie wenigstens eine Uniform erhielten, ein wenig geschult wurden und zu essen hatten. Sold bekamen sie keinen.

Der Läufer hieß Khalid, der Unsterbliche. Seine Nummer, eine Elf, war ein wenig verwischt, aber wie meine auf Papier gedruckt und mit Sicherheitsnadeln angeheftet. Allerdings trug er sie, was ich schon vorher bemerkt hatte, auf dem Rücken und nicht auf der Brust, als habe er im voraus gewußt, daß er jemanden führen würde.

Wir kreuzten durch Dörfer, die in Armut und von Menschen überquellend einander glichen. Oft konnten wir kaum das geringe Tempo einhalten, mußten ausweichen oder wurden von Kindern verfolgt. Khalid scheuchte sie mit Befehlen beiseite. Ich war froh, daß ich mich nicht allein wehren mußte.

Die Hitze nahm zu, doch zu einem Tisch mit Wasserflaschen kamen wir nicht, obwohl wir schon lang zusammen unterwegs waren. Erst jetzt bemerkte ich, daß wir den Mansuriya-Kanal verlassen hatten, landeinwärts nach Osten liefen, wo der Nil floß. Die Häuser waren vorstädtisch und besaßen selbst in verwahrlostem Zustand Fenster, und die meisten Leute trugen westliche Kleidung. Nur ein paar Fellachen hatten noch knöchellange Hemden an. Wir begegneten auch auf einer Asphaltstraße immer mehr Autos, die neueren Fabrikats waren als die verbeulten Sammeltaxis und Lieferwagen.

Vor Panik zuckte Schmerz vom Kopf über das Gesicht in den Magen, wo sich ein Brennen ausbreitete. Als ich stehenblieb und rief, wir seien auf dem falschen Weg, behauptete Khalid, er habe eine Abkürzung genommen, damit wir schneller zum Ziel kämen.

Selbst wenn die Helfer an den Tischen keine Wächter waren, die kontrollierten, ob die wenigen Läufer auch die richtige Strecke einhielten, hätte ich nie die Idee gehabt, bei einem Marathon zu betrügen. Wer sich dadurch mit einer besseren Zeit brüsten wollte, konnte auch zu Hause als Sitzriese bleiben.

Khalid wollte nicht zurück, behauptete, er habe sich nur um ein paar Kilometer geirrt, wir erreichten bald wieder den Kanal. Ich glaubte ihm nicht. Auf der ersten Hälfte des Laufs war ich nicht durch diese Gegend gekommen, außerdem fehlten die blauen Zeichen an Wänden und Bäumen.

Ich kehrte um, doch Khalid lief in die Quere, stellte mir ein Bein und schließlich versuchte er, mich festzuhalten, so daß wir miteinander rangen und Zuschauer zum Lachen brachten.

»Come, come«, rief er, »I know the right way!«

Ich weiß nicht mehr, wie ich mich befreite. Ohne Überlegung rannte ich durch die Landschaft, von der einen Seite der Straße zur anderen wechselnd. Vielleicht traf ich irgendwo auf eine der Amerikanerinnen, die den Mut hatten, in kurzen Trikots allein unterwegs zu sein. Auch dachte ich an die zwei Schweizer Saatgutreiniger und die beiden Finnen, denen wir schon vor Sakkara begegnet waren. Sie hatten noch viel Kraft gehabt, liefen mit großen, federnden Schritten und konnten jetzt schon im Ziel sein.

Die Asphaltdecke hörte auf, tauchte manchmal noch wie zerbrochene Inseln aus dem Sand auf. Es begann wieder das schwierige Spuren und Ausweichen, den Blick nach vorn gerichtet.

Dunkelbraune und rötlich gefleckte Lehmhäuser lagen, als habe jemand mit ihnen gewürfelt, verstreut zwischen Feldern, auf denen in unterschiedlichen Grünfärbungen die erste Saat wuchs. Die Straße machte einen Bogen und führte durch ein Dorf, das wie ausgestorben war. Nur eine alte, in mehrere Schichten zerrissenen Stoffs gehüllte Frau schob einen zweirädrigen Karren, an dem eine Blechbüchse hing, aus der es qualmte. Vielleicht hatte die Greisin bei einem Nachbarn Feuer geholt, das sie nach Hause brachte, oder sie verkaufte an die Ärmsten glühende, aber auch unversehrte Holzkohle. Einen kleinen Vorrat, der hin und her rutschte, transportierte sie in dem Karren.

Der Weg gabelte sich. Ich wußte nicht, wohin ich mich wenden sollte. Solang ich an Hütten und Äckern, auf denen gearbeitet wurde, vorbeikam, würde im Notfall jemand die Zeichensprache verstehen, daß ich zu den Pyramiden nach Gizeh wollte, dort sei mein Hotel, das Mena-House. Die Rennerei habe mich müde gemacht.

Außerdem brauchte ich unbedingt Wasser. Doch nicht einmal abgekochtes aus einer Teestube würde ich mich hier zu trinken trauen. Auch unreifen Zitronen und Orangen, deren Schalen noch fest waren, mißtraute ich. Statt dessen nahm ich einen kleinen, glatten Stein, wusch ihn mit Spucke und steckte ihn in den Mund, damit der Speichelfluß angeregt wurde. Mikroben würden entweder einen Schock auslösen, oder das Immunsystem überwältigte sie, obwohl es wie immer, vor allem bei Hitze-Marathons, geschwächt war. Nichts geschah: Die Grandiosität des Ichs während Exotik zwang den Körper mitzutun.

Einmal wich ich einem halbnackten Mongoloiden aus, der allein auf der Straße stand und mit dem Unterleib einladende Bewegungen machte. Ein andermal kam ich, als der Glast sich wie feiner Nebel über die unendliche Ebene gesenkt hatte, auf einer Abzweigung an Jugendlichen vorüber. Ein Krummbeiniger, der eine zu große, abgetragene Jacke ohne Hemd anhatte, sang im Falsett vor, danach fiel die Gruppe in den Refrain ein und stimmte ihn noch lauter an.

Überall geschah Bedeutsames: Der nickende Kopf eines Esels wurde zu einer Mahnung; eine Palme mit zerfransten Blättern verwandelte sich in ein kopflastiges Geschöpf, das seine Wurzeln aus dem Boden riß und mit schweren Schritten mich begleiten wollte; ein eckiger Ausschnitt in dem blaßblauen Himmel vertiefte sich, und gleich konnte sich daraus der Schlot eines Taifuns entwickeln.

Noradrenalin, vor allem der lauernde Düsternisstoff Serotonin verengten die Kapillaren und trieben das Blut von außen nach innen, so daß ich kalte Hände und wie gefrorene Schultern bekam. Beide Hormone schützten aber gegen ionisierende Strahlungen, die im Zellenhaushalt Wucherungen anregten.

Die Verwirrung spaltete sich: Entweder in Richtung des Mansuriya-Kanals, den ich erreichen mußte, damit ich nicht verlorenging, oder aus Immenstadt im Allgäu, wo es noch Herburgers gab, die einen Laden für Bettfedernreinigung, Posamenten und Kurzwaren besaßen, schwirrten mir Botenberichte nach, die Wegbeschreibungen enthielten.

Trotz der Unebenheiten und des vor den Schuhen aufstiebenden Sands lief ich leicht, als, um eine Ecke biegend, die entweder zu einem Haus oder zu einer Gartenmauer gehörte, vor mir eine Läuferin rannte.

Ihre blonden Haare wehten, ihre engen Beinkleider waren farbig gewürfelt, und in der Taille hatte sie eine Einschnürung wie eine Raubwespe. Kein Zweifel: eine Amerikanerin.

Ich sang »Und immer wieder geht die Sonne auf«, ein Lied aus der deutschen Kulturrevolution, die während des Kalten Kriegs auf der Berliner Stadtinsel entstanden war. Daß die mäßig hohe Mauer, einziges Bauwerk außer der

Chinesischen Mauer, das vom Weltraum aus mit bloßem Auge gesehen werden konnte, innerhalb einer Nacht einstürzte, ohne daß es Tote gegeben hatte, war märchenhaft gewesen.

Der Amerikanerin hinterherstürmend, sah ich den Kanal wieder, dessen schillernder Schmutz heimatlich anmutete. Nach einer langen Verfolgungsjagd auf der sonnenübergossenen Gottesgeraden begann die Vorstadt Gizeh, wo ich zwischen Predigern und ambulanten Händlern, die von Neugierigen und Heilsuchenden umgeben waren, die Läuferin endlich einholen wollte, doch sie wurde, vorbei am Sphinx und hinauf zur Hochebene, noch schneller.

Hunderttausende waren unterwegs, und Omnibusse parkten entlang der Straße, ich mußte mich durchwinden. Der Wind wurde kälter, die Pyramiden warfen mittägliche Schatten.

Bei der Chephren angekommen, scheuchten mich zwei Männer, die aus einem russischen Lada stiegen, zurück. Ich rannte wieder hinunter und hinein in die Kurve zur Cheops, wo die einstige Schönheitskönigin aus Atlanta am Ziel winkte. Nun konnte ich den kleinen Kieselstein ausspucken.

Die zwei Finnen und einer der Schweizer Saatgutreiniger behaupteten, die mit der Hand gestoppte Zeit sei falsch, sie hätten mindestens zwölf Minuten und dreißig Sekunden weniger gebraucht.

Der schnelle Außenseiter, ebenfalls längst da, gab mir zu trinken, und dann trabten wir zu unserem Hotel. An einer Schranke wurden wir aufgehalten, weil wir keine Einlaßbilletts für den Pyramidengarten hatten. Daß ein Marathon nach Sakkara und retour gelaufen wurde, wußte niemand.

Die Einheimischen bezahlten, umgerechnet, fünf Pfennige Eintritt, Europäer und Amerikaner fünf Mark zur Restaurierung der Kulturgüter.

Im Mena-House, einem Kolonialpalast am Fuß der

Cheops, wickelten wir uns, ohne geduscht zu haben, in Badetücher, damit die ausgeschwitzten Mineralien wieder durch die Haut einsickerten. Wir tranken Bier, aßen Bananen und mitgebrachtes Vollkornbrot der Sechserserie Dinkel, Mais, Roggen, Weizen, Hafer, Gerste, worüber wir lachten. Wir fanden auch unsere Kissen sehr lustig, vor allem die abgebrochene Spitze eines Bleistifts. Es stellte sich, wie manchmal nach außerordentlicher Anstrengung, eine Verdoppelung ein. Schließlich schliefen wir.

Abends, nach dem Essen, schlenderten wir durch das Mena-House, sprachen großgewachsene Amerikanerinnen und Engländerinnen an, ob sie heute einen Marathon gelaufen seien, doch die Athletin mit der Taille einer Raubwespe war nicht darunter.

Das komfortable Hotel besaß eine Treppenkultur, die Maurits Cornelis Escher erfunden haben könnte. Wir kamen zu einem arabischen, einem indischen, einem französischen und einem spanischen Saal, in denen Volksmusik des jeweiligen Landes gespielt wurde. Immer wieder treppauf, treppab, an Spiegeln vorüber und Korridore betretend, standen wir vor beleuchteten Speisekarten, die unter Glas auf pompösen Lesepulten auslagen.

In einem leeren Saal wuchsen auf einer Empore von Wasser berieselte Palmen, die merkwürdig eckig aussahen. Vielleicht waren es Orgelpfeifen, und statt des Wassers täuschte uns ein Verspiegelungseffekt mit dazugespielten Geräuschen von einem Tonband?

Im Eingang zu einem anderen Saal lagen Kabel auf dem Boden. Ein junger Regisseur saß vor einem halben Dutzend Monitoren und schnitt an einem Mischpult Bilder für ein endloses Video dazu. Auch gab es abwechselnd Musik mit Halleffekten aus verschiedenen Kassetten.

Wir sahen einen dicken, unablässig lächelnden Ägypter auf einer Art Thronsessel hofhalten, und neben ihm saß auf einem vergoldeten Empirestuhl seine in weiße Klöppelspitzen gehüllte Braut. Sie war ernst, nickte nur mit dem Kopf, wenn wieder ein Würdenträger und seine Frau zu dem Hochzeitspaar trat. Der Bräutigam begrüßte Ankömmlinge, indem er sich erhob, manchmal küßte er den Mann auch auf die Wange. Kinder in steifen Kleidern und Anzügen streuten Blumen, Gäste suchten an runden Tischen nach ihrem Platz, und immer war ein Kamerateam mit Kabelträger, Handscheinwerfer und Richtmikrophon dabei.

Pausen in dem Ritual füllte der Regisseur mit nebligen Landschaften, kühnem Vogelflug und schunkelnden Meereswellen aus dazugeschalteten Konserven. Oder er wies über ein Mikroport den Kameramann an, groß das Auge des Bräutigams aufzunehmen, in dessen schwarze Pupille dann das Gesicht der Braut, übertragen von einer zweiten Kamera, hineingepaust wurde. Der Umschnitt zum Brautpaar erfolgte durch Totalen des Saals oder Bilder von einem Kronleuchter.

Der schnelle Außenseiter und ich fragten den englisch sprechenden Regisseur, ob er einer Firma angehöre, die sich auf Hochzeiten spezialisiert habe?

»Every day and night«, antwortete er. »From one hotel to the other.«

Musiker kamen herein, denen demütige Hilfskräfte die Instrumente nachtrugen. Ein Conférencier, der mit Stirnglatze, nach hinten geklatschten Haaren und unter einer Make-up-Schicht begrabenem Gesicht einem Kabuki-Schauspieler glich, begrüßte den Regisseur, das Team kannte sich.

Der schnelle Außenseiter sagte, er wolle ins Bett. Ich bat ihn, mir den Zimmerschlüssel zu geben, worauf er antwortete, ich solle klopfen, er sei doch der erste, und ohne Schlüssel könne er es nicht sein.

Ich war verzaubert von dem Wechsel einer scheinbaren Virtualität im Hochzeitssaal zur besseren Wirklichkeit auf den Monitoren. Hier wäre ich gern noch einmal Bräutigam gewesen mit einer mittelständischen Gans neben mir.

Kein Mozart wurde gespielt, die Musiker verloren sich in einer Schleife einheimischer Melodien, gemischt mit Walzertakten. Dazu schmetterte, seinen Bauch einziehend und ihn wieder hervorschnellen lassend unter dem Rüschenhemd, der Kabuki-Conférencier einen Singsang, der, dachte ich, Verachtung, zugleich Einschmeichelung in sich vereinte, und nachdem Scheinwerfer zur Seite schwenkten, geriet Schritt um Schritt eine Bauchtänzerin in die Mitte zwischen Orchester und Brautpaar. Sie hatte eine Rassel in der Hand, bewegte ihre Hüften souverän und hielt, als handle es sich um Erinnerungen, mitunter auch inne. In den ›Daily News‹ hatte ich gelesen, sie sei eine Seltenheit, Professorin für semitische Sprachen, die ihr Geld auf gut bezahlten Hochzeiten verdiene, verheiratet mit einem Ingenieur und Mutter von zwei Kindern.

Sie zwang, mit ihrem Mikrophon winkend, den Bräutigam von seinem Podest herunter zu sich, interviewte ihn, im Kreis um ihn tanzend.

Bei der Braut, der verschüchterten Gans, wurde sie, obwohl ich nichts verstand, sichtlich solidarischer, scheuchte auch den Kabuki-Indianer, der eingreifen wollte, zurück und befahl mit einer abrupten Geste dem Orchester, in ihren Tanz wieder miteinzustimmen.

Auf den Monitoren waren, von zwei Kameras aufgenommen, die dafür notwendigen Bilder unterwegs, dazugemischt wurden Gabelweihen im Flug, welche den Scheitel eines Wellengebirgs streiften, ebenso die Hüften der Tänzerin. Der Bräutigam saß wieder auf seinem Thronsessel, die Braut strich sich, unterlegt durch Flötenkaskaden, kleine, von Kindern emporgeworfene Silberpapiersternchen aus dem Haar, und ein Paar, sie hager ähnlich einer Trockenfrucht, er aus dem oberen Ende eines zu groß gewordenen Anzugs ragend, irrte im Saal umher, als ein Tusch erfolgte und die Bauchtänzerin, ihre Arme ausbreitend, zu Boden sank.

»Come, come«, sagte jemand neben mir.

Es war Khalid, der unsterbliche Vorläufer, angezogen wie ein Straßenkämpfer: Stirnband, Leibchen, zerschlissene Hosen und Baseballschuhe mit langer Zunge der Kreation Schlohweiß.

»Stay, stay«, wiederholte ich.

Es war nicht nur ein sprachlicher Fehler.

Khalid stellte sich neben mich, faßte nach meiner Hüfte, und Vorurteile burromäischer Knabenliebe streiften vorüber, derweil der ausstaffierte Held auf arabisch mit dem Regisseur sprach und mich, als hätte ich Einfluß, in englisch fragte, ob nicht ein Kabelträger fehle? Er brauche einen Job.

Ob jetzt gleich?

»Yes, yes, come, come.«

Der schnelle Außenseiter war hinter den Escher-Gardinen oder -Stiegen schon oben im Zimmer verschwunden, und der Schlüssel steckte innen. Ich würde klopfen müssen, während unten im Saal sich Kinder, voraus den Erwachsenen, bereitmachten, dem Hochzeitspaar erneut zu huldigen. Speisen auf Tellern nebst Getränken in Kelchgläsern, beschützt von aufgespannten Papierschirmchen, wurden hereingetragen.

Einer der Kabelträger kam aus dem Saal und brachte Stränge, die er hinter sich herschleifte, durcheinander. Auf den Monitoren gab es Bildsalat, dann zogen Schwaden auf, doch der Regisseur hatte, leise vor sich hin pfeifend, eine dritte oder vierte Gabelweihe, die niedrig Wellenkämme bestrich und wieder verließ, in petto, ließ Kamele, auf denen Touristen ritten, dazugeraten und langsam hinter Sanddünen kleiner werden. Im Auge des Bräutigams spiegelte sich wieder der Kopf der Braut.

Khalid zog mich aus dem Saal und über Stufen, vorbei an Glasschränken, in denen Reklametafeln hingen, wie schön und ereignisreich Ägypten sei, hinunter in den Garten, der von schachtelartigen Bungalows umgeben war.

In einem aus zwei Herzformen zusammengesetzten Schwimmbecken brachen sich Lichter. Am Rand der Anlage saßen noch Gäste, die gespeist hatten und im Schein von Kerzen sich einander zuneigten.

»Look and see«, sagte Khalid.

Eine Gestalt kauerte auf dem Rasen, eine junge Frau mit einer Wunde an der Stirn. Es war das Mariele Fürsich, das ich zum ersten Mal während eines frühmorgendlichen Trainingslaufs im Allgäu auf den Menzelhofener Höhen als Braut gesehen hatte, der der Bräutigam fehlte. Glocken hatten in einem Tal geläutet, dann war die Erscheinung von einer Nebelwalze verschlungen worden.

Beim nächsten Mal wollte ich das Mariele, das nun Maryam as-sarira li-nafsiha hieß, bei einem Marathon, der um die Wälle und Festungsmauern von Marrakesch, wohin die Braut ausgewandert war, ging, wiederfinden, und immer glaubte ich, Maryam unter Zuschauern zu entdecken, rief nach ihr, lief in Palmenhaine hinein, wurde im Rücken von Steinen getroffen, und gekrümmt vor Schmerz erreichte ich kaum mehr das Ziel auf dem Platz der Henker, der Djemna el-Fna.

Maryam flüsterte heiser, ich solle mitkommen, sie sei in Not, habe keinen Paß, auch keine Aufenthaltsgenehmigung, die Fremde nach vier Monaten für El-Qâhira, die Siegreiche, die Schöne brauchten.

Maryam hatte deutsch gesprochen, weshalb Khalid fauchend in arabisch auf Maryam einredete, es klang nach Verfluchungen, eine Kultur, die wir, da unsere Gottes-Fundamente längst zerbrochen sind, leider nicht mehr haben.

Zum ersten Mal hatte ich solche Verwünschungen von Bubi gehört, einem marokkanischen Besatzungssoldaten, der bei uns zu Hause in der Veranda schlief, und, als er einem Befehl nicht folgte, von einem französischen Sergeanten ausgepeitscht wurde. Bubi hatte uns Kindern ein wenig Arabisch beigebracht. Einer seiner Flüche war erfüllt gewesen von Verachtung. Mechtem nadim buk oder ähnlich hatte der Fluch geheißen: Fick deine Mutter.

Ich begleitete Khalid und Maryam vorüber an Wächtern und Dienern, die auch nachts Sonnenbrillen trugen, aus der Hotel-Anlage. Draußen auf der Straße, die zur Cheopspyramide führte, standen noch Taxis, deren Fahrer auf uns zustürmten, doch Khalid, irgendein Machtwort sprechend, wies sie ab. Einige der Chauffeure verneigten sich, wollten Khalid die Hand küssen, die er ihnen entzog.

Wir bestiegen einen Lieferwagen, der anscheinend gewartet hatte. Zwischen Kübeln voll Essensresten des Mena-House hinten auf der Ladefläche stehend, fuhren wir auf Geraden, die kaum mehr beleuchtet waren, stadteinwärts.

Manchmal flüsterte mir Maryam wie eine Fremdenführerin zu, wo wir seien: Bei der Universität, auf der Gala-, dann auf der Kubri-Et-Tahrir-Brücke, dort unten fließe der Nil, und jetzt erst beginne die Stadt.

Wir gelangten über auf Stelzen errichteten Autobahnen tiefer in die Schönreiche und Sieghafte hinein. Eselskarren waren unterwegs, denen geduldig Autos auswichen. Teestuben, Kinos und Läden für Statuen, Lederwaren und Gewürze waren noch offen. Auf Gehsteigen kampierten zerlumpte Familien, die Kapuzen von Trainingsanzügen oder von knöchellangen Galabjia-Hemden über den Kopf gezogen hatten. Da und dort flackerten Feuer aus Fässern wie in New York. Kairo war von Beton übergossen.

Maryam sagte, im Heer der Taxifahrer gebe es acht Frauen, die sich eine Lizenz erobert hätten. Sie seien alle Akademikerinnen und geschult in Taekwondo. Außerdem trügen sie Perücken.

»Warum«, fragte ich.

»Um im Rückspiegel nicht das Gesicht zu verlieren.«

Ich begriff nicht.

Weil, antwortete Maryam, König Chephren vor ein paar tausend Jahren befohlen habe, wer nachts nicht seinen Kopf verberge, werde von Amu, dem Totenvogel, erkannt.

»Glaubst du daran?«

»Seit ich hier bin, schon.«

Mehrmals hielten wir, und Unrat, den dünne Gestalten in Tiegeln, Körben und Pfannen herbeischleppten, kippte zu uns herein. Es stank, wir wateten in einer finsteren Soße, doch Khalid freute sich darüber, bezahlte die Träger mit kleinen Scheinen.

Ich schlief, an die Rückwand der Fahrerkabine gelehnt, ein, erwachte wieder, als nur noch das Motorengeräusch des Lieferwagens zu hören war und die Luft reiner und kälter wurde.

Wir fuhren auf einer breiten, noch spärlich beleuchteten Straße, deren beide Seiten von teils hockenden, teils stehenden Soldaten in Abständen gesäumt war, den Geringsten der Armee.

Eine Limousine überholte, hielt, und erschreckend groß morsten uns die Bremslichter entgegen. Eine Frau, in Schleiertücher gehüllt, stieg aus dem Fonds des Cadillacs oder Pontiacs. Khalid sprang von unserem Pritschenwagen und übergab der nächtlichen Prinzessin ein Paket Scheine.

Maryam hatte sich geduckt, wollte auf Fragen, wer das sei, warum wir bezahlen müßten, nicht antworten.

Später, als sie den Schorf von ihrer Wunde an der Stirn kratzte, erzählte sie, es habe sich um die Tochter von Papst Schehuda III. gehandelt, dem Oberhaupt der koptisch-orthodoxen Kirche, der die Ehrendoktorwürde der katholisch-theologischen Universität Bonn erhalten habe und der von dem Kölner Kardinal Joachim Meisner als Apostel Christi und einen durch den Geist der Urkirche und des Evangeliums Begeisterten gepriesen worden sei.

Schehuda III. konnte sich in sechs Sprachen verständigen: auf Arabisch, Aramäisch, Maltesisch, in Ivrit, Englisch und Französisch. Vielleicht, inzwischen über sechzig geworden, hatte er in seiner Jugend auch Esperanto und dessen Kürzelschrift für Debatten gelernt.

»Schokkran«, sagte ich, vielen Dank.

Morgens, es roch nach Unschlitt oder aufgebesserten Fetten, wurde ich, auf einem Berg gärendem Grünzeug liegend, von einem Schwein geweckt, das seine Schnauze immer wieder in die Christus-Seite stieß, die Linke.

Es könnte Alma sein, dachte ich, das Rennschwein, mit dem ich im Allgäu hatte trainieren wollen, doch Alma, in einem Hitler-Park als Schnitzfigur mit deutlichen Nähten nach einer Operation am Bauch stehend, war nur eine imaginierte Begleiterin eines meiner Vorfahren gewesen, eine geduldige Konstruktion des Pionierläufers Johann Jakob Weberbeck, der über seine Abenteuer ein mehrbändiges Buch geschrieben hatte.

Ich war zu einem Insassen des Muqattam-Viertels über der Stadt geworden. Dort saßen alte Frauen, die ihre Skelette unter schwarzen Lumpen verbargen, auf Autoreifen und segneten jeden, der vorbeikam. Magere Rinder weideten die Außenwände von Buden, an denen Schimmelpilze wuchsen, ab. Ein Pferd begegnete einem Traktor in der Enge, es erfolgten Geschrei und Segenswünsche. Wer aber gesiegt haben sollte, war nicht auszumachen. Entweder brach das Pferd in die Knie oder der Traktor. Es bestand keine Möglichkeit, ihn abzuschleppen, er blieb liegen.

Maryam sortierte kupferne Geschoßhülsen, leere Kartuschen, auch zerrissene Kleider, vor allem lange Stengel, die an den Enden vergilbt waren, von einem Haufen zum anderen inmitten eines Gehöfts. Leute kamen herein, gingen wieder. Ein bärtiger Mann wollte von mir wissen, woher ich gekommen sei, wurde wieder weggescheucht.

Den ganzen Tag lag ich dort, hatte Hunger und Durst, wurde, wenn ich unter der stechenden Sonne oder vor Qualm, der nach verbrannten Reifen roch, aufstehen wollte, von Tieren, es konnten Esel, ein verwahrloster Hund oder eine bissige Mastente gewesen sein, wieder zurückgeschreckt. Maryam schien mich nicht mehr zu kennen, oder einer der Zabbalins, ein Müllmensch, fuchtelte mir mit seiner Mistgabel vor dem Gesicht herum.

Lastwagen und hinten ausgesägte Autos für Fracht fuhren in dem verwirrend engen Viertel ein und aus, wurden entladen und wieder weggeschickt. Das Phantombild des Oberkopten Schehuda III. klebte auf Baggerschaufeln und an Wänden von Elendshütten.

In der nächsten Nacht, gegessen oder getrunken hatte ich nicht, war ich auch noch liegen geblieben, als das Mariele Fürsich neben mich rückte und so laut sagte, daß ich dachte, mindestens fünfhundert Erwachsene und Kinder würden zuhören, ich solle mit ihm schlafen.

Sei unmöglich, flüsterte ich, überall seien Katzen, Kühe, Albatrosse.

Wir würden nicht beachtet, erwiderte Maryam. Ihr Atem war ekelerregend.

Antwort: Wenn ich mich bewegte, falle mir ein Klotz in den Rücken.

Ob ich die Sultan-Hassan-Moschee kennte, fragte das Mariele.

Yes, der letzte persische Kaiser sei in ihr begraben worden. Er habe an Asthma und Herzschwäche gelitten. Seine Witwe trauere hinter Mauern in Kalifornien.

»Steh auf und geh«, befahl Maryam.

Im schwelenden Müll der Zabbalins, eine doppelte Mehrzahl, waren Karren, beschäftigte Gestalten und Tiere, die entweder etwas trugen oder hinter sich herschleppten, unterwegs. Zwei junge Frauen, die kurze Schwerter oder Klingen in der Hand hielten, stellten sich uns entgegen, doch Maryam as-sarira li-nafsiha scheuchte alle, entweder einen Fluch oder einen Segenswunsch ausstoßend, beiseite, und oben auf der Ringstraße angekommen, kletterten wir in ein gelbes Taxi, dessen dicker Fahrer entzückt war, daß er uns chauffieren durfte.

Maryam wurde wieder zur Fremdenführerin. Wir verließen El-Wayli, was nichts mit Wällen zu tun hatte, aber die Gegend sah in der Düsternis aus, als seien dort Dauerwellen durcheinandergeraten, und, mäßig abschüssig, während der Fahrer fragte, ob wir Musiqa wollten, gelangten wir in das Viertel El-Gamaliya, wurden von einem der unbewaffneten Soldaten, der zwei Zigaretten erhielt, zur Seite gewunken und fuhren in eine Gräberstadt hinein. Das Taxi schwankte auf und nieder. Ägyptische Bogenschützen und Trägerinnen von Amphoren, alles Kinder, standen bereit, uns zu begleiten.

Maryam sagte, »kabich lakin iukal«, gut geschwätzt, falsch gesprochen, wir seien umgeben von al-hakara, der Bewegung.

»Männlich, weiblich oder sächlich«, fragte ich. »Und wo ist der Genitiv?«

Gebe es nicht, sagte sie, komme im nächsten Satz.

»Oh, wie schlecht«, rief ich.

»Fürchtest du dich?«

»Ja.«

»Ich auch«, antwortete sie.

Im Scheinwerferlicht des Taxis, das wendete, stellten sich noch einmal die Kinder dar, als hätten sie, einen Fußball fangend oder einem Gegner das Bein stellend, darauf gewartet, photographiert zu werden, dann führten sie uns durch enge, staubige Korridore, an deren beiden Seiten dunkle Fassaden aufragten, und zu einem Eingang, hinter dem ein verschachteltes Haus lag.

Wir wurden von einer Familie, die aus mehreren Kindern, einem Mann und drei Frauen bestand, willkommen geheißen.

Ich kam in einem Gewölbe, das nach Feuchtigkeit, was für ein Segen, doch auch wie nach Schweiß roch, auf einem

Bett zu liegen. Es gab viele von ihnen, weiß bezogen schimmernd in der Nacht.

Irgendwann, nachdem ich noch mal aufwachte, hörte ich ein Stöhnen und kleines Schreien, wie aus einem Brunnen, danach schlief ich wieder ein.

Es standen dort viele Betten, rein, die Tücher gespannt, und die männlichen Mitglieder der Familie hießen Fuad, Radwan, Uthman, Osman, die weiblichen Aisha, Laila, Zahira, Ibach, Fatima, Hiraf, Laila usw., alles Kinder, außer dem Mann Fuad und einer unförmigen, jungen und einer sehr alten, demütigen Frau, die beide schlecht sahen, eine Brille gegenseitig wechselten, je nachdem, was sie taten: Kochen, Töpfe oder das Klosett, eine Errungenschaft, die ein ständig von oben berieseltes Loch in einer Nebenkammer war, säubernd, oder, hätte es auch heißen können, entzaubernd.

Wir aßen einmal pro Tag gegen Abend weder Reis noch Couscous, sondern fettige Knödelchen aus farina di carubo, Affenbrotkernmehl, wie ich hinterher in einem Lexikon nachschlug, tranken entsetzlich süße Limonade aus Büchsen, denn Fuad, das Herz, war bezahlter Wächter eines Doppelgrabes im letzten Teil des Hauses. Dort zeigte er mir zwei hohe Alabasterkegel, die, mit roten arabischen Schriftzeichen bedeckt, einer türkischen Familie aus Istanbul gehörten, deren Vorfahren einst in Kairo reich geworden waren. Und, gestand Fuad, wie Maryam übersetzte, er habe immer Angst, ob er und seine Familie noch bleiben könnten, denn er werde, doch er wisse nicht von wem, kontrolliert, ob er unablässig da sei.

Wenn er das Haus verlasse, den Komfort, wie er es nannte, um Früchte einzukaufen, oder seine Kinder draußen Fußball spielten, bebe er.

Das Mariele Fürsich entgegnete nichts, führte uns in einen heißen, von der Sonne beschienenen Hof. In einer Ecke ragten aus dem trockenen Boden Bruchstücke von Steinplatten, und darunter, sagte Fuad, zurückübersetzt, lägen in zwei, drei Meter Tiefe die Gebeine der verstorbenen Wächter, auch die ihrer Frauen und Kinder.

Fuad kniete nieder und holte aus der Höhle einen Knochen, besah ihn im Licht, dann ließ er ihn wieder fallen und erklärte, seine Nachfolge sei gesichert.

Nachts, ich hatte immer noch ein Bett allein für mich, hörte ich wieder ein Ächzen und Stöhnen, als werde Maryam vergewaltigt oder aber sie war damit einverstanden.

Am nächsten Morgen kam der schnelle Außenseiter, hatte mich entdeckt, gab Fuad ein Bündel ägyptischer Pfunde, wollte ihm auch eine Scheckkarte von American Express spenden, zog mich aus dem Haus, in dem ich nicht unglücklich gewesen war, redete auf das Mariele ein, und beide sprachen schwäbisch, es solle mitkommen, er finde noch einen Platz im Flugzeug, aber Maryam ging zurück in das Grabgehäuse, wo die kindlichen oder schon ein wenig erwachsenen Vergewaltiger auf sie warteten.

Erst abends, als ich aus einem der Seitenfenster in das Nildelta hinuntersah, auch an die Saatgutreiniger dachte, begann ich zu weinen, erschöpft und enttäuscht. Die Schmerzen setzten wieder ein, zogen Bahnen durch den ganzen Leib, und auf der Stirn brannte ein Fleck.

Luxemburg

Es regnete in Strömen und blieb so bis zum Ende des Laufs. Herbstliche Buchenwälder auf den Hügeln verschwanden in Wolken, aus denen manchmal Schwaden in die Täler hinuntersanken. Die Echternacher Parklandschaft glich einem in Wasser getauchten Negativ, auf dem sich die Farben kaum entwickelten.

Es war ein ödes Rennen in Schleifen. Dreimal kamen wir durch die Kleinstadt, in der wir am Abend vorher in einem überheizten Zelt Nudeln mit Soße erhalten hatten. Am Morgen lief der Koch mit, hatte seine Schürze an und eine hohe, steife Mütze auf. Schrittmaß und Geschwindigkeit waren beeindruckend.

Allerdings war ich wegen dreier Wörter noch in einer Wirtschaft eingekehrt. Die Mahlzeit schmeckte, wie sie hieß: Gromperenzalot mat Wrischtrecher, Kartoffelsalat mit Würstchen.

Auf einer Gottesgeraden, über die der Regen trieb, verfiel ich dann in Schwermut, als es zum Pont Frontalier ging, zur Grenzbrücke. Jenseits der Sûre oder Sauer lag die Eifel, die sich überhaupt nicht von Luxemburgischem unterschied. Das Europa der Gleichgültigkeiten hatte an dieser Stelle längst begonnen, und die Häuser der Dörfer sahen aus, als gehörten sie zum Rand von Kleinstädten. Bäuerliche Kultur tat sich nur noch durch Silotürme hervor.

Vehicularer und vernacularer Kreislauf schienen zu erstarren: Hände, Füße und Elektrolytgetränke blieben kalt. Frauen überholten meist paarweise. Die einen waren jung mit glatten Gesichtern und geschminkt, besaßen dicke, kurze Zöpfe, die vor Nässe glänzten; die anderen waren gefurcht, dauerhaft gebräunt und kurzhaarig, Renngestelle aus einem unteilbaren Diesseits. Zwischen diesen Meisterinnen gab es Lücken, in denen ich eine Spur zog. Die politische Rechte würde diese Art von Sicht mit dem Dreigestirn ›Ordnung, Differenz und Distanz‹ festhalten wollen.

Schon vor einem Jahr hatte ich herkommen sollen, war jedoch krank geworden, weil das letzte Buch der Thuja-Trilogie gedruckt auf dem Tisch lag. Die Abscheulichkeit, daß ein Langwerk zu Ende war, hatte Unheil in Körper und Seele entstehen lassen. Die Regeneration dauerte.

Nun lebte ich wieder und rannte zu Ehren eines Freunds, mit dem zusammen ich nach 1945 in einem Internat gewesen war. Später ging Moshe Lerch zur Fremdenlegion, arbeitete dann im Kongo, wurde schließlich nach Luxemburg versetzt, wo er noch in einer Kleinstadt wohnte, am Ende einer Sackgasse namens Luxense't in einem engen Haus, dessen eine meterdicke Wand einst Teil einer Festungsmauer gewesen war. Dort lag er unter Decken vergraben gegenüber dem ständig laufenden Fernsehapparat auf einem Sofa.

Er habe, sagte er, zum dritten Mal Tuberkulose und sei zweimal am Magen operiert worden. Essen könne er nur noch Speiseeis.

Vielleicht fraß Krebs an ihm, aber in ein Krankenhaus wollte er nicht. Wie zum Beweis, daß er noch vorhanden war, zitierte er Ludwig Renn, der auf die Frage, was sozialistischer Realismus bedeute, geantwortet haben soll: Erfindung um der Wahrheit willen.

Ich fragte Moshe, seit wann er Bücher lese?

Antwort erhielt ich keine. Das Zimmer war überheizt, die Vorhänge waren zugezogen, draußen regnete es, wie es schon senkrecht und durchdringend herabströmte, als ich mich auf der Strecke überholen ließ, um allein bleiben zu können.

Wir hatten damals, als das Geld nichts mehr wert war, Zigaretten geteilt, waren nachts hinauf auf die Schwäbische Alb gegangen und hatten von Feldern Kartoffeln gestohlen. Oder wenn es zum Mittagessen wieder einmal nur Rote Bete gab, genannt die Blutsuppe Spartas, dann hatten wir in unsere Blechteller gespuckt, die zugeteilte Ration aber trotzdem gegessen.

Im Winter polsterten wir die Holzschuhe mit Lumpen aus, im Sommer trugen wir Sandalen aus kleingeschnittenem Reifengummi. Während der Andacht frühmorgens in der Kirche sang Moshe nie mit, wofür er nicht getadelt wurde. Ich singe die langsamen, feierlichen Lieder heute noch. Einige klingen sogar hurtig und heiter.

Nie mehr dachte ich an meinen Freund, bis ich vor etwa zehn Jahren meine Jugendliebe Ebba von Beck aus der Internatszeit besuchte.

Ich stürmte eine steile Treppe hinauf, sah oben ein blondes, pausbäckiges Mädchen stehen und rief: »Ebba, Ebba, bin da!«

Es war die Tochter meiner Liebe. Neben ihr stand eine Frau, die ich nicht kannte. Sie sagte, ich solle, bitte schön, hereinkommen.

Das Mädchen kehrte in ein Zimmer der Wohnung zurück, die andere Ebba blieb vorhanden. Wir tranken Mineralwasser, dann Wein und rauchten Zigaretten. Ich saß zuerst auf einem entfernteren Stuhl, dann nach stockenden Gesprächen neben dieser Frau, durch deren verschwollenes Gesicht allmählich wieder der Glanz und Mutwillen von einst schimmerten.

Ebba erzählte, wie oft sie verheiratet gewesen sei, wo sie gelebt habe, ich glaube, in Süd- und Nordamerika, auch sprach sie von Bungalows und Swimmingpools, über Dienerschaften und Flugzeuglinien, und als ich Moshe erwähnte, sagte sie, er hätte den größten Schwanz gehabt.

Ich wollte aufstehen und gehen. Ebba trank hastiger, ich aß Kekse und setzte mich wieder auf den Stuhl, als Ebba ihre Schuhe auszog.

Ich kenne noch den leisen Blutgeschmack, wenn wir uns küßten in der Mittagspause oben im Buchenwald oder nachts auf einer Lichtung, liegend in Tau und Gras. Jeder hatte sich aus seinem Zimmer abgeseilt und war auf Umwegen zu dem geheimen Ort geschlichen. Ebba hatte geflüstert, ich dürfe sie nicht berühren, sie habe eine Operation vor sich. Ich war vor Schreck und Schuld erstarrt. Aber nachmittags, bei sommerlicher Helligkeit, wenn wir in einem Versteck am Ende des Philosophenwegs uns umarmten, hatte ich mit Herzklopfen an ihre Brüste gegriffen.

Wen sie geliebt habe, fragte ich. Moshe oder mich?

Keinen. Zunächst sei sie von mir beeindruckt gewesen, weil ich die längsten Haare gehabt hätte und eine französisch aussehende Jacke. Auch habe Madame Vergèse, die Lehrerin mit den dicken, weißen Gummisohlen unter den Schuhen, mich bevorzugt, nicht sie. Später, als ich wegen Zigarettendiebstahls habe gehen müssen, sei Moshe nachgerückt.

Es war abscheulich. Ihr Rock war hochgerutscht, und jetzt lallte sie.

Sie sagte, ihr sei nichts fremd gewesen, sie habe, und wieder brach ein verachtenswerter Ton durch, nichts anbrennen lassen.

Wer oder was, fragte ich, sei verbrannt am Swimmingpool, im Bungalow oder auf dem Garagendach?

Alles, antwortete sie. Das Kind, ihre Tochter, bleibe auch nicht.

Ich ging, denn Ebba machte Anstalten, als wolle sie sich ihrer Strumpfhose entledigen, mir gar Operationsnähte zeigen.

Draußen auf der Treppe, die noch steiler zu sein schien als vorher, drehte ich mich um. Oben in der Tür stand die junge Ebba, das Kind. Es lächelte und winkte, wie es einst auf der Märchenwiese bei Sturm, Mondschein und dem Stöhnen der Bäume geschehen war.

Für immer nahm ich diese Verklärung mit, dachte an sie auch auf der Gottesgeraden nach Steinheim, wo aufgestapelte, gelbe Kästen eines Getränkemarktes durch den Regen leuchteten, und in einem dummen Ort namens Rosport kehrten wir wieder um, um irgendwann zum zweiten Mal an einem der Campingplätze, auf denen Wohnwagen mit verschalten Rädern standen, ein übler Kehraus unserer Zivilisation, vorbeizulaufen. Stumpfsinn und Ehrgeiz brachen sich Bahn, Beschleunigung tat not.

An der Sauer, über der Regenschwaden sich ineinanderschoben und wieder teilten, ging es erneut zurück nach

Echternach, wo die Zwillingstürme der Basilika des, kaum auszusprechen, St. Willibrordus, aufragten: eine Schenkung, etwa 1500 Jahre her, von Pippin II., dem Kurzen.

Dort bei Kilometer 32, und es stürmte schon die letzte Garnitur der Wanderarbeiter, die nur noch ein paar tausend belgische Franc im Wert von etwa zwei Übernachtungen an Prämien verdienen würden, auf einem Parallelkurs zum Ziel, wollte ich aussteigen, denn mein rechter Schuh brach: Es trennte sich die Sohle von der Ferse bis kurz vor den Ballen vom verschnürten Oberteil.

Doch ich lief weiter, erbittert, aber auch erbost, denn als Elefantenmensch, der dahinschlappte, verursachte ich, während aus dem Klumpfuß bei jedem Schritt das Wasser spritzte, ein Geräusch, das Mitläufer irritierte. Sie fragten und gaben Rat. Selbst Bäume mochten neugierig sich herabgebeugt haben, obwohl ein wenig zu groß dafür, auch zu stumpf.

Die Strecke führte auf einer infam sacht ansteigenden Geraden mit langgezogenen Kurven bis zur Kirche nach Bollendorf, wie Weiler in Luxemburg heißen, dann senkte sie sich wieder, und als ich endlich vor dem Ziel war, blieb ich stehen und photographierte es, diese Arrivée.

Es gab einen Getränkebonus, eine Bockwurst und eine silberne Sicherheitsnadel im Ausmaß einer Haarspange für die Ältesten des Wettbewerbs.

Später schlief ich, den Rucksack unter dem Kopf, im Wartesaal des Omnibusbahnhofs, hatte zwei Büchsen Cola zur Hebung des Zuckerspiegels getrunken. Ein Chauffeur weckte mich, als er fahren wollte.

Wir segelten durch Täler, gerieten erneut zu Siedlungen, durch die wir gerannt waren, dann begannen andere Landschaften, zum Beispiel die von Wasserbillig, wo am Stadtrand eine erstarrte Explosion hintereinander liegender Tankstellen aus Glas lag. Neben der kaum befahrenen Straße an diesem Sonntagnachmittag waren Kohlen- und

Schrotthalden aufgehäuft, aber, und ich fragte mich, ob ich richtig sah, jenseits davon waren Hänge mit Weinreben bewachsen.

In Grevenmacher stieg ich aus, ging hinauf zur Avenue de Luxembourg, doch niemanden konnte ich fragen, wo die Sackgasse Luxense't sei.

Als der Regen heftiger wurde, sah ich ein erleuchtetes Fenster. Ich klingelte an der Haustüre.

Ein junger Mann kam heraus, sagte, sie seien erst eingezogen; er sprach hochdeutsch. Eine junge Frau, die in einem Wickel auf der Hüfte ein kleines Kind trug, trat hinzu. Das Ehepaar kannte nur einen Salon für Portugiesen, am Ende der Straße, nach einer Kehre.

Frohgemut wanderte ich weiter, traf in der Menschenleere einen Jungen, der auf einem Fahrrad ohne Schutzbleche saß. Der Rücken des Fahrers war mit Dreck bespritzt. Der Junge, er hieß Luc, wußte den Weg: beim portugiesischen Salon die Gasse hinunter.

Endlich erreichte ich das Ziel, stellte in der überheizten Wohnung den Rucksack ab, verbeugte mich vor Moshes Frau, reichte ihrem kleinen Sohn, der trotzig auf einem Stuhl kniete, die Hand, die er verschmähte, und sah Moshe, der ein eulenartiges Gesicht hatte, eingewickelt auf dem Sofa liegen. Ich setzte mich neben ihn.

Nachts im Flugzeug nach Hause, es war eine Propellermaschine, die von Böen hin und her gerissen wurde, und manchmal sackte sie furchterregend ab, dachte ich an Ebba und war mir gewiß, sie hatte nicht Moshe geliebt, sondern mich. Und daß sie behauptet hatte, Moshe habe den größten Schwanz gehabt, ein Wort, das wir damals nie benutzt hätten, war nur Strafe dafür gewesen, sie mit ihrer Tochter verwechselt zu haben.

Spucke, bildete ich mir ein, klebte an meiner Hand, und pedantisch versuchte ich immer wieder, sie abzuputzen, was nicht gelang.

Eine Woche später erhielt ich ein Telegramm, daß Moshe gestorben sei. Als Geschenk bekam ich nachträglich einen Taschenofen, der einem dreimal größeren Feuerzeug glich, versehen oben mit Luftlöchern. Wenn die Watte innen durchtränkt war von Benzin, gloste das Gerät einen Tag und eine Nacht lang, verströmte so viel Wärme, daß sie mit einem Säckchen aus rotem Filz eingedämmt werden mußte. Den Ofen in der Hand, fühlte ich mich wie im Kongo.

Sommer III

Die Wärme nahm zu. In den Nachrichten hieß es, England verdorre. Das Vieh schreie zum blauen Ozonhimmel, aus dem manchmal Haferflocken fielen. Schon mehrere Getreidemühlen und Silos, in denen Staub und Hitze kritische Maße erreicht hätten, seien explodiert.

Dagegen setzte der stetige Sonnenschein die Produktion des Hormons Melatonin, das die Hirnanhangdrüse ausschüttete, herab. Schlaf und tageszeitlicher Rhythmus der Körperfunktionen wurden gestört, wie es ebenfalls bei strengen Meditationsübungen vorkam. Hilfe träte ein, war in alten Yogabüchern zu lesen, wenn wochenlang viel Urin getrunken werde. Er beruhige und täusche Schlaf vor. Tatsächlich hatte sich das Hormon in Urin finden lassen, und Geschädigte konnten sich einer vom Leib autonom hergestellten Medizin zuwenden.

Der Sonnenstau aktivierte andererseits den magnetischen Kies im Gehirn, von dem wir nur ein zehnmillionstel Gramm besaßen. Pinguine, Wale und Lachse, die mit mehr Magnetit ausgestattet waren, benützten ihn unabhängig vom Wetter zum Navigieren.

Frühmorgens, wenn ich vor Helligkeit und Ozon, der zu Tränen reizte, die Augen schloß, schien ich von einem glimmenden Sinn auf den Wegspuren durch den Englischen Friedhof geleitet zu werden. Leuchtende Felder wechselten sich vor den Lidern ab, deren Mittellinien gezackt waren, als seien in Abständen flache Steine oder Brettstückchen über unsicheren Boden gebreitet worden, so daß ich zwar vorsichtiger lief, aber die Augen immer noch nicht öffnete, bis ein fremder Geruch oder ein kühler Hauch, die vorüberstrichen, erschreckten.

Einmal sah ich, die Augen aufreißend, zwei tote Eichhörnchen, dann zwei tote Tauben, danach zwei tote Kaninchen vor mir liegen. Ich wich über eine Wiese aus, trotzdem war die Versuchung groß, die Augen immer wieder zu schließen.

Die Unebenheiten im Gras fühlten sich wie kleine Hügel an, weshalb ich die Knie, um nicht zu stolpern, höher zog und gestoßen wurde von aus verschiedenen Richtungen kommenden Lüften, die sich vor dem Gesicht kreuzten und deren aufgewirbelte Düfte betörten. In solchen Augenblikken wäre ich gern der Schleimpilz Physarum polycephalun gewesen. Er konnte nicht nur laufen, sondern beherbergte auch dreizehn Geschlechter, die hierarchisch mit allen anderen zwölf sich zu paaren vermochten. Dieser methodisch verwirrende Reigen entsprach der verlockenden Unsicherheit, die das mit erhobenem Kopf blinde Weiterstolpern verursachte, und nur durch Stäubchen aus Magnetit im Kopf unfaßbar geleitet wurde.

Schließlich sperrte ich, als ich auf einen Weg geriet, die Augen auf. Entgegen kamen ein Mann in einer weißen Trainingshose mit einem weißen Bernhardiner. Der Herr legte seinen Hund sofort an die Leine und sagte: »Gestatten Sie, verzeihen Sie, ich hoffe, ich habe Sie nicht gestört.«

Ich war so erschüttert über die Höflichkeit des Hundehalters, daß ich stehenblieb und zu zittern anfing.

Der Herr fragte, ob ich die zwei Eichhörnchen, die zwei Tauben und die zwei Kaninchen gesehen hätte?

Wahrscheinlich schaute ich fragend, denn der Mann, der in seiner weißen Trainingshose und mit seinem entblößten, braungebrannten Oberkörper wie ein Dompteur aussah, fuhr entschuldigend fort, sein Hund sei nicht am Tod der Tiere schuldig. Er habe beobachtet, wie die Tauben vom Himmel und die Eichhörnchen nebeneinander von einem Baum fielen. Die Kaninchen seien mitten im Lauf gestürzt, als habe sie der Herzschlag getroffen.

Ich wunderte mich über die Dopplung. Vielleicht gab es ein Virus, das erst wenn zwei Kranke sich nahe kamen, tödlich wirkte? Die exponentielle Reihe dieser paarigen Seuche führte dann in kurzer Zeit zur Ausrottung sämtlicher Tiere.

Der höfliche Mann entgegnete, er denke eher, wenn er die sechs toten Tiere, uns beide und seinen Hund zusammenrechne, an den Dichter und Kritiker Quintus Horatius Flaccus, der die Neunerregel beherzigte, in der die Drei als Primzahl dominant sei.

»Dreimal essen, dreimal schlafen, dreimal trinken oder auch dreimal zu sterben beginnen, bis es endlich gelingt?«

Als Antwort erhielt ich, daß Horaz jedenfalls empfohlen habe, alles Geschriebene neun Jahre zu prüfen, ob es für eine Veröffentlichung tauge. Dazu bellte, an der Leine zerrend, ungeduldig der weiße Bernhardiner.

Ich sagte, Zahlenbedeutungen seien genauso beliebig anwendbar wie Bauernregeln. Wenn es im März, dem dritten Monat, schneie, werde bei Pythagoras aus der Drei, die sich für Potenzen eigne, eine weibliche Ziffer.

Die Römer hätten ähnlich gedacht, erwiderte der Herr. Die Neun heiße nona, deshalb hätten die Nonariae erst von der neunten Stunde an, also ab fünfzehn Uhr ihre Liebesdienste auf den Straßen feilbieten dürfen. Es gebe neun Musen, und neun Stunden dauere das Bittgebet der Mönche.

Ob er es einhalte?

Nicht mehr.

Ich zeigte auf seine Trainingshose und sagte, er bevorzuge immer noch Weiß. Entweder sei er Kamaldulenser oder Mercedarier gewesen.

Seit einem Jahr arbeite er als Nachtportier, erwiderte er. Schlaf brauche er wenig.

Mit seinem Hund an der Leine, der mächtig zog, trabte er unter Kastanienbäumen davon, während ich auf die Wiese zurückkehrte und mich mit geschlossenen Augen ins Gras legte, bis englische Haferflocken das Gesicht streiften. Es waren jedoch ein paar klebrige Blütenblätter von Kastanienkerzen gewesen.

Tagelang beschäftigte mich, ob fünfzehn Meter hohe Barosaurier ein einziges Herz besessen hatten. Es hätte über eineinhalb Tonnen wiegen und einen Druck von fast tausend Millimeter Quecksilbersäule (mm Hg) erzeugen müssen. Eine solche Monstrosität wäre kaum möglich gewesen, denn mit zunehmender Größe brauchte der Herzmuskel auch länger, um sich zusammenzuziehen. Das Herz eines Kolibris schlug dreihundertmal in der Minute, dagegen das eines Wals nur dreißig- bis vierzigmal. Ein tonnenschweres Saurierherz hätte in derselben Zeit vielleicht fünfmal geschlagen, damit Blut in den Kopf, wenn das Tier sich aufrichtete, hinaufgedrückt wurde. Aber wären die Adern dabei nicht geplatzt? Und die armdicken Herzkranzgefäße hätten, um nicht losgerissen zu werden, eine zusätzliche Verankerung aus gepanzerten Manschetten benötigt.

Schwindel erfaßte den Läufer und ließ ihn schneller atmen, zumal Kardiologen ausgerechnet hatten, daß Saurier wahrscheinlich nur mit mehreren und auch noch paarig angelegten Herzen im Hals hatten überleben können, wofür wiederum ein autonomes Nervensystem unerläßlich gewesen wäre. Rumpelnd wäre das Blut von einem Doppelherzen zum nächsten höher gestiegen, wobei Schlag und Entspannungszustand in der richtigen Reihenfolge sich ablösen mußten, sonst kochte das Blut in den Herzkammern über. Oder hatten die Saurier gegen Überdruck und chaotischen Rückfluß nicht nur zwei, sondern vier Halsschlagadern gehabt, in denen die Ströme gebändigt wurden, auch Ausweichmanöver möglich waren?

Im morgendlichen Dunst verdichtete sich die Vorstellung, zahlreiche Herzen in Brust und Hals kämpften gegeneinander und Adern würden sich im Körper losreißen, Wege ins Freie suchen. Der höfliche Herr mit Bernhardiner, der früher Mönch gewesen war, hätte vielleicht einen Bann aussprechen können, doch ich sah ihn nicht mehr. Bäche waren ausgetrocknet; Schwäne versammelten sich mit ausgebreiteten Flügeln und gereckten Hälsen, als wollten sie angreifen, auf Kreuzungen; im letzten Teil des Englischen Friedhofs, wo eine Straßenbrücke in Höhe der Bäume über den Fluß führte, lagen abgebrochene Autospiegel auf dem Boden. Als ich in mein Büro kam, erhielt ich einen Anruf, daß Gisela Elsner, die über mir wohnte, sich umgebracht habe.

Damit hatte sie schon seit Jahren gedroht, wollte nach New York fliegen und sich vom Empire State Building stürzen. Ich sagte ihr, die Aussichtsplattform sei mit einem hohen Gitter, auf dem nach innen gebogene, spitze Stahlstäbe säßen, geschützt.

Einmal gab sie mir eine kleine Dose, in der wie zerlaufene Kristalle festsaßen. Sie forderte mich auf, ich solle daran schlecken, und beinahe hätte ich es getan. Es war altes Zyankali, mit dem sich vor Jahren ihre Schwester umbrachte. Gisela hatte darüber einen Roman geschrieben, ›Abseits‹.

Vor zwanzig Jahren war sie mit ihrem ersten Buch, ›Die Riesenzwerge‹, einer kalten Abrechnung mit dem Bürgertum des Wiederaufbaus nach dem Krieg, überaus erfolgreich gewesen und hatte dafür den damaligen exklusivsten

Literaturpreis, den Prix Formentor, erhalten, der etwa dem Wert eines Einfamilienhauses entsprach. Gisela gab das Geld aus, heiratete zum zweiten Mal, zog nach London, wohin ich ihr in einem Sommer der Fußballweltmeisterschaft ihren Sohn brachte, der sich hinter mir versteckte, als in der Wartehalle des Flugplatzgebäudes seine Mutter, ägyptisch geschminkt und in bis zu den Schenkeln, wo der kurze Rock begann, reichenden Stiefeln steckend, klirrend auf uns zuschritt. Sie sah aus wie eine Weltraumspinne. Zwanzig Jahre später wollte der Sohn auch Schriftsteller werden und heiratete überraschend in Abu Dhabi.

Gisela schrieb die Romane ›Der Nachwuchs‹, ›Das Berührungsverbot‹, ›Der Punktsieg‹, ›Die Zähmung‹, ›Die Zerreißprobe‹ und ›Das Windei‹, die ich alle nicht kenne. Nur den letzten Roman las ich, ›Fliegeralarm‹, eine Beschreibung der Kriegszeit in Nürnberg aus kindlicher Sicht, aber ich war enttäuscht gewesen. Wieder gab es nur grotesk überzeichnete Personen und kahle Aussagesätze, so daß weder Neugierde noch Anteilnahme entstanden. Über mögliche Arten zu schreiben hatten wir heftig gestritten. Ich warf der Kollegin vor, ihre Wut sei infantil geblieben, und sie verstopfe mit Versatzstücken längst geöffnete Türen.

Gisela sprach nicht mehr mit mir. Wenn wir uns im Treppenhaus begegneten, blickte sie, eine große Sonnenbrille auf und sich am Geländer hochtastend, an mir vorbei. Doch es gab auch Nächte voll Spott und Gelächter. Dann führte sie ihre Kleider vor, teure Kreationen aus Schlangenleder und Seide, zeigte mit Pailletten bestickte Blusen, goldene und silberne Gürtel oder hochhackige Schuhe, die nur von Riemchen zusammengehalten wurden. Damit ging sie auch aus, trug schwarze Perücken und riesige Hüte, wenn sie Brot, Orangensaft, eine Stange Zigaretten und zwei Flaschen Wodka kaufte.

Jede Woche war sie auf Jagd nach Tabletten. Zeit, Geld und Einfälle für Rezeptfälschungen kosteten, sagte sie, immer mehr Mühe. Entweder höre sie jetzt auf, oder sie klettere auf einen Turm. Beides klang, als bedeutete es dasselbe.

Sie wollte nach Moskau ziehen und dort heiraten. Einen Monat vor dem Fall der Mauer trat sie, nachdem sie ausgetreten war, wieder in die Deutsche Kommunistische Partei ein und erklärte in der Zeitung ›Unsere Zeit‹, dem Zentralorgan der DKP, sie wolle ihr altes Parteibuch zurückhaben, um die inzwischen fehlenden Mitgliedsbeiträge dem Kassierer bezahlen zu können. Und da zahlreiche Genossen und Genossinnen wegen ihr in Verzweiflung geraten seien, bitte sie um eine Veröffentlichung ihres Briefes, damit neue Zuversicht entstünde.

Ihre Telefongespräche in der Küche bei geöffneten Mansardenfenstern wurden kürzer, doch noch lauter. Manchmal rief ich von meinem Platz aus hinauf, ich wolle nicht immer mithören.

Wenn tagelang die silberfarbenen Vorhänge geschlossen blieben, dann lag sie im Tablettenrausch. Eine befreundete Ärztin und ein Nachbar retteten sie. In einem psychiatrischen Institut erholte sie sich wieder, aber die Einsamkeit nahm zu. Ihr Verlag kündigte ihr, sie fand einen anderen, zuletzt hatte sie gar keinen mehr. Beharrlich schien sie auf Essen zu verzichten, nur noch Zigaretten interessierten sie.

Von ihrem Sohn, ihrem Bruder und ihrem alten Vater, der ihr Geld schenkte, wenn sie ihn darum bat, den sie aber deswegen verhöhnte, wollte sie nichts wissen. Sie kam mir wie eine seit Jahrzehnten unerlöste Prinzessin vor, versiegelt unter Schminke und eingenäht in Echsenhaut.

Als sie auf der Straße zusammenbrach und in ein Hospital am Englischen Friedhof eingewiesen wurde, stieg sie abends aus dem Fenster, kletterte auf dem kupfernen Vordach, denn direkt darunter war im Garten ein Sonnenschirm aufgespannt, noch ein wenig zur Seite und stürzte sich, ohne zu zögern, kopfunter in die Tiefe.

Ihr Ende, hatte sie öfters gesagt, müsse wie ein Paukenschlag sein. Sie wollte sich rächen für Vergessen und Schmach. Vor Jahren war sie in grellen Nächten einem jungen Trompeter nachgereist, den sie ›Mißtrauen und Chaos‹ nannte, abgekürzt Miskos, als stamme er aus einer Familie griechischer Hirtenhunde. Alles Füttern aus Liebe, sagte sie, nütze nichts, sie bleibe auf ihren Vorräten sitzen. Sie hatte jedoch längst keine mehr.

Das Gras wuchs übermächtig bei subtropischem Wetter. Kurze Regengüsse, brennende Sonne und warme Nächte tauchten die Stadt in eine Atmosphäre nervöser Fröhlichkeit, die auch in Aggression umschlagen konnte.

In den wuchernden Büschen am Rand des Olympiageländes lagen blaue Müllsäcke, leere Bierflaschen und Magazine in verschiedenen Sprachen: Polnisch, Russisch und Arabisch. Wanderarbeiter und Flüchtlinge, die sich nicht registrieren ließen, hatten sich dort eingenistet. Nachts herrschte in den Verstecken, die einem System aus Korridoren und Sälen unter einem gemeinsamen Blätterdach glichen, eifriges Leben. Lichter waren unterwegs, kleine Feuer brannten, und Gemurmel, Lachen und Streitigkeiten vermischten sich mit dem Geschrei aufgescheuchter Vögel, die immer wieder ihre Schlafplätze auf Buchen, Rotdorn und Holunder verließen, bis die fremden Gäste am Boden ruhiger wurden.

Manchmal, wenn Rauch und schwerer Essensdunst von angebranntem Fleisch oder Mais die Hügel zu den Straßen hinabzog und sich über eine Kolonie Schrebergärten legte, in der noch gefeiert wurde, kam Polizei und versuchte, in die nächtlichen Labyrinthe eindringend, zu verhaften und zu säubern. Kleine Gefechte wurden ausgetragen, wobei Äste abbrachen und ein Schnauben und Keuchen ertönte, als jagten Herden durch den Dschungel. Stöcke schlugen gegeneinander, und Safttüten, nach deren Zerplatzen eine unheilvolle Stille entstand, dienten als Wurfgeschosse.

Für Tage blieb das Gelände leer, wurde nur noch von Spaziergängern benützt. Nach einer Woche hatten, als ich vorbeikam, schon wieder mit Säcken Beladene zwischen Weiden Unterschlupf gefunden, und am Rand eines kleinen Teichs lag Wäsche zum Trocknen im Gras. Doch es würde nicht mehr lang dauern, bis alle, die noch im Freien biwakierten, in Lager eingewiesen würden. Am Fuß des größten Schutthügels gegenüber dem Fußballstadion waren in langen Doppelreihen, umgeben von einem hohen Zaun aus Maschendraht, gelbe und weiße Wohncontainer aufgestellt worden. Wachen sorgten für Ordnung, Mülltonnen standen genauso akkurat aufgereiht wie die Gehäuse entlang der Lagerstraße, und nur noch Männer bekamen dort Zutritt. Die meisten stammten aus Afrika oder Afghanistan, aber auch Inder und Albaner waren darunter. Die Frauen und Kinder aus den Laubhütten und verschwiegenen Höhlen im dichten Holunder erhielten auf der anderen Seite der Stadt bei einem Heizwerk in einer verlassenen Kaserne Platz, deren Fensterbretter, auch wenn es regnete, von Hemden, Kleidern, Blusen und Hosen gesäumt waren.

Die Bevölkerung wollte noch nicht wahrhaben, daß Einwanderungen aus Ländern, in denen Hunger und Kriege wüteten, längst begonnen hatten. Oder die Nachkommen derer, die im letzten Jahrhundert wegen politischer Verfolgung und Hungersnöten ausgewandert waren, kehrten in eine Heimat, die sie nur durch Erzählungen oder Bibelgesänge kannten, wieder zurück.

Als ich im traumatologischen Institut zu einem Belastungstest ging, glaubte ich zuerst, ich sei von Studenten aus Kasachstan, wohin während der Stalin-Zeit die Wolgadeutschen ausgesiedelt worden waren, umgeben. Aber ich irrte. Es waren zum Teil nur fremde Dialekte, vor allem ein universitäres Sportpidgin, die gesprochen wurden. Der Leiter der aufwendigen Untersuchung, der mich freundlicherweise mittun ließ, redete hochdeutsch.

Wir liefen auf einer Tartanbahn zehn Minuten im Kreis. Die Geschwindigkeit von 10 Kilometer pro Stunde wurde von einem Fahrradfahrer an der Spitze, der ein Meßgerät bei sich hatte, kontrolliert. Manschetten, die wir um die Brust trugen, überspielten Funksignale zu einem Zählapparat für Herzfrequenzen. Nach dem ersten Test gab es kurzen Halt, damit Assistentinnen Blut aus den Ohrläppchen zur Prüfung der Laktatwerte abnehmen konnten.

Auf den nächsten Runden wurde das Tempo gesteigert. Noch hielt ich mit. Einer, dessen Kopf wie der eines gepanzerten Pferds aussah, da er eine Maske zur Feststellung ausgeatmeter Restmengen, Gifte und Fremdpartikeln trug, scherte vorzeitig aus. Bei der letzten Steigerung, als eine Geschwindigkeit von gleichbleibend 15 Kilometer gerannt wurde, konnte ich den Anschluß nicht mehr halten, und der Laktatwert, Verursacher von Müdigkeit und Muskelschmerzen, schnellte, wie ich später auf einem ausgedruckten Bogen las, auf über 3 mmol pro Liter Blut. Auch der Puls war auf fast 160 Schläge pro Minute geklettert, ein Wert, den ich bei gemächlichem Trab nur auf 5000 Meter Höhe erreichen würde.

Keuchend erholte ich mich am Rand des Felds und dachte verstört daran, daß ich zweimal so alt wie die Studenten war. Vielleicht hatten sie deshalb gleich anfangs zu verstehen geben wollen, daß ich nicht zu ihnen gehöre, dem Verderben näher sei als sie.

Doch der Tod bereitete behutsam alle seine Auftritte vor. Nur wer sich bewegte oder viel körperlich arbeitete, schien gegen frühzeitige Arteriosklerose geschützt zu sein.

Ganz anders war es in Limone am Westufer des Gardasees, das bis 1932 nur mit dem Schiff erreicht werden konnte. Dort lebten etwa fünfzig Personen, die ohne Rücksicht aßen und tranken, alle beleibt waren, trotzdem blieben sie gesund und wurden sehr alt. Erst bei der Untersuchung eines übergewichtigen Fußkranken, der mit Cholesterin 421 und Triglyzerid 3000 ein Todeskandidat war, sich aber trotzdem wohl und glücklich fühlte, wurde entdeckt, daß es im Erbgut der Limoner ein Eiweiß gab, das Gefäß- und Adernwände entfettete und blank putzte. Die dafür zuständigen Lipoproteine bestanden aus 243 Aminosäuren, den Bausteinen des Lebens, und genau deren 173. Teil, wobei keinerlei Rechenkünste auf irgendeine Spur führten, weshalb es dieses Genom war, erzeugte den wunderbaren Effekt der Klarspülung.

Vorfahren der Limoner, die vor etwa 350 Jahren in den damals noch unzugänglichen Ort wilder Zitronen verschlagen worden waren, lebten in traulicher Inzucht, so daß das verborgene Amino-Erbe in kleinem Kreis weitergereicht werden konnte.

Seither reisen Molekularbiologen aus der ganzen Welt immer wieder zu dem kleinen Dorf, suchen weder Erholung, noch begeistern sich an Naturschönheiten, sondern sind auf Jagd nach dem berüchtigten Eiweißmutanten Nr. 173 in der Bevölkerung, die inzwischen auf tausend Personen angewachsen ist. Aber niemand weiß, da das bizarre Bruchstück konstant nur in etwa fünfzig Personen vorkommt, wer es gerade mit sich trägt. Es hülfe auch nicht, sich in Limone einzuheiraten. Es gibt keine Garantie dafür, daß im Erbgut von Kindern oder Kindeskindern der Baustein 173 innerhalb der normalen Lipoproteine auftaucht. Geradezu heillos wird es, wenn Limoner auswärts sich verheiraten. Die Streuung geht derart in die Breite, daß auf Treffer nicht mehr zu hoffen ist, weshalb Wissenschaftler bereits darüber diskutierten, ob das Zitronen-Dorf nicht aufgekauft und unter Quarantäne gestellt werden sollte, um wenigstens an einem Ort in der Welt studieren und erleben zu dürfen, wie Schlemmen ohne krankhafte Folge bleibt.

Ein beruhigendes Abenteuer gab es im Juli, als sollte ich doch noch zu dem werden, der ich nie sein wollte: die Umrundung des Starnberger Sees, weil ich bayerische Landschaften aus Verachtung fast nie betreten hatte.

Wir reisten mit der ersten S-Bahn an einem Sonntagmorgen hinaus zur Uferpromenade und verstauten unsere Kleider in Schließfächern am Bahnhof. Dann fingen wir übergangslos zu laufen an, linksherum entgegen der Sonne, die sich hinter Hügeln und Wäldern noch nicht zeigte. Voraus fuhr auf einem Fahrrad Bele Roswitha, die laut einem Nachschlagwerk für Selige und Gebenedeite ›die Geschwinde‹ hieß, angeblich einst eine Verwandte Karls des Großen. Sie hatte in Satteltaschen Wasserflaschen dabei, Brotbrocken und verpönte Nußriegel.

Restlob Bavo, der die Strecke kannte, sie schon zwei- oder dreimal zu Fuß mit seiner Frau, es dauerte einen Tag, absolviert hatte, lief an der Spitze. Sein Name ließ an einen hohlen Baum denken, in dem ein Einsiedler mit einem Kopfkissen aus Stein lebte.

Zuerst mußten wir bei Bootswerften steile Bogentreppen überwinden. Restlob trug Beles Fahrrad hinüber. Dann gerieten wir in Gehölze, aus deren Zweigen noch Feuchtigkeit tropfte. Wir überquerten Teerstraßen, tauchten wieder in Dickichte ein, durch die sich morastige Pfade schlängelten, und lasen Ortsnamen wie Kempfenhausen, Berg und Leoni.

Restlob erzählte über die Landschaft, ihre Bewohner, aber ich hörte kaum zu, rannte voraus. Nur bei dem Namen Oskar Maria Graf, einem bayerischen Schriftsteller, der noch in der New Yorker Emigration zeitlebens Lederhosen trug, sagte ich, ich hätte keine Zeile von ihm gelesen, und wurde langsamer.

Die steilen Hänge am Ufer waren kaum verbaut. Manchmal gewahrten wir Bungalows aus den sechziger Jahren, die wie gedehnte Hühnerställe aussahen, oder weiter oben standen in Lichtungen romantisierte Schlösser und Burgen unnachsichtigen Reichtums frühindustrieller Generationen.

Eines dieser Bauwerke war renoviert, übergossen mit weißer Farbe. Es gehörte einer amerikanischen Sekte für Erweckung, Fruchtbarkeit und Prosperität. An einem Holzzaun zimmerten junge Männer und junge Frauen in Latzhosen. Sie riefen uns Begrüßungen entgegen, schwenkten Hölzer und Handwerkzeuge.

Allmählich erwachte der See, fing zu glänzen an, und leichte Brisen hinterließen gekräuselte Stellen auf ihm, die Unreinheiten falsch geschliffener Spiegel glichen. Auch Vögel regten sich im Röhricht, protestierten dagegen, daß wir sie störten. Die Sonne war höher gestiegen, wir begannen zu schwitzen und zogen unsere Hemden aus, die Bele aufs Fahrrad nahm.

Wir kamen an einem schwarzen Torbogen vorüber, der mit Rosen, Möven und Sprüchen auf ungarisch bemalt war. Dahinter lag die ehemalige Villa von Waldemar Bonsels (1880–1952), der siebzig Bücher geschrieben hatte, wovon eines, das seit seinem Erscheinen im Jahr 1912 millionenmal gekauft wurde, heute noch bekannt war: ›Biene Maja‹.

Restlob Bavo schätzte es nicht, Bele Roswitha hatte es nie gelesen, ich auch nicht, was uns heiter stimmte, zudem Tempo aufnehmend, so daß wir bald Ambach erreichten, einen Ausflugsort, in dem an Wochenenden einige Schriftsteller aus München wohnten. Wir sahen niemanden von ihnen, es war noch zu früh. Nur eine junge Dame in Reitstiefeln trug einen Bügel voll flatternder Kleider zu einer imposanten Wirtschaft und streifte uns mit verächtlichen Blicken. Vielleicht waren wir einer Geliebten begegnet, die in einer beispielhaften Novelle des Titels ›Zum Ende des Romans‹ wiederauftauchen würde.

Wurzelwerk behinderte, danach schlängelte sich der Pfad durch einen Schilfgürtel, über dem am verzehrend hellen Firmament die Sonne in ihrer eigenen Schmelze zu vergehen schien. Zwei Heißluftballons durchquerten das Blickfeld, stiegen höher in die Bläue, und da wir nur den

Himmel sahen, hatten wir den Eindruck, gleich würden die beiden mächtig sich ausdehnenden Hüllen von der Hitze gänzlich nach oben gerissen werden, bis sie nur noch Punkte sein würden, bevor sie und die in den Körben erstickten Passagiere sich auflösten.

Bele wies uns vom Ufer, wo es keinen Weg mehr gab, zu einer Straße hinüber. Der flimmernde Asphalt beschrieb eine kilometerlange, kaum merkliche Kurve am Ende des Sees. Ich schloß immer wieder die Augen und verließ mich auf das Gehör.

Restlob arbeitete als Bühnenmeister in einem der großen, staatlichen Theater. Er hatte mir sein Reich gezeigt, das über ein piranesisches Gewinde schmaler Treppen erstiegen werden mußte. Von einem der Metallstege an der Brandmauer schauten wir hinunter in den Bühnenschlund, auf dessen Boden ein paar Arbeiter standen, die sich Zahlen zuriefen. Dann senkten sich Kulissen, hoben sich wieder ein Stück oder schwenkten in spärlichem Licht zur Seite. Es war, als irrte dort unten eine Gruppe Historiker umher, die keinen Weg mehr ins Freie fand.

Ich fragte Restlob, wie sich Schauspieler fühlten, wenn sich über ihnen der schwarze Raum auftat?

Dafür interessierte er sich nicht. Er drückte auf Knöpfe, so daß eine Brücke, auf der wir standen, sich unhörbar verschob, oder Scheinwerferstrahlen richteten sich auf eine Stelle und wurden verengt, auch fächerförmig geteilt.

Ob sich schon jemand aus dieser Höhe hinabgestürzt habe?

Seine Leute seien resistent, sagte er. Sie hätten früher in anderen Berufen gearbeitet, liebten das Flüstern, Schreien, ließen sich von Regisseuren nicht herumkommandieren. Wenn ihnen ein Hochmütiger mißfalle, legten sie die Maschinerie lahm.

Der Bühnenmeister winkte einem Schatten zu, der an der Wand hochhuschte und in der Finsternis verschwand.

Er hatte den ausgestreckten Daumen vor einen Scheinwerfer gehalten.

Ob seine Kollegen wüßten, daß er lange Strecken laufe?

Hier werde er nicht verstanden, sagte er.

Und draußen?

Darauf erhielt ich keine Antwort. Ich sollte noch der elektronischen Schaltzentrale, in der sämtliche Kulissenzüge und Helligkeitsgrade eines Stücks gespeichert werden konnten, Beachtung schenken, obwohl mich Tiefe und Schwärze des Bühnenraums mehr anzogen.

Schließlich gingen wir beide hinaus ins Licht, wo wir jetzt wieder unterwegs waren, in Seeshaupt Wasser tranken und Brotbrocken aßen. Bele Roswitha hatte auf einer Parkbank wartend sich gesonnt.

Die zweite Streckenhälfte entwickelte sich zunächst durch Parklandschaften, in denen Schlösser und Kurkliniken standen. Moorboden federte, die Afrawiesen breiteten sich aus. Eine kleine Prozession kam uns entgegen und blieb singend vor einem Kruzifix am Weg stehen.

Restlob Bavo rief, gleich erreichten wir die Lindenallee, und schon rochen wir den Duft und liefen schneller über einen trockenen Pfad bergab bis zu einem Wald, der vor der Sonne schützte.

Das Westufer des Sees war verbaut. Wir durchquerten Dörfer, die wie eine Reihe Vororte aneinanderhingen, aber es gab auch eine stille Bucht, genannt Karpfenwinkel. Der Himmel hatte sich bezogen, es wurde schwül.

In Tutzing, wo mich Verdruß und Müdigkeit überfielen, hätten wir die S-Bahn besteigen und das letzte Stück fahren können. Zwei Löwen aus Bronze am Wasser, gegen die ich mit einem Stein schlug, ließen keinen Ton vernehmen, waren aus Kunststoff. Die Enttäuschung verwandelte sich in Wut, so daß die nächste Steigung herausforderte, und Restlob rief, ich solle nicht immer dramatisieren.

Er wies zur Roseninsel, auf der er gern wohnen würde, sprach von einem geflochtenen Weidenpalast, bedeckt mit Schwemmholz und Vogelkot. Bele protestierte, wollte in der Einsamkeit nicht nur rohe Fische essen, außerdem, sagte sie, bleibe es nicht das ganze Jahr über Sommer. Sie drängte uns zur Seite, fuhr voraus.

Es wurde noch trüber. Tropfen begannen zu fallen, so daß wir nach Pöcking, als wir die Uferpromenade erreichten, zu einer langen Jagd ansetzten, uns durch Spaziergänger wanden und in der Ferne Masten von ankernden Segelschiffen sahen, bis wir schließlich wieder durch die Unterführung des Bahnhofs rannten und vor den Schließfächern anhielten. Leere Eisbecher am Boden, gegen die wir gestoßen waren, schlurrten wie Hagelschlag durcheinander. (52 km = 5 Std).

Im Zug, nachdem wir gegessen und schwarzen Roggen-Weizen getrunken hatten, schlief ich ein und träumte von den Löwen. Sie zogen ihre Hüllen aus, besaßen eine rosafarbene Haut, die sie ebenfalls abstreiften. Nun sahen sie wie glattrasierte Robben aus, deren Schlüpfrigkeit und Gestank, während sie aufrecht näher drangen, den Atem nahm. Ich solle, befahlen sie, mit ihnen zum Karpfenwinkel schwimmen, sonst verlöre ich meine Füße.

Ich wunderte mich, daß ich nicht aufstand und gehorchte, sondern wohltuend spürte, wie meine Füße zerflossen und ich für alle Zeit sitzen bleiben würde, getragen nur noch von Wolken.

Eine Mischform aus Bakterium und Virus, genannt pneumonische Clamydia, mag ebenfalls geholfen haben. In Schweden fielen junge Orientierungsläufer, die mit Kompaß und Landkarten durch Wälder unterwegs gewesen waren, nachdem sie sich in einer Sauna erholt hatten, tot um. Sie erlagen, ohne über Fieber oder Müdigkeit geklagt zu haben, einer Herzmuskelentzündung. Wahrscheinlich hatte sich das Bakterium, das als Virus behender das Immunsystem überwand, durch Tröpfcheninfektion, wenn die ahnungslosen Sportler in Zelten campierten, ausgebreitet. Wäre ich aber ohne Füße, da ich auch noch nie eine Sauna betreten hatte, davon verschont worden?

In England, wo im Frühjahr das Vieh vor Durst zum Himmel geschrien hatte, regnete es, doch über Mitteleuropa wölbte sich unablässig der Sommer. Wir waren glücklich. In Rom gingen wir auf der leeren Via del Corso spazieren. Mit einem großen Schirm schützten wir uns vor der Sonne. Unsere Tochter kaufte Stirnbänder, ein Strickhemd und schwarze Schuhe.

An der Piazza del Popolo seien in einer ehemaligen Kirche, war auf Plakaten zu lesen, Gemälde und Skulpturen von Dalí ausgestellt. Sie waren weder falsch noch von dem toten Künstler, sondern nach Motiven, die er immer wieder benutzt hatte, entworfen.

Einen hochbeinigen schwarzen Elefanten, der auf seinem Rücken eine Pyramide aus Kristall trug, hätten wir am liebsten mitgenommen, um ihn auf einem der verlassenen Plätze Roms aufzustellen, wo sich das Licht tausendfach sprühend in dem geschliffenen Glas gebrochen und in der Hitze ein zusätzliches Feuerwerk des Glanzes und Übermuts entfacht hätte.

Im Osten der Stadt, an der Via Casilina, hatte eine ehrwürdige Straßenbahn, die früher über Palestrina bis hinauf nach Fiuggi gefahren war, ihre endgültige Heimstatt gefunden. Pinien beschatteten sie. Die Scheiben der Passagierwagen waren geborsten, und über die Güterloren wuchs Gestrüpp, als wollte der ganze Zug zu einem Traumbild werden und in Wälder zurückkehren, die es nicht mehr gab.

Von Olevano, am Ende der Abruzzen, lief ich auf Strecken, die ich seit vielen Jahren kannte, hinauf nach Bellegra und hinüber nach Roiate, auch in steile Täler hinab, wo aus den Büschen Mückenschwärme stiebten. Immer, auch wenn ich sehr früh begann, überfiel mich Hitze, in der ich wie zu schwimmen anfing. Der Körper schien leichter geworden zu sein, während sich im Blick unter der Schirmmütze hervor die Landschaft Stück um Stück verschob: Ein alter Turm wanderte hinter einen Felsrücken; aus einer Festungsmauer wuchs ein graues Dorf empor; und durch Weinstöcke an einem Hang führten steinige Pfade, auf denen ich mich verlor.

Nachts, wenn die Wärme nicht weichen wollte, saßen wir auf einem Söller und zählten die Lichterketten. In der Ferne erhob sich ein Kegel, den Scheinwerfer gelb bestrahlten, das Gefängnis von Paiano, betrieben vom Ministerium für Gnade und Gerechtigkeit. Am Ende der Ferien wurde in der kleinen Stadt dort auf einem engen viereckigen Platz ein Fest veranstaltet, zu dem eine Damenkapelle spielte, die in farbigen Nebel gehüllt war.

Der letzte Lauf galt der Eroberung des Monte Scalambra. Mit einer Wasserflasche am Bauchgürtel erreichte ich, als der Himmel noch blaßblau war, schon Roiate, ließ mich auf einer breiten Straße entlang einer Flanke nach S. Quiricco hinuntertreiben, um über Buckelpisten und Abzweigungen Serreno zu erreichen, das Schicht für Schicht höher wuchs.

Nach drei oder vier Stunden wurden die Kehren steiler. Weiße, magere Rinder lagen, als sei ich in eine indische Enklave geraten, mitten im Weg und schauten Steine an. Versteckt in Hainen oder auf Felsvorsprüngen errichtet, standen Ferienhäuser, deren Dächer mit Schieferplatten gedeckt waren.

Manchmal, wenn ich um eine Kurve bog, erfaßte mich kalter Wind, so daß ich mich duckte. Einmal machte ich trotzdem halt und verfiel in einen Brombeerrausch. Weiter oben auf einem Straßenstück, aus dem noch Asphaltbrokken ragten, standen Pferde im Weg. Sie galoppierten auf und ab, als stimmten sie sich für ein Rennen ein. Ich mußte mich beiseite durch Spalten eines ausgetrockneten Wasserfalls höher zwängen, bis ich in einem Eichenwald wieder ausgreifen konnte. Der Atem ging leichter, den Beinen tat der andere Schritt wohl. Kaum hatte ich mich aber in diesem Rhythmus eingefunden, war nach einer langgezogenen Windung die Kuppe, über die eiskalter Wind strich, schon erreicht. In einem Auto saß ein Schäfer und beaufsichtigte seine Herde.

Deshalb sei zum Abschied an Antoine de Ville gedacht, der 1492, im Jahr, als Kolumbus die Neue Welt betrat, eine der ersten Gipfelbesteigungen wagte, die eine Chronik vermerkte. Das Ziel war der Mont Aiguille bei Grenoble, ein aus der Ebene aufragender Felsklotz, zweitausend Meter hoch mit senkrechten Wänden.

Der Kammerherr de Ville wählte zur Begleitung sieben Gefährten aus: zwei geistliche Herren, einen Zimmermann, zwei Steinmetze und zwei Leiternbewahrer, Fachkräfte für die Erstürmung von Festungsmauern.

Man habe, hieß es später, am unersteiglichen Berg eine halbe französische Meile auf Leitern zu klettern gehabt sowie eine Meile auf einer Route, die grauenvoll aussehe.

Oben entdeckten die erschrockenen Kletterer eine friedliche Wiese voll Blumen und Vögel, desgleichen seien sie Nachbarn einer Gamsherde geworden, von der niemand wisse, wie sie auf den Mons inaccessibilo hinaufgekommen war.

Antoine de Ville ließ eine Hütte bauen, Messen lesen und drei Kreuze aufstellen, dann taufte er den Berg. Eilboten, die wieder hinabstiegen, verständigten das Parlament von Grenoble von dem Ereignis, worauf amtliche Augenzeugen am Fuß des Mont Aiguille die Tat durch feierliche Dokumente beeidigten. Der Kammerherr blieb eine Woche auf dem Wiesenplateau, das für ihn, verkündete er, der herrlichste Ort der Welt bleibe.

Schon in der Frühe, als noch die schadenfrohe Scheibe des Vollmonds, gefleckt von ein paar Rasurschatten, am Himmel zu sehen war und Schwalben im Messerflug bereits erster Beute nachjagten, hatte wieder die Hitze begonnen. Meerschweinchen, entronnen einem Kinderzoo, umringten ein Stachelschwein und fauchten es an. Ein Kiebitz, der kerzengerade auf einem Bein, das andere angezogen, geschlafen hatte, krümmte sich, damit sich seine Wirbelsäule erholte. Ein Nest voll Nattern blieb ineinandergeknäult, brauchte noch Wärme.

Johann Jakob Weberbeck zog seine Geländeschuhe an, eine Kreation aus Finnland. Auf dem Kopf trug er eine weiße Wegwartskappe mit eingestanzten Löchern, um den Bauch einen Gurt, in dem eine kleine Wasserflasche aus Plastik, in der früher Joghurt gewesen war, steckte.

Rosa Kästle ging mit. Sie war angezogen wie eine englische Forscherin aus dem letzten Jahrhundert und hielt einen Schirm aus siebenfacher Seide über sich, da sie an Photoeffekten litt. Sonnenstrahlen, die sie trafen, verfärbten ihre Haut für immer. Vor allem in den Pupillen würden braune Flecken bleiben, sagte sie, so daß sie dann wie eine gläubige Kuh aussähe.

Zu essen hatten die beiden nichts dabei, sie vertrauten der Landschaft. Zunächst stieg der Weg mäßig an, führte an Gehöften, deren Fensterläden noch geschlossen waren, vorüber. Brunnen murmelten vor kleinen, schiefen Häusern, aus Ställen war die Unruhe von Kühen, die bald gemolken werden wollten, zu hören, und an einer Kreuzung wartete, wie abgesprochen, Xander Gommeran, taubstummer Einfetter von Karosserieblechen aus der Stanzenhalle der Deutschen Automobilwerke.

Dort hatte Rosa auch gearbeitet, bevor sie mit ihrer Mutter, genannt Geierwally, Diebin des Milliardärs Willi

Quatander geworden war, um mit ihm zusammen ein Kind zu zeugen, das Wissen und Konsequenz, Gefühl und proletarische Kraft in sich vereinigen sollte.

Inzwischen hatte sich die Straftat durch Verjährung eingestellt. Auch die Mauer zwischen Ost- und Westdeutschland war eingestürzt. Rosa wurde nicht mehr verfolgt, was sie schmerzte.

Der Staat hatte damals gegen vermeintlichen Terror aufgerüstet, doch die Bereitschaft zu schießen oder lebenslänglich zu verurteilen, war geschwunden.

Xander Gommeran und Johann Jakob Weberbeck riefen, Beeilung, Beeilung, der Weg sei lang!

Rosa Kästle erklärte, daß ihre Beine in den Hüftgelenken, es handle sich um eine genetische Besonderheit, auch Geierwally, ihre Mutter, habe sich damit geplagt, in einem ungünstigen Winkel eingehängt seien. Sie könne nicht mehr weiter.

»Dann bleib da«, sagte Weberbeck. »Ich muß erfüllen, was ich mir vornahm. Es ist mein Beruf.«

Sie ließen Rosa stehen, die, als die zwei nach einem steilen Stück zurückblickten, zu einer Felsnase, kaum zu glauben, daß sie es ohne Schaden bewältigt hatte, hinaufgeklettert war. Dort zog sie an einer Strippe, es konnte auch eine herunterhängende Liane sein, und wie aus einem Spülkasten ergoß sich Wasser, unter dem sich Rosa duschte.

»Alles wieder in Ordnung«, sagte Xander Gommeran kreischend.

Weberbeck antwortete nicht, schritt aus.

Der Pfad wurde steiniger und enger. Ein Adler, vielleicht war es auch ein alter Lämmergeier, dessen Flaumfedern, an den Flügeln für Richtungsänderungen sorgen sollten, lükkenhaft geworden waren, ließ sich herabfallen und stieg in Kreisen, thermische Wirbel benützend, wieder auf.

Ein hochragender Stein war mit einem roten Fleck markiert, daneben stand ein Kreuz.

Xander Gommeran, der Taubstumme, verkündete laut, nun sei es genug! Eine Stunde weiter stehe eine Hütte, in der die Wiener Sängerknaben Ferien gemacht hätten. Er habe sie auf der Insel Sylt kennengelernt. Zu singen sei es ihm zum ersten Mal zusammen mit ihnen gelungen.

Frage Weberbecks: Woher er das Geld gehabt habe für den Aufenthalt?

Antwort: Von der Gewerkschaft Metall.

Weberbeck, einerseits stolz, aber auch ein wenig ängstlich, stieg allein weiter, fing, um der Ästhetik willen, über Schroffen, Abkürzungen und quer stehenden Wurzeln zu traben an, beachtete den $\frac{4}{5}$, später, als der Atem pfiff, den $\frac{7}{9}$ Takt der pendelnden Arme, damit in den Schultern keine Schmerzen entstünden oder das Sonnengeflecht über der Magengrube weniger Pein ausstrahlte.

An einer Kehre läge, dünkte Weberbeck, in einem Erdbeerfeld der Erinnerung noch Anwalt Adolf Wormbs, der, nachdem sein Adoptivsohn Ricco, ein schöner Jüngling, sich entleibt hatte, durch Gift gestorben war. Zwerge am Bach des Anwesens hatten Spaten, Hämmer und Hacken in Händen gehabt.

Es waren noch mehr Personen, die bedacht werden konnten, vorrätig: Zum Beispiel Nepomuk David, ein Lehrling, der zusammen mit Brigitta Ludmilla Herold, einer Landschaftsarchitektin, durch eine Wasserrinne aus Blech zu Tal geschossen war; oder Christoph Maria Maisstreb, ein Soziologe mit einer Hasenscharte, der bisher 47 Bücher über Befindlichkeit geschrieben hatte; auch Mäxchen Moosmach, ein Kind, Experte für gemischte Salate in einer Gastwirtschaft; sowie abessinische Läufer und eine Ordensmutter, die ein KZ überlebte.

Fliegende Kühe, die, wenn sie in ihren Stall zurückkehrten, bremsten mit vorgestreckten Hufen; in Bäumen hingen Tote, welche, je trockener desto lauter raschelten und wahrscheinlich eine Codierung durch das Pioniergebiet vermittelten. Es erstreckte sich einst von Wuppertal bis zu den Bismarckschen Wäldern im Norden, erfunden von Henry Morgenthau, amerikanischer Finanzmagnat, der nach dem Zweiten Weltkrieg zur Erholung des Lands die gesamte Großindustrie und alle Teerstraßen hatte ausrotten lassen wollen. Sein Plan war, da die neue Republik zu Beginn des Kalten Kriegs als Aufmarschgelände benötigt wurde, gescheitert.

Johann Jakob Weberbeck erklomm, sich an Flechten hochziehend, einen Grat, auf dem ein riesiger Vogel seine Schwingen ausbreitete. Es war ein Drachen, dessen Gurte sich ein junger, blonder Recke, er nannte sich Asse Lieberstein, just umschnallte.

»Willst du mit«, fragte der Flieger.

»Ich muß hinauf, nicht hinunter«, sagte Weberbeck.

»Wir versuchen es.«

Weberbeck kroch auf Liebersteins Rücken und knotete sich mit ein paar Strippen fest. Dann schwebten die beiden, nachdem sie sich von dem Grat abgestoßen hatten, hinaus in die Weite, wurden von Aufwinden gerüttelt und zur Seite gezogen, beschrieben Kurven und kamen Felswänden gefährlich nahe, doch scherten zum nächsten Abgrund wieder aus, um erneut an Höhe zu gewinnen. Lieberstein warf sich hin und her, Weberbeck tat zeitverzögert mit.

Plötzlich erblindeten sie, befanden sich in einer erhitzten Wolke aus rotem Staub, die aus der Sahara stammen mochte, und wurden hochgerissen. Die Kunststoffflächen des Gleiters flatterten gefährlich, dann brach, wie im Zentrum eines Taifuns, jede Bewegung ab. Eine entsetzliche Stille, gepaart mit Glut, entstand. Das Gerät fing, ähnlich einem Torpedo, das nach einem Ziel suchte, zu stürzen an.

Tausend Meter weiter unten landete Asse Lieberstein mit seinem Gast aufrecht in einer baumlosen Senke. Ein Empfangskomitee wartete auf sie: Chlodwig Erich Pschiallas, ein Parteisekretär mit einer goldenen Nadel am Aufschlag seiner Anzugjacke, und Charlotte Dunsdalek, verdiente Arbeiterin, die zu große Sandalen, furchterregende Ware millonenfacher Herkunft, anhatte. Dazu trat noch Anne-Dore, eine Volkspolizistin, die genauso blond war wie Asse Lieberstein.

Weberbeck verbrachte einen Tag, es konnten auch nur halbe Stunden gewesen sein, in einer geräumigen Höhle, in der eine Fabrik für Dederon, einem Erdölderivat, aus dem Nachthemden, Verschlüsse, Riegel und Flauschen für Lafetten und dergleichen gesponnen und gegossen wurden, installiert war.

In einem klimatisierten Raum, dem Herzen der Helligkeit, bewegten sich junge Frauen in Kittelschürzen auf rollenden Bockleitern zwischen Reihen von Spinnmaschinen hin und her, fädelten ein oder fädelten, wenn eine zentnerschwere Trommel voll war, aus.

Es gab auch eine Poliklinik, die ein Bulgare namens Elias Redmintoff verwaltete. Und in einem erwärmten Wellenbad erholten sich Verdiente oder auch nur Kranke.

In der Mitte der Halle stand eine Kantine, ein gläsernes Gebäude, das bis an die Decke stieß. Anne-Dore, die, als hätte sie nie Dienstschluß, Weberbeck überallhin begleitete, sagte, der Freßtempel sei noch von Neutra entworfen worden, besitze das Gütesiegel des kulturellen Erbes, sei eine Errungenschaft der Partei.

Einmal aß Weberbeck dort, wartete in einer Schlange vor dem Diätschalter, kämpfte um Kartoffeln, Spinat, Rotkraut, Weißkraut, aber die Ausgeberin, die volle Schöpfkellen austeilte, genannt Anna-verzeih-mir-doch, die Prächtige, eine Krebskranke in der letzten Schmerzphase, wies ihn zunächst ab, weil er keine Essensmarke besaß, bis er gestand, er sei aus dem Westen.

Weberbeck erhielt ein Gericht aus gekochtem Farn und rohen Fischflossen, dazu ein Gläschen Holunderlikör.

Es gab auch andere Gerichte, an denen er mehr litt:

Nudeln und Brote, stets mit Trüffeln bestreut, schwarz gebeizt oder gefrittet, in Essig, auf Marmelade oder als schieres Mus. Die Mahlzeiten wurden zur Qual.

Eine Kinderbuchautorin namens Claudia Gogoberidse befreite ihn aus der bevölkerten Höhle, in der Arbeit und Erholung noch das Maß sozialistischer Verschlafenheit besaßen. Nachtschichten waren dreifach besetzt, Ausschußware wurde umbenannt, und ständig laufende Fernsehprogramme in urtümlichen Apparaten glichen dem Inhalt von Versandkatalogen ferner Staaten.

Als Claudia Gogoberidse und Johann Jakob Weberbeck sich durch einen Felsspalt zwängten, schloß sich noch ein Arno Axmann an, der in der Enge beinahe steckenblieb. Er trug eine Kiepe, wie sie einst Hausierer verwendet hatten, voll verschnürter Aktenbündel auf dem Rücken. Sirenen begannen zu heulen.

Weberbeck hätte den anderen Flüchtling am liebsten mit Faustschlägen zurückgetrieben, doch die Kinderbuchautorin sagte, der Alarm sei nur eine Bestätigung, daß die elektrischen Systeme noch funktionierten.

Axmann hastete draußen von einer Deckung zur nächsten und behauptete während einer Verschnaufpause, sein Material, das er mittrage, sei brisant. Er habe es schon in einer Hühnerfarm verborgen, dann in einem Wohnwagen, der später in Brand gesteckt worden sei. Viele Geheimdienste interessierten sich dafür.

Ob sie es auch tun müsse, fragt die Kinderbuchautorin.

Axmann hatte Steckbriefe über Gewerkschaftssekretäre, Parteigrößen und Wirtschaftsführer angelegt, aber er besaß auch Beschreibungen berühmter Gemälde, Baudenkmale und Inhaltsangaben über Epen und wissenschaftliche Werke.

Ob er das Abendland retten wolle, fragte Claudia Gogoberidse.

Nein, vernichten. Nur wer wisse, könne die Mächte denunzieren, bis sie zusammenbrächen.

»Den David oder die Volkswagenfabrik in Wolfsburg«, rief Weberbeck.

»Die Gestirnenuhr von Uhuru oder assyrische Bewässerungskanäle im Irak«, fragte er leiser hinterher.

Die Welt sei Abfall, antwortete Axmann, und über sein ekstatisch bleiches Gesicht zog das anmutige Lächeln eines Kleinbürgers.

Ein Bild solle nicht berührt werden, zum Beispiel jetzt, bat die Gogoberidse, den erschreckten Axmann, der lautlos grimassierte, auf den Mund küssend, das Oktagon ›Stilleben mit Kandare‹ des Niederländers Johann Symoonisz, genannt Torrentius. Auf dem Gemälde hänge von einem Tisch, der mit einer Zinnkanne, einem zu einem Drittel gefüllten Weinglas und mit einem Tonkrug garniert sei, ein Notenzettel.

Er kenne das Bild nicht, schrie Axmann, hasse es!

»Schade für Sie«, antwortete die Kinderbuchautorin. »Der Beginn der Melodie beinhaltet eine Botschaft.«

Weberbeck schritt voraus, die Usbekin oder Georgierin, da sie Sandalen aus russischer Produktion anhatte und deshalb rutschte, kam kaum mit. Derweil setzte Axmann seine Kiepe ab und suchte in deren Bündeln. Er riß Schnüre auf, blätterte in Akten, entrollte auch Mikrofilme. Er mühte sich, entweder einen Fehler oder etwas noch Unbekanntes zu entdecken.

Rauschend wurden Papierseiten und Filme vom Wind weggerissen. Axmann jagte ihnen nach. Vielleicht stürzte er in eine Gletscherspalte.

Auf dem Zettel stand folgende Notenschrift: H. g. E. c. c. c. C. F. d. d. h.

In der Sprache der wissenschaftlichen citation papers würde es heißen: his grief Equi consists contradictory Conseption Fossae daring dark hopes.

Die Strecke wurde steiler, die Baumgrenze war erreicht. Weberbeck faßte Claudia Gogoberidse an der Hand und zog sie über eine Schneewächte. Dahinter konnten die beiden bequemer gehen.

Weberbeck dachte an Robert-den-Pfeifer, einen Meister der Messe-von-Morgen, der bei einem Wettbewerb in Thüringen, als diese Provinz noch zur DDR gehörte, Haftschuhe vorgestellt hatte, mit denen Dachdecker, wenn es regnete, sich sicherer auf ihren Arbeitsplätzen zu bewegen vermochten. Aber es hatte an Ziegelpfannen gefehlt, selbst an Wellblech oder Teerpappe.

Die Kinderbuchautorin und der Kurier gerieten an der Südseite des Bergs auf eine Hochebene, über die warmer Wind strich. Der Schnee war gewichen, sie wateten durch hohes Gras, das in sumpfigem Gelände wuchs. Immer wieder mußten sie stehenbleiben, um nach einer Insel, auf der sie nicht einsinken würden, Ausschau zu halten. Ihr Schweiß lockte Mücken an, die in Schwärmen über sie herfielen.

Claudia Gogoberidse sagte, sie habe Abenteuergeschichten für die Kleinen und die Großen geschrieben. Ihre Bücher seien in der einstigen Sowjetunion millionenfach verkauft worden.

»Bürgerkrieg oder westliche Wohlfahrt«, fragte Weberbeck.

»Meine Heldin war eine Muschel, die alles konnte: reden, reparieren, im Weltraum mit den Sternen kokettieren und bei Untersuchungen schweigen.«

Mücken setzten sich in Ohren und Nasenlöcher, verklebten auch die Augen, so daß den beiden nichts anderes übrigblieb, als sich, wenn sie zu sehr geplagt wurden, in das morastige Wasser zu legen. Danach stapften sie weiter, bedeckt mit schwarzem Schlamm, der schnell trocknete und eine Schutzschicht bildete.

Das Gras wurde noch dichter, zu Schilf und Röhricht

mit lanzenförmigen, scharfen Blättern. Vereinzelt standen Bäume in der Wildnis, deren Kronen aufgespannten Schirmen glichen. Vögel lärmten, und im Sumpf platschte und gluckerte es.

Weberbeck sagte, er habe eine ähnliche Landschaft schon einmal erlebt, die Morgenthau-Idylle, ein Übungsgelände. Dort habe es Raubhamster gegeben, eine Art Mutanten, und die Toten seien eingewickelt zwischen Astgabeln bestattet worden, damit sie nicht verwesten, nur dörrten.

Denselben Einfall habe sie auch gehabt, erwiderte die Autorin, allerdings mit Eisschollen zur Bewässerung, da der Wasserspiegel des Aralsees bedrohlich sinke, und die Steppen versalzten.

Trompetenstöße ertönten. Ein kleiner Elefant, den Rüssel erhoben, die Ohren in Panik nach vorn gerichtet, brach sich in der Nähe Bahn. Verfolgt wurde er von Gestalten, die verdreckte Straßenanzüge trugen und in Gummistiefeln steckten. Zwei grüßten und machten Zeichen, sich zu dukken.

Die Gogoberidse sank auf die Knie, Weberbeck legte sich neben sie in niedriges Gestrüpp und flüsterte: Gelegenheit zur Wiederkehr.

Sie wolle zurück, sagte sie, in die sozialistische Höhle. In solchen Festungen kenne sie sich aus und er sich auch.

Der Kurier antwortete, sie seien jetzt in der Jungsteinzeit oder auf einer Etappe ins nächste Jahrtausend. Eine Muschel, die alles können, tun möchte, solle nicht verzichten.

Die Verfolger hatten den kleinen Elefanten, der im Sumpf nicht weiterkam, eingekreist und schossen aus Blasrohren, die heller als Bambus zu sein schienen und wahrscheinlich aus Plastik waren, Pfeile ab.

Der kleine Elefant senkte den Rüssel und wollte in den Gewässern die Witterung seiner Feinde wiederfinden. Er legte die Ohren an. Die Augen, und Weberbeck sagte, die Äuglein, waren seltsam klein im Verhältnis zur Größe des Kopfes geworden. Sie hatten sich verdreht wie in einem Traum begriffen.

Allmählich bettete sich das Tier auf die Seite, wobei Morast aufspritzte. Nur noch die zwei Stoßzähne ragten auf.

Die anderen Gestalten, und einige von ihnen zogen ihre Jacken aus, umringten die Beute, sprachen in ein Funkgerät und hatten eine tragbare Esse dabei, deren Feuer aus dem Methangas des Sumpfs mittels eines Kompressionsgeräts entfacht wurde. Der Apparat ähnelte dem Haftschuh für Dachdecker von Robert-dem-Pfeifer.

Die Kinderbuchautorin und der Kurier krochen, um besser zu sehen, näher. In der DDR hätten ihn einmal an einem Gartenzaun, sagte Weberbeck leise, sieben verschiedene Elfen erschreckt. Eine habe den Kopf kreisrund drehen können, eine andere sei mindestens zehn Meter hoch gewesen, und eine habe sich schmerzlos und ohne zu bluten Arme und Beine ausgerissen, aber an falschen Stellen wieder eingesteckt. Auf Händen sei sie gegangen, und mit den Füßen habe sie Tomaten gepflückt, die eine durchsichtige Elfe dann ganz verschluckte. Im Magen sei die Tomate wie von einer sanften Dünung hin und her bewegt worden.

Der Rüssel des kleinen Elefanten wurde, damit das Tier atmen konnte, hochgehalten. Jäger oder Heger sägten die gesplitterten Enden der Stoßzähne ab. In der Esse brachte eine Frau, die ebenfalls einen schmutzigen Straßenanzug trug, zwei Eisenringe zum Erglühen, die über die kurz gewordenen Stoßzähne geschoben und mit vorsichtigen Schlägen auf Holzkeile so weit wie möglich hochgetrieben wurden, damit das Eisen, das sich beim Erkalten wieder zusammenziehen würde, die Zähne fest umklammerte. Doch noch dampfte das Elfenbein und roch nach verbranntem Horn.

Halblaute Kommandos und Warnrufe, aber auch Gelächter waren zu hören. Die Gestalten löschten die Esse, indem sie den glühenden Klumpen ins Wasser warfen. Mit ein paar Handgriffen war er zerlegt, und die Stücke ließen sich zum Tragen verteilen.

Weberbeck und Claudia Gogoberidse brachten sich weiter weg in Sicherheit, denn der von Pfeilgift betäubte kleine Elefant begann sich zu regen. Er tastete mit seinem Rüssel um sich und riß Gräser aus, die er kurz vor dem Maul wieder fallen ließ. Seine Augen bewegten sich noch kaum, starrten geradeaus, als seien ihm Pflanzen und Bäume fremd. Nur die Ohren klappten wie empört nach vorn, wobei der Kopf hin und her schwang, was Claudia Gogoberidse zum Lachen reizte. Eine der Hegerinnen flüsterte ihr zu, sie solle vorsichtig sein.

Drei kleine Hirsche, die Bergantilopen oder verwilderten Ziegen ähnelten, tauchten zwischen Büschen auf, witterten unruhig und stelzten, immer bereit zur Flucht, dem kleinen Elefanten entgegen, der seine Vorderbeine gespreizt angestemmt hatte und sich erheben wollte. Mit einem Trompetenstoß beklagte er sich, daß es noch nicht ging.

Erschreckt jagten die drei kleinen Hirsche durcheinander, wollten zu der einen Seite, wo die Jäger kauerten, ausbrechen, doch wurden von Händeklatschen zurückgetrieben, so daß ihnen nichts anderes übrigblieb, als nahe bei dem Elefanten vorbeizuspringen, der sich schwankend aufrichtete, ein paar Schritte vorwärts torkelte und wieder stehenblieb, mit Rüssel und Ohren sichernd.

Niedrige Wolken hüllten die Schirmkronen der Bäume ein und entließen warmen Regen, so daß es noch stickiger wurde. Libellen schwirrten durch das Röhricht, schwerfällig verfolgt von großen Insekten, die kaum zu fliegen vermochten. Einmal gelang es ihnen jedoch, indem sie einen engen Kreis bildeten und sich gemeinsam im selben Augenblick fallen ließen, eine der Graziösen unter sich zu begraben. Weberbeck hatte den Eindruck, es handle sich um eine sorgfältige Inszenierung, die den Wechsel der exaltierten Natur an diesem Bergrücken demonstrieren sollte.

Der kleine Elefant war derweil mutiger geworden. Ständig nickend, da die verkürzten Stoßzähne an Gewicht verloren hatten, stampfte er durch den Morast und wurde, wenn er zuviel Schwung besaß, zur Seite getrieben. Trompetend führte er Angriffe vor, doch er sah keine Feinde, so daß er eine Platane, von der Lianen hingen, attackierte, aber er verfehlte mit seinen Hauern, deren geringere Länge er noch nicht kannte, den Stamm und pflügte statt dessen Schilf um. Ibisse und Störche flogen auf und verschwanden in den Wolken.

Nachdem der kleine Elefant davongetrottet war, zeigten sich noch zwei kleine Flußpferde in einer Furt, die überaus vorsichtig sich über niedergetretenes Gras schoben. Auf ihren Rücken saßen weiße Vögel, gering wie Wattebäusche.

Die Mannschaft der Betäuber und Wächter schlug einen anderen Weg ein, nahm die Kinderbuchautorin und den Kurier mit.

Weberbeck fragte, ob der Zwergenwuchs der Tiere eine künstlich herbeigeführte Manipulation sei?

Von den Gestalten in den Straßenanzügen antwortete niemand. Sie kauerten um ein Loch im Schlamm, von dem sie behaupteten, ein Schneehuhn habe es zum Übernachten gegraben, ein tödlicher Irrtum.

Claudia Gogoberidse meinte, sie fühle sich wie in die Kreidezeit versetzt, als die Muscheln ihre größte Verbreitung und Vielfalt entwickelten. Vielleicht begegne sie ihrer Kinderbuchheldin, die nicht nur gehen, klettern, fliegen, sondern auch bedrucktes Papier essen könne, was hierher passe.

Das Schneehuhn wurde ausgegraben. Es war erstickt. Eine der Frauen reinigte sein weißes Gefieder, wollte zu weinen beginnen, riß dem Huhn aber dann den Kopf ab und trank von dem Blut, das aus dem Hals rann. Sie reichte das Tier Weberbeck.

Er ekelte sich, sagte, immer wenn er unterwegs sei, treffe er auf Hühner, die sich vor ihm fürchteten und an Herzschlag stürben, entweder mit dem Kopf im Maschendraht eines Zauns, oder sie prallten gegen eine Mauer.

Die Frau steckte das Schneehuhn in ihre Anzugjacke und fragte Weberbeck, ob er es gebraten auch verabscheue?

»Zusammen mit anderem Fleisch nicht.«

»Können Sie schlachten?«

Verlernt, erwiderte er. Erschreckend anzusehen seien Kühe, die zum Ausweiden geöffnet an Haken hingen. Schweine spürten es, sobald sie getötet werden sollten, und schrien. Und zum Abziehen des Fells bei Pferden müsse man mindestens zu zweit sein.

Ob er als Metzger gearbeitet habe?

»Nein, aber mein Vater war Veterinär. Geschlachtet wurde überall, in Höfen und auf dem Feld. Tiere haben, wenn sie tot sind, zuviel Blut. Es will nicht aufhören zu fließen, überschwemmt die Hände, die Schürzen und rinnt in die Schuhe.«

Er wurde in die Mitte genommen und ermuntert, er brauche sich nicht zu ängstigen. Die Landschaft mit ihrem einzigartigen Klima beherberge genügend Vorräte, auch Nahrung in Büchsen und Gläsern.

Als sie schon eine Weile hintereinander auf einem Knüppeldamm, den aufgekommener Wind getrocknet hatte, gingen, schoß einer der Männer mit seinem Blasrohr auf eine ausgestreckte Schlange. Es war eine Puffotter, über einen Meter lang und überaus giftig.

»Also doch Ausrottung«, sagte die Kinderbuchautorin.

Die nur betäubte Schlange wurde mit einem Pulver eingerieben, das, erklärte der Jäger, vor einer unbekannten Art Milben schütze, die alle Schlangen befielen. Sie hätten welche gefunden, deren Schuppen teilweise aufgelöst gewesen seien. Die Tiere würden vertrocknen. Aber es gelte die Regel, nicht nur zu schützen, sondern Wild auch zu erlegen.

Claudia Gogoberidse ärgerte sich über die moralische Ausgewogenheit und sagte, bei ihr zu Hause gebe es ein Sprichwort: Werde der Winter gefährlich, schneide sich jeder anständige Mensch die Zehen ab.

Einer der Mitmarschierer entgegnete, die Modeschöpferin Coco Chanel habe ihrem letzten Pfleger, der nachts neben ihrem Bett saß, zugeflüstert: »Sehen Sie, so ist es, wenn man stirbt.«

Schilf und Schachtelhalme wurden niedriger, auch das Gewölk zog ab. Die Landschaft ging in eine verkrautete Steppe über, aus der vereinzelt Pinien und hohe Thujen ragten, deren Stämme, gespalten und wieder zusammengewachsen, alle nach rechts geneigt waren.

Kleine Kühe, die ähnlich Yaks zottiges Fell besaßen, suchten nach Futter, und kleine Pferde, ebenfalls struppig, trabten zum nächsten Kamm hinauf, der erglühen mochte. Im Gegenlicht hielten die Tiere inne, um, nachdem sie ihre Rücken gewölbt hatten, in ungeordnetem Galopp in eine der Senken wieder hinunterzukehren.

Die Pfleger und Operateurinnen ließen kurze Herrenschirme, wobei es jedesmal einen kleinen Knall gab, aufspringen, aber Regen, üblich gegen Abend in subtropischen Landschaften, setzte nicht ein, vielmehr tobte heißer Wind, der roten Staub aus der Sahara mit sich trug und das vergilbte Gras zum Leuchten brachte, herbei, so daß die Schirme umgestülpt wurden und ihre Streben brachen.

Die Pioniere in ihren verkrusteten Anzügen ließen sich mit ausgebreiteten Armen vom Sturm eine holprige Straße, deren Teer von wechselnd Frost und Hitze aufgebrochen war, entlangschieben. Kleine Ziegen und kleine Hochland-Zebras, die nicht Quer-, sondern Längsstreifen besaßen, begleiteten sie. Weberbeck und die Gogoberidse vermochten kaum Anschluß zu halten, fürchteten auch, bald wieder in eine andere Klimazone zu geraten, in der sie Mützen, Mäntel und Handschuhe bräuchten. In welcher Höhe sie sich befanden, wußten sie nicht, aber das Atmen bereitete Schwierigkeiten.

An einer Kurve, wo die Straße in ein gepflastertes Plateau überging, stand ein zweistöckiges Haus, das mit breiter Treppe und Kolonnade dem Berliner Kronprinzen-Palais glich, alles aus Holz. Kinder, die nur lallend sprachen oder verkrüppelt waren, hatten sich auf den Stufen versammelt. Sie machten den Ankommenden kaum Platz. Einige krochen in die Quere oder schlugen und spuckten. Die Kinderbuchautorin wurde, als sie sich über ein zerlumptes Mädchen, das eine schmetterlingartige Zopfmasche aus verrostetem Draht mit gelben, dicken Gummipfropfen trug, schmerzhaft in den Arm gekniffen. Das Mädchen hatte künstliche Fingernägel, die scharf und spitzig waren, wie geschmiedet.

Warum es ihr weh tue, fragte Claudia.

Sage es nicht, antwortete das Mädchen.

Es kreischte, und ein langer, dünner Krüppel, verdreht wie die Pinien und Lebensbäume, wiederholte schreiend, sage es nicht, sage es nicht, bis plötzlich der Lärm verstummte. Die Kinder gaben den Weg frei, ihre Gesichter verklärten sich.

Es seien Elfen, behauptete Weberbeck, verjagt von den sozialistischen Schrebergärten.

Genausogut, sagte die Kinderbuchautorin, könne ihr eine Muschel auf zwei Beinen begegnen. Sie habe die Verzerrungen satt, wolle hinab wieder zu den vertrauten Maßen und Schwierigkeiten.

Drinnen in dem imitierten Palais brannten Kerzen in Kandelabern und in Kronleuchtern. Fauchender Luftzug drückte die Flammen zur Seite, dann flackerten sie für eine Weile senkrecht, um sich erneut brausend zu neigen. Die hölzernen Wände und Decken knisterten. Ein Span sprang ab, und knallend erweiterte sich ein Riß. Heißes Wachs rann über Kanten und tropfte auf Tische und den Boden.

Serviererinnen in Gummistiefeln, die weiße Spitzenhäubchen trugen, baten, es sich schmecken zu lassen, es sei angerichtet. Aus Lautsprechern erklang Gitarrenmusik.

An einer langen Tafel, zu der ein roter Teppich führte, saß ein beleibter, alter Herr mit randloser Brille, Saba Leo Winawer, früher kommunistischer König für Bildung, Wissenschaft, Literatur und Bibliothekswesen. Er rief, niemand solle sich zieren, das Gastmahl sei bereitet!

Eine Frau in einem stilisierten Trachtenkleid und mit einem seitlich herabhängenden Zopf las Namen von einem Zettel und wies Plätze an. Die Gogoberidse und Weberbeck saßen nicht zusammen.

Gedämpftes Gemüse wurde aufgetragen, dazu gab es ein gegrilltes Gemenge aus Grillen, Maden und unbekannten Insekten, Eiweißnahrung, deren Geschmack an geröstetes Nußwerk erinnerte. Dazu konnte Mayonnaise genommen werden, keine, hieß es, Fabrikware, sondern ein selbst hergestelltes Produkt der letzten roten Zellen aus der Stadt Mahòn auf Menorca.

Saba Leo Winawer aß nur Vanillepudding, zitterte ein wenig, wenn er löffelte, und sortierte nebenbei Karteikarten, die ihm die Frau im Trachtenkleid, seine Sekretärin, reichte.

Der kommunistische oder in seiner Bergenklave nur noch kommunale König erinnerte daran, die Lage der Nation sei stabil, die Bevölkerung vertraue der Geborgenheit und dem wirtschaftlichen Gedeihen, dürfe sich außerdem auf sozialistische Freundschaften verlassen, die Spaltungen widerstünden. Das Verborgene ereigne sich im Gestell der Vergangenheit.

Kein Beifall erklang. Die Jägerinnen und Pfleger blieben still, ebenso andere Personen, die an dem Häuptlingstisch saßen. Sie waren in gefiedertes Flickzeug gekleidet, als seien sie kriegerische Azteken.

Winawer redete frei weiter, holte aus, daß Gegensätze um sich griffen, die manchmal beinahe zerrissen, weil Verschiedenheit zwischen zwei Staaten, die seit mehr als einer Generation herrsche, trotzdem noch schmerze, doch neue Gedanken bereiteten sich vor, darüber bleibe jedoch alles beim alten. Trotzdem hätte die geschrumpfte Gemeinde gern stabilere Ausziehtische. Der Konflikt zwischen Eigennutz und Konzept werde mörderisch. Es könne Gezeiten dauern, bis in der Welt, der wir materiellen Fortschritt verdanken, Arbeitsteilung sich mit Sinn erfülle.

Das Leben sei lebensbedrohend, fügte er noch an.

Aus den Lautsprechern erklang nun Akkordeonmusik, zu der eine Tanzgruppe auftrat, die aber ihre Vorführung bald abbrach, sei es, weil sie zuwenig geübt hatte oder weil sie von immer mehr heißen Wachstropfen aus den Kronleuchtern, deren Kerzen zur Hälfte geschmolzen waren, getroffen wurde.

Die Gogoberidse rief vom Ende der Speisetafel, als Übersetzerin aus dem Russischen, Armenischen, Kirgisischen, auch aus dem Deutschen der Drehleiter DDR, auf der sie gelernt hatte, zu, sie hege den Verdacht, daß sie, nachdem sie zusammen mit dem Kurier oder Sozialspion Weberbeck der Spinnhöhle für Kunstfasern entronnen sei, in Dienst genommen werden solle!

Gemach und Willkommen, wurde entgegnet, eine seit vielen Bänden erzählte Geschichte wiederholter Begrüßung.

Weberbeck nahm Pudding, verschluckte sich und begann ein Lied zu summen, das ›Auf de schwäbsche Eisebahne‹ hieß.

Seine Frau, antwortete der König gelehrter Kommunisten, schlafe im zweiten Stock des Hauses. Seine Tochter habe sich in der Diaspora umgebracht. Sein Sohn, ein Spätankömmling, sitze draußen auf der Treppe und fange, wenn er etwas sagen wolle, anstatt zu sprechen, nur immer wieder laut und gräßlich zu singen an.

Aus den Lautsprechern erklang übergangslos Tangomusik, zu der junge Männer, die bisher im Halbdunkel vor

Nischen verharrt hatten, miteinander tanzten. Sie forderten niemanden auf mitzutun. Einem der Männer fiel eine Pistole aus dem Hosenbund. Die Waffe schlitterte über das Parkett, wurde von Tritten der Tanzenden weiterbefördert und beschrieb einen Bogen, bis sie gegen Winawers Füße stieß.

Der König bückte sich. Als er sich wiederaufrichtete, hatte er den Lauf der Pistole in den Mund gesteckt und drückte ab. Es klickte nur.

Habe er gewußt, sagte er. Die Magazine seien leer, auch die Leibwächter vernachlässigten ihre Pflichten.

Die Musik erstarb, die Tänzer setzten sich zu anderen auf Stuhlkanten. Nur die Kinderbuchautorin schloß sich dem andächtigen Schrecken nicht an, sondern klatschte Beifall. Eine der Serviererinnen reichte ihr ein Papiertaschentuch und blies eine Kerze aus.

»Soll das heißen, ich bin verabschiedet?«

»Wir scherzen nur«, sagte Winawer. Er ließ sich von einem Leibwächter, der neben seiner Sekretärin saß, eine andere Pistole geben und schoß in einen der Kronleuchter. Glassplitter fielen herab.

Weberbeck meinte, die Vorführung sei abgesprochen. Er wolle die nächste Pistole haben. Er bekam eine mit einem silbernen Lauf, den er sich in den Mund steckte, doch bevor er abdrücken konnte, war Claudia Gogoberidse aufgesprungen und hatte ihm die Waffe aus der Hand gerissen. Sie zog das Magazin aus dem Schaft. Es war voll. Sich umdrehend, drückte sie ab. Im Raum explodierte eine Vase.

Oh, sagte Winawer, diese Übertreibung erinnere ihn an ein englisches Sprichwort: A Camel is a horse designed by a committee. Und er erzählte, daß die Wiedererrichtung des Reiterstandbilds Friedrichs des Großen ihm zu verdanken sei.

Die tonnenschwere Bronze hatten russische Soldaten gesprengt. Später waren die Trümmer von Abgesandten einer volkseigenen Schmelzerei, die nach Buntmetallen suchten, gefunden worden. Statt den Schrott verarbeiten zu lassen, hatte Winawer befohlen, das Denkmal wieder zusammenzufügen und in einem Schuppen der Verwaltung ›Botanische Gärten und Seen‹ zu verbergen. Nach Diskussionen über Kunst und Erbfolge war die Statue dann aufgestellt worden.

Eine ältere Frau namens Akropolis sagte, sie habe früher in der Küche des Gespinst-Kombinats gearbeitet und sei Vorsitzende der Konfliktkommission gewesen. Ein Reiterstandbild beschere ihr keinen Ausgleich für verlorene Träume. Sie lebe zwar jetzt angenehm auf dem Berg, doch im nächsten Winter drohe eine Hungersnot.

»Wer ins Tal will, kann gehen«, antwortete Winawer. »Fleiß ist ein Privileg. Ich bleibe hier. Eine Lehre, die wir gezogen haben, heißt, daß wir zu groß und eigensinnig wurden. Die Fabriken stellten her, was niemand mehr brauchte. Die Tiere in den Ställen waren fett und krank geworden. Auf den Feldern fehlten Hecken und Bäche, so daß der Wind den trockenen Boden davontrug. Bei Kälte öffneten wir die Fenster, weil sich Heizungen nicht abdrehen ließen. Seither haben wir uns zurückgezogen, auch verkleinert.«

Die Gogoberidse erwiderte, ihr Eindruck sei, sie befände sich wie in einem zoologischen Garten. Vielleicht bringe der Export von Rauschgoldengeln noch ein wenig Devisen, Teil der Wohlfahrt Natur seit Darwin. Wenn sich das Klima ändere, stürben Pflanzen und Wild, und die Gärten versalzten.

Einsprüche lauteten, die Temperaturen verhielten sich undramatisch, es habe stets genügend geregnet, außerdem wanderten die Tiere manchmal in Frostzonen aus, als wollten sie ihre Widerstandskraft prüfen.

»Auch der kleine Elefant«, fragte Weberbeck.

Er sei ein Einzelfall, schon alt, müsse gepflegt werden, genauso wie die empfindlichen Flußpferde. Nur die Insekten besäßen eine fatale Neigung zum Massensterben oder aber zu epidemischer Vermehrung.

Am Tisch erhob sich ein dünner, grimmig aussehender Mann, der eine Bierflasche in der Hand hielt. Alles gelogen, sagte er. Aus der Flasche trinke er Heidelbeersaft, den er verabscheue, und eine Zucht von etwa tausend Chinchillas, sein Glanz und Glück, sei innerhalb einer Woche an Zecken eingegangen. Die Felle habe er nicht mehr verwenden können. Wer ihm den Schaden bezahle? Der Kommissar für Forstwirtschaft, Veterinärwesen und Gesamtbildung?

Im großen Renaissancekamin des Saals briet Ralle Friedrich Ohm, ein Widerständler mit Hosenträgern, ein auf eine Gabel gespießtes Käsebrot über dem Feuer. Es sei, prophezeite er, zum letzten Mal.

Die Kinderbuchautorin lief zu ihm.

Die Kerzen in den Kronleuchtern und aufgestellten Kandelabern waren herabgebrannt. Heiße Wachstropfen sammelten sich in Rinnen, fielen nicht mehr auf Scheitel oder entblößte Schultern.

Das kleine Kronprinzenpalais, das, wie der kommunistische König verkündet hatte, für immer allen gehöre, fing zu ächzen an. Staub und zartes Sägemehl drang aus Ritzen.

In der Tür erschien, einen Bademantel an, Frau Winawer. Über ihrem Kopf türmten sich, laut Weberbeck, ein paar tausend Kubikjoch Luft auf, Ergebnis der Fruchtbarkeit des Himmels und der Hühnerställe.

Wolken segelten draußen vorüber. Warme Nässe umschlang Zebus, nervöse Ziegen, Murmeltiere und des kleinen Elefanten operierte Zähne, der sein Gleichgewicht wiedergewonnen hatte.

Claudia Gogoberidse rief im Arm von Ralle Ohm: »Wo ist die Park Lane, das nächste Postamt?«

Sie wollte ihren Geliebten Marmaduk Bonthrop Shelmerdine, gerufen, »Shel, Shel, where are you?«, der von der Umseglung des Kap Hoorn zurückgekommen sei und an der Tafel sitze, dem Übersetzer Ohm vorstellen, kam aber nicht soweit, denn das zweistöckige Haus begann zu schwanken, spie nach innen, dann Fontänen nach außen und stürzte in sich zusammen. Termiten hatten das Palais als Speise benützt.

Die Wände, Decken und Strebebalken waren papierdünn geworden. Außerdem hatten sich Zelluloseschwaden und Schwarzpulver aus nachlässig gestopften Patronen schweren Kalibers der Leibwächter zu einem brisanten Gemisch vereinigt, das bei geringsten Erschütterungen, es konnte ein Lidschlag Claudia Gogoberidses oder der Klang eines Messers auf einem Teller gewesen sein, eine Implosion verursachte, wie sie auch von Mühlen und Getreidesilos bekannt war.

Niemand entrann dem Verderben. Die Kinder auf der Außentreppe wurden ebenfalls vernichtet. Bestecke und Servierplatten wirbelten noch umher, Rückstände aus Metall verschmähten Insekten.

Wenig später zerfransten die Ränder der subtropischen Klimazone, und Schneeregen wütete über Matten und durch Wälder. Pelikane und kleine Flußpferde wälzten sich am Boden. Ein Perlhuhn starb an einem Herzschlag. Die Temperatur sank auf das sommerliche Normalmaß wie am Knivskjelodden, Kleinmesserlos oder -schicksal, eine unzugängliche Halbinsel, letzter Zipfel Norwegens, vier Kilometer nördlicher gelegen als das Nordkap.

Eine Gestapoakte, die Saba Leo Winawer aus der Zeit der Verfolgung jahrzehntelang gehütet hatte, blieb unversehrt und flatterte mit Flügeln aus rotem Wachstuch über Hänge.

Auch eine voluminöse Pastete, in einer nahen Scheune gelagert, die noch ins Kronprinzenpalais hätte getragen werden müssen, wurde nicht zerstört. Die Kreation war ein Nachbau aus dem Hochzeitsmahl, als Herzog Wilhelm V. von Bayern 1568, ein kalter Sommer, die Rennata von

Lothringen ehelichte, und, konnte nachgelesen werden, im Geschenk sei ein nicht über 3 Spannen hoches Zwerglein gewesen von etwa 6 Jahren in einen gantz wohl geputzten weißen Küraß verborgen. Da nun solche Pastete auf die fürstliche Braut Tafel gesetzet und eröffnet worden, ist vorbemeldetes Zwerglein herausgesprungen, zierlich umhergegangen auf dem Tische und hat geweiht Personen allesamt mit tieffer Reverenz. Gegessen gewest sei geworden der Wicht aber nicht.

Mahlzeiten sind, seit es auch Arbeitsessen gibt, zu Regierungsmitteln verkommen. Das Los der Völker hängt von Snacks in Flugzeugen oder davon ab, wie Verträge noch mal bei Rotwein, Weißwein, nach Salaten und griechischen Fleischspießen korrigiert werden.

Der kleine Elefant irrte über einen Kamm, war betäubt von Schnee, wetzte seine operierten Stoßzähne, die noch brannten, an Felsen.

Angela probierte ihre Zwille aus, doch der daraus geschleuderte Stein, obwohl er traf, hatte keine Wirkung. Dann zielte das Mädchen mit einer Laser-Pistole, und der kleine Elefant, getroffen von Strahlen, die über seine Haut streiften, sie illuminierten ihn, so daß er nur schwankte.

Gegen Abend kam das Mädchen verwaist zur Meyer-Höhle, Herberge des Erstbesteigers des Kilimandscharo, den Königin Viktoria einst Kaiser Wilhelm schenkte. Doch diesen Berg gab es hier nicht. Angela kauerte sich nieder, war ganz allein. Von den Wänden hingen verdorrte Flechten, in denen Fledermäuse hausten, die sich allmählich zu regen begannen, kopfunter starteten sie artistisch hinaus.

Das Kind versuchte, kleinsten Raum einzunehmen, faltete Arme und Beine um und unter sich, hörte auf das Klopfen seines Herzens, das zunahm, während in Knien und Ellenbogen behutsam Wärme entstand, wieder verging. Ein paarmal hatte es das Verlangen zu schreien, tat es aber nicht, sondern stellte sich in seiner Verlassenheit vor, aus der Wand gegenüber träte Rulaman, ein Jäger der vorletzten Eiszeit, die nach einer Wärmeperiode das Land überzogen hatte, herbei.

Einzigartig der Genuß zu erleben, nicht zu sterben, vielmehr zu tauen, und die Glieder, obwohl wie abgestorben, ließen sich wieder bewegen, wenn auch schmerzhaft.

Angela wollte trinken, kroch tiefer in die Höhle hinein bis zu einem Tümpel, um den Gerippe und gespaltene Knochen lagen.

Sie trank nicht, ging auf Zehenspitzen gebückt wieder zurück und verließ die Höhle. Draußen war es sehr frostig.

Alma, die Angelas Einsamkeit nicht geteilt hatte, war irgendwohin unterwegs gewesen. Das Tier brachte auf dem Rücken kleine, angeklebte Kochbananen mit. Angela aß die gefrorenen Früchte, gab die Schalen dem Schwein, bedankte sich bei ihm.

Tier und Kind sahen sich an. Angela sagte, sie müsse weinen vor Kälte.

Das Schwein suchte Holzstückchen, brachte sie im Maul herbei. Auch dürre Zweige, Laub und vertrocknetes Moos waren darunter, aber ein paar Funken aus gegeneinandergeschlagenen Feuersteinen erloschen sofort wieder, obwohl Alma und Angela eng zusammen sich gegen den Wind stellten.

Angela schoß mit der Laser-Pistole in den kleinen Scheiterhaufen. Eine weiße Stichflamme verzehrte Holz und Reisig, und aus einem in die Erde gebrannten Loch wehten noch erhitzte Wölkchen. Eis, Schnee, selbst Krumen waren von dem kurzwelligen Licht verdampft worden.

»Jetzt gehen wir«, sagte das Kind.

Das Schwein war einverstanden.

Nach Stunden, gegen Hagelkörner und Saharastaub ankämpfend, erreichten die beiden einen Felsen, der dem Reiterstandbild Friedrichs, des Großen ähnelte. Als sie um die Ecke bogen, gerieten sie zwischen Schroffen in einen Windkamin, strengten sich an, auf den Beinen zu bleiben, wurden jedoch hochgehoben und weggetragen. Angela suchte nach einer Hand, erwischte eine von Almas Pfoten, schrie »keine Angst, keine Angst«, aber das Tier antwortete nicht, hatte Schwierigkeiten mit der Atmung. Wenn es das Maul aufsperrte, öffneten sich auch seine Nüstern, oder es war umgekehrt. Es ventilierte, fiel aus einer Ohnmacht in die andere. Tier und Kind landeten im Schnee am Rand eines Sees.

Alma entdeckte den in der Mitte auseinandergerissenen Kadaver eines längsgestreiften Zebras, trank gierig aus der Bauchhöhle des Wilds Blut, daß selbst die Wimpern troffen.

Angela schnitt mit der Laser-Pistole Fleischstücke aus dem Leichnam, packte sie sich, verschnürt durch herausgezerrte Sehnen, auf den Rücken und trat, befleckt die Ärmel, die Schultern, auch das Haar noch voll Zopfmaschen und Gummipfropfen, hinaus auf Eis, das der Sturm blank gerieben hatte.

Das Schwein schlitterte dahin und setzte, wenn es umfiel, die Fahrt, auf dem Rücken liegend, fort, bevor es mit gespreizten Klauen wieder auf die Füße kam. Aus seinem Maul hing ein Stück Zebrahaut, als kaute es an dem Rest einer Handtasche.

Die beiden marschierten mit kleinen Schritten, vorwärts geschoben, auch beiseite gedrängt durch den rasenden Wind über den See, sahen in der Tiefe erstarrte Tangwälder, in denen sich Fische verfangen hatten, und einmal, bei einem Halt, blickten sie hinunter zu einem untergegangenen Boot, in dem eine Frau saß, umgeben von rotbackigen Äpfeln bis zu den Schultern.

Vielleicht war es ein Ereignis aus dem 17. Jahrhundert, als selbst die Themse einen Meter dick zugefroren war, gewesen?

Angela benützte, gegen den Himmel gerichtet, wieder ihre Pistole, doch Böen in der Höhe verschluckten die Strahlen.

»Schwein«, rief sie.

Antwort: sei da, sei da.

Gegen Abend erreichten sie ein Zelt aus Pelzen. Es war groß und rund wie ein Iglu. Manchmal schwankte es, und die Haare der verschiedenen Felle schienen unterschiedliche Töne von sich zu geben. Der Wind, woher er auch zupackte, konnte dem vollkommenen Bau nichts anhaben.

Angela und Alma wohnten dort, solang die Kälte dauerte. Sie fanden keinen Hinweis, wem das Zelt gehörte oder wer es errichtet hatte, und auf Besuch warteten sie vergeblich.

Zu essen hatten sie außer dem Zebrafleisch, das sie kochten und brieten, noch Flechten, Moose, getrocknete Pilze und brettsteife Fische, die in einer Hütte aus Schneequadern aufbewahrt waren.

Einem alten, metallbeschlagenen Buch, De Honesta Voluptate, ›Von der anständigen Lust‹, das auf einem Pult lag, wäre zu entnehmen gewesen, wie Gabeln und Löffel mittels gesponnenen Zuckers, eine venezianische Spezialität, hergestellt wurden, oder wie Weinkraut durch ›eingrabben und gutt sieden mit der Furelen Laichen‹ sich veredeln ließe. Die Vollendung vornehmer Küche stellten Speisen wie Krebstorte, Pfauensoße und Mandelsulz dar. Aber Angela konnte nicht lesen, und Alma auch nicht.

Sie sehnten sich nach Gesellschaft, wagten sich, eingehüllt in Pelze, weit hinaus auf den vereisten See, doch Spuren waren auf der harten Unterlage nicht auszumachen, allein feiner, trockener Schnee brachte der Wind in geschwungene Bögen und zerstörte sie gleich wieder.

»Schwein«, sagte das Kind, »wo ist Rulaman?«

Antwort: grunzend ungewiß.

»Ich spreche mit dir. Hör zu!«

Alma sperrte ihr Maul auf und wollte Angela beißen, um sich von der trostlosen Gesellschaft zu befreien, wofür ein Tier, selbst wenn es zu sprechen vermocht hätte, auf Dauer kein Verständnis aufbringen konnte. Schweine werden in Not auch zu Aasfressern, was bei Kindern, falls sie nicht zusammen mit Erwachsenen groß werden, ebenfalls möglich ist.

Eines Morgens, als die blutrote Sonne den See in Kälte tauchte, lagen drei Paar Schlittschuhe vor dem Zobelzelt, Konstruktionen aus vergangenen Jahrhunderten mit Riemenwerk und vorn geschnäbelten Kufen.

Kind und Tier zogen die Schlittschuhe an; sie paßten. Angela glitt über das Eis, begann Figuren zu beschreiben, rückwärts, vorwärts, auch drehte sie sich auf der Stelle. Nur einmal, nachdem sie gestürzt war, schien sie für einen Augenblick an dem neuen Zustand der Fortbewegung zu zweifeln.

Das Schwein flog dahin, war schon nach ein paar Schritten vom Paß- in den Parallelgang übergewechselt, zog Wolken hinter sich her. Als es wieder zurückkam, zischten die Kufen, als schnitten sie durch Glas.

Nachts, Tier und Kind schliefen wie immer nebeneinander in einem Pfühl und schwitzten, rief Angela wieder nach Rulaman.

Das Zebrafleisch war verbraucht, und Alma hatte alles Moos, die letzten Flechten und welke Blätter eines Weißkrautkopfes, der in der Schatzkiste des Zobelhauses gelegen hatte, gegessen. Angela fand noch etwas gefrorenen Fisch, über den sie Zucker streute.

Tage später begann der Hunger. Schwein und Kind lutschten Zapfen, die sie von Krüppelkiefern abbrachen. Dafür mußten sie auf den Schlittschuhen über den halben See, dessen Eis sich aufgeworfen hatte, fahren, bis sie zum steil ansteigenden Ufer kamen. Weiter oben wuchsen die kleinen Bäume.

In einer der kalten Speisen war ein Käfer eingeschlossen. Als Angela ihn genauer betrachtete, schien er ihr zuzublinzeln. Vorsichtig taute sie ihn aus seinem Gefängnis und wärmte ihn in ihrer Hand.

Der Käfer begann sich zu regen, zuckte mit den Füßen, besaß Fühler, die am Ende winzigen Putzlappen glichen, vielleicht über den Boden strichen und jede leiseste Regung selbst noch aus größter Entfernung aufnahmen.

Eines Morgens, Kind und Schwein waren vor Mattigkeit liegen geblieben, fing der Käfer zu schwirren an. Sein Rükkenpanzer schimmerte metallisch. Unruhig kreiste der Käfer durch das Zelt, stieg in die Höhe, als suchte er nach einem Ausgang, ließ sich im Sturzflug wieder fallen, und allmählich merkten auch Alma und Angela, daß Spannungen die Luft durchzogen. Die Pelze knisterten, die Felle schienen sich strecken zu wollen. Manche Nähte ballten sich, so daß Fäden und Sehnen platzten. Das Zobelhaus schwankte, und unter den Teppichen gab es einen Riß. Wasser drang herauf.

Tier und Kind rannten hinaus und sahen, daß der ganze See sich in viele Inseln geteilt hatte. Ohne Schlittschuhe liefen Alma und Angela von Scholle zu Scholle, glitten aus und wurden naß, oder sie hüpften hintereinander, wobei das Schwein die schnelleren Anläufe zustandebrachte, von einem schwankenden und sich drehenden Eisstück zum anderen. Sie vergaßen, wie gefährlich es war, und wurden übermütig, bis das Tier schließlich ins Wasser fiel und kläglich um Hilfe schrie.

Angela half ihm auf ihre Scholle und trocknete das Schwein mit einem der Pelze ab, die sie übereinander trug. In einen, der wie ein Pullover zusammengenäht war, schlüpfte das Tier hinein.

Nachdem Angela und Alma sämtliche Gefahren überstanden hatten, wurden sie, ohne Hungergefühle mehr zu haben, wieder von Schwäche und Schwindel überfallen. Sie legten sich auf die Scholle und sahen gleichgültig zu, wie das

Eis in immer kleinere Stücke zerbrach und das Zelt, an dessen Dach sich noch ein bleicher Wimpel aus zusammengeklebter Rinde bewegte, langsam versank. Damit waren auch die Zwille, die Feuersteine und die Laser-Pistole, die Angela vergessen hatte mitzunehmen, untergegangen. Kind und Schwein ließen sich treiben, schliefen vor Erschöpfung ein.

Angela erwachte an Rufen nach Rulaman. Sie hatte sie selbst ausgestoßen.

Die Insel war noch kleiner geworden und zwischen Felsstücken am Ufer hängengeblieben. Tier und Kind konnten an Land klettern, wo das Schwein einer Spur im Schnee folgte und auf kleine, rote Klumpen stieß, die im Kreis lagen.

Es waren Preiselbeeren, vermengt mit Honig und einem nach Dachs duftenden Fett, gefrorene Nahrung, die wie Speiseeis gegessen werden konnte und auch so schmeckte: Tröstung und Labung zugleich.

Alma schmatzte und schleckte, plötzlich jedoch rannte sie quiekend den nächsten Hang hinauf, hatte explosionsartigen Durchfall bekommen, der angenehm riechend hinter ihr herwehte.

Angela fühlte, wie ihr erkalteter Bauch härter wurde und zu schmerzen begann, aber sie wollte nichts hergeben von dem, was Kraft bescherte und Zuversicht, schluckte immer wieder hinunter, wenn ein Schwall nach oben drang.

Die Schollen auf dem See rückten zusammen und blieben aneinander haften. Gegen Abend war es wieder kälter geworden. Die Ränder der Bergzacken entzündeten sich von letzten Sonnenstrahlen, die nach einer Weile jäh erloschen, und am dunkler werdenden Himmel tauchte die Sichel des Monds auf, deren Schärfe unablässig kurze Klänge zu versenden trachtete.

Das Kind hatte noch einen Vorrat der fettigen und gesüßten Preiselbeeren, in Schnee gehüllt, mitgenommen, aber Angela achtete nicht darauf, daß die Verpackung immer wieder erneuert werden mußte, so daß das Speiseeis allmählich schmolz. Umgeben von roten Tropfen und Flekken im Schnee, auch weil die Einsamkeit ängstigte, fingen beide, Angela und Alma, noch mal zu weinen an. Die Tränen des Schweins blieben länger an den Wimpern hängen als die des Kinds.

Bevor die nächste eisige Nacht begann, rief jemand aus der Höhe.

Es war Rulaman, der zu ihnen in Sprüngen heruntereilte, gekleidet in Felle mit einer entblößten Schulter, doch er fror nicht, besaß genügend Geduld, sie nicht nur zu überreden, sie sollten mit ihm gehen, auch schlug er mit einer Wurfhacke Tritte in einen steilen, verharschten Buckel, an dem oben Licht aus einer Höhle flackerte.

Drinnen saß die alte Parre, eine magere, mißtrauisch das Kind und das Schwein betrachtende Frau. Außer einem Lendenschurz und Stiefeln aus Leder trug sie als Kleid nur ihre eisgrauen, bis zum Boden reichenden Haare.

Rulaman erklärte, das sei seine Großmutter. Sie und er hätten überlebt. Die anderen des Stamms seien an einem Fieber gestorben, nachdem sie Vögel und Affen aus dem Urwald, der hinter dem nächsten Paß liege, gegessen hätten. Die alte Parre habe davor gewarnt.

Angela sagte, von dort kämen sie. Alle seien tot. Das Haus habe sie unter sich begraben. Von wem das Pelzzelt auf dem Eis errichtet worden sei, in dem sie gewohnt hätten?

Es war Rulamans Werk gewesen. Das Zebra hatte er ebenfalls erlegt und die Schlittschuhe bereitgehalten. Als Angela und Alma auf dem Treibeis in Gefahr gerieten, war er jedoch hoch oben neben der Höhle auf seinem Beobachtungsposten geblieben.

Die alte Parre freundete sich mit dem Schwein an. Die beiden sprachen in grunzenden und knurrenden Lauten miteinander. Angela dagegen ging mit Rulaman auf Jagd, versuchte wie er mit einer Steinschleuder, nicht mit einer Zwille, Vögel selbst im Flug zu treffen. Von ihrer Lichtpistole erzählte sie nicht. Rulaman hätte die Technik der Waffe wohl kaum begriffen, auch wenn sie ihm von dem Kind immer wieder erklärt worden wäre.

Eines Morgens sagte Rulaman, nun könnten sie ins Tal hinunter, die Wege seien offen. Die letzten Schlammlawinen hätten auch alles Gestein, das locker geworden sei, mit sich gerissen.

Das Schwein wollte nicht mit. Es versteckte sich hinter der alten Parre, die schadenfroh blinzelte und blutigen Speichel aus ihrem Mund rinnen ließ.

Angela verabschiedete sich und ging ohne Wehmut, drehte sich kein einziges Mal nach Rulaman um, als habe es ihn nie gegeben. Ihre gelben Gummipfropfen wippten auf ihrer verfilzten Frisur, und eine Wurfhacke, die ihr Rulaman geschenkt hatte, wiegte sie in der Hand.

Weiter unten setzte sie sich ins Gras und sah zu, wie in einem Fluß letzte Eisschollen vorübertrieben. Auf einer lagen zwei Yaks und käuten wieder; eine andere war mit bunten, aufgeregten Vögeln besetzt, wie sie nur in tropischen Gebieten vorkamen; auf der nächsten stand eine Gartenbank, und auf der letzten der kleine Elefant mit den reparierten Stoßzähnen. Er hob den Rüssel und grüßte.